存款保险制度研究
——定价机制与风险效应

Research on the Deposit Insurance System in China:
Pricing Mechanism and Risk Effect

明 雷 著

中国社会科学出版社

图书在版编目（CIP）数据

存款保险制度研究：定价机制与风险效应／明雷著.
北京：中国社会科学出版社，2024.6. -- （中国社会科学博士后文库）. -- ISBN 978-7-5227-3711-9

Ⅰ．F842.69

中国国家版本馆 CIP 数据核字第 2024XC0299 号

出 版 人	赵剑英	
责任编辑	党旺旺	
责任校对	王 龙	
责任印制	李寡寡	

出　　版	中国社会科学出版社
社　　址	北京鼓楼西大街甲 158 号
邮　　编	100720
网　　址	http://www.csspw.cn
发 行 部	010-84083685
门 市 部	010-84029450
经　　销	新华书店及其他书店

印　　刷	北京君升印刷有限公司
装　　订	廊坊市广阳区广增装订厂
版　　次	2024 年 6 月第 1 版
印　　次	2024 年 6 月第 1 次印刷

开　　本	710×1000　1/16
印　　张	21.75
字　　数	363 千字
定　　价	126.00 元

凡购买中国社会科学出版社图书，如有质量问题请与本社营销中心联系调换
电话：010-84083683
版权所有　侵权必究

第十一批《中国社会科学博士后文库》编委会及编辑部成员名单

（一）编委会
主　任：赵　芮
副主任：柯文俊　胡　滨　沈水生
秘书长：王　霄
成　员（按姓氏笔划排序）：

　　卜宪群　丁国旗　王立胜　王利民　王　茵
　　史　丹　冯仲平　邢广程　刘　健　刘玉宏
　　孙壮志　李正华　李向阳　李雪松　李新烽
　　杨世伟　杨伯江　杨艳秋　何德旭　辛向阳
　　张　翼　张永生　张宇燕　张伯江　张政文
　　张冠梓　张晓晶　陈光金　陈星灿　金民卿
　　郑筱筠　赵天晓　赵剑英　胡正荣　都　阳
　　莫纪宏　柴　瑜　倪　峰　程　巍　樊建新
　　魏后凯

（二）编辑部
主　任：李洪雷
副主任：赫　更　葛吉艳　王若阳
成　员（按姓氏笔划排序）：

　　杨　振　宋　娜　陈　莎　胡　奇　侯聪睿
　　贾　佳　柴　颖　焦永明　黎　元

《中国社会科学博士后文库》出版说明

为繁荣发展中国哲学社会科学博士后事业，2012年，中国社会科学院和全国博士后管理委员会共同设立《中国社会科学博士后文库》（以下简称《文库》），旨在集中推出选题立意高、成果质量好、真正反映当前我国哲学社会科学领域博士后研究最高水准的创新成果。

《文库》坚持创新导向，每年面向全国征集和评选代表哲学社会科学领域博士后最高学术水平的学术著作。凡入选《文库》成果，由中国社会科学院和全国博士后管理委员会全额资助出版；入选者同时获得全国博士后管理委员会颁发的"优秀博士后学术成果"证书。

作为高端学术平台，《文库》将坚持发挥优秀博士后科研成果和优秀博士后人才的引领示范作用，鼓励和支持广大博士后推出更多精品力作。

《中国社会科学博士后文库》编委会

摘 要

金融安全是国家安全的重要组成部分,存款保险制度作为金融安全网的三大支柱之一,在维持金融稳定和保护存款人利益方面具有重要的作用。本书以归纳国内外存款保险制度的理论演进与实践发展为逻辑起点,基于中国金融经济发展的事实,尝试建立一个"经验事实→定价机制→风险效应→机制设计"中国存款保险分析框架。

首先,分别从实践层面研究存款保险历史演进及发展现状和理论层面研究存款保险制度相关理论的进展及新发展。第一,以存款保险制度的起源为出发点,对主要国家(地区)的存款保险制度进行了比较分析。第二,研究了存款保险制度的必要性,并从定价和风险效应两个维度总结了相关理论的进展,并进行了比较分析。在此基础上,研究了存款保险制度在金融安全网中的地位以及与其他支柱的关系。

其次,从监管处罚、区间定价和考虑宏观经济政策三个维度系统研究存款保险定价问题。主要结果如下:

(1)将监管处罚和监管宽容统一到一个框架中,拓展了Merton(1978)存款保险定价经典模型,得到存款保险价格的解析解。研究发现,当监管惩罚力度加大时,银行的风险偏好降低,存款保险费率会也降低。同时,测算了存款保险费率,并分析了2008年国际金融危机和2015年股市异常波动对存款保险费率的影响。结果显示,中国主要银行存款保险费率介于0.0013%到0.09%之间。相比较而言,国际金融危机和股市异常波动对城市银行的存款保险费率影响最大,对股份制银行的费率影响有限,而对国有银行费率基本没有影响。

(2) 考虑银行资产价值的随机性和模糊性,将三角直觉模糊数引入存款保险定价模型,分析了区间定价的理论意义和现实必要性;最后通过数学推理证明,得到基于三角直觉模糊数的存款保险定价公式。然后进行了比较静态分析和算例分析。研究显示,存款保险费率区间与模糊指标、资产储蓄比和资产波动率均呈正相关关系。

(3) 针对中国近些年推出了减税降费的宏观经济政策,研究了考虑银行所得税下的存款保险定价问题,得到了存款保险价格的显示解,并在此基础上检验了银行所得税影响存款保险价格的机制。研究发现,每单位存款的保费随着所得税税率降低而降低。实证结果表明,银行所得税税率的提高,会通过提高银行的风险承担水平进而提高存款保险费率。

再次,从存款保险制度对银行风险承担的影响、差别化费率与银行风险承担、早期纠正作用有效性以及微观审慎监管与银行风险承担四个维度研究了存款保险制度的风险效应。主要结论如下:

(1) 存款保险制度的推出对于银行风险具有重要影响,构建实证模型研究其对中国农村中小银行的风险承担的影响。研究发现:存款保险制度的实施有效降低了农村中小银行的风险承担水平。进一步研究表明,规模大、风险低的银行在存款保险制度实施后风险承担水平降低更显著;外部良好的金融竞争力显著降低了银行风险承担水平。

(2) 差别化费率机制是存款保险制度重要内容,本书拓展了Freixas 和 Rochet (2008) 的模型,证明存款保险差别化费率机制对银行风险承担具有抑制作用,并选取农村中小银行为研究对象,运用119家法人投保机构进行实证检验。研究发现,差别化费率显著降低了农村中小银行的风险承担;且这一作用存在异质性,对于自身风险承担水平较低、资产规模较大的银行来说,抑制作用更为明显。进一步研究发现,差别化费率还能够缓和农信社改制对农商行风险造成的不良影响。

(3) 早期纠正作用是存款保险制度的基本职能之一,在提炼典型事实的基础上,构建模型检验其是否发挥作用。结果表明,差别化费率对应银行风险评级，在上期费率的监管约束下，中小银行的主动风险承担和破产风险都有所下降；这一政策效果对于高风险银行来说尤为明显，即当前存款保险制度发挥了有效的早期纠正作用。同时，外部金融环境的改善更有利于早期纠正作用的发挥。此外，早期纠正机制在抑制高风险的同时，并未激励承担低费率的银行冒险经营，即没有产生副作用。

（4）监管处罚是微观审慎监管的重要内容，也是存款保险监管的重要组成部分。在理论模型的基础上，本书基于非平衡面板数据，采用系统GMM方法研究监管处罚对银行风险的影响。结果发现，监管处罚措施具有风险抑制作用，当商业银行受到监管处罚后，会显著降低自身的风险承担。进一步发现，虽然存款保险制度的实施会造成一定道德风险问题，但是，其实施一方面能放大监管处罚的风险抑制作用，另一方面也降低了隐性担保对监管处罚风险抑制效应的弱化作用。

最后，基于中国存款保险制度发展的现实，结合实证研究和理论分析推演出完善存款保险制度设计的对策建议：一是加快《存款保险法》立法，提升存款保险制度的作用和独立性；二是加强存款保险监管协同，提升存款保险效率；三是适时建立健全中小银行和大型银行之间的"金融防火墙"，强化存款保险制度对中小银行的监管。四是借助大数据加强信息披露，完善存款保险制度风险管理机制和公众监督机制。

本书对于完善和丰富中国银行监管理论具有重要的学术价值，对于拓展国内外存款保险定价理论的发展具有重要的理论意义，对中国存款保险制度的设计具有重要的指导意义，为中国防范化解金融风险、维护金融安全提供有益借鉴。

关键词：存款保险；定价效应；风险效应；制度设计

Abstract

  Financial security is an important part of national security. As one of the three pillars of financial safety net, deposit insurance system plays an important role in maintaining financial stability and protecting depositors' interests. This book summarizes the theoretical evolution and practical development of deposit insurance system at home and abroad as a logical starting point. Based on the fact of China's financial and economic development, this paper tries to establish an analytical framework of Chinese deposit insurance from "stylized fact→pricing mechanism→risk effect→mechanism design".

  Initially, the book studies the historical evolution and development status of deposit insurance from the practical level and the progress and new development of relevant theories of deposit insurance system from the theoretical level. First, starting from the origin of deposit insurance system, the deposit insurance system of major countries (regions) are compared and analyzed. Secondly, it studies the necessity of deposit insurance system, summarizes the progress of relevant theories from the two dimensions of pricing and risk effect, and makes a comparative analysis. On this basis, the book studies the position of deposit insurance system in the financial safety net and its relationship with other pillars.

  Then, deposit insurance pricing is systematically studied from three dimensions of regulatory penalty, range pricing and consideration of macroeconomic policies. The main results are as follows:

  (1) Regulatory penalty and regulatory tolerance are unified into a

framework, which expands Merton's (1978) classic deposit insurance pricing model and obtains an analytical solution of deposit insurance prices. The study found that when regulatory penalties are increased, banks' risk appetite decreases and deposit insurance rates decrease. At the same time, it calculates deposit insurance premium rate and analyzes the impact of international financial crisis in 2008 and abnormal fluctuation of stock market in 2015 on deposit insurance premium rate. The results show that the deposit insurance premium rate of major banks in China is between 0.0013% and 0.09%. In comparison, the international financial crisis and abnormal fluctuation of stock market have the greatest impact on the deposit insurance rate of urban banks, limited impact on the rate of joint-stock banks, and basically no impact on the rate of state-owned banks.

(2) Considering the randomness and fuzziness of bank asset value, the triangle intuitionistic fuzzy number is introduced into deposit insurance pricing model, and the theoretical significance and practical necessity of interval pricing are analyzed. Finally, the pricing formula of deposit insurance based on triangular intuitionistic fuzzy number is obtained by mathematical reasoning. Then the comparative static analysis and example analysis are carried out. The study shows that there is a positive correlation between deposit insurance premium rate interval and fuzzy index, asset-savings ratio and asset volatility.

(3) In view of the macroeconomic policies of tax reduction and fee reduction introduced in China in recent years, this book studies the pricing of deposit insurance under the consideration of bank income tax, obtains the display solution of deposit insurance price, and on this basis tests the mechanism of bank income tax affecting deposit insurance price. The study found that the premium per unit of deposit decreases with the reduction of income tax rate. The empirical results show that the increase of the bank income tax rate will increase the deposit insurance rate by increasing the risk-bearing level of the bank.

And then, the risk effect of deposit insurance system is studied from four dimensions: the impact of deposit insurance system on bank risk-taking, differential rate and bank risk-taking, the effectiveness of early corrective effect, micro-prudential supervision and bank risk-taking. The main results are as follows:

(1) The introduction of deposit insurance system has an important impact on bank risks. And an empirical model is constructed to study its impact on the risk-taking of small and medium-sized rural banks in China. It is found that the implementation of deposit insurance system effectively reduces the risk undertaking level of rural small and medium-sized banks. Further research shows that the risk-taking level of large-scale and low-risk banks decreases more significantly after the implementation of deposit insurance system. Good external financial competitiveness has significantly reduced the level of bank risk-taking.

(2) The differential rate mechanism is an important content of deposit insurance system. This book expands Freixas and Rochet's (2008) model to prove that differential rate mechanism of deposit insurance has an inhibitory effect on bank risk-taking, and selects small and medium-sized rural banks as the research object and adopts 119 legal insurance institutions to conduct empirical tests. The results show that the differentiated rate significantly reduces the risk-taking of rural small and medium-sized banks. Moreover, there is heterogeneity in this effect, and the inhibition effect is more obvious for banks with lower risk-taking levels and larger asset scales. Further research shows that the differential rate can also mitigate the adverse impact of the restructuring of rural credit cooperatives on the risks of rural commercial banks.

(3) Early correction is one of the basic functions of deposit insurance system. On the basis of extracting typical facts, build a model to test whether it plays a role. The results show that the differentiated rate corresponds to the risk rating of banks. Under the regulatory constraints of the previous rate, the active risk-taking and bankruptcy risk of small and medium-sized banks have decreased. The effect of this policy is

particularly obvious for high-risk banks, that is, the current deposit insurance system plays an effective early correction role. At the same time, the improvement of external financial environment is more conducive to the play of early correction. In addition, the early corrective mechanism did not incentivize banks with low fees to take risks while discouraging high risks, i. e., it had no side effects.

(4) Regulatory penalty is an important part of micro-prudential supervision and also an important part of deposit insurance supervision. Based on the theoretical model and unbalanced panel data, this book uses systematic GMM method to study the impact of regulatory penalties on bank risk. The results show that the regulatory penalty measures have a risk inhibition effect, and when commercial banks are subject to regulatory penalties, they will significantly reduce their risk-taking. It is further found that although the implementation of deposit insurance system will cause some moral hazard problems. However, its implementation can magnify the risk inhibition effect of regulatory penalty on the one hand, and reduce the weakening effect of implicit guarantee on the risk inhibition effect of regulatory penalty on the other hand.

Finally, based on the reality of the development of China's deposit insurance system, combined with empirical research and theoretical analysis, put forward the countermeasures and suggestions to improve the design of deposit insurance system: first, speed up the legislation of deposit Insurance Law, improve the role and independence of deposit insurance system; Second, strengthen the coordination of deposit insurance supervision and improve the efficiency of deposit insurance; Third, timely establish and improve the "financial firewall" between small and medium-sized banks and large banks, strengthen the supervision of deposit insurance system on small and medium-sized banks. Fourth, strengthen information disclosure with the help of big data and improve the risk management mechanism and public supervision mechanism of deposit insurance system.

Abstract

This book is of great academic value in perfecting and enriching China's banking supervision theory, and is of great theoretical significance for expanding the development of deposit insurance pricing theory at home and abroad. It also has important guiding significance for the design of China's deposit insurance system, and provides beneficial reference for China to prevent and defuse financial risks and maintain financial security.

Key words: Deposit insurance; Pricing effect; Risk effect; System design

目 录

第一章　导论 …………………………………………………… (1)
　　第一节　选题背景及意义 ………………………………… (1)
　　第二节　概念界定与研究主体 …………………………… (4)
　　第三节　文献综述与述评 ………………………………… (6)
　　第四节　研究思路与框架 ………………………………… (17)
　　第五节　主要创新与学术价值 …………………………… (20)

第二章　存款保险制度的历史演进和现状 …………………… (23)
　　第一节　存款保险制度的历史 …………………………… (23)
　　第二节　存款保险制度的国际经验 ……………………… (26)
　　第三节　中国存款保险制度现状 ………………………… (38)
　　第四节　本章小结 ………………………………………… (48)

第三章　存款保险制度的相关理论及进展 …………………… (49)
　　第一节　存款保险制度的必要性 ………………………… (49)
　　第二节　存款保险定价 …………………………………… (52)
　　第三节　存款保险制度与银行风险 ……………………… (64)
　　第四节　存款保险制度与审慎监管、最后贷款人 ……… (68)
　　第五节　本章小结 ………………………………………… (69)

第四章　审慎监管与存款保险价格 …………………………… (71)
　　第一节　引言 ……………………………………………… (71)
　　第二节　基于监管处罚的存款保险定价模型 …………… (72)

第三节　存款保险价格与银行风险偏好 ……………………（79）
　　　第四节　存款保险费率的测算 ……………………………（90）
　　　第五节　本章小结 …………………………………………（108）

第五章　存款保险的区间定价 …………………………………（110）
　　　第一节　引言 ………………………………………………（110）
　　　第二节　存款保险区间定价的意义 ………………………（113）
　　　第三节　存款保险区间定价模型 …………………………（115）
　　　第四节　数值分析及算例 …………………………………（123）
　　　第五节　本章小结 …………………………………………（129）

第六章　宏观经济政策与存款保险价格 ………………………（131）
　　　第一节　引言 ………………………………………………（131）
　　　第二节　宏观经济政策与存款保险价格关系的内在逻辑 …（135）
　　　第三节　所得税税率与存款保险价格的关系 ……………（137）
　　　第四节　银行所得税对银行风险承担水平影响的
　　　　　　　实证研究 …………………………………………（146）
　　　第五节　本章小结 …………………………………………（156）

第七章　存款保险制度与中小银行风险承担 …………………（158）
　　　第一节　引言 ………………………………………………（158）
　　　第二节　理论分析与研究假设 ……………………………（162）
　　　第三节　存款保险制度对农村中小银行风险承担
　　　　　　　影响分析 …………………………………………（166）
　　　第四节　本章小结 …………………………………………（178）

第八章　差别化存款保险费率与银行风险承担 ………………（180）
　　　第一节　引言 ………………………………………………（180）
　　　第二节　存款保险制度差别化费率机制的实践 …………（181）
　　　第三节　差别化费率机制对银行风险承担的影响机理 …（185）
　　　第四节　差别化费率机制影响银行风险承担的经验证据 …（191）
　　　第五节　农信社改制的影响 ………………………………（204）

第六节　本章小结 …………………………………………（213）

第九章　中国存款保险制度发挥了早期纠正
　　　　作用吗？………………………………………………（215）
　　第一节　引言 ………………………………………………（215）
　　第二节　早期纠正机制的制度背景 ………………………（218）
　　第三节　理论分析与实证设计 ……………………………（221）
　　第四节　实证结果及分析 …………………………………（228）
　　第五节　本章小结 …………………………………………（242）

第十章　微观审慎监管与银行风险 ……………………………（243）
　　第一节　引言 ………………………………………………（243）
　　第二节　国内外监管处罚制度的发展历程 ………………（244）
　　第三节　监管处罚与银行风险关系的理论分析 …………（247）
　　第四节　数据来源和研究设计 ……………………………（251）
　　第五节　监管处罚与银行风险关系的实证结果 …………（257）
　　第六节　基于存款保险制度的进一步拓展分析 …………（272）
　　第七节　本章小结 …………………………………………（280）

第十一章　结论与政策建议 ……………………………………（282）
　　第一节　研究结论 …………………………………………（282）
　　第二节　政策建议 …………………………………………（287）

参考文献 …………………………………………………………（293）

索　引 ……………………………………………………………（309）

后　记 ……………………………………………………………（315）

Contents

Chapter I   Introduction ··· (1)

Section 1   Background and significance of the topic ············· (1)
Section 2   Concept definition and research subject ··············· (4)
Section 3   Literature review ······································ (6)
Section 4   Research ideas and framework ························· (17)
Section 5   Major innovation and academic value ·················· (20)

Chapter II   Historical Evolution and Current Situation of the
             Deposit Insurance System ···························· (23)

Section 1   Brief history of the deposit insurance system ········ (23)
Section 2   International experience with deposit insurance
             systems ··· (26)
Section 3   Current status of China's deposit insurance
             system ·· (38)
Section 4   Summary of this chapter ····························· (48)

Chapter III Theories and Evolution of the Deposit Insurance
             System ·· (49)

Section 1   The necessity of the deposit insurance system ········ (49)
Section 2   Deposit insurance pricing ···························· (52)
Section 3   Deposit insurance system and banking
             risk-taking ··· (64)
Section 4   Deposit insurance system and prudential
             supervision, lender of last resort ·················· (68)

Section 5	Summary of this chapter	(69)

Chapter IV Prudential Supervision and the Deposit Insurance Pricing ········ (71)

Section 1	Introduction	(71)
Section 2	Deposit insurance pricing model based on regulatory penalties	(72)
Section 3	Deposit insurance pricing and bank risk appetite	(79)
Section 4	Calculation of deposit insurance premium	(90)
Section 5	Summary of this chapter	(108)

Chapter V IntervalPricing for Deposit Insurance ········ (110)

Section 1	Introduction	(110)
Section 2	The significance of deposit insurance interval pricing	(113)
Section 3	Deposit insurance interval pricing model	(115)
Section 4	Numerical analysis and examples	(123)
Section 5	Summary of this chapter	(129)

Chapter VI Macroeconomic Policy and Deposit Insurance Prices ········ (131)

Section 1	Introduction	(131)
Section 2	The internal logic of the relationship between macroeconomic policy and deposit insurance pricing	(135)
Section 3	The relationship between the income tax rate and the price of deposit insurance	(137)
Section 4	An empirical study on the impact of bank income tax on the level of banking risk-taking	(146)
Section 5	Summary of this chapter	(156)

Contents

Chapter VII	The Deposit Insurance System and the Risk-taking of Small and Medium-sized Banks	(158)
Section 1	Introduction	(158)
Section 2	Theoretical analysis and research hypotheses	(162)
Section 3	Analysis of the impact of deposit insurance system on the risk-taking of small and medium-sized rural banks	(166)
Section 4	Summary of this chapter	(178)

Chapter VIII	Differentiated Deposit Insurance Rates and Banking Risk-taking	(180)
Section 1	Introduction	(180)
Section 2	The practice of differential rate mechanism in the deposit insurance system	(181)
Section 3	The impact mechanism of differential rate mechanism on banking risk-taking	(185)
Section 4	Empirical evidence that differential rate mechanisms affect banking risk-taking	(191)
Section 5	The impact of the restructuring of rural credit cooperatives	(204)
Section 6	Summary of this chapter	(213)

Chapter IX	Does China's Deposit Insurance System Play the Prompt Corrective Action Role?	(215)
Section 1	Introduction	(215)
Section 2	The background of the prompt corrective action	(218)
Section 3	Theoretical analysis and empirical design	(221)
Section 4	Empirical results	(228)
Section 5	Summary of this chapter	(242)

| Chapter X | Micro-prudential Supervision and Banking Risk-taking | (243) |

Section 1	Introduction	(243)
Section 2	The development of domestic and foreign regulatory penalty systems	(244)
Section 3	The theoretical analysis of the relationship between regulatory penalties and banking risk-taking	(247)
Section 4	Data sources and empirical design	(251)
Section 5	Empirical results of the relationship between regulatory penalties and banking risk-taking	(257)
Section 6	Further analysis based on the deposit insurance system	(272)
Section 7	Summary of this chapter	(280)

| Chapter XI | Conclusions and Policy Implications | (282) |

| Section 1 | Main conclusions | (282) |
| Section 2 | policy implications | (287) |

References ………………………………………………… (293)

Index ……………………………………………………… (309)

Afterword ………………………………………………… (315)

第一章 导论

第一节 选题背景及意义

2017年7月召开的全国金融工作会议着重强调：金融是国家重要的核心竞争力，金融安全是国家安全的重要组成部分，为实体经济服务是金融的天职，防止发生系统性金融风险是金融工作的永恒主题。

回顾过去，2020年三大攻坚战收官之年，中国金融体系风险防范化解取得了实质性的进展，实现了增量风险的有效防范和存量风险的逐步化解。但是，当前国际环境日趋复杂，不稳定性和不确定性明显增加，中国经济发展面临需求收缩、供给冲击、预期转弱三重压力。放眼未来，新冠疫情影响广泛深远，世界经济陷入低迷期，经济全球化遭遇逆流，全球能源供需版图深刻变革，国际经济政治格局复杂多变，世界进入动荡变革期。因此，在"十四五"时期乃至未来很长时期内，中国面临的金融安全形势仍然十分复杂严峻，防范化解金融风险的任务仍然十分繁重。作为金融安全网的三大支柱之一，存款保险制度在维持金融稳定和金融安全方面扮演着重要角色，在防止银行挤兑和保护存款人利益方面发挥着重要的作用。

1933年美国成立美国联邦存款保险公司（Federal Deposit Insurance Corporation，简称FDIC），标志着现代存款保险制度的建立。在此后的近90年时间里，相比于建立存款保险制度前，美国银行倒闭的数目大大减少；存款保险制度的建立，大大降低了美国银行体系的风险。

从中国实践来看，长期以来中国实行的是隐性存款保险制度。2015年5月开始实施的《存款保险条例》，标志着中国正式建立显性存款保险制度。2015年中国存款保险制度设立初期统一适用基准费率万分之1.6，每半年收取一次，由法人投保机构上交。2016年8月，有关监管部门提出要向差别化费率过渡，参考法人投保机构的监管评级进行保费收取，将存款保险费率划分多档，试行差别化费率机制。2017年7月，监管部门继续发布《关于继续做好存款保险费率管理工作的通知》，进一步规定费率评级根据投保机构经营和风险情况进行定量及定性考量，以此确定银行当年的风险评分确定适用费率，由法人投保机构每半年上交一次。本次调整使得存款保险费率变动范围扩大，且费率档次扩大，充分体现差异化，这也标志中国存款保险制度更加成熟（明雷等，2022）。

自存款保险制度建立以来，中国大中小银行的格局保持基本稳定，银行业金融机构经营秩序正常，各方反应积极正面。截至2020年年末，存款保险基金存款余额620.4亿元，共有4024家银行业金融机构办理了投保手续。特别需要说明的是，存款保险在2020年处置包商银行破产过程中发挥了重要的作用。自然的问题是：如何对存款保险进行定价？存款保险制度对于防范化解银行风险具有什么重要的作用？背后的作用机制是什么？

具体来说，中国存款保险制度采用"风险最小化"模式，具有信息收集、现场核查、风险警示、早期纠正和风险处置等职责，不是单纯的出纳或"付款箱"（孙天琦，2021）。存款保险制度在运行过程中，通过两方面手段实现了对风险的早干预、早处置：第一，实行风险差别费率。通过奖优罚劣，风险高的银行费率高，风险低的银行费率低，用市场化手段促使银行审慎经营。第二，开展早期纠正，推动风险早发现和少发生。主要的手段包括补充资本、控制资产增长、控制重大交易授信、降低杠杆率等。

鉴于此，本书在系统回顾存款保险制度的历史演进与现状，以及系统梳理存款保险制度相关理论及进展的基础上，从资产定价和风险管理两个维度开展系列研究，并最后落脚到中国存款保险制度设计。总体而言，本书将试图回答以下问题：（1）如何将监管处罚和监管宽容统一到一个框架下，对存款保险进行定价？（2）在经济不稳定性和不确定性明显增加的情况下，如何对存款保险进行区间定价？（3）如何将宏观经济政策纳入存款保险制度的框架下，对存款保险进行定价？（4）存款保险制度的建立，对中小银行风险有什么样的影响？（5）差别化费率机制与银行风险承担有什么样的关系？（6）作为微观审慎监管的重要组成部分，监管处罚对银行的风险承担有什么样的影响？

通过对以上问题展开系列研究，本书旨在厘清中国存款保险的定价机制和存款保险制度的风险效应，并最终为中国存款保险制度设计提供参考。本书对于完善和丰富中国银行监管理论具有重要意义，对中国存款保险制度的设计也具有重要的指导意义。本书为中国防范化解金融风险、促进银行业高质量发展提供有益借鉴。归结起来，本书的研究意义主要体现在以下几个方面。

第一，本书对于完善和丰富中国银行监管理论具有一定学术价值。中国存款保险制度建立时间较短，国内相关研究大多是基于跨国数据进行，忽视了中国银行业数量庞大、分布较广、规模悬殊较大等特征。本书将充分依据中国银行业数据"讲中国故事"，完善和丰富中国存款保险制度理论，进而为丰富中国银行监管理论作出微薄的贡献。

第二，本书对于拓展国内外存款保险定价理论的发展具有理论意义。存款保险定价研究是银行管理的重要问题，但是国内对存款保险定价研究相对较少。本书将从监管处罚、区间定价和考虑宏观经济政策三个维度，对存款保险定价问题进行系统研究，将拓展国内外存款保险定价理论的发展，并丰富国内对存款保险定价的认识。

第三，本书对中国存款保险制度的设计具有参考意义。中国存款保险制度建立时间不长，在"摸着石头过河"中不断完善。比如，存款保险制度设立初期实行单一费率，2016年8月开始试行差别化费率机制。2017年7月，监管部门继续发布《关于继续做好存款保险费率管理工作的通知》，本次调整使得存款保险费率变动范围扩大，且费率档次扩大，充分体现差异化。本书将系统评估差别化费率影响银行行为的作用机制，以及监管处罚的有效性，对完善中国存款保险制度具有参考意义。

第四，本书为中国防范化解金融风险、维护金融安全提供有益借鉴。银行是中国金融体系最重要的组成部分，可以说，防范了银行业金融风险就是稳住了中国金融系统风险的"基本盘"。至2020年年末，中国金融业机构总资产为353.19万亿元，其中银行业机构总资产为319.74万亿元，占比90.53%。而本书一个重要研究内容就是系统分析存款保险制度对中国银行风险承担的影响效果以及作用机制。因此，本书的研究有利于中国防范化解金融风险、维护金融安全。

第五，本书为促进中国银行业高质量发展提供了理论指导。银行业高质量发展的核心要义是风险可控和经营稳定。本书研究存款保险制度对于中国银行行为的影响，其最后落脚点就是检验存款保险制度是否能促进银行高质量发展？这里需要强调的是，当前研究和政策导向主要强调防范化解金融风险。本书在分析存款保险制度的金融稳定作用的基础上，进一步研究存款保险制度是否会有副作用？是否会损害银行的经营发展？或者说，存款保险制度能否在金融稳定和经营稳定之间取得平衡？回答这些问题，给促进中国银行业高质量发展提供理论指导。

第二节 概念界定与研究主体

一 相关概念界定

根据 2015 年中国颁布的《存款保险条例》，存款保险是指投保机构向存款保险基金管理机构交纳保费，形成存款保险基金，存款保险基金管理机构依照本条例的规定向存款人偿付被保险存款，并采取必要措施维护存款以及存款保险基金安全的制度。本书主要研究中国存款保险相关的问题，因此接受《存款保险条例》的定义。

存款保险定价，是指根据金融学相关理论，利用资产定价的方法或手段对存款保险费率进行分析的过程。

存款保险制度，是指一个国家或地区通过法律法规的形式确立的一种维护金融稳定、保护存款人利益的金融保障制度。

二 存款保险制度相关主体

存款保险的本质是保险，具有很强的政策性。因此，存款保险合同也是一份保险合同，其相关主体包括了保险合同中的相关主体——投保人、保险人、被保险人和受益人。投保人是与保险人签订保险合同并按照保险合同负有支付保费义务的个人或机构。保险人是指与投保人签订保险合同，且承担赔偿或者支付保险金责任的保险公司。被保险人是指根据保险合同，其利益受到保险合同保障的主体。受益人是指保险合同中由被保人或者投保人指定的享有保险金请求权的个人或者机构。被保险人可以与投保人相同，也可以不同。同样地，受益人也可以是投保人或者被保险人。

在存款保险合同里，存款保险机构是保险人，银行等储蓄机构是投保人（也是被保险人），存款人是存款保险的最终受益者。除开存款保险机构、银行和存款人，在存款保险制度里，还涉及政府等监管机构。存款保险机构主要负责设计存款保险合同的条款，并从银行等储蓄机构收取保费。在银行破产出现支付困难时，存款保险机构向银行支付保险金，用于偿还存款的本息。银行在支付保费后，获得存款保险机构在其出现支付困难后进行赔付的承诺，因此银行本身既是投保人，又是被保险人，同时也是受益人。但事实上存款保险制度的最终受益人是存款人，其保证了存款人不因银行出现破产而遭受损失，如图1-1所示。

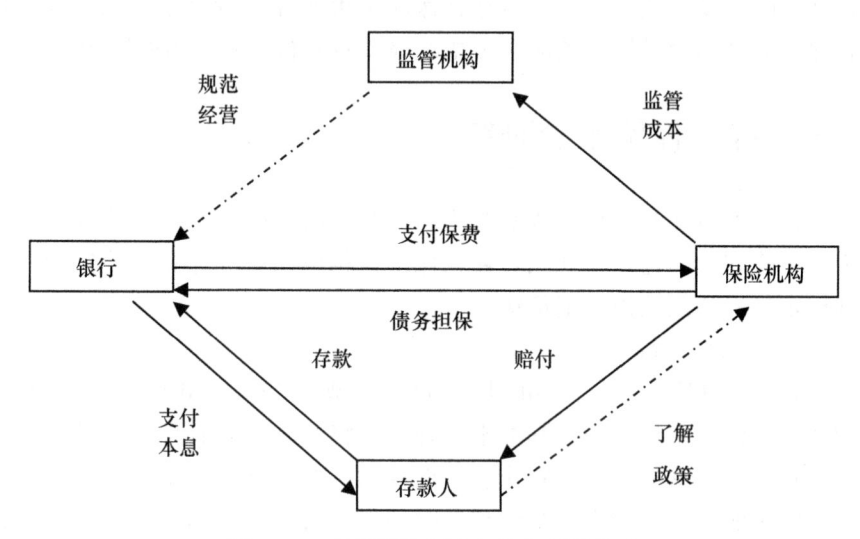

图1-1 存款保险制度主体之间的关系

因为信息不对称，存款保险设计中存在着严重的道德风险和逆向选择。众所周知，商业银行在安全性的原则下是以盈利为目标，追求的是利润的最大化。一旦实施了显性的存款保险制度，就相当于给银行的风险投资上了一把"锁"。一旦出现问题，就由存款保险公司赔偿。因此，政府等监管机构在存款保险中就发挥了不可替代的作用。特别是当前，银行的盈利能力受到挑战，而银行的风险却存在被放大的可能。因此，监管机构需要在金融稳定和道德风险中寻求一个平衡点。

存款保险价格的确定是获得平衡点的一个关键因素，也是存款保险制度设计的一个重难点。

第三节　文献综述与述评

有关存款保险制度的研究，从最初探讨如何对保费进行定价以及是否存在公平定价，到后来存款保险制度负面影响的暴露引发学者对其有效性的论证，积累了大量的研究成果。本书试图通过清晰论述存款保险定价以及存款保险制度效应的研究，对存款保险定价研究进行总结归纳；并分析存款保险制度的金融稳定效应、道德风险及对银行风险承担的影响。

一　存款保险定价研究

存款保险制度的核心是费率的测算，合理的费率有利于弱化投保银行的道德风险和逆向选择，并减轻存款保险机构的负担。存款保险定价主要有期权定价法和预期损失定价法。

（一）期权定价法

Merton（1977）最早将 Black-Scholes 模型（Black and Scholes，1973）应用到存款保险定价之中。其基本原理是：将存款保险看作一份欧式看跌期权，将到期存款的本息和看作看跌期权的执行价格，将银行吸收存款的价值看作标的资产的价格。合约到期时如果银行资不抵债，存款保险机构将承担银行无法支付的部分；如果到期时银行经营状况较好，存款保险机构便不需要进行偿付。

Merton（1977）的模型简单直观、易于理解，但也存在一些缺陷：一是没有考虑监管成本、监管监察和破产后处理方式的不同对存款保险价格的影响；二是忽略了一些无法观测的参数。为此，Merton（1978）考虑了监管成本的影响；Ronn 和 Verma（1986）明确考虑了监管宽容的实际情况（简称 R&V 模型）；Pennacchi（1987）则拓展了定价框架，进一步考虑了当银行资产少于一定比例的银行储蓄时，存款保险机构就对银行实施兼并处理的情况。Marcus 和 Shaked（1984）对 Merton 模型中无法观测到的银行资产价值和波动率进行了计算，联立方程组求解存款保险的费率；Duan（1994，2000）利用极大似然估计对 R&V 模型进行了改进，得到了资产价值和权益价值的对数似然函数，求得银行资产收益率和收益率标准差的最大似然估计值，从而求得银行资产价值的估计值。此外，Pyle（1986）建立了银行破产倒闭可以背离经济破产条件下的存款保险定价模型；Kane（1986）基于欧式期权两周期的二叉树模型对存款保险进行了定价研究。近些年来，Camara 等（2020）在欧式期权定价框架下，考虑了银行资产结构，对存款保险进行了定价，并以相关数据做了实证分析。Chang 等（2022）提出了一个引入存款人优惠法和或有资本发行的存款保险定价框架，他们认为传统的基于欧式期权的存款保险定价模型高估了保费。

欧式期权只有在到期日才能执行，但是存款人可以在存款未到期时的任意时刻到银行取款。因此银行本身面临的是任意时刻而不是某一个特定时间的挤兑风险。因为美式期权持有人可以在到期日前的任意时刻执行期权，可以很好地弥补欧式期权的流动性不足问题。Allen 和 Saunders（1993）将存款保险视为一个可赎回永久美式看跌期权进行了存款保险定价。Hwang 等（2009）基于美式期权的框架考虑了破产成本的因素，并用障碍期权定价研究了破产政策对于存款保险定价的影响。

延续期权定价的思想，很多学者还尝试引进一些其他经济变量对存款保险进行定价。Kerfriden 和 Rochet（1993）考虑银行资产负债表的期限结构和市场参数得到存款保险的定价公式，运用利率的期限结构和零息债券的波动率来刻画市场参数。Duan 等（1995）给出了考虑利率风险对存款保险定价影响的定价公式。Dermine 等（2001）分析了信贷风险对存款保险定价的影响。Lee 等（2015）用资产相关性来度量银行的系统性风险，对存款保险进行了定价。Zhang 和 Shi（2017）则在期权定价模型基础上融合了市场模型，并发现未考虑系统风险的定价模型低估了存款保费。

即使诸多学者对期权定价法进行了改进，但是此类方法仅限于上市银行，这对估计非上市银行保费具有局限，因此有学者探索如何将期权定价应用到非上市银行。Cooperstein 等（1995）解释了如何用现金流来估计银行价值。Falkenheim 和 Pennacchi（2003）采用了市场对照法，根据上市银行和非上市银行之间相似的风险特征将二者联系起来，再运用 R&V 模型测算费率。虽然非上市银行的存款保险定价较少，但意义重大，因为现实中大多数银行都是非上市银行。

国内的研究主要集中在利用国外已有的模型和定价方法，结合中国银行业的数据对存款保险费率进行测算。张金宝和任若恩（2006）以 R&V 模型的思路对监管宽容下的存款保险定价做了案例分析，得出监管宽容程度与单期存款保险费率负相关。李敏波（2015）基于 R&V 模型，利用国内 16 家上市银行的资产负债表和股价数据，测算出政府隐性担保下的存款保险费率。程志富等（2016）基于银行债券视角，利用存款债务与其他普通债务之间的相似性和期权对角价差组合技术，对 5 家国有商业银行的费率进行测算，同时利用 R&V 模型测算了其他 10 家上市银行的存款保险费率，为存款保险的差别化费率设计拓展了思路。不同于套用国外文献简单的测算保费，吕筱宁等（2016）的研究创新性地将系统性风险、参保比例和逆周期程度系数引入到定价模型，提出基于跨期系统性风险的存款保险逆周期定价方法。明雷等（2019）同时考虑了监管宽容和监管惩罚对存款保险价格的影响，研究表明监管宽容程度越高、监管处罚力度越低，存款保险费率越高。

Merton（1977）提出的期权定价具有开创性，围绕这一方法展开的研究所考虑的因素也更加全面和贴近实际，如考虑监管政策、资本展期、银行股利派发政策等，较为客观准确地反映根据商业银行自身运营状况所对应的存款保险费率。但期权定价法因有着严格的假设条件，导致这一方法虽然科学有效，但很少被应用到实践中。

（二）预期损失定价法

预期损失定价方法的基本思想是通过计算银行破产时对储户造成的预期损失来衡量银行所需要缴纳的保费。预期损失为预期违约率、风险敞口和违约损失率的乘积。风险敞口和违约损失率可以通过历史经验数据得到，预期违约率主要通过基本面分析、市场分析法和评级分析三种途径获得。

基本面分析一般基于其会计核算价值，应用类似 CAMELS 的评级。CAMELS 基础分析法具体包括六种评价指标，即资本充足、资产质量、管理水平、盈利水平、流动性水平、市场风险敏感度，利用这六种指标对商业银行进行评分，并通过评分确定各家银行的风险等级，再确定对应的预期违约率。市场分析法基于无套利和风险中性定价的前提，假设以一单位资金投资于无风险债券和投资于未投保银行债务的期望收益相同，已知无风险债券利率和未投保银行债务的利率，计算得出预期违约率。评级分析法是通过穆迪、惠誉、标普等专业评级公司对金融机构的信用评级来直接获得相应的违约率。这种方法操作简便且数据易得，但不同的评级机构对银行的评级存在差异，且评级机构缺乏内部信息，实际评级可能有所偏差。

基于预期损失定价的思想，国内外学者考虑了不同因素，应用这一方法进行费率测算与理论研究。Sironi 和 Zazzara（2004）结合预期损失定价与信用风险模型对意大利上市银行进行了保费费率测算，所得结果与实际费率相近。Pennacchi（2005）基于预期损失定价的思想，考虑了经济周期对保费的影响。国内早期也多采用操作简便的预期损失定价法。魏志宏（2004）应用评级法对中国存款保险进行定价，通过将穆迪对商业银行的长期外币存款评级与具体的五年平均累计违约率相对应，再计算得出年均违约率。张金宝和任若恩（2007）基于预期损失定价思想考虑了商业银行资本配置对存款保险定价的影响，建立了基于资本配置的存款保险定价模型。李旸和黄锟（2017）运用了预期损失定价模型、R&V 模型和基于资本配置这三种定价方法，对 12 家上市商业银行进行了存款保险的费率测算并进行了对比。刘海龙和杨继光（2011）综合运用了期权定价和预期损失定价的思想构建了一种定价机制，还考虑了银行的资产质量和资本充足率，对中国银行费率进行了测算。魏修建等（2014）通过 BP 神经网络及 D‑S 证据理论测定期望损失概率，运用预期损失定价法对中国地方性银行进行了费率测算。宋莹（2014）以及缪锦春和季安琪（2015）等也基于预期损失定价的思想对中国银行进行了保费测算。

相对期权定价法，预期损失定价方法操作简单、适应性强，但近年来整体的研究趋势变得更为科学严谨。从最初直接运用评级法估算银行违约概率，到后期逐渐有国外学者运用 KMV 模型、风险中性估值模型等商业银行信用风险模型来核算更为合理的违约概率，这也将成为预期损失定价法未来的研究趋势。

从理论层面来看，存款保险定价的研究仍然以期权定价和预期损失定价为主。随着近些年存款保险制度日益完善，定价方面的研究相对减少。未来可能的研究重点侧重于：以中小银行为代表的非上市银行的存款保险定价、存款保险定价与银行治理结构的研究以及减税降费对存款保险价格的影响等。从实践层面来看，尽管几乎没有国家采用期权定价法和预期损失定价法，但是存款保险定价理论的发展为完善存款保险制度起到了积极作用；反过来，存款保险制度的完善又为存款保险定价提供了新的研究课题。总之，存款保险定价和存款保险制度的完善相辅相成、相互促进。

（三）公平的存款保险价格

无论是期权定价还是预期损失定价，其背后都隐含着公平的存款保险价格存在这一假设。那么：公平的存款保险价格是否存在？

期权定价法和预期损失定价法都基于科学有效的定价模型，计算一个能让存款保险机构在投保银行破产清算时有足够资金对被保险存款人进行及时偿付，但又不造成投保存款机构不合理负担的保费。Craine（1995）认为，错误的存款保险定价会导致不公平的财富转移，而公平的存款保险定价消除了这种弊端。

以 Chan 等（1992）的研究为核心，部分学者着重探讨公平的存款保险定价的存在性问题。他们指出，由于存在信息不对称，导致不存在公平的存款保险定价。一方面，即使银行的资产组合决策完全可测，但是这些决策与存款保险机构、监管者对保费费率进行调整之间仍然存在时滞。因此，如果银行的资本比率较低，银行在时滞阶段有可能为了提高资本比率而进行冒险，进而可能导致更大的损失。另一方面，银行的逆向选择问题导致了不会存在公平的存款保险价格。Santos（2006）也认为由于存在信息不对称和逆向选择，公平的存款保险基本不会实现。

Freixas 和 Rochet（1998）对 Chan 等（1992）模型的基本假定提出了质疑，认为其基本假定不合理。在对假定进行修正之后，他们建立了两周期静态模型，结果发现，即使存在逆向选择问题，公平的存款保险定价仍然可以实现，即存在一个激励相容的机制。Boyd 等（2002）的研究支持了 Freixas 和 Rochet（1998）的观点，他们的理论模型结果显示存在精确公平的存款保险价格。Yoon 和 Mazumdar（1996）的研究也指出，公平的存款保险价格在竞争的银行业中是存在的。

国内对于公平的存款保险定价研究则比较匮乏。凌涛等（2007）从存款保险制度的融资来源、融资规模和保费收取三个方面，从理论分析和文献综述层面探讨了存款保险制度的公平问题，认为几乎不可能在实践中实现存款保险保费的完全公平定价。姚志勇和夏凡（2012）构建了一个"直接显示机制"来设计存款保险合约，模型结果显示完全公平定价与激励相容的保费制度相矛盾，在信息不对称的情况下公平定价并不可行。

现有研究表明，通过理论分析和模型推导证实存在公平定价的文献大多基于一定的假设条件，与现实情况存在差异；受限于信息不对称和银行的逆向选择，公平定价基本不可能实现。尽管如此，公平定价的思想对于如何合理收取保费及尽可能规避道德风险仍然具有指导和借鉴意义。

二 存款保险制度与金融风险

（一）存款保险制度与金融系统稳定

存款保险制度推行的目的是防范银行挤兑风险，增强金融系统的稳定性。尽管这一制度存在道德风险争议，但仍有大量实证研究和理论模型证实了其积极作用。

Diamond 和 Dybvig（1983）基于博弈论构建了银行挤兑模型，证明存款保险制度的推出能够有效缓解银行系统的脆弱性。Anginer 等（2014）研究发现，存款保险制度在 2008 年危机期间发挥了稳定金融系统的作用。Boyle 等（2015）的研究也表明在应对银行危机时，提前建立完备的存款保险制度能够有效缓解银行挤兑风险。澳大利亚在 2008 年国际金融危机期间推出存款保险制度，Bollen 等（2015）以这一独特事件进行研究，发现至少在危机发生后的短期和中期内，存款保险制度都有效控制了银行的系统性风险。王晓博等（2015）以中国内地和香港地区的银行作为对照组和处理组，认为引入存款保险制度在应对金融危机时起到了稳定作用。纪洋等（2018）的研究发现，虽然存款保险制度确实增加了银行危机爆发的可能性，但同时对于利率风险和股市风险等又起到了抑制的作用。综合来看，存款保险制度有利于维护整个金融系统的稳定。

尽管争议不断，但比较一致的观点是存款保险制度有效性受制度设计影响。设计不完善的存款保险制度会加大银行危机发生的可能，而激励相容的制度设计可以削弱道德风险带来的不良影响（姚志勇和夏凡，2012）。就存款保险制度而言，防范道德风险的有效途径是设定以风险为基础的存款保险费率，提高银行的风险成本承担，从而降低银行冒险经营的动机。Chiaramonte 等（2020）及 Camara 等（2020）指出目前在许多国家仍然采用统一的存款保险费率，这导致相对稳健的银行补贴风险更高的银行，必然存在高风险银行的逆向选择问题，加剧银行道德风险。赵静和郭晔（2021）、项后军和张清俊（2020）及明雷等（2019）也赞同差别化的存款保险费率对于降低银行的道德风险有重要作用。而实施差别化费率的困难在于费率如何确定。如果费率过低，则存款保险基金不足以保障破产风险；如果费率过高，则加大银行的风险承担，尤其是对中小银行（李敏波，2015）。赵静和郭晔（2021）还指出，差别化费率机制的设计还应当考虑银行的系统性风险，更全面地反映银行间的风险差异和溢出效应，加强存款保险制度对银行风险的约束作用。

王永钦等（2018）则发现短期来看存款保险制度在中国的负面影响居多，尤其是对小规模银行及地方性银行来说。项后军和张清俊（2020）使用较长年度的数据进行分析，肯定了其对中国银行体系的稳定作用；但同时发现，中国存款保险在抑制高风险银行风险的同时，也激励了低风险银行提高风险承担水平。刘莉亚等（2021）进一步探讨中国存保制度在"隐性"转为"显性"的过程中，如何从风险承担、资产流动性以及融资成本三个路径降低银行流动性创造。

总结已有文献不难发现：一方面，存款保险制度在应对金融危机时确实起到了稳定储户信心的作用，减少了银行挤兑带来的倒闭事件，并保障储户的利益，在经济动荡时期应对银行挤兑危机、降低金融风险方面发挥了积极作用。另一方面，存款保险制度推出后由于道德风险、逆向选择和制度环境不完善等问题，带来了一些负面影响。

（二）存款保险制度与道德风险

道德风险是存款保险制度备受争议的原因。众多研究表明，实施存款保险制度之后，银行的道德风险激励银行冒险经营，增加了破产可能性。因此，关于存款保险制度的有效性一直备受争议。存款保险制度的设计和实践，在全球范围内也存在巨大差异。

Demirgüç-Kunt 和 Detragiache（2002）研究发现，存款保险制度对银行稳定有负面作用，尤其是在银行利率管制宽松和制度环境薄弱的地区。Lé（2012）也发现建立存款保险制度后，银行冒险行为的增加导致风险承担显著提升。Ngalawa 等（2016）发现，存款保险与对私营部门的信贷相互作用加剧了银行挤兑和银行破产，表明存款保险的道德风险带来的负面影响大于对银行的稳定作用。Pennacchi（2006）认为由于公平保费很难实现，所以当银行危机发生时，政府会倾向于对存款保险基金进行补贴。而这种补贴加剧了银行的风险激励，通过集中贷款和高系统性风险下的表外活动来增加其保险补贴，这将在经济下滑时期引发更严重的金融危机。

相对来说，更多的实证研究结果表明，存款保险制度不仅没有起到维护金融稳定的作用，反而引发道德风险，增加了银行危机的隐患。因此，近年来学者转而探讨背后的影响机制，即何种因素放大存款保险制度的负面影响，以及怎样的制度设计可以规避道德风险。总体来看，设计不良的存款保险制度会加大银行危机发生的可能，并且存款保险制度的有效性受诸多因素影响，如法律制度、监管协调等政策环境，制度设计及银行自身治理情况。

（1）政策环境与道德风险

在宽松的监管环境下引入存款保险制度会加剧银行的风险激励，导致银行风险隐患增加并阻碍金融发展。同时，在良好监管环境下，存款保险产生了预期的正面影响，说明实施存款保险需要有健全的监管计划。段军山等（2018）利用跨国数据分析发现，存款保险制度确实引起道德风险，且明显增加了发展中国家银行的风险承担；同时，良好的监管环境、法律环境和政治环境有助于减轻存款保险的道德风险。Qian 等（2019）指出监管程度是影响存款保险制度有效性的决定性因素，提高监管水平可以弱化因银行过度竞争导致的风险承担。Kane（2000）也认为，合理的制度设计和良好的监管环境使得存款保险制度能有效规避道德风险。

在外部环境不良的情况下引入存款保险制度会加大风险隐患。因此，存款保险的稳定作用的发挥，需要配套的法律法规以及审慎的监管环境。

（2）制度设计与道德风险

存款保险制度的某些安排可以提高市场纪律进而约束银行，如设置共同保险、将外币存款纳入保险范围以及联合管理机制等。通过存款保险制度的某些设计，如风险调整保费制度、共同保险制度、设立独立的存款保险机构、"风险最小化"模式等，可以适当规避道德风险带来的不良影响。Guizani 和 Watanabe（2016）研究发现，在实行单一费率的日本，由政府根据银行资本充足率注入公共资金能够弥补存款保险引发的道德风险。Chiaramonte 等（2020）认为，过高的保险覆盖范围导致更大的冒险行为，加剧金融体系的脆弱；影响银行稳定性的往往不是制度设计的单一特征，而是不同特征之间的相互作用，且存款保险制度的综合设计对银行稳定性的影响程度取决于银行类型、经营模式以及经营环境。

适当的制度设计可以消除部分存款保险的道德风险。反之，即使在体制最健全的国家，设计欠佳的存款保险制度也会削弱对银行实行良好管理的激励，导致银行体系的恶化。存款保险制度的设计应该重视主体之间的差异化，抑制银行的冒险经营动机，保证制度运行有效率，同时也应该最大化地体现公平。

(3) 银行自身的道德风险

存款保险制度激励银行冒险经营，在一定程度上受银行类型、治理结构及信息披露程度等因素影响。Laeven 和 Levine（2009）认为，忽视股权结构研究资本监管、存款保险制度对银行风险行为的影响得出的结论是不完整的，有时甚至是错误的。Liu 等（2016）的实证结果表明，对于自身资产质量更好、流动性更充足的银行，存款保险制度的道德风险能够得到有效化解。郭晔和赵静（2017）对比同时期中美两国的表现，发现银行杠杆率越高以及第一大股东的持股比例越高，存款保险制度产生的道德风险问题越严重；较分散的股权结构和较低的银行杠杆率能够相对降低该制度对银行个体风险的负面影响。朱波等（2016）基于不完全信息动态博弈模型进行研究发现，提高银行的信息披露程度有助于督促银行规避风险，而存款保险制度与信息披露程度之间存在协同效应。因此，加强银行的信息披露有助于抑制存款保险制度的道德风险，从而降低系统性风险。

存款保险制度的有效性受银行异质性影响，如银行的资本充足率、资产质量、杠杆率、股权结构及信息披露等因素。银行治理体系的改善会促进存款保险制度积极作用的发挥。此外，大中型银行可以通过提供更高的资本缓冲来增加利润，降低金融脆弱性，从而抵御外部冲击，存款保险制度对其负面影响较小，但对小型或区域性银行负面影响较大。这也启示我们在存款保险制度推进过程中应更加重视中小银行的治理和经营风险，进一步完善银行的竞争环境。

存款保险制度在带来金融稳定效应的同时，也会带来道德风险；金融稳定和道德风险相当于"硬币的两面"。因此，存款保险制度需要在金融稳定和道德风险之间寻找平衡点。已有文献从政策环境、制度设计以及银行自身等方面对存款保险制度与道德风险之间的关系进行了研究，表明存款保险制度产生道德风险的根源在商业银行自身追求利益最大化。那么，能否通过政策环境的优化以及恰当的制度设计，以消除至少是削弱银行的道德风险也是一个值得探讨的话题。

道德风险激励银行冒险经营，导致银行风险承担增加，但银行风险承担与道德风险并不完全相同。不同的经济周期、制度设计等因素可能会导致存款保险制度对不同的银行产生正面或负面的风险承担影响,最终的净效应在存款保险制度带来的成本与收益之间权衡。

Angkinand 和 Wihlborg(2010)指出,显性存款保险覆盖范围与银行风险承担之间存在"U"形关系,且存款保险的保额在中间水平上使得银行风险最小化;最优存款保险限额受到制度因素,如银行所有权结构的影响而存在差异。王晓博等(2018)也验证了"U"形关系的存在,并指出一国在不同时期可以"相机抉择",设立不同的保额灵活地规避风险。赵尚梅等(2017)研究发现,这种"U"形关系随着居民储蓄率提高或者银行存贷利差降低而更加明显。韩扬等(2018)通过构建一个异质性全局博弈模型,发现设置较高的存款保险偿付限额可以有效降低银行的挤兑风险。可见,存款保险保额设置的高低可以通过道德风险和挤兑效应影响银行的风险承担。一般认为,保险覆盖范围或保额设定高低与银行风险承担呈"U"形关系,过高或过低的保护范围会使得银行经营稳定性下降。

总体来看,现有文献主要研究存款保额与银行风险承担的关系,认为二者存在"U"形关系,保额的合理设定不仅能够减少银行的风险承担,还能够平衡道德风险和促进金融稳定。此外,部分学者还研究了隐性存款保险制度下,特许权价值、银行信息披露程度等因素对银行风险承担的影响。

三 国内外研究述评

(一)国内外研究特点

从存款保险定价来看,预期损失定价法由于更贴近于实践,相对研究较少;而由 Merton(1977)年提出的期权定价法研究相对较多。期权定价法主要是围绕模型假定条件的改进以及参数估计两个方面展开。2008 年次贷危机之前,大多数学者研究的焦点放在改进 Merton(1977)的假设,例如考虑监管检查、监管宽容、利用美式期权定价以及参数估计等。早些年,一些学者还围绕公平的存款保险价格是否存在以及存在的条件展开研究。次贷危机之后,在期权定价的框架下,一些学者把存款保险定价拓展到考虑系统性金融风险、银行资产结构、或有资本发行等。

从存款保险制度的风险效应来看,存款保险制度在应对国际金融危机时确实起到了稳定储户信心的作用,减少了银行挤兑带来的倒闭事件,并保障储户的利益。在经济动荡时期应对银行挤兑危机、降低金融风险方面发挥了积极作用。但存款保险制度推出也带来了一些负面影响，主要可以归结为政策环境、制度设计以及银行自身存在的道德风险。

无论是存款保险定价还是风险管理，国外因为实践经验比较丰富，相对研究都较多，且较为系统。国内对存款保险定价的研究相对较少，大多数定价研究都是基于已有模型，利用中国数据进行检验，是利用已有模型讲中国故事。2015年中国建立显性存款保险制度之后，国内研究主要是分析存款保险制度设立对中国商业银行的影响，例如存款保险制度对银行个体风险、银行系统风险以及流动性创造等的影响。

（二）国内外研究不足

总结国内外研究，主要存在以下不足。

第一，从存款保险定价来看，对于中国宏观经济政策与金融监管政策的关注不够，需要进一步拓展。国内对存款保险定价的研究相对较少，大多数研究关注的是存款保险制度与银行风险之间的关系。在定价研究中，已有研究主要围绕Merton（1977）的模型改进展开，忽视了宏观经济政策和监管处罚对存款保险定价的影响。

第二，从研究对象来看，对中小银行的关注不够。以农商行和城商行为代表的中小银行是中国商业银行体系的重要组成部分。中国中小银行数量庞大，地域分布广泛，经营管理水平参差不齐。一方面，由于中小银行在公司治理方面还不够健全，在经营方面还不够稳健，和地方政府关系错综复杂，潜在风险较大；另一方面，中国中小银行在普惠金融方面特别是"支农支小"方面发挥着不可替代的作用，研究存款保险制度对中小银行的影响具有特别重要的理论意义和现实意义。但囿于数据可得性，现有研究主要关注的是大中型银行，较少关注存款保险制度对中小银行的影响。

第三，从研究视角来看，现有研究关于差别化费率和早期纠正作用对银行风险和银行效率的研究关注不够。存款保险制度最核心的两个设计是差别化费率和早期纠正作用，现有研究大多是从是否建立存款保险制度来展开研究，也就是设置存款保险制度虚拟变量。然而，受数据的限制和政策实施时限的限制，差别化费率和早期纠正作用对银行风险承担的影响缺乏更细致、深入的研究。

第四节 研究思路与框架

一 研究内容

本书主要研究内容可以概括为四个方面：一是归纳提炼存款保险制度的理论与实践，并进行比较分析；二是从监管处罚、区间定价和考虑宏观经济政策三个维度，对存款保险进行定价研究；三是从存款保险制度的设立、差别化费率机制、早期纠正作用以及审慎监管等四个维度分析存款保险制度的风险效应；四是在前三个研究内容的基础上，提出完善存款保险制度设计的政策建议与未来研究展望。

（一）存款保险制度的理论与实践

从实践层面研究存款保险历史演进及发展现状。以存款保险制度的起源为出发点，对欧美国家（地区）以及亚洲国家（地区）的存款保险制度进行了比较分析。

从理论层面研究存款保险制度相关理论的进展及新发展。研究了存款保险制度的必要性，并从存款保险定价和存款保险制度与风险效应两个维度总结了存款保险制度相关理论的进展，并进行了比较分析。最后研究了存款保险制度在金融安全网中的地位以及与其他支柱的关系。

（二）存款保险定价研究

这部分从监管处罚、区间定价和考虑宏观经济政策三个维度系统研究存款保险定价问题。

1. 监管处罚下的存款保险价格

本章在 Merton（1978）模型的基础上，引进宽容系数，将监管处罚和监管宽容统一到一个框架中，拓展了存款保险定价模型，得到存款保险价格的解析解；在此基础上进行比较静态分析。同时，利用相关数据对 11 家上市银行的存款保险费率进行了测算，并分析了 2008 年次贷危机和 2015 年股市异常波动对存款保险费率的影响。

2. 存款保险的区间定价

将模糊数学的思想引入存款保险定价模型，分析了区间定价的理论意义和现实必要性，最后通过数学推理证明，得到基于三角直觉模糊数的存款保险定价公式。然后进行了比较静态分析和算例分析。

3. 考虑宏观经济政策的存款保险定价

针对近些年减税降费对实体经济和金融部门的影响，将减税降费政策引入存款保险定价模型，得到了存款保险价格的解析解，并进行了比较静态分析。同时，研究了减税降费政策与存款保险价格之间的内在联系和传导机制，通过实证分析检验了二者之间的关系。

（三）存款保险制度风险效应

这部分主要研究存款保险制度与银行风险承担之间的关系，从存款保险制度对银行风险承担的影响、差别化费率与银行风险承担、早期纠正作用与银行风险承担以及审慎监管政策与银行风险承担四个维度展开研究。

1. 存款保险制度与银行风险承担

分析了存款保险制度对银行风险承担的影响机制，提出了研究假设。然后利用中小银行数据对假设进行了检验，并进行了稳健性检验和异质性分析。

2. 差别化费率与银行风险承担

分别通过构建两周期和三周期离散模型，拓展了 Freixas 和 Rochet（2008）模型，证明了存款保险差别化费率对银行风险承担具有抑制作用。利用中小银行数据检验了 2017 年 7 月事实上的差别化费率机制对银行风险承担的影响，并进行了稳健性检验和异质性分析。在此基础上，检验了农商行改制对银行风险承担的影响。

3. 早期纠正作用有效性

构建指标刻画存款保险的早期纠正作用，然后通过中小银行的真实存款保险费率这一独特数据，研究基于风险调整的差别化费率对银行风险是否起到早期纠正作用。

4. 审慎监管政策与银行风险承担

系统梳理了国内外监管处罚的发展历程，并进行了比较研究。提出了监管处罚对银行风险承担影响的理论基础。通过爬虫技术收集了监管机构监管处罚的大数据，系统检验了审慎监管政策与银行风险承担之间的关系。

（四）政策建议与研究展望

在前三部分的基础上，对全书内容进行了总结。并基于理论研究和实证研究的主要结论，结合存款保险制度的理论发展与国内外实践，推演出完善中国存款保险制度的政策建议，并提出了未来研究展望。

二 研究框架

本书从梳理存款保险制度理论与实践的典型事实出发，遵循"经验事实→定价机制→风险效应→机制设计"的逻辑框架。四部分研究内容之间内在逻辑关系是：第一部分存款保险制度的理论与实践是全书的逻辑起点，包含第二章和第三章。通过对存款保险制度的理论进展与实践发展进行逻辑归纳与比较分析，为全书主体内容作铺垫，同时为最后一部分制度设计提供空间参照。第二部分和第三部分是全书的主体，包含第四章到第十章。其中第二部分定价机制侧重于理论研究，第三部分风险效应侧重于实证研究，这两部分分别对应于存款保险制度设计最核心的两个问题，即存款保险定价和存款保险制度的金融稳定作用。第四部分侧重于对策研究，是由结合主体部分研究发现和空间参照推演而出，是全书的落脚点（见图 1-2）。

三 研究方法

本书遵循经济学研究一般方法论，恰当运用比较分析、归纳演绎、理论分析与假设、数理建模、解析推导、数值模拟、比较静态分析和微观计量方法等方法，将定性判断与定量分析相结合、微观分析与宏观分析相结合以及理论分析与实证分析相结合等科学方法开展研究。

在研究存款保险制度的理论与实践时，以定性分析为主，主要采用归纳演绎和比较分析的方法。

在研究存款保险的定价机制时，以定量研究为主，辅助使用定性分析方法。综合运用理论分析与假设、数理建模、解析推导、数值模拟和比较静态分析等定量分析方法，以微观分析为主。在研究监管处罚与宏观经济政策与存款保险价格时，还利用面板回归模型等实证分析方法进行了研究，理论分析与实证分析充分结合。

在研究存款保险制度风险效应时，主要采用面板回归模型等微观计量方法，以实证分析为主，在分析差别化费率与银行风险承担时理论分析与

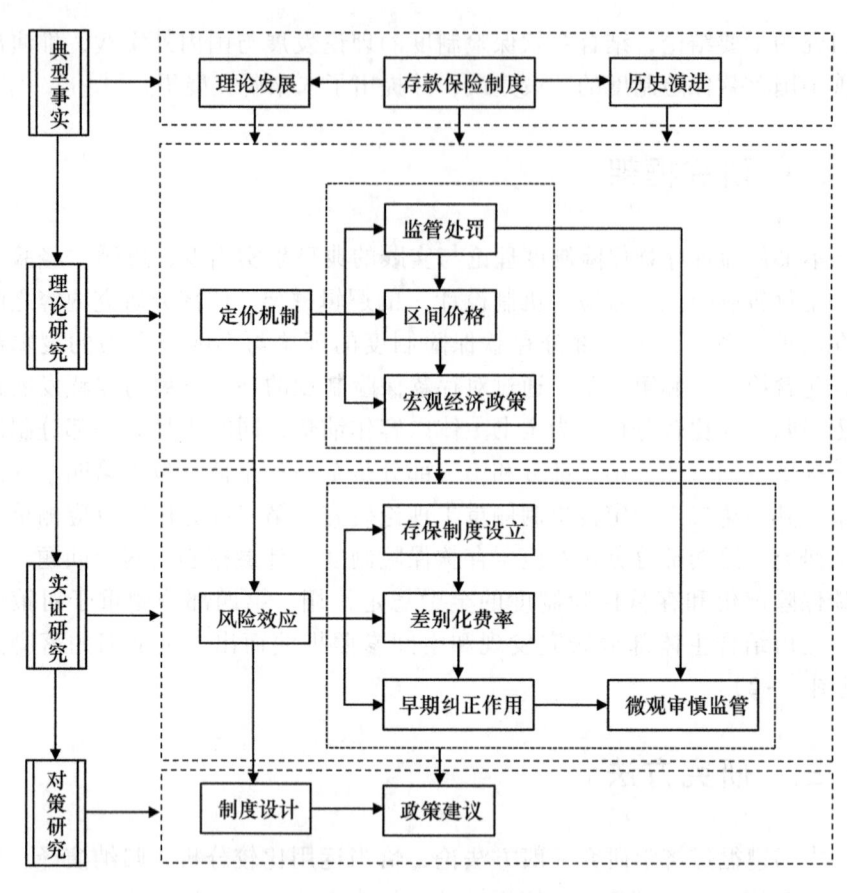

图 1-2　本书研究框架

实证分析相结合。

在研究完善存款保险制度设计的政策建议时，以定性分析为主，主要采用归纳演绎、理论推演等定性分析方法，微观分析和宏观分析相结合。

第五节　主要创新与学术价值

中国存款保险制度建立时间较短，在"摸着石头过河"中不断完善。本书主体部分从存款保险定价与风险效应两个维度，系统全面地研究了中国存款保险理论与实践中的问题，具有重要的学术价值。在拓展存款保险定价理论的基础上，将充分依据中国中小银行数据"讲中国故事"，完善和丰富中国存款保险制度理论，进而为丰富中国银行监管理论作出贡献。总结起来，本书可能的创新和特色主要体现在以下四个方面。

一 研究理论创新

从理论研究来看，本书可能的创新主要体现在三个方面：第一，首次将监管处罚引入到存款保险定价模型，将其与监管宽容、监管检查统一到一个框架下，对存款保险进行了定价，拓展了诺贝尔经济学奖得主 Robert C. Merton 的经典框架。在线性监管处罚下，得到存款保险价格的解析解。第二，将模糊数学引入存款保险定价理论，将存款保险价格拓展成区间价格。第三，将存款保险定价和宏观经济政策结合，考虑了"减税降费"对存款保险价格的影响，并分析了背后的作用机理。系统地对存款保险定价，丰富了国内外存款保险定价理论。

二 研究视角创新

从研究视角来看，本书建立了"经验事实→定价机制→风险效应→机制设计"中国存款保险分析框架。本书聚焦于存款保险制度本身设计（差别化费率和早期纠正作用）对银行风险的影响，更加精细、全面地评价存款保险制度设计本身的作用，进而为未来中国存款保险制度的完善和金融安全网的建设提供指导。

三 研究对象创新

从研究对象来看，本书的创新体现在着重研究存款保险制度对中小银行的影响。囿于数据可得性，现有研究主要关注的大中型银行以及跨国数据，较少关注存款保险制度对中小银行的影响。与已有研究不同，本书实证研究对象着眼于中小银行，系统检验了存款保险制度与银行风险承担的关系，为完善中国存款保险制度提供一定的参考。

四 研究观点创新

从研究结果来看，本书通过理论研究和实证研究，提出了一些新的观点。比如，从差别化费率和早期纠正作用两个维度来看，中国存款保险制度比较有效；加强《存款保险法》立法，提高中国存款保险监管机构的地位；加强信息披露，强化对中小银行的监管。

第二章 存款保险制度的历史演进和现状

本章首先从存款保险制度的起源和发展历程引入,其次介绍各国和各地区存款保险制度的经验,最后详细介绍中国存款保险制度的现状。

第一节 存款保险制度的历史

一 存款保险制度的起源

存款保险制度诞生于美国,在正式的联邦存款保险制度建立之前,美国曾有州一级的存款保险项目。1829 年,纽约州诞生了世界上第一份存款保险计划——纽约安全基金(Allen et al., 2011),因此成为美国第一个对银行负债进行保险的州,其主要目的是为存款和流通现钞担保,以防止银行的破产。随后,一些州也陆续建立了各自的存款保险项目。然而这些州立的保险项目存续时间不长,在绝大多数州立特许银行成为国家银行时,最后一个州立存款保险项目在 1866 年终止。有关银行负债保险的探索直到 1908 年才重启,美国 8 个州重新建立了存款保障基金,遗憾的是,到 20 世纪 20 年代中期,所有的州立保险项目都遇到了困境,到 20 世纪 30 年代早期,没有保险项目继续运营[①]。尽管前期为银行负债进行保险的项目都失败了,但这些探索的经历为后来联邦存款保险制度的建立提供了宝

---

① Federal Deposit Insurance Corporation, *A Brief History of Deposit Insurance in the United States*, September, 1998.

贵的经验，比如使用严格的银行审查和监管来限制基金的风险敞口，破产银行的偿付和清算标准等。

1933年，FDIC成立，这标志着存款保险制度的正式确立。在此之后，这一防止挤兑、促进银行稳定的基础性制度在全世界范围内得到了全面推广。在20世纪30年代美国经济经历了一次"大萧条"，这次"大萧条"导致了诸多银行的倒闭，存款人的利益受到严重损害，社会公众对银行丧失信心，引发了数次大规模的挤兑风潮。挤兑具有很强的传染效应，导致一些原来可以正常运营的银行也纷纷倒闭。为了保护存款人的利益，避免挤兑的进一步传染、维护金融系统的稳定，FDIC应运而生。

二 存款保险制度的发展历程

（一）全球发展历程

全球存款保险制度的发展历程可以大致划分为三个阶段：1933—1965年为第一个阶段；1966—1990年为第二个阶段；1991年到现在为第三个阶段。第一个阶段全球各国和各地区都处在观望期，存款保险制度发展缓慢，30多年时间里全球仅有包括美国在内的7个国家和地区建立存款保险制度。在这一阶段经历了第二次世界大战，银行业的准入门槛较高，利率管制比较严重，政府的过度干预虽然防止了银行倒闭的发生，但也降低了银行的经营效率。因此，世界各国普遍缺乏建立存款保险制度的积极性。

20世纪60年代出现了金融自由化的浪潮，利率市场化不断推进，银行私有化成为大趋势，随之而来的是银行倒闭事件频发。在这一阶段先后有印度、菲律宾、德国、芬兰和加拿大等国家引入了存款保险制度。到了20世纪70年代，先后有日本、比利时、荷兰等国家引入存款保险制度，存款保险制度逐渐被更多的国家和地区接受。到1991年，全球有36个国家和地区建立了存款保险制度。

在第三个阶段，全球推行存款保险制度的国家（地区）显著增加，全球存款保险制度建立的步伐逐渐加快，有90多个国家（地区）在这一阶段推行存款保险制度。这表明，存款保险制度得到了更多国家和地区的认可。特别是1994年墨西哥金融危机、1997年亚洲金融危机、2008年国际金融危机以及2010年的欧洲债务危机等相继爆发，也促使更多的国家引入存款保险制度或者完善已有的存款保险制度。

(二) 中国发展历程

事实上，中国长期以来实行的都是隐性存款保险制度，即所有银行都是由国家信用担保，一旦出现问题由政府兜底。在隐性存款保险制度下，中国银行从来没有发生过类似于美国等发达国家银行破产倒闭的现象。直到 1997 年亚洲金融危机期间，中国海南发展银行因经营不善，于 1998 年 6 月破产倒闭。在这个过程中，中国人民银行以"最后贷款人"的身份，清偿了海南发展银行的个人储蓄债务。随着中国经济不断发展，金融体制不断深化，隐性存款保险制度的道德风险和逆向选择也越来越严重，同时银行的潜在危机也危及存款人的利益，甚至影响到经济社会的稳定。因此，保护存款人利益，完善金融体制和推出存款保险制度是大势所趋。

中国存款保险制度的发展历程可以分为开始探索阶段、初步构建阶段和实质运行阶段。开始探索阶段（1993—2006 年）：早在 1993 年国务院出台的《金融体制改革决定》中就首次提出要建立存款保险基金；1997 年底中国人民银行成立了存款保险课题组，并且当年举行的第一次全国金融工作会议上，明确提出要研究和筹建全国性中小金融机构的存款保险机构；2003 年，中国金融改革深化，对存款保险制度的呼声越来越高，人民银行开始组织研究、设计中国存款保险制度框架；在 2004 年中国人民银行相关部门开始起草《存款保险条例》；2005 年，为强化存款保险制度的研究基础，人民银行调查了银行存款账户的情况。

初步构建阶段（2006—2015 年）：2006 年，第十一个五年规划提出了市场退出机制和存款保险制度；随后，2007 年的全国金融工作会议提出加快存款保险制度建立的步伐，此次会议指出中国存款保险制度应当有完善的功能、明确的权责，引导银行业金融机构稳健运营；紧接着美国"次贷危机"爆发，直接导致了美国诸多银行倒闭，"次贷危机"更加坚定了中国推出存款保险的信念；2008 年，在当年的《政府工作报告》明确提出建立存款保险制度，2010 年，多部门联合发布《金融业发展和改革十二五规划》，该规划提出"存款保险制度等金融安全网制度基本建立"及详细的制度目标规划。在 2012 年的全国金融工作会议上，中国人民银行指出进一步完善存款保险制度，择机发布并组织实施。2013 年，十八届三中全会发布的《中共中央关于全面深化改革若干重大问题的决定》明确提出要"建立存款保险制度，完善金融机构市场化退出机制"。2014 年人民银行向国务院上报了关于建立存款保险制度的实施方案，就《存款保险条例

（征求意见稿）》面向全社会公开征集意见。

实质运行阶段（2015年至今）：在2015年3月底，国务院公布了《存款保险条例》，在2015年5月1日起实施。条例中明确了存款保险费率由基准费率和差别化费率构成。中国经济新常态下，存款保险制度是全面深化金融市场化改革的制度保障，它能更好地保护存款人的利益，维护金融市场的稳定，增强公众对金融系统的信心，强化市场的激励和约束，促进银行业金融机构的健康发展（赵国庆和张蒙，2016）；2016年11月，中国人民银行出台了《存款保险费率管理和保费核定办法（试行）》，办法中明确了投保机构保费交纳基数、使用费率和应交保费的核定与管理等；2019年5月24日，中国存款保险基金管理有限责任公司正式成立，由中国人民银行100%控股。这意味着中国存款保险管理有了独立法人机构，向专业处置机构演进。该公司在后来的包商银行接管和锦州银行的救助中扮演了关键角色，有效和及时地处理了危机事件，减少了相关风险的外溢，充分起到稳定金融市场的作用。

第二节 存款保险制度的国际经验

一 各国（地区）存款保险制度

（一）存款保险机构的所有制类型

根据国际存款保险机构协会（以下简称"IADI"）的统计，截至2020年年底，全球有109个国家和地区实施了存款保险制度，其中有104个国家和地区性采取强制性存款保险制度。强制性存款保险有利于避免金融机构的逆向选择，因此被绝大多数国家和地区采纳。值得注意的是，相较于63个国家采取固定费率，全球有53个国家和地区采取差别化的存款保险费率，其中有10个国家同时实行以上两种费率制度。在涉及存款保险机构是否有权扮演管理者和保护者时，全球有76家存款保险机构说"不"。另据IADI的统计，全球有68家存款保险机构不能在银行出现问题或者倒闭时接管或者清算银行。

从所有制类型来看，全球有53家存款保险机构由政府立法管理，接近一半，达到48.63%；有27.52%的存款保险机构由政府立法私人管理，仅仅有约10%的存款保险机构由私人建立管理，如表2-1所示。

由政府立法的存款保险机构具有公营的性质，因有国家信用担保，更容易获得存款人的信任，目前有越来越多的国家和地区选择这种模式。私人建立管理模式的主要优点是管理效率比较高，并且管理成本相对较低。但是缺点也很明显，没有支付信用背书，权威性不够，难以应对系统性危机，因此私人建立管理模式正慢慢地退出历史的舞台。

表2-1　　　　　　　各国存款保险机构的所有制类型

所有制	政府立法管理	政府立法私人管理	私人建立管理	中央银行管理	其他
数量（家）	53	30	11	13	2
占比（%）	48.63	27.52	10.09	11.93	1.83

资料来源：根据IADI（2021）官方数据整理。

（二）存款保险机构的独立性

存款保险机构的独立性是指存款保险机构与监管机构以及财政部门之间在职责范围上是否有较为清晰的边界和相对独立的权利。按此划分，存款保险机构大致可以分为两类：第一类是独立的法人机构，第二类是隶属于监管机构或者财政部等。从全球实践经验来看，有83个国家和地区的存款保险机构是独立法人机构，占比超过四分之三，典型代表是美国的FDIC。FDIC是美国政府出资建立和管理的联邦政府机构，和美联储处于平等的地位。因此，FDIC具有很高的独立性。隶属于中央银行的机构有10家，隶属于监管当局的机构有6家，隶属于财政部的机构有2家，见表2-2。

存款保险机构作为独立的法人机构，能够充分发挥存款保险制度的各项功能，有助于避免监管机构的道德风险，也有助于存款保险制度和审慎监管以及最后贷款人等金融安全网其他支柱之间的相互制衡，还能够提高存款保险机构自身的运营效率和风险控制能力。因此，全球大多数国家和地区选择独立运营存款保险机构。

存款保险机构作为下属部门或者附属机构，从理论上讲可能有助于存款保险机构获取银行等存款机构的相关信息，也有助于相关政策的实施。但是，这种类型的存款保险机构对监管机构或者财政部门过度依赖，对监管机构的行政干预缺乏制衡。

表 2-2　　　　　　　　各国存款保险机构的独立性

性质	独立机构	隶属 中央银行	隶属 监管当局	由银行协会 建立	隶属于 财政部	其他
数量（家）	83	10	6	7	2	1
占比（%）	76.15	9.17	5.50	6.43	1.83	0.92

资料来源：根据 IADI（2021）官方数据整理。

（三）存款保险机构的运营模式

从存款保险运营模式上看，存款保险机构大体上可以分为三类（见表2-3）。第一类是付款箱或者改进的付款箱模式，其基本功能是在银行倒闭时向存款人进行偿付或者为处置银行提供资金支持，代表性的国家是英国。由于功能简单，目前全球有超过三分之二的国家和地区选择了付款箱或者改进的付款箱模式。第二类是损失最小化模式，该模式在付款箱或者改进的付款箱之外还包括参与问题银行或者倒闭金融机构的处理，以追求存款保险基金支出最小化，典型代表是日本。全球有 18.35% 的存款保险机构选择损失最小化模式（见表2-3）。第三类是风险最小化模式，该模式指的是存款保险制度的运行是以风险最小化为目标，具有早期纠正和补充监管职能，能够采取有效的风险预防和控制措施，代表国家是美国。为了尽可能地降低自身面临的各种风险，通常需要赋予存款保险机构多种功能。比如，美国的 FDIC 拥有多项功能，比较重要的有三点：一是事前检查监督功能，包括对金融机构的现场检查和非现场检查等。二是实行差别化的费率，即根据参保银行的风险大小确定不同的费率标准。三是事后对问题银行的处理。

表 2-3　　　　　　　　各国存款保险机构的运营模式

模式	付款箱	改进的付款箱	损失最小化	风险最小化	其他
数量（家）	22	48	20	15	4
占比（%）	20.18	44.04	18.35	13.76	3.67

资料来源：根据 IADI（2021）官方数据整理。

综合来看，付款箱模式的功能比较简单，需要投入的成本也最小。但其缺点也很明显，比如无法参与问题银行的处理，无法追究问题银行的责任，容易引起道德风险。2008年国际金融危机期间，英国北岩银行（Northern Rock）挤兑风波就充分说明了这种模式的局限性。风险最小化模式功能最为齐全，需要投入的成本也很高，并且对监管机构的要求也很高。危机后，英国总结教训，对存款保险制度进行大幅度改革，扩展了其及时获取信息和参与风险处置的职能。与此相比，美国存款保险职能较为完善。危机中，FDIC灵活运用多种市场化方式实施快速有序处置，有效稳定了公众和市场信心。危机以来，越来越多的国家和地区积极改革，存款保险制度模式逐渐呈现收敛的趋势，向"风险最小化"模式靠拢（见表2-4）。

表2-4　　　　　　　　存款保险主要运营模式介绍

模式	主要职责
付款箱	信息收集；现场和非现场检查；偿付存款。典型的如英国（危机前）、澳大利亚。
损失最小化	信息收集；现场和非现场检查；担任接管人与清算人，采取"收购与承接""过桥银行""经营中救助""直接偿付"等处置措施。典型的如日本、加拿大。
风险最小化	信息收集；现场和非现场检查；担任接管人与清算人，采取"收购与承接""过桥银行""经营中救助""直接偿付"等处置措施；采取风险警示、早期纠正措施，要求补充资本、限制业务等。典型的如美国、韩国和中国台湾地区。

资料来源：根据《中国金融稳定报告2016》整理。

（四）存款保险覆盖的银行类型

不同的国家和地区的存款保险覆盖范围也不同。根据IADI的统计，在全球109个实施存款保险制度的国家和地区中，有98个国家和地区的存款保险覆盖了商业银行，占比89.91%；有45%左右的存款保险覆盖了储蓄银行和小微金融机构；有46.79%的存款保险覆盖了信用合作社。有意思的是，有45个国家和地区的存款保险覆盖保险机构，有43个国家和地区的存款保险覆盖了证券公司（见表2-5）。

从全球实践来看，大部分国家和地区的存款保险覆盖范围比较小，这主要是由各国（地区）存款保险制度的政策目标决定的，存款保险覆盖范围的大小并没有优劣之分。

表 2-5　　　　　　　各国存款保险覆盖的银行类型

机构类型	商业银行	信用合作社	金融合作社	保险公司	投资银行	伊斯兰银行
数量（家）	98	51	47	45	48	47
占比（%）	89.91	46.79	43.12	41.28	42.20	43.12
机构类型	小微金融机构	农村/社区银行	储蓄银行	证券公司	其他吸收存款机构	
数量（家）	48	41	50	43	60	
占比（%）	44.04	37.61	45.87	39.45	55.05	

资料来源：根据 IADI（2021）官方数据整理。

（五）存款保险处理问题银行的方式

在分析了各国存款保险覆盖的银行类型，接下来讨论各国存款保险机构对问题银行的处理方式。全球有 96 家存款保险机构要求问题银行关闭并进行清算，有 94 个国家和地区的存款保险机构在银行出现资金困难时提供存款偿付，两类处理方式分别占 88.07% 和 86.24%（见表 2-6）。有 80 家存款保险机构会采取购买与承接的方式处理问题银行，有 73 家存款保险机构会成立过桥银行处理问题金融机构。过桥银行可以承接倒闭金融机构的债权债务，直至另一家金融机构同意收购并完成收购程序。过桥银行的期限一般并不长，在未完成收购前，过桥银行接受存款保险机构的监管。

表 2-6　　　　　各国存款保险机构对问题银行的处理方式

方式	购买与承接	内部纾困	过桥银行	清算	存款偿付
数量（家）	80	49	73	96	94
占比（%）	73.39	44.95	66.97	88.07	86.24

资料来源：根据 IADI（2021）官方数据整理。

二　欧美国家的存款保险制度

在分析了全球各国和地区的存款保险制度选择之后，接下来分别具体分析欧美国家的存款保险制度和亚洲国家（地区）的存款保险制度。欧美国家主要选取美国、英国和德国；亚洲国家（地区）主要选取日本、俄罗斯、韩国和中国台湾地区。

美国存款保险制度诞生于大萧条时期的1933年，此后很长一段时间内使用的是固定费率制。美国存款保险的专业机构主要是FDIC，FDIC除向本国商业银行、储蓄机构、储蓄贷款协会及其他从事存款业务的金融机构提供存款保险服务外，还向外国银行在美国的分支机构提供存款保险服务。除了FDIC，还有美国国家信用合作管理局（NCUA）的国家信用合作保险基金（NCSIF）具有存款保险职能。20世纪80年代初，在一系列不利的国内外因素，加之国内银行去管制化的改革，美国存款保险制度隐含的道德风险问题集中爆发，引起了银行及储贷协会的危机，给美国社会造成巨大的损失①。从图2-1可以看出，这次储贷危机带来了美国自1933年存款保险制度诞生以来最大的一次银行倒闭潮。储贷危机之后，美国于1991年通过了《联邦存款保险修正案》。该法案的主要内容是：较高资本充足率；对资本不足的银行及时地进行有计划的矫正和监督；为了尽量减少存款保险基金的损失，必须在资本减少为零之前对银行进行清算；以风

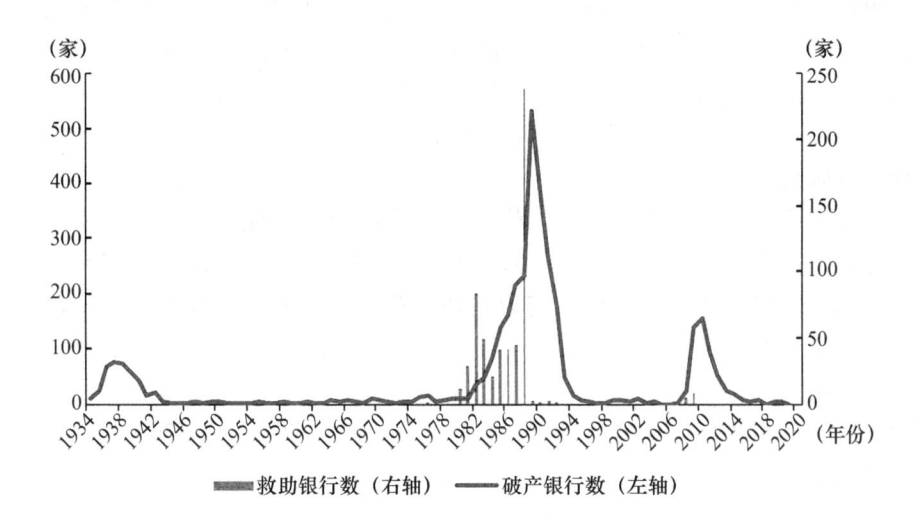

图2-1　1934—2021年美国破产银行数和救助银行数

资料来源：FDIC官方网站（2022年3月）。

---

① 据统计，1981—1990年，美国共有1838家银行破产。

险为基础的存款保险定价。这次改革的核心目的是控制道德风险。为了加强监管，该法案规定对所有银行每年至少进行一次现场检查。次贷危机爆发后，美国出现了大萧条以来的第三波大规模的银行倒闭潮。面对此次危机，美国联邦政府在2010年6月25日颁布了《多德弗兰克法案》，该法案三个核心之一是扩大监管机构权力，以期破解金融机构"大而不能倒"的困局，允许分拆陷入困境的所谓"大而不能倒"的金融机构，禁止使用纳税人资金救市①。

欧盟建立共同存款保险机制。相比欧洲银行业联盟其他两大支柱——单一监管机制和单一清算机制，共同存款保险机制进展缓慢。2015年11月，欧盟委员会提出"三步走"方案，旨在于2023年底之前逐步建立一支占欧盟受保存款总额0.8%、规模约为430亿欧元的共同存款保险基金。2024年，将由共同存款保险基金为欧盟储户提供存款保险。共同存款保险机制的建立健全将成为欧洲银行业联盟最终完成的重要标志②。

英国的存款保险制度产生于1982年，1973—1974年英国发生的大规模的银行危机是导致英国建立存款保险制度的主要原因。当时由英国的中央银行出面组织、由各大清算银行出资成立了"救助基金"，通过发放贷款等方式向20多家银行提供了上亿英镑的资金救援，以帮助这些银行摆脱困境。为了避免再次发生银行危机，英国国会通过了《1979年银行法》，决定建立存款保险制度，并最终于1982年正式成立了金融服务补偿计划有限公司（FSCS）。

为了适应监管制度的变革，英国的存款保险制度此后经历了多次的调整完善。在次贷危机前，英国一直实行的是固定费率制。次贷危机后，英国总结了固定费率制的弊病，变为差别化费率制。英国的存款保险最高偿付额度是8.5万英镑。1997年10月，英国将对银行业金融机构的监管职能从英格兰银行分离出来，成立监管整个金融体系的金融服务总局。次贷危机后，英国的存款保险监管机构也进行了重大的调整。2013年4月，英国取消了金融服务局，成立了审慎监管局和金融行为监管局。总体来讲，英国的存款保险制度和美国比较接近（郭宏宇，2015）。

---

① 另外两个核心内容是：设立新的消费者金融保护局，赋予其超越监管机构的权力；限制大金融机构的投机性交易，尤其是加强对金融衍生品的监管，以防范金融风险。
② 中国人民银行金融稳定分析小组：《中国金融稳定报告2016》，中国金融出版社2016年版，第125页。

与美国、英国强制性存款保险制度不同，德国存款保险制度是由民间性自愿存款保险体系和政府强制性存款保险体系共同构成（黎四奇，2006）。前者是由德国私营银行业存款保险基金、储蓄银行业存款保险基金和信用合作社保险基金三部分组成，后者是为了适应欧盟成员国的要求于1998年建立的。对于私营银行业存款保险基金，虽然没有强制性规定，但几乎所有的德国私人商业银行都已加入该基金，德国私人商业银行保险的自愿保险原则贯彻得较为充分；对于储蓄银行业存款保险，分为联邦和州级双层体系，相较于商业银行更加本土化，各地的储蓄银行业存款保险存在互助机制；对于信用合作社存款保险，合作金融机构按照风险程度分为三类，依据不同的保险费率收取保费，并且在特殊情况下可以收取特殊费用。同时，采取跨区域性均衡制度，即当一个审计协会的基金及其特殊费用基金不足以支付经营危机事件时，可通过跨区域调整从其他审计基金中获得资金支持[①]。

虽然德国呈现出两种保险制度并存的局面，但一般认为德国是自愿保险体系，德国政府不直接对银行业的存款保险活动进行干预。德国的存款保险没有财政资金介入，只有发生系统性银行危机、非官方存款保险制度没有足够资金用于清偿存款人时，财政资金才可能介入。

三 亚洲国家（地区）的存款保险制度

日本早在1926年和1955年就曾经多次提出建立存款保险制度的议案，但一直未受到各方面的重视。直到在1971年通过了《存款保险法》，并于同年成立了日本存款保险公司。其对象大部分是民间金融机构，并被强制其参加保险。在1973年，日本还成立了农水产业协同组合储蓄存款保险机构，用于担保一些特定的金融机构。与大部分国家不同的是，日本采取的是单一费率。按照存款类别的不同，将存款划分为结算用存款和一般存款。前者包括储蓄存款、活期存款和非指定存款，后者是指包括定期存款在内的非类别存款。2014年，结算用存款是按照0.108%的费率，而一般存款的费率为0.081%。日本存款保险对问题机构的处理主要是：进行资金救援，购买存款及非债权，负责管理破产金融机构和成立过桥银行等

---

① 孙宏涛、朱程程：《德国存款保险制度解析》，中国保险报网，2018年10月，2022年3月。

(孙彬，2014)。此外，从2013年开始，日本将存款保险的金融危机处置机制从银行扩展至保险公司、证券公司和银行控股公司等，并指定日本存款保险公司（DICJ）负责实施有序风险处置工作，对资不抵债机构采取有序处置措施和对非资不抵债机构采取金融稳定措施的新型处置手段。

俄罗斯实行存款保险制度较晚。在经历了1998年卢布危机后，俄罗斯杜马于2003年审议通过了《俄罗斯联邦关于自然人在俄联邦银行存款保险法》，旨在保护储户的权益，增强人们对银行系统的信任感以及俄罗斯银行系统对居民储蓄的吸引力。俄罗斯同日本一样，实行的是固定费率，但是不同时期保费费率会调整。2008年底，俄罗斯的存款保险费率是0.10%。俄罗斯存款保险公司的资金来源除保险费、罚金、存款保险局配置资金外，还有发行有价证券所得到资金，俄联邦政府也会拨付一些专项资金。值得注意的是，不同于欧美国家，俄罗斯存款保险制度中有罚金（刘明彦和张明，2015）。

韩国在1995年12月通过了《存款人保护法》，并在1996年6月成立了韩国存款保险公司（KDIC），正式建立了存款保险制度。KDIC不仅为普通银行、商人银行[①]、互助储蓄银行等银行机构提供存款保险服务，还为金融投资公司和寿险、非寿险保险公司提供安全保障。除政府拨款外，存款保险基金来源主要是投保金融机构缴纳的保费。在建立存款保险制度的初期，韩国实行的是固定费率制，但是不同类别的金融机构的保费费率有差别。次贷危机后，韩国开始酝酿实施差别化费率（何德旭和史晓琳，2013）。

中国台湾在20世纪80年代发生银行挤兑事件后，为稳定地区金融安全，于1985年建立了存款保险制度，实行了固定费率制。20世纪90年代初期，中国台湾经历了经济增长趋缓的冲击，金融机构间的经营风险差异愈发明显，单一费率制度已经无法保证存款保险的公平性，于是从1999年7月开始实施风险差别化的费率。在早期，中国台湾像德国一样实行的是自愿参保，后来在实践中修改相关法律，强制要求金融机构参保。中国台湾存款保险公司成立初期最高保险额度为70万新台币，此后额度逐步提高，到2011年调高至300万新台币（齐萌，2015）。

中国在借鉴各国或各地区存款保险制度经验的基础上，立足于中国国

[①] 韩国的商人银行主要从事银行承兑汇票、股票或债券的发行承销等业务。

情，于2015年5月正式实施《存款保险条例》，标志着中国存款保险制度的建立。在《存款保险条例》中明确规定，存款保险费率由基准费率和风险差别费率构成。费率标准由存款保险基金管理机构根据经济金融发展状况、存款结构情况以及存款保险基金的累积水平等因素制定和调整。存款保险实行限额偿付，最高偿付限额为人民币50万元。被保险存款包括投保机构吸收的人民币存款和外币存款。但是，金融机构同业存款、投保机构的高级管理人员在本投保机构的存款以及存款保险基金管理机构规定不予保险的其他存款除外。作为市场经济条件下保护存款人利益的重要举措，建立存款保险制度，有利于进一步理顺政府和市场的关系，深化金融改革，维护金融稳定，促进中国金融体系健康发展。存款保险基金设立初期，保险费率被设定在万分之一至万分之二[1]，之后中国人民银行启动了"央行金融机构评级"项目，将金融机构按其风险状况分为1至10级及D级[2]，分级的用途之一为核定存款保险差别费率。2018年下半年开始，中国人民银行根据上述评级，实施存款保险费率差别化、动态化的政策，每个季度核定一次费率，对部分效益较差、不良贷款率较高的风险银行，费率进行一定上浮。2019年5月，存款保险基金管理有限责任公司成立，该公司注册资本金100亿元人民币并由中国人民银行100%控股，存款保险公司的成立标志着存款保险基金的正式独立法人化，中国存款保险制度日趋完善。

总结以上欧美国家和亚洲国家（地区）存款保险发展历程，可以概括出以下几个特点：第一，存款保险制度大都诞生于金融危机中或者金融危机之后，各国（地区）建立存款保险制度的初衷都是为了维护金融系统的稳定。第二，存款保险的担保范围存在着一定的差异，没有明显的规律可循。第三，建立存款保险制度的早期实行的是单一费率制，在实践中逐步过渡到差别化的费率。第四，各国（地区）存款保险最高保险额度随着存款保险制度的不断完善，比如在发生危机时，很多国家或地区为了稳定金融秩序，会相应调高最高保险额度。第五，大多数国家或地区都是采取强制性存款保险制度，因而相应的存款保险机构也都带有一定的政策性，但德国除外，如表2-7所示。

---

[1] 王晓：《详解！央行出资100亿成立存款保险基金公司，如何运作？》，界面新闻网，2019年5月，2022年3月。

[2] "D级"对应已经被中国人民银行宣布接管或已经破产、撤销的金融机构。

表 2-7　　　　　　主要国家或地区的存款保险制度比较

国家/地区	成立年份	费率	保险范围	投保形式	最高保险额度	机构形式
美国	1933	风险差别化费率	活期储蓄、定期存款、银行间存款和外汇存款等	强制	25万美元	政府机构
英国	1982	风险差别化费率	不同存款业务	强制	8.5万英镑	政府机构
德国	1951	风险差别化费率	储蓄存款、定期存款和外汇存款等	自愿	10万欧元	民间机构
日本	1971	单一费率	存款、定期存款、零存整取存款等	强制	1000万日元	政府机构
俄罗斯	2003	单一费率	不同存款业务	强制	140万卢布	政府机构
韩国	1996	风险差别化费率	银行存款、金融投资公司和个人保险单	强制	5000万韩元	政府机构
中国台湾	1985	风险差别化费率	支票存款、活期存款和定期存款等	强制	300万新台币	政府机构
中国	2015	风险差别化费率	人民币存款和外币存款等	强制	50万元人民币	政府机构

四　存款保险与现代金融安全网

　　金融安全网，最早由国际清算银行在1986年提出来。它指为了保持整个金融体系的稳定，当某个或某些金融机构发生风险事件时，有这样一个保护体系可以防止危机向其他金融机构和整个金融体系扩散和蔓延。存款保险制度与审慎监管和最后贷款人构建现代金融安全网三大支柱（见图2-2）。

　　审慎监管是指监管部门以防范和化解银行业风险为目的，通过市场准入、资本充足率、现场及非现场监管等风险监管措施来维护金融体系安全。审慎监管是一种事前防范的措施，审慎监管包括宏观审慎监管和微观

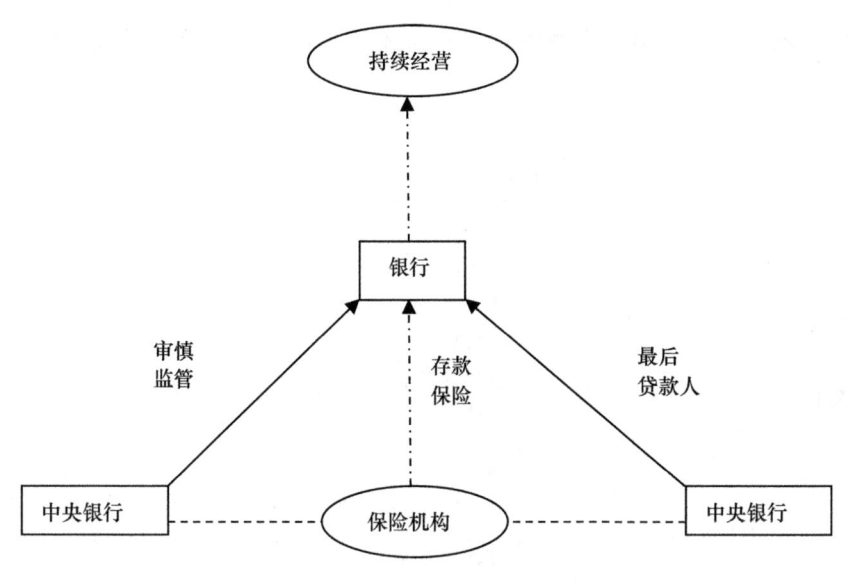

图 2-2　金融安全网的三大支柱

审慎监管①。宏观审慎监管主要通过防范系统性风险来避免金融危机对宏观经济造成破坏；而微观审慎监管则是防范单个金融机构的风险从而避免给消费者带来损失，并不考虑对整体经济的影响（Borio，2003；史建平和高宇，2011）。最后贷款人由中央银行实施，主要通过存款准备金率、贴现窗口和公开市场操作等手段提供流动性援助来维护金融体系安全，是一种事前防范、事中干预、事后减震的措施。最后贷款人代表了政府对金融机构最强烈的干预，尤其是在金融危机期间（Drechsler et al.，2016）。这样的干预已经是经济政策的重要部分，最后贷款人也是政府成立中央银行的主要原因。

审慎监管是一种事前防范措施，主要起到预防危机发生的作用。但是当危机真正发生时，很难起到及时的维护金融稳定的作用，不能保证金融体系的健康运行，因此需要金融安全网的其他两个要素发挥作用。最后贷款人同审慎监管一样，都是中央银行等监管部门常常使用的监管手段。最后贷款人只能满足临时性流动性需求，不能够在长效机制下维护金融体系稳定。特别是通过存款准备金率、贴现窗口和公开市场操作等手段来调节

---

① 2008年次贷危机前，各国以微观审慎监管为主；次贷危机后，以防范系统性风险为主要目标的宏观审慎监管成为各经济体金融监管改革的主要内容。

金融市场流动性会出现道德风险和逆向选择，同时这些政策手段的针对性不强（见表2-8）。

表2-8　　　　　　　金融安全网三大支柱的比较

	存款保险制度	最后贷款人	审慎监管
机构	存款保险公司	中央银行等监管部门	中央银行等监管部门
性质	事前防范、事后减震	事前防范、事中干预、事后减震	事前防范
资金来源	保费收入、政府拨款	存款准备金、央行票据的清算等	—
主要目的	通过保护存款人利益、防止挤兑等来维护金融体系安全	通过提高流动性援助来维护金融体系安全	通过加强风险监管来维护金融体系安全
主要内容	存款保险费率、最高保险额和覆盖范围等	存款准备金率、贴现窗口、再贷款和公开市场操作等	市场准入、资本充足率、资产质量、损失准备金和资产流动性等

综上来看，单一的支柱都存在一定的缺陷，难以维护金融市场的长久稳定。因此，只有存款保险制度、审慎监管和最后贷款人等三大支柱相互配合、相互协同，才能共同维护金融市场的稳定。

任何一种制度的设计，都有其固有的缺陷，存款保险制度也一样。在设计存款保险定价和存款保险制度的设计中，不能夸大存款保险自身的作用。此外，在存款保险制度设计中，除兼顾其他两大支柱，还要特别强调银行风险的自我化解的能力，特别强调银行的自我约束。风险主要是来源于银行，风险预防和化解也应由银行来完成。

第三节　中国存款保险制度现状

一　存款保险的覆盖范围

从参与的金融机构来说，中国存款保险制度基本覆盖了所有办理存款业务的金融机构，包括政策性银行、国有大型银行、股份制银行、城商行、农村中小银行等。但是境外银行在境内的分支机构需遵循对等互惠原则来确定是否参与中国的存款保险，这一安排符合国际通行做法。据人民银行统计，截至2020年年末，全国参与存款保险的投保机构有4024家，其中大型银行中包括政策性银行3家、国有大型银行6家、全国性股份制银行12家、外资银行及储蓄银行42家。在中小银行中包括城商行133家、民营银行19家、农商行1539家、农合行27家、农信社641家、村镇银行1602家。农村中小银行占投保机构总数的94.66%。

二 存款保险的费率设计

中国存款保险制度通过划分投保机构风险等级确定综合费率。实践中，费率的核定一直由人民银行负责，其中全国性的大型银行由人民银行总行负责核定，地方法人银行由人民银行省级分支机构负责，频率为每半年确定风险差别费率档次并核定适用费率。最初，风险差别费率机制试行时，共对投保机构风险划分了11个等级，评级的定量指标占四分之三、定性指标占四分之一，每个等级对应相应的费率标准，最高为万分之十六以上，并且对农村信用社给予了适当的费率优惠。随后，中国人民银行对风险差别费率机制进一步完善。一是适当提高了总体及各档的费率水平，最低费率提高至万分之二，并设置了三个备用费率档次，以应对出现重大风险、数据严重失实、存款非理性定价等情况；二是完善了指标和评分体系，提高了定性指标的权重；三是进一步完善了农村信用社费率政策优惠，将其费率档次减为四档，费率上限降至万分之五（见表2-9、表2-10）。

表2-9　　　　　　　　　费率档次及水平表

机构类型	档次	评分区间	费率
投保机构 （不包含农村信用社）	一档	[90, 100]	万分之2
	二档	[70, 90]	万分之2.5
	三档	[55, 70]	万分之3.5
	四档	[40, 55]	万分之5
	五档	[30, 40]	万分之7

续表

机构类型	档次	评分区间	费率
投保机构（不包含农村信用社）	六档	[20, 30]	万分之9.5
	七档	[10, 20]	万分之12.5
	八档	[0, 10]	万分之16
	备用一档	对投保机构提高费率档次时适用	万分之20
	备用二档		万分之24
	备用三档		万分之28 及以上
农村信用社	一档	[70, 100]	万分之2
	二档	[40, 70]	万分之2.5
	三档	[20, 40]	万分之3.5
	四档	[0, 20]	万分之5
	备用一档	对投保机构提高费率档次时适用	万分之7
	备用二档		万分之9
	备用三档		万分之11 及以上

资料来源：中国人民银行有关文件。

表 2-10　　存款保险风险评分指标

一级指标	二级指标
定量指标（65分）	
资本充足情况（25分）	资本充足率（15分）
	一级资本充足率（5分）
	杠杆率（5分）
资产质量情况（20分）	逾期90天以上贷款余额/各项贷款余额与不良贷款率孰高（10分）
	贷款减值准备金余额/逾期90天以上贷款余额与拨备覆盖率孰低（5分）
	表外信用风险加权资产拨备率（5分）
盈利能力（5分）	成本收入比、资产利润率（5分）
流动性状况（15分）	同业负债/总负债（5分）
	流动性匹配率（5分）
	流动性覆盖率 或：优质流动性资产充足率 或：核心负债比例（5分）

续表

	一级指标	二级指标
定性指标 （35分）	评级（25分）	
	公司治理（5分）	
	风险管理水平（5分）	

资料来源：中国人民银行有关文件。

三 存款保险基金状况

根据《存款保险条例》，投保机构向存款保险基金管理机构交纳保费，形成存款保险基金。在存款保险基金成立伊始，其由中国人民银行开立专门账户，分账管理，单独核算。目前，该基金由存款保险基金管理有限责任公司负责运作管理。截至2020年末，全国4024家吸收存款的银行业金融机构按规定办理了投保手续，存款保险基金存款余额620.4亿元[①]。

由图2-3可知，存款保险基金存款余额自2016—2019年逐年增长，

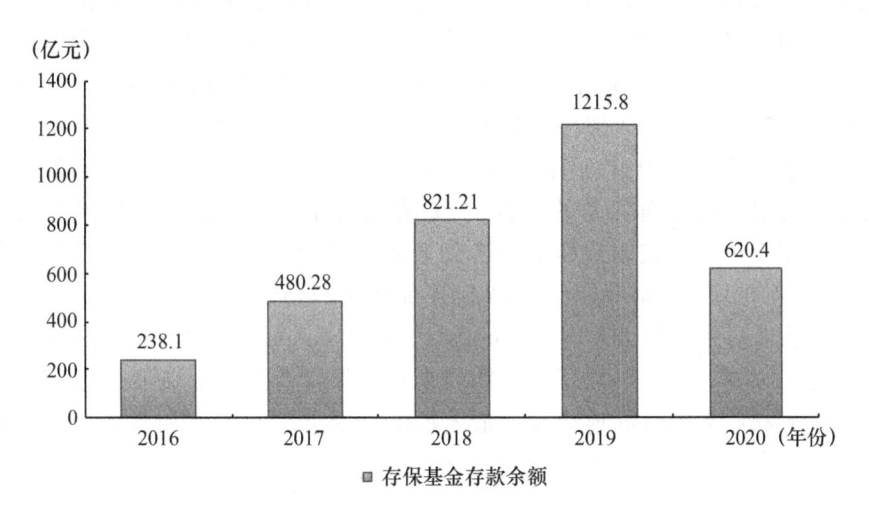

图2-3 存款保险基金历年存款余额

资料来源：中国人民银行官方网站。

[①] 中国人民银行金融稳定局：《2020年存款保险基金收支情况》，金融稳定局官网，2021年3月，2022年3月。

但是在 2020 的年末余额大幅减少至 2019 年末余额的一半。究其原因，存款保险基金在该年被用于处置出现信用危机的银行。2020 年存款保险基金共归集保费 423.9 亿元，支出 676 亿元用于包商银行风险处置，使用 165.6 亿元购买不良资产，使用 88.9 亿元认购徽商银行股份，100 亿元用作存款保险公司资本金（66 亿元用于出资设立蒙商银行），共支出 1030.5 亿元用于金融风险化解[①]。

四 存款保险参与处置的银行

（一）包商银行破产及蒙商银行组建

2019 年 5 月 24 日，中国人民银行与中国银行保险监督管理委员会（以下简称银保监会）联合发布公告，称包商银行出现严重信用风险，并决定自公告日起对包商银行进行为期一年的接管，有关业务由中国建设银行托管。在接管发生后，存款保险基金和中国人民银行出资收购承接，避免对包商银行直接清盘，保障包商银行债权人、个人储户、理财客户、承兑汇票持有人的权益，这是存款保险自设立后首次用于处置问题银行。

2020 年 2 月 7 日，徽商银行发布公告称，该行拟参与设立的内蒙古某某银行（即后来的蒙商银行），存款保险基金将持股约 29.84%，这标志着存款保险基金首次入股商业银行[①]。2020 年 4 月 9 日，蒙商银行获银保监会批准筹备。2020 年 5 月 20 日，蒙商银行官网对外发布《关于蒙商银行股份有限公司全面营业的公告》，蒙商银行承接包商银行股份的相关业务，并在 5 天后正式以蒙商银行名义全面对外营业，并开始业务切换。截至 2022 年 3 月，存款保险基金持有蒙商银行 27.5% 的股份[②]。

存款保险采取收购承接（Purchase and Assumption，P&A）方式处置包商银行，该处置方式可以于处置期间在存款保险管理下保持问题银行基本金融服务和业务经营的连续性，最大程度保留金融许可证和有效资产的价值，促使存款人和债权人继续得到充分保障。

（二）徽商银行

在处置包商银行风险时，徽商银行是受风险最大的同业债权人，在包

---

① 张晓云：《"新包商银行"股权结构揭晓：徽商银行出资 36 亿认购 15% 股权，存保基金持股 27.5%》，2020 年 3 月，2022 年 3 月。

② 数据来自企查查—存款保险基金管理有限责任公司。

商银行事件中蒙受60亿元人民币的损失。2020年8月20日，徽商银行发布公告称，为补充该行核心一级资本，拟向存款保险基金发行不超过15.59亿内资股，每股认购价为人民币5.703元，存款保险基金共出资88.91亿元。在定向增发后，存款保险基金成为徽商银行第二大股东。此外，存保基金还补足了徽商银行收购包商银行资产包的344亿元人民币差价[1]。

存款保险采取经营中救助（Opening Bank Assistance，OBA）方式来救助徽商银行，通过对该问题银行实施购买资产这一救助措施，帮助其恢复经营能力，阻止风险无序蔓延。

（三）锦州银行

为化解锦州银行的风险，2020年7月10日，经锦州银行临时股东大会批准，该行认购本金金额约为750亿元人民币的定向债务工具，初始期限为15年，由辽宁金控和存款保险基金共同设立的锦州锦银企业管理合伙企业（有限合伙）发行。同时，临时股东大会还批准出售锦州银行持有债权本金账面原值约为1500亿元的若干资产予成方汇达[2][3]。

存款保险采取OBA方式来救助锦州银行，央行通过旗下资产管理公司将锦州银行不良资产转为锦州银行对存款保险基金的债务，降低了锦州银行的不良贷款率，提升了其资本充足率。

五 存款保险的实施效果

据人民银行统计，截至2020年年末，全国参与存款保险的投保机构有4024家，其中大型银行中包括政策性银行3家、国有大型银行6家、全国性股份制银行12家、外资银行及储蓄银行42家。在中小银行中包括城商行133家、民营银行19家、农商行1539家、农合行27家、农信社641家、村镇银行1602家。被保险存款合计190.3万亿元，受保存款80.3万亿元，存款保险50万元偿付限额能够为99.4%的存款人提供保障。《存款

---

[1] 吴红毓然：《存保基金88.9亿元入股徽商银行将成第二大股东》，2020年8月，2022年3月。
[2] 汇达资产托管及成方汇达均为中国人民银行所管理的企业，其全部经济利益及其投票权均由中国人民银行持有及控制。
[3] 肖嘉祺：《锦州银行风险处置落下帷幕 资本充足率将升至12.56%》，2020年7月，2022年3月。

保险条例》施行以来,大、中、小银行存款格局总体保持平稳。截至2020年年末,中小银行存款余额105.8万亿元,较《存款保险条例》出台时增长60.5%;中小银行存款市场份额51.3%,上升3.2个百分点,其中,小银行存款市场份额30.5%,上升4.1个百分点[①]。

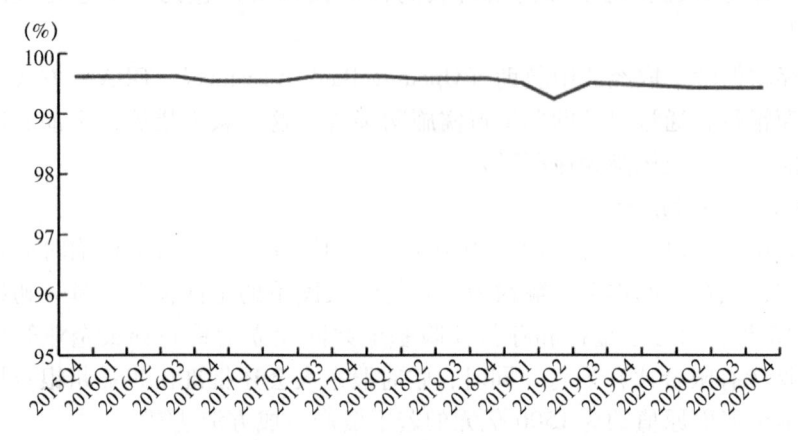

图2-4 存款保险客户覆盖率变化情况

资料来源:中国人民银行金融稳定分析小组:《中国金融稳定报告2021》,中国金融出版社2021年版,第92页。

六 存款保险与央行金融机构评级

2018年,中国人民银行开始按季度对银行业金融机构进行评级工作,其在核定存款保险差别化费率时充分运用该评级结果。评级对象分为银行金融机构和非银行金融机构,银行金融机构占绝大多数。其中,银行金融机构包括开发性银行、政策性银行、商业银行、村镇银行、农村合作银行、农村信用合作社等,非银行金融机构包括企业集团财务公司、金融租赁公司、汽车金融公司、消费金融公司等。评级指标体系采用"数理模型+专业评价"的模式,重点关注公司治理、内部控制、资本管理、资产质量、市场风险、流动性、盈利能力、信息系统、金融生态环境九大方

---

① 中国人民银行金融稳定分析小组:《中国金融稳定报告2021》,中国金融出版社2021年版,第92页。

面。除数理模型和专业评价外,最终评级还充分考虑了非现场监测、压力测试、现场核查中发现的"活情况"[①]。评级等级划分为11级,分别为1—10级和D级,级别越高表示机构的风险越大,已倒闭、被接管或撤销的机构为D级。其中,评级结果1—5级为"绿区"、6—7级为"黄区","绿区"和"黄区"机构可视为在安全边界内;评级结果8—D级为"红区",为高风险机构[②]。中国人民银行会每年披露其直管的24家大型银行的具体评级结果以及中小银行和非银金融机构的评级分布。这24家大型银行为国家开发银行、中国农业发展银行、中国进出口银行、中国工商银行、中国农业银行、中国银行、中国建设银行、中国邮政储蓄银行、交通银行、中信银行、中国光大银行、华夏银行、广发银行、平安银行、招商银行、浦发银行、兴业银行、中国民生银行、恒丰银行、浙商银行、渤海银行、北京银行、上海银行、江苏银行[③]。

表2-11展示了2018—2021年中国24家大型银行的评级结果,各年份绝大多数大型银行的评级主要处于安全边界的"绿区"内,并且是1—4级,处于"黄区"的大型银行由2018年和2019年的两家变为2020年和2021年的一家,较高风险的大型银行进一步减少。

表2-11　　　　　　　　央行大型银行评级结果

分区	绿区					黄区		红区			
评级	1	2	3	4	5	6	7	8	9	10	D
2018年第四季度	1	11	7	3	0	1	1	0	0	0	0
2019年第四季度	2	12	6	2	0	0	2	0	0	0	0
2020年第四季度	1	11	8	3	0	0	1	0	0	0	0
2021年第二季度	1	12	8	2	0	0	1	0	0	0	0

资料来源:根据《中国金融稳定报告2018—2021》,中国人民银行官方网站整理。

---

① 中国人民银行金融稳定分析小组:《中国金融稳定报告2019》,中国金融出版社2021年版,第96页。
② 中国人民银行金融稳定分析小组:《中国金融稳定报告2021》,中国金融出版社2021年版,第70页。
③ 边万莉:《央行发布银行业绿色金融评价方案,包含定量定性两类指标七类内容》,2021年6月,2022年3月。

图2-5、图2-6、图2-7和图2-8为2018—2021年银行业金融机构分布图。2018年、2019年、2020年和2021年这四年参与评级的银行金融机构和非银行金融机构总数量分别为4379家、4400家、4399家和4400家。其中，银行金融机构数量占比分别为91.66%、91.57%、91.45%和91.43%。银行业金融机构整体的评级分布呈现为正态分布。

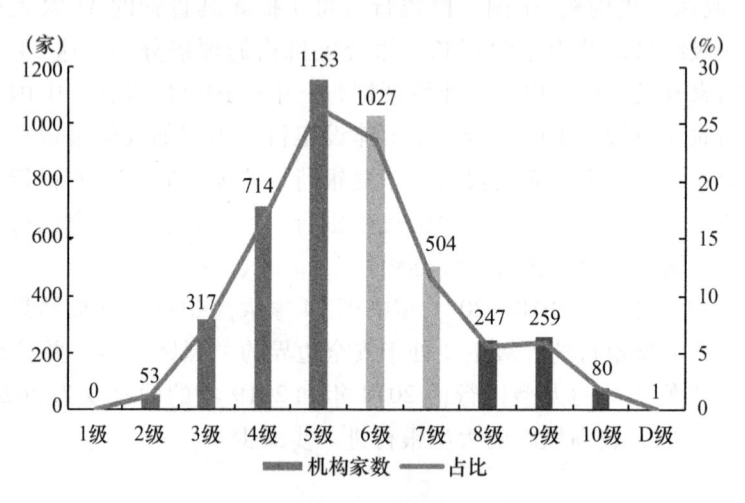

图2-5 2018年第四季度央行评级结果

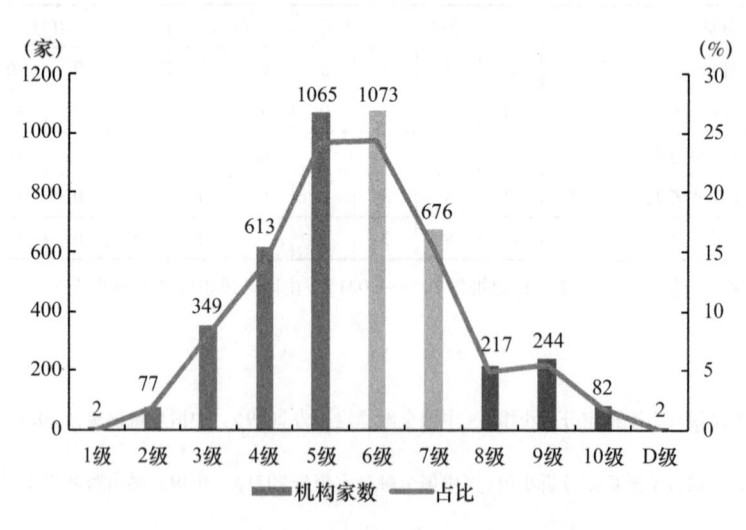

图2-6 2019年第四季度央行评级结果

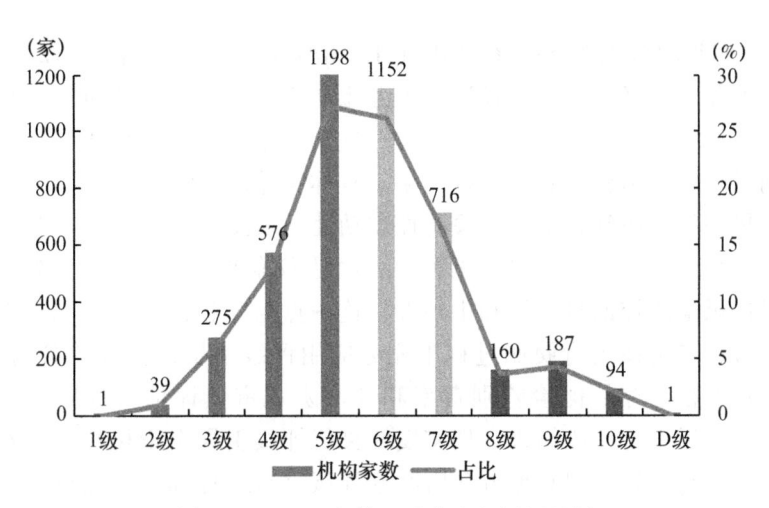

图2-7 2020年第四季度央行评级结果

资料来源：根据《中国金融稳定报告2018—2021》，中国人民银行官方网站绘制。

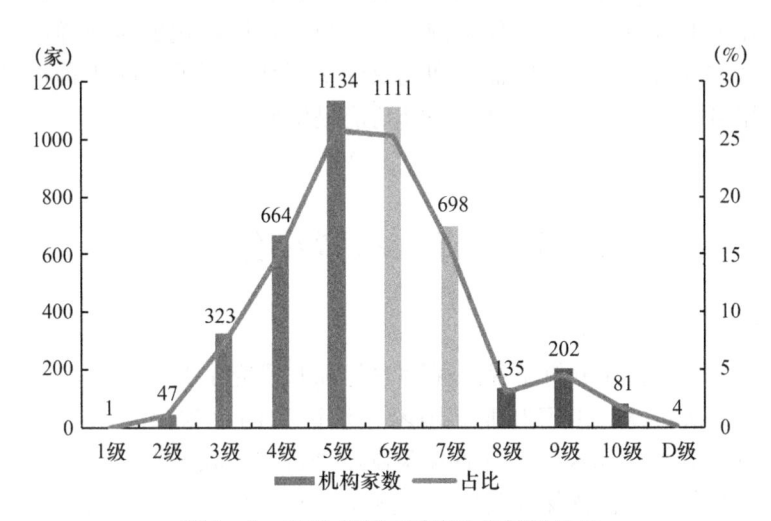

图2-8 2021年第二季度央行评级结果

资料来源：根据《中国金融稳定报告2018—2021》，中国人民银行官方网站绘制。

8-D级的高风险银行业金融机构主要集中于农村中小金融机构[①]，数量

[①] 中国人民银行金融稳定分析小组：《中国金融稳定报告2020》，中国金融出版社2021年版，第77页。

(比例）四年间分别为 586 家（占比 13.40%）、543 家（占比 12.39%）、442 家（占比 10.05%）和 422 家（占比 9.59%），从数量和比例来看高风险金融机构都呈现逐年下降的趋势。这反映了央行基于评级结果采取的一系列风险防范措施起到了良好效果。具体措施主要有：一是基于评级结果采取早期纠正措施，增强风险防控主动性。人民银行采取"一对一"通报、约谈高管、下发风险提示函和评级意见书等多种早期纠正措施，增强金融机构风险防控的自觉性和主动性，这一点与存款保险制度的早期纠正功能类似；二是在央行履职过程中充分应用评级结果，提升政策精准性。人民银行在核定存款保险差别费率和开展宏观审慎评估（MPA）等工作中，充分运用央行评级结果，切实发挥央行评级引导金融机构审慎经营的作用；三是与监管部门和地方政府共享评级结果，提高风险监测和化解的协同性。人民银行定期向地方政府和金融监管部门通报央行评级结果和高风险金融机构具体情况，推动风险信息的整合和监管关口的前移，提升风险防范化解的有效性；存款保险制度在参与银行风险化解时同样需要监管部门和地方政府较好的风险监测和化解的协同性，可见金融机构评级及后续的作用可以为存款保险制度发挥其功能提供便利。

第四节　本章小结

在这一章，首先分析了存款保险的起源并研究了其发展历程和在中国的实践。其次对欧美国家和亚洲国家（地区）的存款保险制度进行了梳理，对不同国家（地区）的存款保险制度进行了比较并总结了经验，并根据国际经验分析了存款保险制度在金融安全网中与最后贷款人和审慎监管的联系及它们如何共同构成三大支柱。最后，本章对中国存款保险制度的现状进行了系统性阐述。

第三章 存款保险制度的相关理论及进展

第一节 存款保险制度的必要性

一 存款保险制度的作用

《存款保险条例》颁布实施以来，在促进银行业稳定发展和金融对外开放方面发挥了十分重要的作用。

从存款人角度讲，存款保险制度有利于减少存款人的存款损失风险，在利率市场化的进程中保护存款人的利益，也有利于提升存款人对银行的信心。

从银行的角度看，存款保险制度有利于银行提升自身的风险偏好，适度的风险投资有利于银行创造更多的价值和利润。尤其对中小银行影响更大，能促进中小银行的可持续发展，进而提升中小银行普惠金融水平。

对于监管机构来讲，存款保险制度是金融监管的补充手段，当存款保险制度和央行最后贷款人一起应对突发事件时，能起到缓冲器的作用；存款保险制度有利于减少破产银行的数目，部分抑制和化解破产银行的传导（Bruch and Suarez，2010）。

从金融改革进程来讲，存款保险制度提高了银行业应对各种风险的能力，促进金融安全，构建金融安全网。这有利于中国利率市场化的进一步推进，也有利于中国汇率制度的进一步改革。在《存款保险条例》颁布当年，同时也在利率市场化进程中，存款利率上限最终放开，迈出了最关键的一步。存款保险制度改善了金融生态环境，促进金融市场环境更加公平。

从整个社会福利来讲，存款保险制度有利于提高社会总体的福利水平。这体现在两个方面：其一是在银行进行适度的风险投资时，可以创造更多的社会财富；其二是在银行出现危机时，国家不需要隐性担保——隐性担保也是有机会成本的，不应拿纳税人的钱去救助问题银行。

已有文献研究发现，存款保险制度在应对金融危机时确实起到了稳定储户信心的作用，减少了银行挤兑带来的倒闭事件，保障了储户的利益。Diamond 和 Dybvig（1983）基于博弈论构建了银行挤兑模型，证明存款保险制度的推出能够有效缓解银行系统的脆弱性。Anginer 等（2014）的研究发现，存款保险制度在 2008 年国际金融危机期间发挥了其稳定金融系统的作用。Boyle 等（2015）的研究也表明在应对银行危机时，提前建立完备的存款保险制度能够成功缓解银行挤兑风险。澳大利亚在 2008 年国际金融危机期间推出存款保险制度，Bollen 等（2015）以这一独特事件进行研究，发现至少在危机发生后的短期和中期，存款保险制度都有效控制了银行的系统性风险。王晓博等（2015）以中国内地和香港地区的银行作为对照组和处理组，认为引入存款保险制度在应对金融危机时起到了稳定作用。纪洋等（2018）研究发现，虽然存款保险制度确实增加了银行危机爆发的可能性，但同时对于利率风险、股市风险等，又起到了抑制的作用。综合来看，存款保险制度有利于维护整个金融系统的稳定。

金融系统的稳定是一个复杂的系统工程，仅仅依靠存款保险制度是远远不够的。存款保险制度、审慎监管和最后贷款人共同构成了金融安全网的三大支柱。在本章第四节，将会论述金融安全网的三大支柱以及和三者之间的关系。

二 一个银行挤兑模型

存款保险制度推行的目的是防范银行挤兑风险，增强金融系统的稳定性。尽管这一制度尚存在争议，但仍有大量实证研究和理论模型证实了其积极作用。接下来以 Diamond 和 Dybvig（1983）的银行挤兑模型为例，说明存款保险的必要性。

该模型假设存在 3 个时期，分别为第 0、第 1、第 2 期。银行在第 0 期吸收存款并用于放贷，在第 0 期的每单位投入，能在第 2 期产生 R 的收入

($R>1$)，但如果在第 1 期生产中断，则只能得到初始投入的残值，各时期每单位投入产出结果如表 3-1 所示。

表 3-1　　　　　　　　　各时期投入产出

T = 0		T = 1	T = 2
-1	生产中断	1	0
	生产继续	0	R

模型假定消费者（存款人）有两种类型，分别为类型 1 和类型 2。其中，类型 1 的消费者只在第 1 期的消费，类型 2 的消费者只在第 2 期的消费，所有消费者可以免费储存消费品。如果类型 2 的消费者在第 1 期获得商品，则会将消费品储存至第 2 期进行消费。

令 c_T 表示消费者在第 T 期获得的商品（用以消费或储存），则类型 1 的消费者将在第 1 期消费该期获得的商品，即 c_1；类型 2 的消费者将在第 2 期消费第 1 期和第 2 期获得的商品总量，即 $c_1 + c_2$。

存款人可以在任意期取出存款。在第 0 期存入的存款，每单位可于第 1 期提取 r_1，银行按顺序发放存款，直到存款耗尽。注意，活期存款合同满足顺序服务约束，该约束规定银行对任何人的支付只取决于其在排队中的位置，而与其他人的提款信息无关。

该模型假定银行是存款人共同所有的，并将在第 2 期进行清算，因此在第 1 期不退出的存款人将在第 2 期按比例获得银行的资产。令 V_1 为第 1 期每单位存款的支付（取决于存款人提款的顺序），V_2 为第 2 期每单位存款的支付（取决于第 1 期的总提款），可表示为：

$$V_1(f_j, r_1) = \begin{cases} r_1 & if\, f_j < r_1^{-1} \\ 0 & if\, f_j \geqslant r_1^{-1} \end{cases} \quad (3-1)$$

$$V_2(f, r_1) = \max\{R(1 - r_1 f)/(1 - f), 0\} \quad (3-2)$$

f_j 为存款人 j 之前提取的存款数占活期存款总数的比例，f 为第 1 期提取的活期存款总数。令 w_j 为存款人 j 第 1 期提取的存款份额，类型 1 的消费者每单位存款的消费为 $w_j V_1 (f_j, r_1)$，类型 2 的消费者每单位的消费为 $w_j V_1 (f_j, r_1) + (1 - w_j) V_2 (f, r_1)$。

活期存款合同可以实现完全信息最优风险分担的均衡。此时，类型 1

的消费者在第 1 期退出，类型 2 的消费者继续等待，在第 2 期提取存款，这种均衡实现了最佳的风险分担。

在另一种均衡（银行挤兑）下，所有存款人感到恐慌，并试图在第 1 期提取存款。这是因为银行存款的账面价值大于其清算价值。

对所有 $r_1 > 1$，银行挤兑都将是最后的均衡。如果 $r_1 = 1$，银行将不会发生挤兑，因为 $V_1(f_j, 1) < V_2(f, 1)$ 对所有 $0 \leq f_j \leq f$ 成立。

银行挤兑均衡存在时，存款在存款人之间的分配比不存在银行时更差，此时，银行对生产效率造成了破坏，因为所有的生产都将在第 1 期中断。

在模型中引入存款保险，可以防止银行挤兑均衡发生。存款保险机构承诺给所有提款人予以支付。由于私人保险公司在其所能提供的无条件担保规模上受到储备的限制，因此，存款保险可能更应该由政府提供。

政府可以向存款人征税，尤其是向那些在第 1 期退出的存款人，征税的多少与第 1 期取款的份额 f 和 r_1 的大小有关。由于政府可以在存款人退出后再对其征税，因此可以根据 f 和 r_1 的大小征税。这与银行不同，因为银行必须提供顺序服务，且在提款后不能减少提款金额。这种不对称性导致政府干预能够获得潜在收益。当存在存款保险时，银行的顺序服务约束将不会导致社会福利减少。

第二节　存款保险定价

以 1977 年 Merton 利用欧式期权的方法对存款保险进行定价为标志，存款保险的定价受到了越来越多的关注。从理论发展脉络来看，存款保险定价的研究形成了两条主线。第一条主线以 Merton（1977）为核心，利用欧式期权定价的思想研究存款保险定价。第二条主线以 Chan 等（1992）为核心，着重探讨公平的存款保险定价以及存在性问题。

一　期权定价法

（一）Merton 模型

Merton（1977）最早发现了存款保险契约和欧式期权之间的相似性，

首次将 Black-Scholes 模型应用到存款保险定价。根据 Black-Scholes 期权定价模型，到期日每股股价为 S，行权价格为 X，如果在到期日股票价格 S 低于行权价格 X，则期权所有者将行使他的权利，否则，将不行权。

一股股票在到期日的价值可写为：

$$P(0) = \text{Max}[0, X - S] \quad (3-3)$$

$P(T)$ 是距离到期还有时间 T 的看跌期权的价格。

假设 S 服从几何布朗运动，可表示为：

$$d\ln S = \mu dt + \sigma dW \quad (3-4)$$

其中，μ 为资产当期收益率，σ 为资产收益率的波动率。根据看跌期权定价公式，距离到期还有时间 T 的看跌期权的价格为：

$$P(T) = Xe^{-rT}\Phi(y_2) - S\Phi(y_1) \quad (3-5)$$

其中：

$$y_1 \equiv \left\{\ln\left(\frac{E}{S}\right) - \left(r + \frac{\sigma^2}{2}\right)T\right\}/\sigma\sqrt{T}$$

$$y_2 \equiv y_1 + \sigma\sqrt{T}$$

$\Phi(\cdot)$ 为标准正态分布的累计分布函数，r 为无风险利率。

将 Black-Scholes 期权定价模型应用到存款保险定价的基本原理是：将存款保险看作一份欧式看跌期权，将企业到期偿还的债务 B 看作看跌期权的执行价格，将企业的价值 V 看作标的资产的价格。当有担保人时，如果到期企业资不抵债（$V<B$），那么由担保人代替股东支付差额 $B-V$；如果企业经营较好，到期时 $V \geqslant B$，那么担保人就不用支付债权人任何资金。由此看来，担保人这种损益完全取决于公司的经营状况。

这个过程也就相当于担保人持有一个欧式看跌期权，只不过这个期权的执行权不在担保人手里。如果这个发债的企业就是银行，那么发行的债券可以看成为存款，担保人就充当了存款保险的角色，从而这个问题就变成存款保险的定价问题。

在初始时刻 $t=0$，存款保险到期时刻 $t=T$ 于是，利用 Black-Scholes 的期权定价模型可以得到存款保险的费用：

$$G(T) = B_T e^{-rT}\Phi(x_2) - V_0\Phi(x_1) \quad (3-6)$$

其中：

$$x_1 \equiv \left\{\ln\left(\frac{B_T}{V_0}\right) - \left(r + \frac{\sigma_V^2}{2}\right)T\right\}/\sigma_V\sqrt{T}$$

$$x_2 \equiv x_1 + \sigma_V \sqrt{T}$$

其中，$\Phi(\cdot)$ 为标准正态分布的累计分布函数，σ_V 为银行资产收益率的标准差。如果没有存款保险，债券在初始时刻的市场价值为 $B_0 = B_T e^{-rT}$，令 g 为每单位存款的保险费用，则 $g = G(T)/B_0$，g 可以被写成两个变量的函数：

$$g(d,\tau) = \Phi(h_2) + \frac{1}{d}\Phi(h_1) \qquad (3-7)$$

其中：

$$h_1 \equiv \left\{\ln(d) - \frac{\tau}{2}\right\}/\sqrt{\tau}$$

$$h_2 \equiv h_1 + \sqrt{\tau}$$

Merton（1977）的模型简单直观、易于理解，但也存在一些缺陷。一是没有考虑监管成本、监管监察和破产后处理方式的不同对存款保险价格的影响；二是忽略了一些无法观测的参数，期权定价法只能用于那些可得到资产净值市场估值的银行，这意味着期权定价法仅限用于在股票交易所上市的银行。为此，很多学者对 Merton（1977）的模型进行了改进，以期获得更有价值的结果。

（二）监管宽容与定价

针对 Merton（1977）模型第一方面的不足，Ronn 和 Verma（1986）明确考虑了监管宽容的实际情况。FDIC 的报告表明，当监管者发现一个银行资不抵债时，出于政治上或自身业绩等原因考虑，并不会马上清算该银行资产，反而会试图直接注入资金或暂缓关闭来挽救银行。因此，Ronn 和 Verma（1986）在模型中引入宽容系数 ρ，表现为负债的一个比例（$\rho \leq 1$，当 $\rho = 1$ 时，表示无宽容，立即清算）。当银行资产 V 满足 $\rho B \leq V < B$ 时，保险机构会立即注资使得银行价值为 B。只有当银行价值低于 ρB 时，才会进行清算。

该模型延续了 Black-Scholes 的期权定价模型的标准假设，令 E 为可观测的银行股票市场价值，当不存在监管宽容时，有：

$$E = V_0 \Phi(x) - B_0 \Phi(x - \sigma_V \sqrt{T}) \qquad (3-8)$$

其中：

$$x \equiv \left\{\ln\left(\frac{V_0}{B_0}\right) + \sigma_V^2 T/2\right\}/\sigma_V \sqrt{T}$$

且有：
$$\sigma_V = \frac{\sigma_E E}{V_0 \left(\frac{\partial E}{\partial V}\right)} \qquad (3-9)$$

Φ（·）为标准正态分布的累计分布函数，σ_V 为银行资产收益率的标准差，σ_E 为银行股票收益率的标准差。

当存在监管宽容时，修正可得式（3-10）：
$$E = V_0 \Phi(x) - \rho B_0 \Phi(x - \sigma_V \sqrt{T}) \qquad (3-10)$$

其中：
$$x \equiv \left\{\ln\left(\frac{V_0}{B_0}\right) + \sigma_V^2 T/2 \right\}\Big/ \sigma_V \sqrt{T}$$

通过可观测的银行股票收益率的波动率 σ_E，可得出未知的 V 和 σ_V，从而得到存款保险费率。

（三）参数估计

针对 Merton（1977）模型第二方面的不足，Marcus 和 Shaked（1984）对 Merton 模型中无法观测到的银行资产价值和波动率进行了计算，联立方程组求解存款保险的费率；Duan（1994，2000）利用极大似然估计对 Ronn 和 Verma（1986）的模型进行了改进，他假定银行资产价值服从对数正态分布，并利用其和权益价值与 Merton（1977）模型中的同构对应关系，分别得到了资产价值和权益价值的对数似然函数，在各个银行权益价值时间序列可观测的情况下，求得银行资产收益率和收益率标准差的最大似然估计值，从而求得银行资产价值的估计值；Pyle（1986）建立了银行破产倒闭可以背离经济破产条件下的存款保险定价模型；Kane（1986）基于欧式期权两周期的二叉树模型对存款保险进行了定价研究。

根据 Duan（1994），令 E_t 为 t 时刻的银行的股票价值，V_t 为 t 时刻的银行的资产价值，B_t 为 t 时刻的银行的存款（负债）价值，根据 Black-Scholes 公式可得：
$$E_t = V_t \Phi(x_t) - B_t \Phi(x_t - \sigma_V \sqrt{T-t}) \qquad (3-11)$$

其中：
$$x_t \equiv \left\{\ln\left(\frac{V_t}{B_t}\right) + (\sigma_V^2/2)(T-t) \right\}\Big/ \sigma_V \sqrt{T-t}$$

Φ（·）为标准正态分布的累计分布函数，σ_V 为银行资产收益率的标准差。转移密度概率函数可表示为：

$$\ln(V_{t+1}/V_t) \sim N(\mu, \sigma_V^2) \quad (3-12)$$

从而无法观测到的变量 V_t（$t=1,\cdots,n$）的对数似然函数能够被表示出来：

$$L_V(V_t,\mu,\sigma_V) = -\frac{n-1}{2}\ln(2\pi) - \frac{n-1}{2}\ln\sigma_V^2$$

$$-\frac{1}{2\sigma_V^2}\sum_{t=2}^{n}\left[\ln\left(\frac{V_t}{V_{t-1}}\right)-\mu\right]^2 \quad (3-13)$$

该似然函数可以转换为可观测的变量 E_t（$t=1,\cdots,n$）的对数似然函数：

$$L(E_t,\mu,\sigma_V) = -\frac{n-1}{2}\ln(2\pi) - \frac{n-1}{2}\ln\sigma_V^2 - \sum_{t=2}^{n}\ln(\Phi(\widehat{x_t}))$$

$$-\frac{1}{2\sigma_V^2}\sum_{t=2}^{n}\left[\ln\left(\frac{\widehat{V_t}(\sigma_V)}{\widehat{V_{t-1}}(\sigma_V)}\right)-\mu\right]^2 \quad (3-14)$$

其中，$\widehat{V_t}(\sigma_V)$ 是式（3-11）对任意 σ_V 成立的唯一解，$\widehat{x_t}$ 为将 V_t 替换为 $\widehat{V_t}(\sigma_V)$ 后对应的值。

（四）美式期权定价法

欧式期权只有在到期日才能执行，但是存款保险中存款人可以在存款未到期的任意时刻就到银行取款。因此，银行本身面临一种任意时刻而不是在某个特定时间的挤兑风险，美式期权可以很好地弥补欧式期权的这种"流动性"不足，这是因为美式期权持有人可以在到期日前任意时刻执行期权。Allen 和 Saunders（1993）将存款保险视为一个可赎回的永久美式看跌期权，对存款保险定价进行了研究。

首先考虑不可赎回的永久美式看跌期权。

银行资产的价值表示为 V，被保险的存款价值 B 即为期权的行权价格（在标准模型中，行权价格为1），不可赎回的美式永久期权的价值记为 $P(V,\infty;B)$，或写为标准模型 $p(v,\infty;1)$，其中 $v=V/B$。

根据 Merton（1973）不可赎回的美式永久存款保险的价值为：

$$p(v,\infty;1) = \frac{1}{1+\gamma}\left[\frac{(1+\gamma)v}{\gamma}\right]^{-\gamma} \quad (3-15)$$

其中，$\gamma = 2r/\sigma^2 > 0$，σ 是银行资产收益率的标准差，r 为无风险利率。

接下来考虑看涨条款,只有当银行选择不提前行权(自行关闭,行使存款保险)时,看涨条款才有价值。X 表示银行提前自行关闭的最大资产价值,平均到每单位存款有 $x = X/B$。

因此,如果每单位存款的资产价值超过 x,看涨条款将有价值。$\bar{v}$ 为 FDIC 要求银行关闭的每单位存款的资产价值临界值。如果 $\bar{v} > x$,那么 FDIC 将要求银行关闭,而如果 $\bar{v} \leq x$,那么 FDIC 将不必强制要求银行关闭,陷入困境的银行会自行关闭。在这种情况下,联邦存款保险公司的看涨条款没有价值,可以将存款保险视为一个简单的看跌期权。

只有当 $x \leq v \leq \bar{v}$ 时,看涨条款将会被执行。当 $x \to \bar{v}$ 时,看涨条款的价值趋近于 0。据 Merton(1973),看涨条款的价值 $c(v, \infty; 1)$ 可表示为:

$$c(v, \infty; 1) = v^{-\gamma}[\bar{v}^{\gamma+1} - \bar{v}^\gamma + (1-x)x^\gamma], x < v \leq \bar{v} \quad (3-16)$$

将 $x = \gamma/(\gamma+1)$ 带入式(3-16),有:

$$c(v, \infty; 1) = v^{-\gamma}\left[\bar{v}^{\gamma+1} - \bar{v}^\gamma + \frac{\gamma^\gamma}{(\gamma+1)^{(\gamma+1)}}\right], x < v \leq \bar{v} \quad (3-17)$$

令 $i(v, \infty; 1) = p(v, \infty; 1) - c(v, \infty; 1)$ 为银行股东持有的存款保险净值,则:

$$i(v, \infty; 1) = (1 - \bar{v})\left(\frac{\bar{v}}{v}\right)^\gamma \quad (3-18)$$

(五)系统性风险与存款保险定价

延续期权定价的思想,很多学者还尝试引进一些其他经济变量对存款保险进行定价。

Lee 等(2015)用资产相关性来度量银行的系统性风险,并将其引入到 Merton(1977)的欧式期权定价框架下,对存款保险进行了定价。

模型假设银行资产 V 遵循以下公式:

$$d\ln V = \left(r - \frac{1}{2}\sigma_V^2\right)dt + \sigma_V dW_V \quad (3-19)$$

其中 r 为无风险利率,σ_V 是银行资产收益率的标准差,dW_V 是标准布朗运动,则存款保险费率 IPP^E 可表示为:

$$IPP^E(t, T) = \Phi(x_t) - \frac{V_t}{B_t}\Phi(x_t - \sigma_V\sqrt{T-t}) \quad (3-20)$$

其中:

$$x_t \equiv \left\{\ln\left(\frac{B_t}{V_t}\right) + (\sigma_V^2/2)(T-t)\right\}\Big/\sigma_V\sqrt{T-t}$$

式中，$\Phi(\cdot)$ 为标准正态分布的累计分布函数。

为了在模型中引入系统性风险，Lee 等（2015）将布朗运动分解为共同因子 Y 和单个银行特定因子 ε 两部分：

$$\sigma_V dW_V = \sqrt{\rho}\sigma_Y dW_Y + \sqrt{1-\rho}\sigma_\varepsilon dW_\varepsilon \tag{3-21}$$

其中，σ_Y 和 σ_ε 分别为共同因子和银行特定因子的标准差，dW_Y 和 dW_ε 分别为共同因子和银行特定因子的标准布朗运动。假定 dW_Y 和 dW_ε 是相互独立的，ρ 代表共同因子和银行特定因子的相关系数（$\rho \in (0,1)$）。

当置信水平为 $1-\alpha$ 时，考虑系统性风险的存款保险费用 IP_α^S 为：

$$\begin{aligned}IP_\alpha^S(t,T) = &B_t\Phi\left(d_2^S(t,T) + \frac{\rho\sigma_Y^2(t,T)}{2v(t,T)} + \frac{\sqrt{\rho}\sigma_Y(t,T)}{v(t,T)}\Phi^{-1}(1-\alpha)\right)\\ &- V_t\Phi\left(d_1^S(t,T) + \frac{\rho\sigma_Y^2(t,T)}{2v(t,T)} + \frac{\sqrt{\rho}\sigma_Y(t,T)}{v(t,T)}\Phi^{-1}(1-\alpha)\right)\end{aligned}$$
$$\tag{3-22}$$

其中：

$$d_2^S(t,T) = \left\{\ln\left(\frac{B_t}{V_t}\right) + \frac{1}{2}v^2(t,T)\right\}\Big/v(t,T)$$
$$v^2(t,T) = (\sigma_V^2 - \rho\sigma_Y^2)(T-t)$$
$$d_1^S(t,T) = d_2^S(t,T) - v(t,T)$$

相应的存款保险费率 IPP_α^S 为：

$$\begin{aligned}IPP_\alpha^S(t,T) = &\Phi\left(d_2^S(t,T) + \frac{\rho\sigma_Y^2(t,T)}{2v(t,T)} + \frac{\sqrt{\rho}\sigma_Y(t,T)}{v(t,T)}\Phi^{-1}(1-\alpha)\right)\\ &- \frac{V_t}{B_t}\Phi\left(d_1^S(t,T) + \frac{\rho\sigma_Y^2(t,T)}{2v(t,T)} + \frac{\sqrt{\rho}\sigma_Y(t,T)}{v(t,T)}\Phi^{-1}(1-\alpha)\right)\end{aligned}$$
$$\tag{3-23}$$

吕筱宁等（2016）的研究也具有一定代表性。吕筱宁等（2016）将影响银行资产价值的风险因素分解为系统性风险因素和银行特定风险因素，从而在跨期条件下，将表征系统性风险的宏观经济因素引入到存款保险费率厘定的模型中，进而得到具有逆周期特点的存款保险费率厘定方法。

模型的基本假设包括：

(1) 对资产价值的假设。

假设银行系统有 m 家银行，银行 i 每年的资产价值服从：

$$\frac{dV_i(t)}{V_i(t)} = \mu_i dt + \sigma_i d\omega_i(t), i = 1, 2, \cdots, m \qquad (3-24)$$

式（3-24）中，μ_i 为银行 i 资产的即时收益率，σ_i 为即时收益率的波动率，$\omega_i(t)$ 为布朗运动；$d\omega_i(t)$ 表示银行 i 资产的风险来源，相应的风险大小由 σ_i 度量。在时间间隔 Δt 内，$\omega_i(t)$ 的变化为：

$$\Delta \omega_i(t) = x_i(t) \sqrt{\Delta t} \qquad (3-25)$$

其中，$x_i(t)$ 服从标准正态分布，是影响银行 i 资产价值的风险因素。假设 $x_i(t)$ 满足：

$$x_i(t) = \rho_i Y(t) + \sqrt{1-\rho_i^2}\, \varepsilon_i(t) \qquad (3-26)$$

其中，$Y(t)$ 为影响 $x_i(t)$ 的系统性风险因素（或宏观经济因素）；$\varepsilon_i(t)$ 为影响 $x_i(t)$ 的非系统性风险因素（或银行特定风险因素）；ρ_i（$-1 \leq \rho_i \leq 1$）表示 $x_i(t)$ 对系统性风险因素的敏感性。$Y(t)$ 和 $\varepsilon_i(t)$ 均服从标准正态分布，且 $Y(t)$ 和 $\varepsilon_i(t)$ 相互独立。

(2) 对负债价值的假设。假设银行负债全部来源于存款，银行的存款价值满足：

$$\frac{dB_i(t)}{B_i(t)} = r_{i,d} dt \qquad (3-27)$$

其中，$r_{i,d}$ 为 1 年期存款利率。

(3) 对存款保险的假设。假设银行 i 为其存款购买 n 期存款保险，投保比例为 β_i（$0 < \beta_i < 1$），即如果银行 i 出现存款本息支付困难，存款保险机构将最多支付总存款本期的 β_i 倍。在保险期间银行 i 每年年末接受审查，如果在第 T 年末，有 $V_i(T) \geq B_i(T)$，则银行 i 经营状况良好；若 $V_i(T) < B_i(T)$，则银行 i 出现存款支付困难，进入破产清算过程。由于清算过程中未保险存款的偿还顺序优于被保险存款，当银行 i 破产时资产损失程度很高，出现 $V_i(T) \geq (1-\beta_i) B_i(T)$ 时，清算后，银行 i 的资产 $V_i(T)$ 将全部用于偿还未保险存款，被保险存款 $\beta_i B_i(T)$ 将全部由存款保险机构偿还；当银行 i 破产时资产损失程度相对较低，即有 $(1-\beta_i) B_i(T) \leq V_i(T) < B_i(T)$ 时，银行 i 的资产能偿还部分被保险存款，假设此时存款保险机构承担总承保存款的一定比例 α_i（$0 < \alpha_i \leq 1$），即存款保险机构的支付额为 $\alpha_i \beta_i B_i(T)$。因此，第 T 年末存款机构对银行 i

的赔付责任为：

$$L_i(T) = \begin{cases} \beta_i B_i(T), \text{前 } T-1 \text{ 年银行均不破产}, \\ \quad \text{且 } V_i(T) < (1-\beta_i)B_i(T) \\ \alpha_i \beta_i B_i(T), \text{前 } T-1 \text{ 年银行均不破产}, \\ \quad \text{且} (1-\beta_i)B_i(T) \leq V_i(T) < B_i(T) \\ 0, \text{其他} \end{cases} \quad (3-28)$$

（4）对其他行为的假设。银行 i 在每年年末接受审查后，如果其资产状况符合持续经营的要求，则下列调整发生：

①银行 i 存款价值以 g_i 的速度发生一次性的变化，即：

$$B_i(T)^+ = (1+g_i)B_i(T) \quad (3-29)$$

其中，$B_i(T)^+$ 为变化后第 T 年末银行 i 的存款价值，也即第 $T+1$ 年初银行 i 的存款价值。

②银行 i 支付下一年度存款保险保费 $h_i(T+1)\beta_i B_i(T)^+$，其中 $h_i(T+1)$ 为银行 i 在第 $T+1$ 年度的存款保险费率。

③银行 i 通过回购股票或发放股利等手段，调整其资产负债率，令 $v_i(T) = \dfrac{V_i(T)}{B_i(T)}$ 为调整前银行 i 的资产负债率，$v_i(T)^+ = \dfrac{V_i(T)^+}{B_i(T)^+}$ 为调整后银行 i 的资产负债率，其中 $V_i(T)^+$ 为调整后第 T 年末银行 i 的资产价值，也即第 $T+1$ 年初银行 i 的资产价值，调整前后，银行 i 的资产负债率满足自回归过程。

当前 T 年的系统性风险因素 $Y_T = \{y_1, y_2, \cdots, y_T\}$，基础费率 $H_i > 0$，逆周期程度系数 $\lambda > 0$ 时，可推导出逆周期费率为：

$$h_i(T) = H_i[1 + (-1)^I[y_{T-1} < 0](1 - e^{-\lambda|y_{T-1}|})] \quad (3-30)$$

因此，银行 i 在第 t 年初需支付的总存款保险保费满足：

$$Q_i(T) = \begin{cases} H_i[1 + (-1)^I[y_{T-1} < 0](1 - e^{-\lambda|y_{T-1}|})]\beta_i B_i(T)^+, \\ \quad \text{银行 } i \text{ 在前 } T-1 \text{ 年均不破产} \\ 0, \quad \text{其他} \end{cases}$$

$$(3-31)$$

除上述研究外，Kerfriden 和 Rochet（1993）考虑银行资产负债表的期限结构和市场参数得到存款保险的定价公式，运用利率的期限结构和零息债券的波动率来刻画市场参数。Duan 等（1995）给出了考虑利率风险对存款保险定价影响的定价公式。Dermine 等（2001）分析了信贷风险对存款保险定价的影响。Zhang 和 Shi（2017）则在期权定价模型基础上融合了市场模型，并发现未考虑系统风险的定价模型低估了存款保费。

二　预期损失定价法

预期损失定价方法的基本思想是通过计算银行破产时对储户造成的预期损失来衡量银行所需要缴纳的保费。预期损失为预期违约率、风险敞口和违约损失率的乘积。风险敞口和违约损失率可以通过历史经验数据得到，预期违约率主要通过基本面分析、市场分析法和评级分析等三种途径获得（魏志宏，2004）。

预期损失定价法的原理可以表示如下：

期望损失 = 预期违约率×风险敞口×违约损失率

基本面分析一般基于其会计核算价值，应用类似 CAMELS 的评级。CAMELS 基础分析法具体包括六种评价指标，即资本充足、资产质量、管理水平、盈利水平、流动性水平、市场风险敏感度，利用这六种指标对商业银行进行评分，并通过评分确定各家银行的风险等级，再确定对应的预期违约率。市场分析法基于无套利和风险中性定价的前提，假设以一单位资金投资于无风险债券和投资于未投保银行债务的期望收益相同，已知无风险债券利率和未投保银行债务的利率，计算得出预期违约率。评级分析法是通过穆迪、惠誉、标普等专业评级公司对金融机构的信用评级来直接获得相应的违约率。这种方法操作简便且数据易得。但不同的评级机构对银行的评级存在差异，且评级机构缺乏内部信息，实际评级可能有所偏差。

基于预期损失定价的思想，国内外学者考虑了不同因素，应用这一方法进行费率测算与理论研究。国外的研究有：Sironi 和 Zazzara（2004）结合预期损失定价与信用风险模型对意大利上市银行进行了保费费率测算，所得结果与实际费率相近。Pennacchi（2006）基于预期损失定价的思想，考虑了经济周期对保费的影响。

国内早期进行存款保险定价的研究也多采用操作简便的预期损失定价法，魏志宏（2004）、张金宝和任若恩（2007）、李旸和黄锟（2017）、刘海龙和杨继光（2011）、魏修建等（2014）、宋莹（2014）、缪锦春和季安琪（2015）等都基于预期损失定价的思想对银行进行了保费测算。

相对期权定价法，预期损失定价方法操作简单、适应性强。但近年来整体的研究趋势也变得更为科学严谨。从最初直接运用评级法估算银行违约概率，到后期逐渐有国外学者运用 KMV 模型、风险中性估值模型等商业银行信用风险模型来测算违约概率，这也将成为预期损失定价法未来的研究趋势。

三　公平的存款保险价格存在性问题

Chan 等（1992）通过构建模型（以下简称"CGT 模型"）发现，在信息不对称的情况下，公平的存款保险定价不存在。一方面，存在时间问题。即使银行的资产组合决策是完全可观测的，但这些决策与存款保险人、监管者对保费费率进行调整之间仍然存在一个时滞。因此，如果银行的资本比率相当低，银行经理在时滞阶段有可能为了提高资本比率而进行冒险，即使他们知道这种冒险行为可能导致更大的损失。另一方面，存在逆向选择的问题。

Freixas 和 Rochet（1998）认为 CGT 模型的基本假定不合理，并在对假定进行了修正之后发现，即使存在逆向选择问题，公平的存款保险定价仍然可以实现，即存在激励相容的机制使得公平的存款保险定价存在。同时，存款的分配结果也是清晰的。

Freixas 和 Rochet（1998）建立了两周期静态模型，存在 $t=0$ 和 $t=1$ 两个时期，每家银行都有一个参数 θ，它决定了其贷款组合的"风险"和其存款管理的"效率"（表现为失败的概率）。在 $t=0$ 和 $t=1$ 的典型银行的资产负债表如图 3-1 所示。贷款收入函数 $f(L)$ 具有新古典生产函数的一般特性（可微、递增、凹的）。

已知 θ 可以被观测，每家银行的所有者都是风险中性的，能以 r 的利率获取资金。银行所有者的目标函数 Π 是他对银行股权投资的净现值，有：

$$\Pi = \frac{(1-\theta)W}{1+r} - E \qquad (3-32)$$

由于资产负债表借贷相等，Π 可以写为四项之和：

$$\Pi = \Pi_1 + \Pi_2 + \Pi_3 - P \qquad (3-33)$$

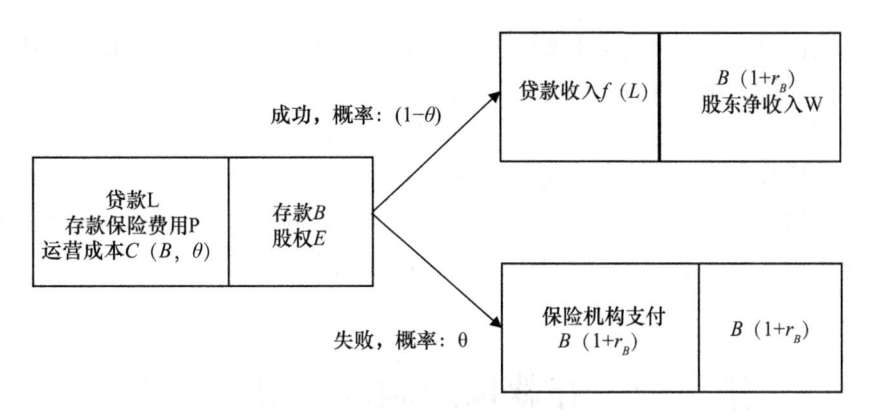

图 3−1 典型银行的资产负债表

其中，Π_1 是在信贷活动中实现的预期利润：

$$\Pi_1 = \Pi_1(\theta,L) = \frac{1-\theta}{1+r}f(L) - L \qquad (3-34)$$

Π_2 是通过存款实现的利润：

$$\Pi_2 = \Pi_2(\theta,B) = \frac{r-r_B}{1+r}B - C(B,\theta) \qquad (3-35)$$

Π_3 表示从存款保险中收到的支付的现值：

$$\Pi_3 = \Pi_3(\theta,B) = \frac{\theta}{1+r}[B(1+r_B)] \qquad (3-36)$$

模型假定所有存款都是被保险的，所有银行存款的利率 r_B 都相同。当满足式（3−37）时，公平的存款保险价格存在：

$$\forall \theta \in [\underline{\theta},\bar{\theta}] P(D(\theta)) = \frac{\theta}{1+r}[B(\theta)(1+r_B)] \qquad (3-37)$$

其中，$B(\theta)$ 为不同失败概率下银行选择的存款量，由式（3−38）决定：

$$\text{Max}[\Pi_2(\theta,B) + \Pi_3(\theta,B) - P(D)] \qquad (3-38)$$

而在 CGT 模型中，由于存款活动的净盈余为零（即 $\Pi_2(\theta,B) \equiv 0$），因此当且仅当 $B(\theta) \equiv 0$ 时，公平的存款保险价格才存在。

Boyd 等（2002）的研究支持了 Freixas 和 Rochet（1998）的观点，他们的理论模型结果显示存在精算公平的存款保险价格。此外，Yoon 和 Mazumdar（1996）的研究也指出，公平的存款保险价格在竞争的银行业中是存在的。

国内对于公平的存款保险定价研究则比较匮乏。凌涛等（2007）从存款保险制度的融资来源、融资规模和保费征收三个方面从理论分析和文献综述层面探讨了存款保险制度的公平问题，认为几乎不可能在实践中实现存款保险保费的完全公平定价。姚志勇和夏凡（2012）构建了一个"直接显示机制"来设计存款保险合约，模型结果显示完全公平定价与激励相容的保费制度相矛盾，在信息不对称的情况环境下公平定价并不可行。

第三节　存款保险制度与银行风险

存款保险制度设计的初衷是为了维护金融业的稳定，但是不恰当的制度设计和存款保险制度本身也会带来一些负面的作用，比如可能产生道德风险和逆向选择问题，对银行的风险承担带来一定的负面影响。但从总体上讲，存款保险制度的正面作用大于负面作用。

一　存款保险制度与道德风险

存款保险中的道德风险来源于以下几个方面。

第一，如果存款保险不能充分反映银行各种贷款的风险，就不利于银行的自律。因为有存款保险作保障，银行在各种经营活动中为了增加收益，把资金投入高风险项目中，甚至从事投机活动，从而面临着超额风险。在宏观经济向好时，高风险投资风险不会暴露，贷款尚能如期偿还，银行就获得较高的收益。如果因为各种原因导致贷款不能按时偿还，或者银行的冒险投资失败，那么这些风险就会转嫁给存款保险机构，而银行却"毫发未损"，这是一种道德风险。

Chiaramonte等（2020）认为，过高的保险覆盖范围导致更大的冒险行为，加剧金融体系的脆弱。Lé（2012）发现建立存款保险制度后，银行冒险行为的增加导致风险承担显著提升。Ngalawa等（2016）发现，存款保险与对私营部门的信贷相互作用加剧了银行挤兑和银行破产，表明存款保险的道德风险带来的负面影响大于对银行的稳定作用。Pennacchi（2006）认为由于公平保费很难实现，所以当银行危机发生时政府会倾向于对存保险基金进行补贴。而这种补贴加剧了银行的风险激励，通过集中贷款和高系统性风险下的表外活动来增加其保险补贴，这将在经济下滑时期导致更严重的金融危机。

第二，存款保险允许一些偿付能力不足但法律上还未破产的银行继续进行经营活动，如果监管机构不对这样的银行加以处罚，或者不让这样的银行及时地从市场退出，那么市场的淘汰作用就不能有效地发挥。

第三，存款保险基金可能来自政府注资，政府的资金主要是来自税收。在银行濒临破产时，一方面存款保险机构要救援，这有可能用到税收的钱。同时，存款保险机构的救援能力有限，政府往往也会提供救助，即政府救援的实质是用税收救助即将破产的银行。这事实上也是道德风险，因为银行在进行冒险投资获得高收益时和纳税人无关，但是出现问题时却需要纳税人买单。

一个非常典型的例子是2008年国际金融危机期间爱尔兰的救市行为（Allen et al.，2011）：2007年年底美国次贷危机爆发，随后蔓延到全世界，爱尔兰也未能幸免。为此，爱尔兰政府干预措施包括：承担六大银行全部被保人的所有负债、资产重组和购买有毒资产。担保的债券、次级债券和同业拆借高达4000亿欧元（是爱尔兰当时GDP的2倍）。资产重组令最大的三家银行产生了110亿欧元的债务成本。作为救助的一部分，爱尔兰政府在2009年12月成立了国家资产管理局（NAMA），其主要目的是购买全国银行有问题的资产。据《金融时报》统计，到2010年9月，政府的救助债务成本高达540亿欧元。所有的救助恶化了爱尔兰政府的公共财政，导致银行的风险转移到政府，这也限制了破产银行进行重组并将损失由私人部门共担的可能性。在2010年年末，爱尔兰政府的财政赤字占GDP的比重高达32%。危机的恐慌也导致了10年期国债收益率急剧攀升，银行无力进行债券展期，这样形成了一种恶性循环。最后，在欧盟和IMF进行紧急救援下，危机才得以缓解。

第四，相对于没有存款保险制度，存款人在有存款保险制度下的损失成本要小得多，因此不再关心银行的选择，削弱了市场力量对银行的约束。

道德风险的存在导致存款保险制度会带来一些负面影响，尤其在外部环境不良的情况下引入存款保险制度会加大风险隐患（Kane，2000；Cull et al.，2005；段军山等，2018；Qian et al.，2019）。在宽松的监管环境下引入存款保险制度会加剧银行的风险激励，导致银行风险隐患增加并阻碍金融发展。同时，在良好监管环境下，存款保险产生了预期的正面影响，说明实施存款保险需要有健全的监管计划（Cull et al.，2005）。因此，存款保险要想发挥稳定金融的作用，需要配套的法律法规以及审慎的监管环境。

此外，适当的制度设计可以消除部分存款保险的道德风险或规避道德风险带来的不良影响，如设置共同保险、将外币存款纳入保险范围、联合管理机制、设立独立的存款保险机构、"风险最小化"模式等（Demirgüç-Kunt and Huizinga，2004；Liu et al.，2016；Bergbrant et al.，2016）。反之，即使在体制最健全的国家，设计欠佳的存款保险制度也会削弱对银行实行良好管理的激励，导致银行体系的恶化。存款保险制度的设计应该重视主体之间的差异化，抑制银行的冒险经营动机，保证制度运行有效率，同时也应该最大化地体现公平。

最后，存款保险制度激励银行冒险经营，在一定程度上受银行类型、治理结构及信息披露程度等因素影响。例如，Liu等（2016）的实证结果表明，对于自身资产质量更好、流动性更充足的银行，存款保险制度的道德风险能够得到有效化解；郭晔和赵静（2017）发现银行杠杆率越高以及第一大股东的持股比例越高，存款保险制度产生的道德风险问题越严重。朱波等（2016）基于不完全信息动态博弈模型，研究发现提高银行的信息披露程度有助于督促银行规避风险，而存款保险制度与信息披露程度之间存在协同效应。因此，加强银行的信息披露有助于抑制存款保险制度的道德风险，从而降低系统性风险。

存款保险制度在带来金融稳定效应的同时，也会带来道德风险；金融稳定和道德风险相当于"硬币的两面"。因此，存款保险制度需要在金融稳定和道德风险之间寻找平衡点。

二 存款保险制度与逆向选择

在显性存款保险制度下，如果保险完全是自愿的，并且保费固定不变，那么，只有那些脆弱的和经营能力差的银行才会对存款保险感兴趣。那些稳健的银行和资金实力雄厚的银行不会对存款保险感兴趣，从而退出存款保险体系。一旦稳健的银行退出存款保险后，为了使存款保险发挥作用,便需要提高对其他受保银行的保费率,以弥补在支付倒闭银行的储户存款过程中产生的高成本。如此下去就会形成恶性循环,保险费率的提高又会进一步迫使留在存款保险体系内的次优银行退出存款保险体系,最后只剩下相对脆弱的银行留在存款保险体系以内。这样一个过程就产生了银行的"劣币驱逐良币"效应,也就是所谓的逆向选择。

存款保险中还存在逆向选择问题。在所有银行都受到存款保险制度的保护的情况下,存款人不必根据银行的信用和经营能力选择存款,以确保其存款的安全性。存款人自然会选择那些存款利率较高的银行,而存款利率较高的银行往往是那些较为脆弱的银行。一方面这些银行经营资金缺乏,盈利能力较差;另一方面,这些银行提供了较高的存款利率,就必须投资利率更高的贷款等投资,才可以获得相应回报,从而这些银行面临的风险更大。在这样的过程中,经营稳健的银行因为提供的存款利率较低难以获得存款,反而那些脆弱的银行可能会获得更多的存款。这就产生了存款人的逆向选择问题。

三 存款保险制度与银行风险承担

道德风险激励银行冒险经营,导致银行风险承担增加,但银行风险承担与道德风险并不完全相同。不同的经济周期、制度设计等因素可能会导致存款保险制度对不同的银行产生正面或负面的风险承担影响,最终的净效应在存款保险制度带来的成本与收益之间权衡。

Angkinand 和 Wihlborg(2010)指出,显性存款保险覆盖范围与银行风险承担之间存在"U"形关系,且存款保险的保额在中间水平上使得银行风险最小化;最优存款保险限额受到制度因素,如受银行所有权结构的影响而存在差异。王晓博等(2018)也验证了"U"形关系的存在,并指出一国在不同时期可以"相机抉择",设立不同的保额灵活的规避风险。赵尚梅等(2017)研究发现,这种"U"形关系随着居民储蓄率提高或者银行存贷利差降低而更加明显。韩扬等(2018)通过构建一个异质性全局博弈模型,发现设置较高的存款保险偿付限额可以有效降低银行的挤兑风险。可见,存款保险保额设置的高低可以通过道德风险和挤兑效应影响银行的风险承担。一般认为,保险覆盖范围或保额设定高低与银行风险承担呈"U"形关系,过高或过低的保护范围会使得银行经营稳定性下降

(Chiaramonte et al.，2019)。

Duan 等（1995）还指出，存款保险制度还可能导致存款人减弱对银行监督的积极性。从长期来看，目前比较主流的基于风险调整的存款保险费率具有很强的顺周期性。在经济上行期，银行破产概率相对而言较低，那么存款保险费率也相对较低；而当经济处于下行周期时，银行违约风险上升但存款保险机构的保费收入又相对不足，一方面保费难以覆盖银行的期望破产损失；另一方面伴随银行风险上升而保费费率也跟着上升，无疑加大了银行的破产概率。因此这种顺周期性的保费费率设计也带来了很多负面作用。

总体来看，现有文献主要研究存款保额与银行风险承担的关系，认为二者存在"U"形关系，保额的合理设定不仅能够减少银行的风险承担，还能够平衡道德风险和促进金融稳定。此外，部分学者还研究了隐性存款保险制度下，特许权价值（李燕平和韩立岩，2008）、银行信息披露程度（王宗润等，2015）等因素对银行风险承担的影响。

第四节　存款保险制度与审慎监管、最后贷款人

存款保险制度的作用在前面已经论述过，这里主要论述审慎监管和最后贷款人的作用，以及它们和存款保险制度在维护金融稳定方面的联系。

审慎监管是指监管部门为了防范和化解银行业风险为目的，通过市场准入、资本充足率、现场及非现场监管等风险监管措施来维护金融体系安全。审慎监管是一种事前防范的措施，审慎监管包括宏观审慎监管和微观审慎监管。宏观审慎监管主要通过防范系统性风险来避免金融危机对宏观经济造成破坏；而微观审慎监管则是防范单个金融机构的风险从而避免给消费者带来损失，并不考虑对整体经济的影响（Borio，2003；史建平和高宇，2011）。最后贷款人由中央银行实施，主要通过存款准备金率、贴现窗口和公开市场操作等手段提供流动性援助来维护金融体系安全，是一种事前防范、事中干预、事后减震措施。最后贷款人代表了政府对金融机构最强烈的干预，尤其是在金融危机期间（Drechsler et al.，2016）。这样的

干预已经是经济政策的重要部分,最后贷款人也是政府成立中央银行的主要原因。

审慎监管是一种事前防范措施,主要起到预防危机发生的作用。但是当危机真正发生时,很难起到及时地维护金融稳定的作用,不能保证金融体系的健康运行,因此需要金融安全的其他两个要素发挥作用。最后贷款人同审慎监管一样,都是中央银行等监管部门常使用的监管手段。最后贷款人只能满足临时性流动性需求,不能够在长效机制下维护金融体系稳定。特别是通过存款准备金率、贴现窗口和公开市场操作等手段来调节金融市场流动性会出现道德风险和逆向选择,同时这些政策手段的针对性不强。

综上来看,单一的支柱都存在一定的缺陷,难以维护金融市场的长久稳定。因此,只有存款保险制度、审慎监管和最后贷款人三大支柱相互配合、相互协同,才能共同维护金融市场的稳定。

第五节 本章小结

本章对存款保险制度的相关理论及进展进行了归纳总结,本章第一节说明了存款保险制度的必要性,第二节梳理了存款保险定价相关理论及演进,第三节探讨了存款保险制度存在的风险,第四节对金融安全网三大支柱——存款保险制度、审慎监管、最后贷款人进行了简要说明。

从存款保险的必要性来看,存款保险制度的推出对存款人、银行、监管机构、金融改革进程和整个社会福利都是有利的。从 Diamond 和 Dybvig(1983)的银行挤兑模型可以看出,存款保险制度能够有效缓解银行系统的脆弱性。

在定价方面,自 1977 年 Merton 开创存款保险定价之先河,这一领域受到国内外学者广泛关注,围绕期权定价法和预期损失定价法两条主线不断延伸探索,形成了比较全面的定价体系。Merton(1977)之后,学者们从监管宽容与存款保险定价、存款保险定价的参数估计、美式期权定价法和系统性风险与存款保险定价等多角度对存款保险定价进行了深入系统的研究。但存款保险的定价都基于存在公平的存款保险价格这一前提,因此很多学者就公平存款保险的存在性进行探讨,并提出激励相容的定价机制。

存款保险制度设计的初衷是维护金融业的稳定,但是不恰当的制度设计和存款保险制度本身也会带来一些负面的作用,比如可能产生道德风险和逆向选择问题,给银行的风险承担带来负面影响。随着制度运行日益成熟,怎样的制度设计更能发挥存款保险制度的有效性,什么因素放大存款保险制度带来的道德风险,以及存款保险制度给银行风险承担带来的影响等,日益成为学者关注的问题。

金融系统的稳定是一个复杂的系统工程,仅仅依靠存款保险制度是远远不够的,存款保险制度、审慎监管和最后贷款人共同构成了金融安全网的三大支柱。在本章第四节,论述了金融安全网的三大支柱以及和三者之间的关系。

第四章 审慎监管与存款保险价格

第一节 引言

  审慎监管、存款保险制度和最后贷款人共同构成了金融安全网的三大支柱。本章着重阐述审慎监管与存款保险间的关系，并将审慎监管的重要方式——监管处罚引入存款保险定价模型中，以期更好地观测存款保险定价中各个主体的行为。

  审慎监管理念来自巴赛尔委员会1997年的《银行业有效监管核心原则》，其监管要求主要涵盖资本充足率、风险管理、内部控制、跨国银行监管和纠正措施五个方面，在防范和化解银行业风险中发挥着重要作用。存款保险制度作为金融监管的补充手段，在应对银行突发事件时充分发挥缓冲器作用。二者作为金融安全网的重要支柱，共同维护金融体系的安全。

  需要注意的是，审慎监管是一种事前防范措施，主要起到预防危机发生的作用，但较难及时地应对危机，保证金融体系的健康运行。同时，存款保险制度本身也可能会带来道德风险和逆向选择的问题，对银行的风险承担带来负面影响。此外，近年来频发的银行违规事件提高了相关部门的监管难度，加大了银行业整体的系统风险传染程度。因此，考虑监管处罚对抑制银行风险具有重要意义。

  监管惩罚，是指当银行因冒险的投资出现偿付不足时，监管机构对银行进行惩罚，以抑制银行的冒险投资，从而降低银行的经营风险[①]。一方

[①] 在本书里，不区分监管惩罚和监管处罚，全书统一为监管处罚。

面，强有力的政府监管被认为是弥补和替代市场和司法机制的重要手段（Djankov et al., 2003）。监管处罚行动作为审慎监管重要组成部分对维护金融秩序具有重要意义。在2016年2月14日开始实施的《中国银监会现场检查暂行办法》中，第一章第七条规定："本办法所指现场检查包括全面检查、专项检查、后续检查、临时检查和稽核调查。"其中"临时检查是根据上级部门重大工作部署或针对银行业金融机构的重大突发事件开展的检查。"由此看来，这里的临时检查是一种随机检查。本章考虑的是随机检查，假设监管检查服从Poisson分布。该办法第六章第五十二条规定："银监会及派出机构在现场检查中发现涉及行政处罚的违法违规行为的，应按照《中华人民共和国银行业监督管理法》和《中国银监会行政处罚办法》的规定办理。"这一条意味着监管处罚在中国已经被监管机构使用。另一方面，中国也有学者指出，对储户的保护与对问题金融机构的处罚，是建立有效存款保险制度缺一不可的环节（彭兴韵，2015）。事实上，2016年中国人民银行出台的《存款保险费率管理和保费核定办法（试行）》也强调了监管检查和监管处罚的作用。

因此，本章构建了基于监管处罚的存款保险定价模型，考虑监管机构的监管处罚对存款保险费率的影响。同时，在Merton（1978）的基础上，引进宽容系数，将监管处罚和监管宽容纳入同一框架内，建立存款保险定价的连续模型，并对其进行实证分析。

第二节 基于监管处罚的存款保险定价模型

存款保险定价开创性的研究是Merton在1977年发表在 *Journal of Banking and Finance* 上的文章。在这篇文章中，作者将贷款担保人（loan guarantees）和欧式看跌期权看作一种同构对应（isomorphic correspondence），利用Black-Scholes期权定价模型，计算出了存款保险的价格。

具体说来，考虑把企业到期偿还的债务 B 看成期权的执行价格，到期时企业的价值 V 当作期权的标的价格。当有担保人时，如果到期企业资不抵债（$V<B$），那么由担保人代替股东支付差额 $B-V$；如果企业经营较

好，到期时 $V \geq B$，那么担保人就不用支付债权人任何资金。由此看来，担保人这种损益（payoff）完全取决于企业的经营状况。这个过程也就相当于担保人持有一个欧式看跌期权，只不过这个期权的执行权不在担保人手里。如果这个发债的企业就是银行，那么发行的债券可以看成存款，担保人就充当了存款保险的角色，从而这个问题就变成存款保险的定价问题。正是因为这样，存款保险有时候也叫存款担保（deposit guarantee）。

如果没有担保（保险），债券在初始时刻的市场价值为 $B \cdot e^{-RT}$；如果有担保（保险），那么债券的市场价值为 $D = B \cdot e^{-rT}$。在无套利市场中，假设 $r < R$。因此 $G + B \cdot e^{-RT} = D$ 是成立的，其中 G 是担保（保险）合约的价值。

令 $g = G/D$，那么 $g = 1 - e^{-(R-r)T}$，g 可以理解为 1 单位存款的存款保险成本。令 $d = D/V$，$\tau = \sigma^2 T$。那么，存款保险的价格为

$$g(d, \tau) = N(h_2) - \frac{1}{d} N(h_1)$$

其中 $h_1 = (\log d - \frac{\tau}{2})/\sqrt{\tau}$，$h_2 = h_1 + \sqrt{\tau}$。

Merton（1977）的模型没有考虑到监管机构对银行的监管检查，为此 Merton（1978）将监管检查引入到存款保险定价模型。后来，Pennacchi（1987）扩展了 Merton（1978）的模型。当银行偿付能力不足时，可以通过保险公司直接支付给储蓄者来处理（此后银行被要求关闭），或者通过兼并来处理。他比较了这两种不同处理方式的存款保险费率的差别和银行的风险偏好。Pennacchi（1987）的研究考虑了监管检查，但没有考虑到监管宽容的作用。而 Ronn 和 Verma（1986）在 Merton（1977）的模型的基础上，引进了宽容系数，考虑了监管宽容对存款保险费率的影响。当银行处于资不抵债但仍在宽容范围内时，保险机构会立即注资使得银行能够偿还债务。只有当银行价值超出宽容范围时，才会进行清算。基于 Merton（1977）的期权定价的思想，从而得到存款保险费率。Ronn 和 Verma（1986）的研究虽然考虑监管宽容，但是没有考虑到监管检查的作用。

一　模型的设定

假设银行的资产为 V，存款利率是 R，服务费是 s，无风险利率是 r，

在无套利假设下 $r \geq R + s$ 成立。假设存款额为 D，存款增加满足常微分方程 $dD/dt = gD$。假设银行资产 V 满足随机微分方程

$$dV = [\alpha V - (R + s)D]dt + \sigma V dz \qquad (4-1)$$

假设银行监管机构对银行施加一个服从 Poisson 分布强度为 λ 的检查，每次检查的成本为 $C(V, D)$[①]，检查的成本由存款保险机构支付，它是 V 和 D 的齐次函数。在检查中，有三种情况。第一种情况，如果发现银行出现经营正常，即 $V \geq D$，那么存款保险机构只需支付检查成本 C，C 是 V 和 D 的函数，即 $C(V, D)$。

第二种情况，如果发现银行资不抵债，但是还在一定的容忍范围 ϕ 内 $(0 < \phi \leq 1)$，即 $\phi D \leq V < D$，那么存款保险机构不仅需要支付检查成本 C，还需要支付 $D - V$ 的资金以保证银行能正常经营，但是同时要对银行做出处理。用数学刻画这种处理就是函数 $h(D - V)$，h 是 $D - V$ 的函数。这就意味着，处理的程度是银行资不抵债程度的一个函数。这种处理视情况而定，在宏观经济形势好的时候，要对出现 $\phi D \leq V < D$ 的银行进行处罚，那么这时候 $h(D - V)$ 的取值是负的；在宏观经济不好的时候，如出现 $\phi D \leq V < D$，那么政策决策者可以对银行进行救援，这种救援是通过存款保险机构给相关银行注入资金完成的，额外注入的资金是 $h(D - V)$。因此，在 $\phi D \leq V < D$ 时，存款保险机构支付的成本是 $C + D - V - h(D - V)$。

第三种情况，当银行出现资不抵债，并且超出监管者的容忍范围时，即 $V < \phi D$ 时，那么监管层就强制银行破产，存款保险协议终止，此时存款保险机构支付的成本是 $C + \phi D - V - P$。P 是 V 和 D 的函数，这说明保费是由银行的资产和贷款结构决定的。

总结以上三种情况，可以用下式表示

$$I = \begin{cases} C, & V \geq D \\ C + D - V - h(D - V), & \phi D \leq V < D \\ C + \phi D - V - P, & V < \phi D \end{cases} \qquad (4-2)$$

二 模型的求解

根据 Itô 引理，$P(V, D)$ 满足以下随机微分方程

[①] C 是 V 和 D 的一次齐次函数。

第四章 审慎监管与存款保险价格

$$\begin{aligned}dP &= P\alpha_P dt + \sigma_P dz \\ &= \left\{[\alpha V - (R+s-g)D]P_V + gDP_D + \frac{1}{2}\sigma^2 V^2 P_{VV} + \lambda e_i\right\}dt \\ &\quad + \sigma V P_V dz\end{aligned} \quad (4-3)$$

根据 Sharp 比，$\dfrac{\dfrac{\sigma V P_V}{P}}{\sigma} = \dfrac{\alpha_P - r}{\alpha - r}$，由此得 $P\alpha_P = VP_V(\alpha - r)$。

在接下来的分析中，考虑对银行进行一种线性的处理，即 $h(D-V) = \theta(D-V)$。

综上得 P 满足的偏微分方程是

$$\begin{cases} \dfrac{1}{2}\sigma^2 V^2 P_{VV} + [rV - (R+s-g)D]P_V \\ \quad + gDP_D - rP + \lambda C = 0, \quad V \geqslant D \\ \dfrac{1}{2}\sigma^2 V^2 P_{VV} + [rV - (R+s-g)D]P_V \\ \quad + gDP_D - rP + \lambda[C + (1-\theta)(D-V)] = 0, \quad \phi D \leqslant V < D \\ \dfrac{1}{2}\sigma^2 V^2 P_{VV} + [rV - (R+s-g)D]P_V \\ \quad + gDP_D - (r+\lambda)P + \lambda[C + \phi D - V] = 0, \quad V < \phi D \end{cases}$$

$$(4-4)$$

为了求解以上方程，需要进行一系列线性变换①。令 $x = \dfrac{V}{D}$，$c = \dfrac{C}{D}$，$p = \dfrac{P}{D}$，那么容易证明 $p' = P_V$，$p'' = P_{VV}D$，$DP_D = P - p'V$。

证明如下：

（1）$p'x_V = p_V = \dfrac{P_V}{D} = \dfrac{D}{D} \rightarrow p' = P_V$（第一个等号是微分的链式法则，第二个等号是对 $p = \dfrac{P}{D}$ 两边关于 V 求导，第三个等号是 $x = \dfrac{V}{D}$ 关于 V 求导得到。）

（2）$p' = P_V \rightarrow P_{VV} = p''x_V = p'' \cdot \dfrac{1}{D} \rightarrow p'' = P_{VV}D$（第一个箭头是在一阶导

---

① 这种线性变换，在经济学上也是有意义的，即把总保费转换成了单位存款的保费。

数的基础上求二阶导数，箭头后第一个等号是链式法则，第二个等号是对 $x = \dfrac{V}{D}$ 关于 V 求导带入。）

（3） $p' x_D = p_D = \dfrac{P_D D - P}{D^2} = p' \dfrac{-V}{D^2} \rightarrow P_D D = P - p' V$（第一个等号是微分的链式法则，第二个等号是对 $p = \dfrac{P}{D}$ 两边关于 D 求导，第三个等号是 $x = \dfrac{V}{D}$ 关于 D 求导带入。）

通过线性变换，得到新的常微分方程：

$$\begin{cases} \dfrac{1}{2}\sigma^2 x^2 p'' + [(r-g)x - (R+s-g)]p' - (r-g)p \\ \quad + \lambda c = 0, \quad x \geqslant 1 \\ \dfrac{1}{2}\sigma^2 x^2 p'' + [(r-g)x - (R+s-g)]p' - (r-g)p \\ \quad + \lambda[c + (1-\theta)(1-x)] = 0, \quad \phi \leqslant x < 1 \\ \dfrac{1}{2}\sigma^2 x^2 p'' + [(r-g)x - (R+s-g)]p' - (r-g+\lambda)p \\ \quad + \lambda(c + \phi - x) = 0, \quad x < \phi \end{cases} \quad (4-5)$$

以上的方程是合流超几何方程，具体求解方法参见 Daniel Zwillinger (1997) 所著的 *Handbook of Differential Equations*。因为其解的过程十分繁杂，不是本书讨论的重点。因此，接下来的讨论基于一个重要的假设 $g = R + s$，这个假设一方面简化了数学计算，另一方面也具有很好的经济学含义。

当 $g = R + s$ 时，以上方程的通解是：
$p(x) =$

$$\begin{cases} a_1 x + a_2 x^{-\delta} + Q_1(x), & x \geqslant 1 \\ b_1 x + b_2 x^{-\delta} + \dfrac{(1-\theta)\lambda\delta}{(1+\delta)\mu} x \ln x + \dfrac{(1-\theta)\lambda}{\mu} + Q_1(x), & \phi \leqslant x < 1 \\ c_1 x^{\xi} + c_2 x^{\zeta} - x + \dfrac{\phi\lambda}{\mu + \lambda} + Q_2(x), & x < \phi \end{cases}$$

$$(4-6)$$

其中 a_i，b_i 和 c_i 是系数（$i = 1, 2$）。$\mu = r - g$，$\gamma = \dfrac{8\lambda}{\sigma^2}$，$\delta = \dfrac{2\mu}{\sigma^2}$。$\xi$ 和 ζ

是关于 z 的一元二次方程 $z^2 + (\delta - 1)z - (\delta + \frac{1}{4}\gamma) = 0$ 的两个实根,即 $\xi = \frac{1}{2}[1 - \delta + \sqrt{(1+\delta)^2 + \gamma}]$,$\zeta = \frac{1}{2}[1 - \delta - \sqrt{(1+\delta)^2 + \gamma}] = 1 - \delta - \xi$[①]。

$Q_1(x)$ 和 $Q_2(x)$ 由以下积分定义:

$$\begin{cases} Q_1(x) = \dfrac{\lambda\delta}{\mu(1+\delta)}\left[x^{-\delta}\int x^{\delta-1}c(x)\,\mathrm{d}x - x\int x^{-2}c(x)\,\mathrm{d}x\right] \\ Q_2(x) = \dfrac{\lambda\delta}{\mu(\xi-\zeta)}\left[x^{\zeta}\int x^{-\zeta-1}c(x)\,\mathrm{d}x - x^{\xi}\int x^{-\xi-1}c(x)\,\mathrm{d}x\right] \end{cases} \quad (4-7)$$

为了得到微分方程的特解,需要给出微分方程满足的边界条件,具体如下:

$$\begin{cases} \lim\limits_{x \to 1^+} p(x) = \lim\limits_{x \to 1^-} p(x) & (a) \\ \lim\limits_{x \to 1^+} p'(x) = \lim\limits_{x \to 1^-} p'(x) & (b) \\ \lim\limits_{x \to \phi^+} p(x) = \lim\limits_{x \to \phi^-} p(x) & (c) \\ \lim\limits_{x \to \phi^+} p'(x) = \lim\limits_{x \to \phi^+} p'(x) & (d) \\ x \to +\infty, p(x) \text{ 有界} & (e) \\ \lim\limits_{x \to 0^+} p(x) = \dfrac{\lambda(\phi + K)}{\mu + \lambda} & (f) \end{cases} \quad (4-8)$$

以上的边界条件中的前四个是通常的光滑黏贴性条件,第五个边界条件说的是当银行的资产储蓄比(x)无限大时,每单位存款的保费应该有界,这符合现实。第六个边界条件的证明参见相关文献。

并且假定每次检查成本是 $c(x) = K$,这意味着每家银行的检查成本都一样,跟该银行的资产储蓄比没有关系。当然,如果检查成本是资产储蓄比的多项式函数,接下来的计算也一样可以完成。只不过这种变化,除开增加了计算复杂程度以外,没有其他太多的经济学意义,故只采用常数的形式。

当 $c(x) = K$ 时,容易得到 $Q_1(x) = \dfrac{\lambda K}{\mu}$ 和 $Q_2(x) = \dfrac{\lambda K}{\mu + \lambda}$。

在给定的边界条件下,可以求解得到二阶常微分方程的特解,在这里

---

① 容易证明 $\xi > 1$,$\zeta < 0$。

给出特解的系数。

$$\begin{cases} a_1 = 0, \\ a_2 = \dfrac{\delta\phi^{\delta}\tau - (\delta+\xi)[b_1+dm(1-\theta)]}{\delta(\delta+\xi)} \\ b_1 = -\dfrac{m(1-\theta)(d+\delta)}{1+\delta} \\ b_2 = \dfrac{\phi^{\delta}\tau}{\delta+\xi} \\ c_1 = \dfrac{\phi(\delta+\xi)[(b_1+1)+(1-\theta)md(\ln\phi+1)]-\delta\tau}{\xi(\delta+\xi)\phi^{\xi}} \\ c_2 = 0 \end{cases} \quad (4-9)$$

其中，$m = \dfrac{\lambda}{\mu}$，$n = \dfrac{\lambda}{\mu+\lambda}$，$d = \dfrac{\delta}{1+\delta}$，$\tau = \phi(1-\xi)(b_1+1) + (1-\theta)md\phi(\ln\phi+1-\xi\ln\phi) + \xi[n(\phi+K) - m(1-\theta+K)]$。

证明：由（c）得到 $a_1 = 0$，由（f）得到 $c_2 = 0$。

由（a）得到：$a_2 = b_1 + b_2 + (1-\theta)m$

$\rightarrow a_2\delta = b_1\delta + b_2\delta + (1-\theta)\delta m$ (1)

由（b）得到：$a_2\delta = -b_1 + b_2\delta - (1-\theta)dm$ (2)

(1)(2) 两式相减整理得到：$b_1 = -\dfrac{m(1-\theta)(d+\delta)}{1+\delta}$

由（c）得到：
$b_1\phi + b_2\phi^{-\delta} + (1-\theta)md\phi\ln\phi + (1-\theta)m + mK + \phi - \phi n - Kn = c_1\phi^{\xi}$ (3)

由（d）得到：
$b_1 - b_2\delta\phi^{-\delta-1} + (1-\theta)md(\ln\phi+1) + 1 = c_1\xi\phi^{\xi-1}$ (4)

(4) 两边同时乘以 $\dfrac{\phi}{\xi}$ 得到：

$\dfrac{1}{\xi}[b_1\phi - b_2\delta\phi^{-\delta} + (1-\theta)md\phi(\ln\phi+1) + \phi] = c_1\phi^{\xi}$ (5)

由 (3) 和 (5) 得到：

$b_1\phi + b_2\phi^{-\delta} + (1-\theta)md\phi\ln\phi + (1-\theta)m + mK + \phi - \phi n - Kn = \dfrac{1}{\xi}[b_1\phi - b_2\delta\phi^{-\delta} + (1-\theta)md\phi(\ln\phi+1) + \phi]$ 整理得：$b_2 = \dfrac{\phi^{\delta}\tau}{\delta+\xi}$，其中，

$$\tau = \phi(1-\xi)(b_1+1) + (1-\theta)md\phi(\ln\phi + 1 - \xi\ln\phi) + \xi[n(\phi+K) - m(1-\theta+K)]$$

将 b_1 和 b_2 的解带入式（2）得到：

$$a_2 = \frac{\delta\phi^\delta\tau - (\delta+\xi)[b_1 + dm(1-\theta)]}{\delta(\delta+\xi)}$$

将 b_1 和 b_2 的解带入式（4）得到：

$$c_1 = \frac{\phi(\delta+\xi)[(b_1+1)+(1-\theta)md(\ln\phi+1)] - \delta\tau}{\xi(\delta+\xi)\phi^\xi}$$

至此，得到了微分方程的所有系数。

第三节　存款保险价格与银行风险偏好

根据本节的假定，银行资产 V 减去存款额 D 和保费 P，就等于股权人的价值，假定用 E 表示股权人价值。因此，$E = V - D - P$。令 $e = \frac{E}{D}$，e 表示每单位存款下的股权价值。等式 $E = V - D - P$ 两边除以 D，那么有 $e = x - 1 - p$。对 $e = x - 1 - p$ 关于 x 求导得 $e' = 1 - p'$。

借鉴 Pennacchi（1987）文章的做法，把 e' 定义为银行的杠杆。e' 的直观含义是每单位存款变化带来的银行股权的变化，而在本章中已经假设了存款是银行唯一的负债。因此，这种定义是合理的。

如果 $e' > 1$，可以认为银行偏好较低的杠杆。反之，如果 $e' \le 1$，那么可以认为银行偏好较高的杠杆。杠杆的高低反映的是银行风险偏好的大小。杠杆越高，银行的风险偏好越大；杠杆越低，银行的风险偏好越小。

根据式（4-6），计算出 $p(x)$ 的导数 p' 如下

$$p'(x) = \begin{cases} -a_2\delta x^{-\delta-1}, & x \ge 1 \\ b_1 - b_2\delta x^{-\delta-1} + (1-\theta)md(1+\ln x), & \phi \le x < 1 \\ c_1\xi x^{\xi-1} - 1, & x < \phi \end{cases}$$

(4-10)

由 $e' = 1 - p'$ 得到，银行的杠杆是

$$e'(x) = \begin{cases} 1 + a_2\delta x^{-\delta-1}, & x \geq 1 \\ 1 - b_1 + b_2\delta x^{-\delta-1} - (1-\theta)md(1+\ln x), & \phi \leq x < 1 \\ 2 - c_1\xi x^{\xi-1}, & x < \phi \end{cases}$$

(4-11)

一 一个银行风险偏好的例子

为了更好地理解本节定义的杠杆，这一节给出一个简单的算例。所有的变量取值如表4-1所示，表里的符号和本章的存款保险模型定价模型里的符号均一致。

表4-1　　　　　　　　银行风险偏好的情景假设

变量	初始取值	情形 a	情形 b
V	15	21	18
D	10	12	15
E	4	8.4	1.8
P	1	0.6	1.2
$x = V/D$	1.5	1.75	1.2
$e = E/D$	0.4	0.7	0.12
$p = P/D$	0.1	0.05	0.08
Δe	—	0.3	-0.28
Δx	—	0.25	-0.3
Δp	—	-0.05	-0.02
e'	—	1.2	14/15
p'	—	-0.2	1/15

假设银行的资产总额为15，存款总额为10，所有者权益为4，存款保费为1。那么银行资产储蓄比为1.5，每单位存款的保费为0.1。假设当银行资产储蓄比提高到1.75时（情形 a 所示），每单位存款的保费降低到0.05。此时，计算得到银行的杠杆为1.2。根据定义，银行的风险偏好是降低的。而当银行的资产储蓄比降低到1.2时（情形 b 所示），计算得到银行的杠杆为14/15。根据本节定义，银行的风险偏好提高。

这里的讨论比较简单直观，在下一节的比较静态分析里将会详细地分析银行的杠杆与各变量之间的关系。

二 比较静态分析

（一）基本参数设定

在这一节，将探讨各参数对存款保险价格的影响。为了进行比较静态分析，参考现有文献，设置基准参数如表4-2所示。

表4-2　　　　　　　　　基准参数的取值

参数取值	参数含义	备注
$\mu = 0.06$	$\mu = r - g$	r 是银行之间自由借贷的利率，g 是银行存款增加的速度
$\sigma = 0.25$	银行资产价值的波动率	服从几何布朗运动
$\lambda = 0.02$	监管机构的监管强度	服从泊松过程
$K = 0.00002$	每单位存款的检查成本	
$\theta = 0.1$	处罚的力度	
$\phi = 0.9$	监管宽容系数	

（二）存款保险费率的比较静态分析

图4-1给出了银行的存款保险费率与资产储蓄比（x）之间的关系，以及存款保险费率的变化率。从图4-1可以看出，银行的存款保险费率和银行的资产储蓄比之间是负相关的关系，这和Merton（1978）的结果一致。当资产储蓄比为0.5时，每单位存款的保险费率是0.0716。随着资产储蓄比的增大，每单位存款的保险费率逐渐减小。当资产储蓄比为3时，每单位存款的保险费率大约为0.0029。

资产储蓄比反映了银行抵抗风险的能力，尤其是当银行发生挤兑时。资产储蓄比越大，银行抵抗风险能力越强，反之则越弱。存款保险费率的变化率反映的是存款保险费率对资产储蓄比的敏感程度。从图中可以看出，当资产储蓄比较小时，存款保险费率的变化率较大[1]。随着资产储蓄

---

[1] 这里不考虑负号，负号只反映变化的方向，下同。

比的增大，存款保险费率的变化率逐渐变小，这些都符合经济学逻辑。

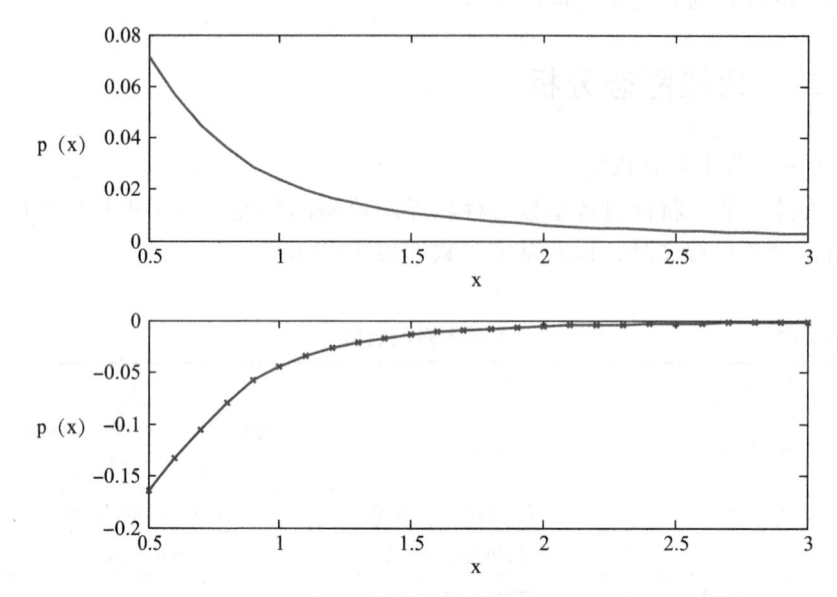

图4-1 存款保险费率与资产储蓄比（x）之间的关系

θ是对银行经营的处罚（救援）的力度。根据前文所述，这种处理视情况而定，在宏观经济形势好的时候，要对出现$\phi D \leq V < D$的银行进行处罚，那么这时候θ的取值是正的；在宏观经济不好的时候，如出现$\phi D \leq V < D$，那么政策决策者可以对银行进行救援，这种救援是通过存款保险机构给相关银行注入资金完成的，额外注入的资金是$\theta(D-V)$。

图4-2说明，当$\theta=1$变成$\theta=10$时，即采取一种更为严格的处罚时，银行的存款保险费率在平均意义下是下降的。而图4-1说明，在固定处罚力度时，存款保险费率与银行的表现反相关。那么当θ变大时，费率下降的原因可以解释为银行的表现（银行资产的价值）在平均意义下是变好的。

反之，如果监管机构在检查中发现银行出现一定程度的资不抵债，再对银行进行救援的话，那么银行的存款保险费率会提高。同理，费率提高是因为银行的资产价值在下降。

图4-3给出了K取值较小时，银行的存款保险费率与检查成本（K）之间的关系。图4-3说明，当K取值较小时，检查成本（K）对银行的存

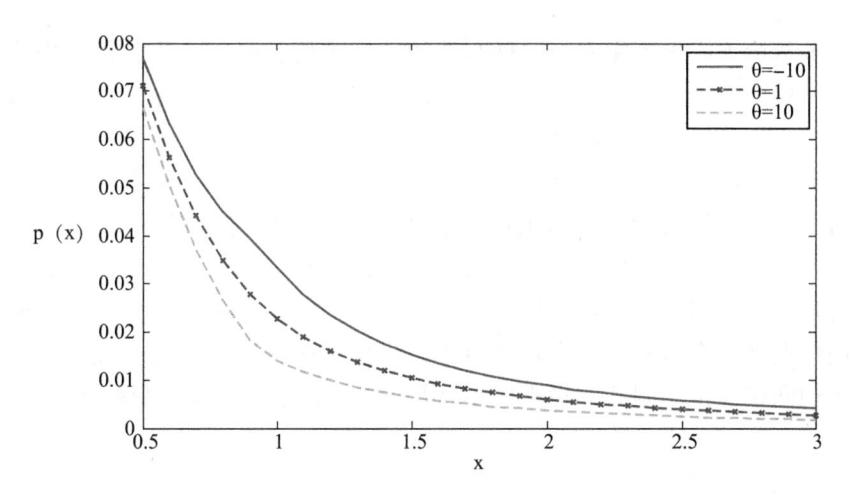

图4-2 存款保险费率与处罚的力度（θ）之间的关系

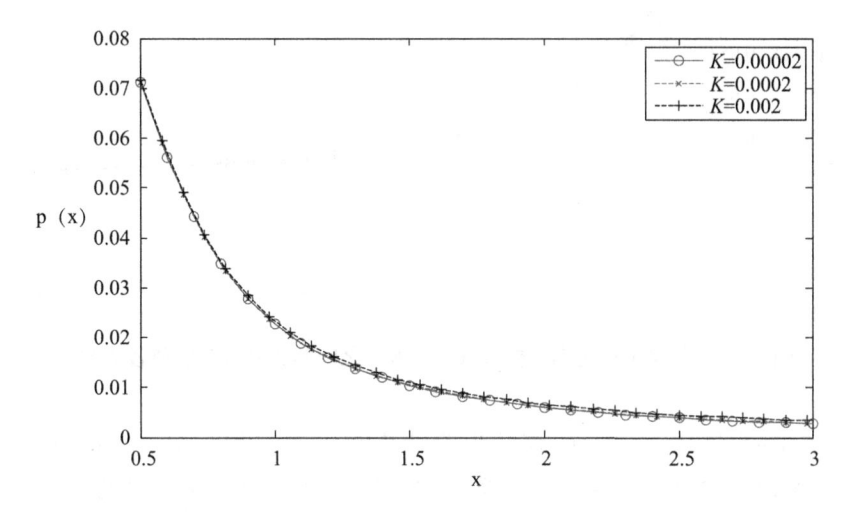

图4-3 存款保险费率与检查成本（K）之间的关系（K取值较小时）

款保险费率影响不大。当银行的资产储蓄比一定时，检查成本从0.00002增加到0.0002，再增加到0.002时，存款保险的费率差别不大。因此，通过调整检查成本来改变银行的存款保险费率，并不是一种有效的方式。事实上，监管机构的检查成本相对来说比较稳定，不会随着时间和空间等因素大幅度波动。综上分析，检查成本不能成为一种有效的监管手段。

虽然检查成本不能成为一种有效的监管手段，但是为了分析检查成本对存款保险费率的影响，图4-4给出了K取值较大时银行的存款保险费率与检查成本（K）之间的关系。当K取值较大时，图4-4清楚地说明了检查成本越高，保费费率越高。本章前面已经解释，检查成本由保险机构支付。通过监管机构对银行的随机检查，可以有效防止银行的冒险行为，从而进一步降低存款保险机构的成本。因此，检查成本由保险机构支付合情合理。但事实上，保险机构不会做"亏本生意"，保险机构可能会通过提高保费费率来将检查成本转移给银行机构，所以事实上检查成本是由银行机构间接承担。因此，检查成本（K）越高，存款保险费率越高。

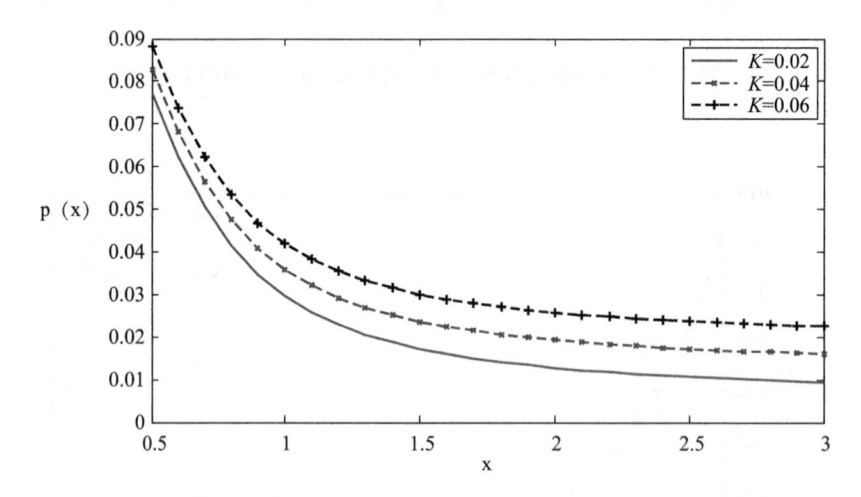

图4-4 存款保险费率与检查成本（K）之间的关系（K取值较大时）

图4-5描述了银行的存款保险费率与检查强度（λ）之间的关系。图4-5说明检查强度越大，存款保险费率越高。检查强度说的是在单位时间内监管机构对银行的检查次数。每次检查的检查成本都是由存款保险机构直接承担，检查强度越大，检查成本越高，所以保费也就越高。

综合图4-3、图4-4和图4-5，可以得到两个重要的观点：第一，检查成本K不能成为一种有效的调节银行存款保险费率的手段；第二，检查本身可以有效防止银行的冒险行为。

图4-6刻画了银行的存款保险费率与宽容系数（ϕ）之间的关系。在银行的资产储蓄比一定时，ϕ的值越大，监管越严，存款保险费率越高；

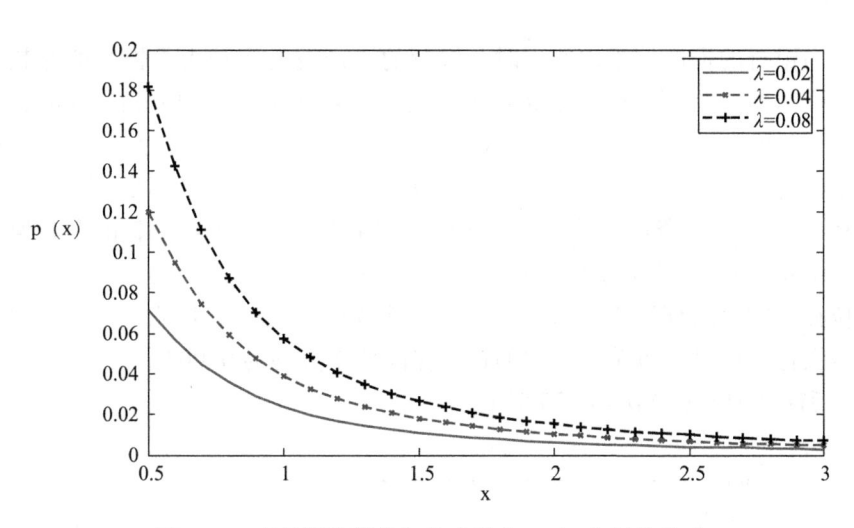

图 4-5　存款保险费率与检查强度（λ）之间的关系

反之，给银行一个更低的清算边界（更小的 ϕ），有利于降低保费。从图 4-6 可以得到一个有趣的发现，它说明监管机构适度宽容，有利于银行的持续发展。

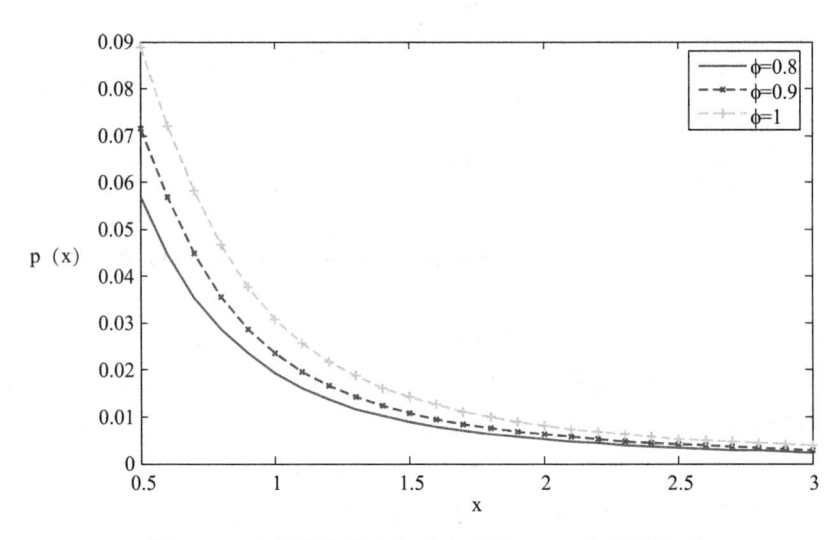

图 4-6　存款保险费率与宽容系数（ϕ）之间的关系

图 4-7 给出了银行的存款保险费率与银行资产波动率（σ）之间的关

系。当银行的资产储蓄比给定时，银行的资产波动率越大，银行的存款保险费率越高。在 $\sigma=0.15$ 的条件下，资产储蓄比由 0.5 增大到 1.5 时，每单位存款的存款保险费率由 0.0482 逐步减小到 0.000017。此后随着资产储蓄比的不断增大，每单位存款的存款保险费率基本保持不变。而在 $\sigma=0.35$ 的条件下，资产储蓄比由 0.5 增大到 1.5 时，每单位存款的存款保险费率由 0.0967 逐步减小到 0.01766。此后随着资产储蓄比的不断增大，每单位存款的存款保险费率变化也很小。特别地，当 $x=1$ 时，即资产刚好覆盖银行负债时，每单位存款的存款保险费率分别为 0.0037（当 $\sigma=0.15$ 时）和 0.0515（当 $\sigma=0.35$ 时）。

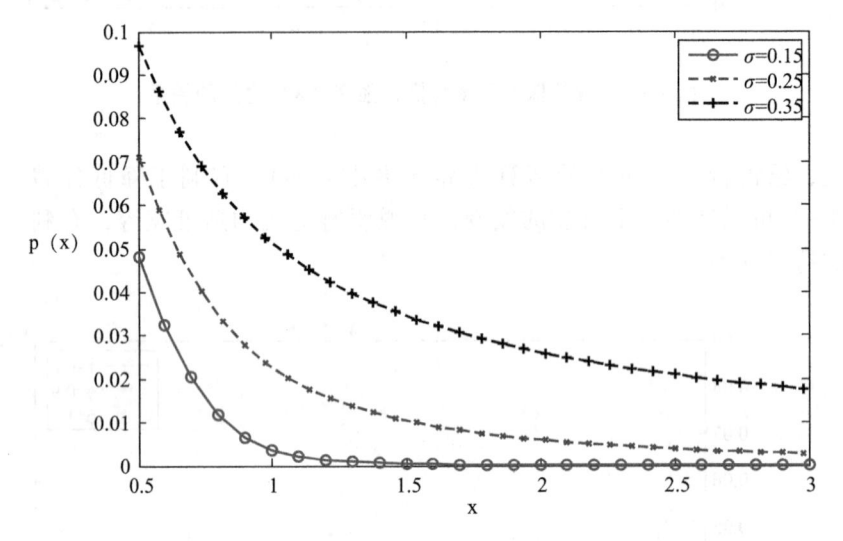

图 4-7 存款保险费率与银行资产波动率（σ）之间的关系

（三）银行风险偏好的比较静态分析

为了更好地分析不同监管处罚下银行的风险偏好，表 4-3 中的监管宽容系数取值为 $\phi=0.8$，其他参数仍然同基准参数。前面已经说明，θ 取负值代表监管机构采取的是救援措施，θ 取正值代表监管机构采取的是处罚措施。如果 $\theta=0$，表示监管机构只履行监督检查的职能，检查完后不对银行采取任何处罚（或救援）措施。

表4-3 不同监管处罚下银行的风险偏好

x	$\theta=-20$	$\theta=-10$	$\theta=-5$	$\theta=0$	$\theta=5$	$\theta=10$	$\theta=20$
0.5	1.0192	1.0794	1.1095	1.1395	1.1696	1.1997	1.2599
0.6	0.9818	1.0443	1.0756	1.1068	1.138	1.1693	1.2318
0.7	0.9492	1.0137	1.0459	1.0782	1.1104	1.1426	1.2071
0.8	0.9201	0.9863	1.0195	1.0526	1.0857	1.1189	1.1851
0.9	1.1588	1.1032	1.0754	1.0476	1.0197	0.9919	0.9363
1.0	1.1777	1.1078	1.0728	1.0379	1.0029	0.9679	0.898
1.5	1.0544	1.033	1.0223	1.0116	1.0009	0.9902	0.9688
2.0	1.0235	1.0142	1.0096	1.005	1.0004	0.9958	0.9865
2.5	1.0122	1.0074	1.005	1.0026	1.0002	0.9978	0.993
3.0	1.0072	1.0044	1.0029	1.0015	1.0001	0.9987	0.9959

表4-3说明，在监管机构检查中，如果采取的是救援措施，从平均意义上讲，银行的杠杆会偏高，这意味着银行的风险偏好提高。例如在 $\theta=-20$ 时，资产储蓄比较小时，银行会选择一个更高的风险。而假设监管机构采取的是处罚措施，当银行的资产储蓄比较低时，银行的风险偏好较低。并且监管机构采取的处罚措施越严，银行的风险偏好越低。当银行的资产储蓄比较高时，银行的风险偏好也较高。并且监管机构采取的处罚措施越严，银行的风险偏好也越高。这些结论非常符合经济学直觉。

非常有趣的是，假定处罚或者救援的措施既定，银行并不是在资产储蓄比达到最低时采取较高的风险。相反，当资产储蓄比达到最低时，银行往往都会降低自身的风险偏好。

为了更好地观察到不同监管宽容下银行的风险偏好，表4-4中 $\theta=5$，其余的参数取值同基准参数。从表4-4中可以看出，当监管机构在监管过程中，没有监管宽容时（也就是 $\phi=1.0$），银行的风险偏好明显降低。在某些特定资产储蓄比的范围内，当 ϕ 越来越小时，监管宽容程度变大，银行的风险偏好得以提升。

表4-4　　　　　　　不同监管宽容下银行的风险偏好

x	$\phi=0.6$	$\phi=0.7$	$\phi=0.8$	$\phi=0.9$	$\phi=1.0$
0.5	1.2419	1.1881	1.1696	1.1710	1.1837
0.6	1.2130	1.1572	1.1380	1.1394	1.1527
0.7	0.9998	1.1301	1.1104	1.1118	1.1255
0.8	0.9190	1.0073	1.0857	1.0872	1.1013
0.9	0.9016	0.9641	1.0197	1.0649	1.0793
1.0	0.9160	0.9620	1.0029	1.0361	1.0592
1.5	0.9743	0.9884	1.0009	1.0111	1.0181
2.0	0.9889	0.9950	1.0004	1.0048	1.0078
2.5	0.9942	0.9974	1.0002	1.0025	1.0041
3.0	0.9966	0.9985	1.0001	1.0015	1.0024

表4-4表明，监管机构提高监管标准能促使银行降低风险偏好。监管宽容系数增大，银行的违约边界会提高，银行的破产概率将会增大，因此银行为了降低破产概率，需要选择较低的风险偏好。

表4-5报告了不同监管强度下银行的风险偏好。由表4-5可以清楚地看到，随着监管强度的不断提高，银行的风险偏好不断地降低，这很符合经济学的直觉。监管强度的加大，有利于银行进一步调整经营战略和经营方向，可以进一步地减小银行的经营风险。另外，随着资产储蓄比的不断增大，银行的风险偏好不断增大。资产储蓄比越高，银行抵御风险的能力越强，尤其是银行防御挤兑的能力越强。因此，较高的资产储蓄比有利于银行适度风险经营。

表4-5　　　　　　　不同监管强度下银行的风险偏好

x	$\lambda=0.02$	$\lambda=0.04$	$\lambda=0.06$	$\lambda=0.08$	$\lambda=0.1$	$\lambda=0.15$	$\lambda=0.2$	$\lambda=0.3$
0.5	1.1659	1.2811	1.3667	1.4336	1.4877	1.5874	1.6565	1.7476
0.6	1.1342	1.2285	1.2996	1.3558	1.4019	1.4890	1.5517	1.6388
0.7	1.1064	1.1811	1.2373	1.2818	1.3183	1.3877	1.4384	1.511
0.8	1.0816	1.1376	1.1788	1.2108	1.2365	1.2839	1.3175	1.3643
0.9	1.0592	1.0974	1.1236	1.1423	1.1562	1.1778	1.1893	1.1987

续表

x	$\lambda = 0.02$	$\lambda = 0.04$	$\lambda = 0.06$	$\lambda = 0.08$	$\lambda = 0.1$	$\lambda = 0.15$	$\lambda = 0.2$	$\lambda = 0.3$
1.0	1.0435	1.0716	1.0909	1.1046	1.1148	1.1307	1.1392	1.1461
1.5	1.0133	1.0219	1.0278	1.032	1.0351	1.0400	1.0426	1.0447
2.0	1.0058	1.0095	1.0120	1.0138	1.0152	1.0173	1.0184	1.0193
2.5	1.0030	1.0049	1.0063	1.0072	1.0079	1.009	1.0096	1.0101
3.0	1.0018	1.0029	1.0037	1.0042	1.0046	1.0053	1.0056	1.0059

从表4-6可以看出,当检查成本从每单位存款0.00002增加到0.0002再到0.002时,银行经营的杠杆基本没变化。特别要注意的是,当检查成本增加到每单位存款为0.01以后,银行经营的杠杆才受到检查成本的影响,即检查成本越高,银行经营的杠杆越高,银行的风险偏好也越高。而事实上,从实证角度看,检查的成本很难达到每单位存款0.01。因为检查成本也是银行经营的成本之一,0.01意味着每单位存款每次检查要花费1%,这不符合实际。因此,可以认为检查成本对银行经营的杠杆影响很有效。

表4-6　　　　　　　不同检查费用下银行的风险偏好

x	$K = 0.00002$	$K = 0.0002$	$K = 0.002$	$K = 0.006$	$K = 0.01$	$K = 0.02$	$K = 0.04$	$K = 0.06$
0.5	1.1659	1.1659	1.1658	1.1656	1.1653	1.1647	1.1635	1.1623
0.6	1.1342	1.1342	1.1341	1.1338	1.1336	1.1329	1.1317	1.1304
0.7	1.1064	1.1064	1.1063	1.106	1.1058	1.1051	1.1038	1.1025
0.8	1.0816	1.0816	1.0815	1.0812	1.081	1.0803	1.079	1.0776
0.9	1.0592	1.0592	1.0591	1.0588	1.0585	1.0579	1.0565	1.0551
1.0	1.0435	1.0435	1.0434	1.0432	1.043	1.0425	1.0415	1.0405
1.5	1.0133	1.0133	1.0133	1.0132	1.0132	1.013	1.0127	1.0124
2.0	1.0058	1.0058	1.0057	1.0057	1.0057	1.0056	1.0055	1.0054
2.5	1.0030	1.0030	1.0030	1.0030	1.0030	1.0029	1.0029	1.0028
3.0	1.0018	1.0018	1.0018	1.0017	1.0017	1.0017	1.0017	1.0016

表4-7报告了不同银行资产波动率下银行的风险偏好。从表4-7可

以看出，当银行的资产储蓄比取值较小时（这里具体说来，资产储蓄比 $x \leq 0.9$），随着银行资产波动率的不断上升，银行的风险偏好先减小后增大。而当银行的资产储蓄比取值较大时（资产储蓄比 $x > 0.9$），随着银行资产波动率的不断上升，银行的风险偏好不断地减小。当银行的资产波动率一定时，随着银行资产储蓄比的增大，银行的风险偏好不断地提高。

表4-7　　　　　不同银行资产波动率下银行的风险偏好

x	$\sigma=0.04$	$\sigma=0.07$	$\sigma=0.10$	$\sigma=0.15$	$\sigma=0.20$	$\sigma=0.25$	$\sigma=0.30$	$\sigma=0.40$
0.5	1.1768	1.1779	1.1788	1.1780	1.1732	1.1648	1.1540	1.1298
0.6	1.1261	1.1291	1.1325	1.1366	1.1369	1.1330	1.1262	1.1085
0.7	1.0809	1.0856	1.0914	1.1001	1.1049	1.1052	1.1020	1.0900
0.8	1.0398	1.0462	1.0541	1.0671	1.0762	1.0804	1.0806	1.0737
0.9	1.0020	1.0099	1.0200	1.0370	1.0502	1.0579	1.0612	1.0591
1.0	1.0039	1.0091	1.0136	1.0248	1.0367	1.0452	1.0497	1.0503
1.5	1.0000	1.0000	1.0001	1.0019	1.0072	1.0138	1.0193	1.0247
2.0	1.0000	1.0000	1.0000	1.0003	1.0023	1.0060	1.0099	1.0149
2.5	1.0000	1.0000	1.0000	1.0001	1.0009	1.0031	1.0059	1.0101
3.0	1.0000	1.0000	1.0000	1.0000	1.0005	1.0018	1.0038	1.0074

第四节　存款保险费率的测算

前两节提出了一个基于监管宽容和监管处罚的存款保险定价模型，并利用比较静态分析从理论上分析了这些参数对存款保险价格的影响。本节在此基础上，利用中国上市银行数据，对上市银行存款保险费率进行测算。

中国的银行业在金融业中占据着重要地位，银行业的稳定对金融业的稳定起着重要的影响。截至2016年8月，中国已有20家上市银行。为了在一个较长的时间周期内观测银行的相关数据，并考虑到始于2007年的美国次贷危机对中国银行业在2008年的影响，以及2015年发生在中国的股市异常波动的影响。本章选取的数据区间是 2008—2015 年。

一 数据处理

（一）数据来源

本节的数据主要来自 2008—2015 年 11 家上市银行的年报以及同花顺。11 家银行分为三类，分别是 4 家国有商业银行、3 家城市商业银行和 4 家股份制商业银行[①]。4 家国有银行分别为中国工商银行（工商银行）、中国建设银行（建设银行）、中国银行和交通银行。3 家城市银行分别为宁波银行、北京银行和南京银行。4 家股份制银行分别为华夏银行、民生银行、招商银行和中信银行。统计数据中，银行股票价格数据来自同花顺，均是日交易数据。银行资产价值、存款总额、不良贷款率和所有者权益等数据来自各家银行的年报。

2007 年的美国次贷危机带来了全球股市的动荡，中国股市也经历了过山车式的涨跌。据统计，2008 年全年中国股市中银行板块由最高点 1298.30 跌到 467.30 点，创造了多项历史纪录[②]。在 2015 年，中国股市行情一样是波澜起伏。最高点是 1410.42，最低点是 815.78。如图 4-8 所示，为了分别比较 2008 年国际金融危机和 2015 年股市异常波动对存款保费的影响，在实证部分将分 2008—2015 年，2008—2014 年，2009—2014 年以及 2009—2015 年四个区间来分别对上述 11 家银行的存款保险费率进行测算。

（二）数据统计描述

表 4-8、表 4-9 和表 4-10 分别描述了国有银行、城市银行和股份制银行股票收益率在 2008—2015 年、2008—2014 年、2009—2014 年以及 2009—2015 年四个区间的统计描述。

从表中可以看出，在 2008—2015 年的整个样本区间内，11 家上市银行的股票收益率都是负值。其中交通银行的收益率最低，为 -0.000455，其绝对值是收益率最高的南京银行的大约 11 倍。在这个时间段内，所有

[①] 为表述简便，本书将国有商业银行、股份制商业银行和城市商业银行分别简称为国有银行、股份制银行和城市银行。

[②] 数据来自于同花顺中的银行板块，2008 年当年的最高点是除开 2015 年股灾以外的历史第二高点，2008 年的最低点是自有银行板块以来的最低点。

```
                          比较股市异常波动的影响
┌──────────┐─────────────────────────────┌──────────┐
│2008—2014年│                             │2008—2015年│
└──────────┘         ┌─────────┐         └──────────┘
  比               "国际金融危机"            比
  较               和股市异常波动           较
  国                  共同作用             国
  际               └─────────┘             际
  金                                       金
  融               ┌─────────┐             融
  危               "国际金融危机"            危
  机               和股市异常波动           机
  的                   的比较               的
  影               └─────────┘             影
  响                                       响
┌──────────┐                             ┌──────────┐
│2009—2014年│                             │2009—2015年│
└──────────┘─────────────────────────────└──────────┘
                          比较股市异常波动的影响
```

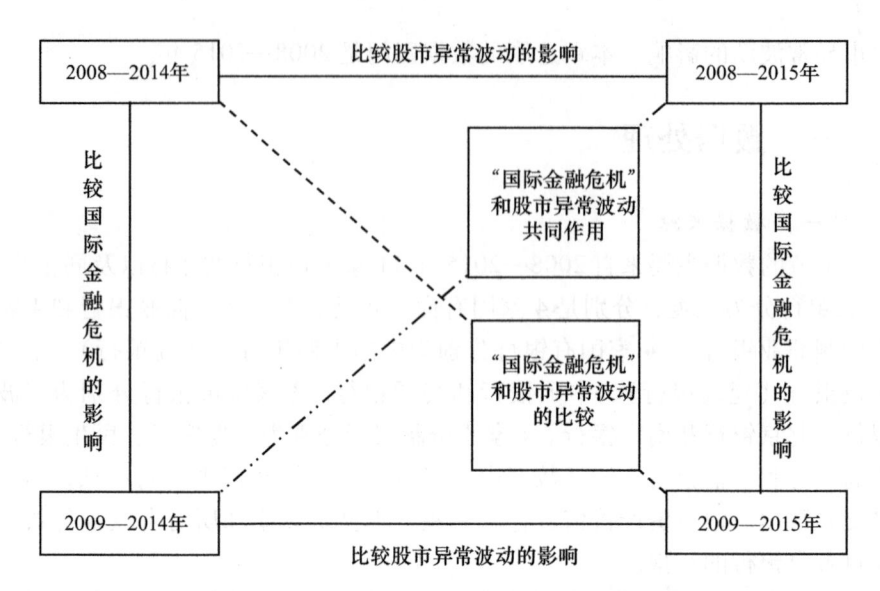

图 4-8　2008 年国际金融危机和 2015 年股市异常波动的分析框架

银行的收益率标准差都是最大的。抛开 2015 年股市异常波动的影响，仅仅看 2008—2014 年的数据，所有银行的收益率依然是负数。但是不同的是，建设银行、华夏银行、民生银行和中信银行的收益率有所提高，而另外 7 家银行的收益率却更低。在 2008—2014 年，以标准差度量的所有股票收益率的波动幅度相对于 2008—2015 年均减小。同样的，去掉 2008 年国际金融危机的影响，来分析 2009—2015 年股票的收益率和标准差情况。会发现所有银行的收益率都是正数，这说明 2008 年"国际金融危机"对上市银行收益率的影响要远远大于 2015 年股市异常波动的影响。比较 2008—2014 年和 2009—2015 年股票的标准差会发现，只有中国银行和宁波银行在 2009—2015 年股票收益的标准差大于 2008—2014 年的标准差，其他银行都是 2008—2014 年的标准差大于 2009—2015 年的标准差。这说明这两家银行在股市异常波动中受到的冲击要大于"国际金融危机"的冲击。除掉国际金融危机和股市异常波动的共同影响，在 2009—2014 年的"平常"年份，所有股票收益率都是最高的，并且所有股票的标准差都是最小的。

表4-8　　2008—2015年4家国有银行股票收益率的统计描述

银行	时间段	均值	标准差	偏度	峰度	JB统计量	样本数
工商银行	2008—2015年	-0.000295	0.0179	-0.2928	10.55	4607.4	1927
	2008—2014年	-0.000301	0.0167	-0.3425	11.16	4704.3	1683
	2009—2014年	0.000222	0.0138	-0.4134	12.41	5351.8	1440
	2009—2015年	0.000153	0.0158	-0.3354	12.03	5757.2	1684
建设银行	2008—2015年	-0.000274	0.0198	-0.1928	9.08	2989.1	1930
	2008—2014年	-0.000223	0.0183	-0.0631	9.36	2841.4	1686
	2009—2014年	0.000365	0.0153	0.0724	10.48	3356.9	1440
	2009—2015年	0.000244	0.0178	-0.2231	10.54	4012.6	1687
中国银行	2008—2015年	-0.000261	0.0185	0.1203	10.50	4530.6	1929
	2008—2014年	-0.000279	0.0164	0.2415	11.03	4546.9	1685
	2009—2014年	0.000232	0.0139	0.3487	12.50	5444.3	1441
	2009—2015年	0.000178	0.0170	0.0999	12.16	5887.6	1685
交通银行	2008—2015年	-0.000455	0.0227	-0.1177	7.98	1998.4	1930
	2008—2014年	-0.000488	0.0211	-0.0387	7.80	1616.0	1686
	2009—2014年	0.000250	0.0178	0.3103	8.51	1845.5	1442
	2009—2015年	0.000182	0.0203	0.0127	9.36	2842.9	1686

在四个时段，大部分股票收益率的偏度都是负数，说明大部分交易日股票的收益率都是高于平均收益率。但是中国银行和中信银行比较例外，在四个时段的偏度都是正数。所有股票收益率的峰度都是远远大于3的，表现出很强的尖峰厚尾性。

表4-9　　2008—2015年3家城市银行股票收益率的统计描述

银行	时间段	均值	标准差	偏度	峰度	JB统计量	样本数
宁波银行	2008—2015年	-0.000174	0.0267	-0.5709	10.83	5033.2	1930
	2008—2014年	-0.000191	0.0246	-0.0541	5.86	574.3	1686
	2009—2014年	0.000581	0.0216	0.1263	6.13	593.2	1444
	2009—2015年	0.000488	0.0247	-0.7201	14.36	9215.9	1688

续表

银行	时间段	均值	标准差	偏度	峰度	JB 统计量	样本数
北京银行	2008—2015 年	-0.000366	0.0257	-0.6489	10.53	4615.2	1898
	2008—2014 年	-0.000390	0.0243	-0.6574	10.52	4095.7	1685
	2009—2014 年	0.000142	0.0212	-0.9565	15.52	9639.9	1442
	2009—2015 年	0.000101	0.0235	-0.8647	14.19	8847.4	1655
南京银行	2008—2015 年	-0.000041	0.0253	-0.2782	7.42	1595.1	1926
	2008—2014 年	-0.000159	0.0238	-0.2118	7.82	1648.0	1687
	2009—2014 年	0.000386	0.0211	-0.2998	9.40	2485.5	1443
	2009—2015 年	0.000444	0.0233	-0.3766	8.59	2228.8	1682

表 4-10 2008—2015 年 4 家股份制银行股票收益率的统计描述

银行	时间段	均值	标准差	偏度	峰度	JB 统计量	样本数
华夏银行	2008—2015 年	-0.000237	0.028065	-1.41028	19.62	22777	1923
	2008—2014 年	-0.000210	0.027273	-1.20368	19.31	19005.9	1679
	2009—2014 年	0.000429	0.023229	-2.12698	36.53	68347.82	1436
	2009—2015 年	0.000305	0.02489	-2.21893	32.22	61156.44	1680
民生银行	2008—2015 年	-0.000229	0.02502	-0.81839	12.92	8123.787	1928
	2008—2014 年	-0.000190	0.024809	-0.93665	14.35	9281.632	1684
	2009—2014 年	0.000682	0.021309	-0.76256	15.62	9705.514	1442
	2009—2015 年	0.000511	0.022127	-0.62591	12.00	7130.884	1686
招商银行	2008—2015 年	-0.000401	0.02459	-0.31853	8.85	2766.803	1918
	2008—2014 年	-0.000506	0.02422	-0.40681	9.41	2918.814	1679
	2009—2014 年	0.000216	0.020142	-0.44449	13.51	6657.762	1437
	2009—2015 年	0.000234	0.021263	-0.28874	11.56	5139.089	1676
中信银行	2008—2015 年	-0.000185	0.025234	0.14124	6.17	813.5555	1924
	2008—2014 年	-0.000140	0.023852	0.17037	6.26	752.9781	1682
	2009—2014 年	0.000519	0.021504	0.473427	6.68	865.6357	1439
	2009—2015 年	0.000373	0.023569	0.316506	6.68	977.6078	1681

二 资产储蓄比的计算

资产储蓄比是指某家银行在某个时段的资产总额与吸收存款的比值。资产储蓄比反映的是银行单位存款的资产价值，图 4-9 和图 4-10 分别给出了 2009—2015 年 11 家银行的资产总额增长率和吸收存款增长率。

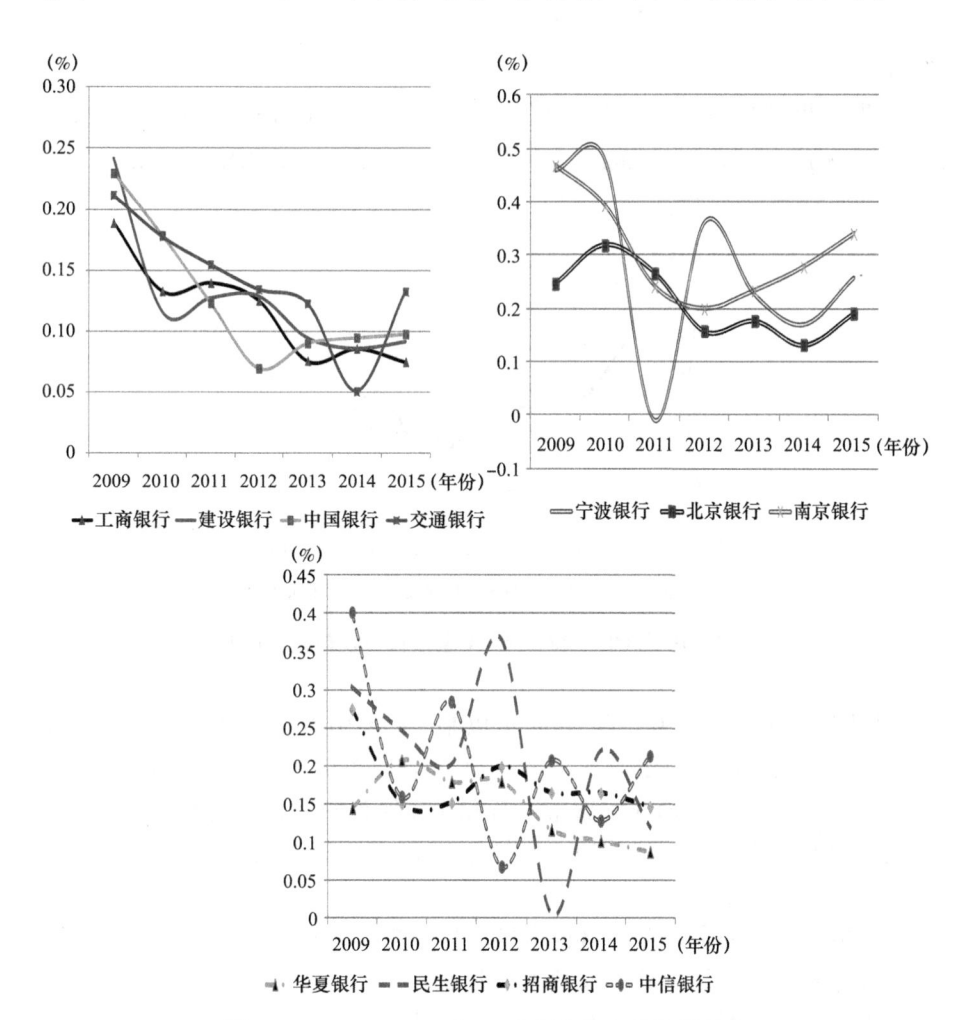

图 4-9　2009—2015 年 11 家银行资产总额增长率

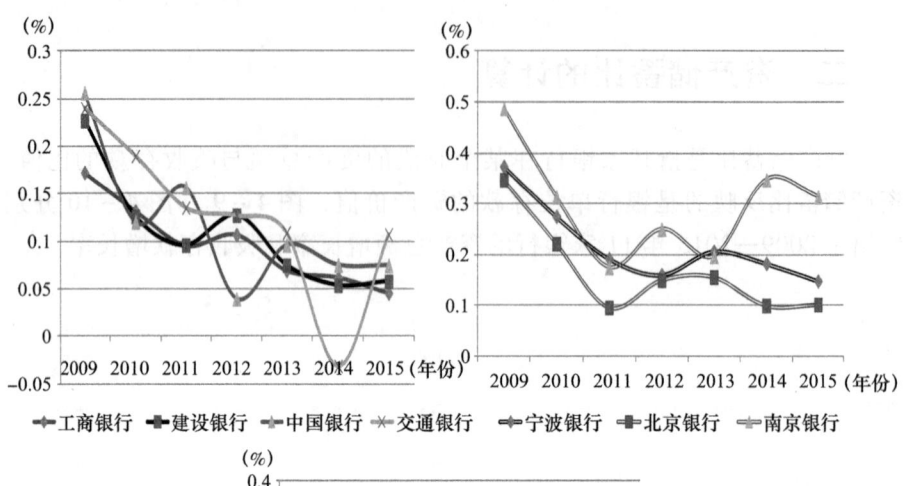

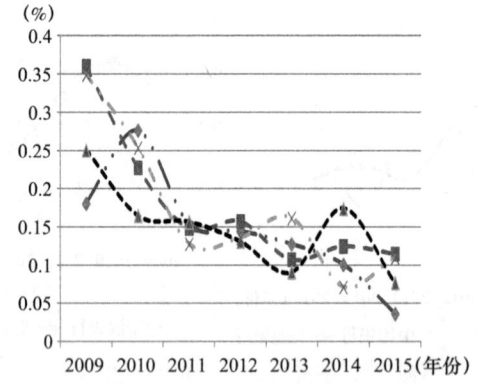

图 4-10　2009—2015 年 11 家银行吸收存款增长率

从图 4-9 可以看出，自 2009 年以来，4 家国有银行的资产总额是不断增加的，但是增长率都是在不断下降，增长率从 2009 年的 20% 左右普遍下降到 10% 左右。而 3 家城市银行和 4 家股份制银行的资产总额增长率表现出较大的波动性。特别地，宁波银行资产总额增长率在 2010 年出现了高达 50% 的增长后，在 2011 年却出现了负数。在股份制银行中，华夏银行和招商银行的资产总额增长率呈现出缓慢下降的特点，而民生银行和中信银行表现出的是一种"波浪型"增长。

如图 4-10 所示，在 2009—2015 年 11 家银行吸收存款增长率中，4 家国有银行表现出和资产总额增长率一样的特征，即增长率不断下降。值得注意的是，交通银行在 2014 年还出现负增长。进入 2013 年以后，国有银行吸收存款增长率基本维持在10%以下。与国有银行吸收存款增长率下降相比，3家城市银行吸收存款的增长率却表现得略胜一筹。在2009—2015年间，基本保持在10%以上；个别银行有些年份还保持在30%以上的增长率。4家股份制银行吸收存款增长率也基本是缓慢下降。

根据11家银行资产总额和吸收存款的数据，计算出银行的资产储蓄比结果如表4-11所示。可以从两个角度来分析表4-11所呈现的特点。从银行类型来看，国有银行的资产储蓄比相对较低，城市银行的资产储蓄比相对较高，而股份制银行介于国有银行和城市银行之间。从时间维度来看，包含了2015年的资产储蓄比普遍比没有包含2015年的高。主要原因是，2015年大部分银行的资产总额增长率较之于2014年都有所提高，而吸收存款增长率与2014年相比却出现了一定的下降。

表4-11　　　　2008—2015年上市银行的资产储蓄比

银行	2008—2015年	2008—2014年	2009—2014年	2009—2015年
工商银行	1.2784	1.2620	1.2700	1.2864
建设银行	1.2528	1.2353	1.2403	1.2584
中国银行	1.3783	1.3671	1.3693	1.3810
交通银行	1.4636	1.4370	1.4372	1.4657
宁波银行	1.7755	1.7091	1.7316	1.7961
北京银行	1.5597	1.5029	1.5170	1.5745
南京银行	1.5972	1.5974	1.6026	1.6009
华夏银行	1.4337	1.4205	1.4132	1.4287
民生银行	1.5131	1.4794	1.4895	1.5231
招商银行	1.3815	1.3468	1.3546	1.3902
中信银行	1.3986	1.3498	1.3567	1.4070

三　银行资产波动率的估计——基于GARCH模型的估计

在第一节的存款保险定价模型中，除开资产储蓄比的计算，另外还涉及银行资产波动率的参数估计。由于银行资产波动率不可以观测，因此需要先估计银行股票波动率，然后通过计算求出银行资产的波动率。这一小节的主要内容包括GARCH模型的介绍、股票波动率估计的步骤、参数估计的结果、股票波动率的计算和银行资产波动率。

（一）GARCH 模型的介绍

早在1982年Engle就提出了自回归条件异方差模型（ARCH模型），Bollerslev（1986）提出了广义ARCH模型（GARCH模型）。由于GARCH模型有很多优点，因此在金融时间序列中有着广泛的应用。借鉴Duan（1995）的思路，用GARCH（1，1）模型来估计银行股票的波动率。

GARCH（1，1）模型设定如下：

$$r_t = \mu_t + a_t \quad (4-12)$$

$$\sigma_t^2 = \alpha_0 + \alpha_1 a_{t-1}^2 + \beta_1 \sigma_{t-1}^2 \quad (4-13)$$

式（4-12）是均值方程，式（4-13）条件方差方程。式（4-12）中 $a_t = \sigma_t \varepsilon_t$ 或者 $\sigma_t^2 = Var(a_t|I_{t-1})$。其中 $\{\varepsilon_t\}$ 是均值为0，方差为1的独立同分布随机变量序列，$\{I_t\}$ 表示 t 时刻所知道的一切信息。除此之外，$\alpha_0 > 0$，$0 \leq \alpha_1 < 1$，$0 \leq \beta_1 < 1$，且 $0 < \alpha_1 + \beta_1 \leq 1$。

GARCH（1，1）建模的第一步是检验收益率序列的相关性。如果收益率序列相关，建立ARMA模型来消除相关性；如果不相关，减掉均值，对残差继续建模。经过检验，11家银行股票收益率数据不存在相关性。因此，式（4-12）中的 μ_t 取均值第二步，对均值方程的残差 a_t 进行ARCH效应检验（异方差性检验）。经过异方差性检验，所有的残差都存在ARCH效应。因此，进入第三步，建立GARCH模型估计参数。参数估计的结果见表4-12、表4-13和表4-14。

表4-12　　　　2008—2015年4家国有银行参数估计结果

银行	时间段	μ_t	α_0	α_1	β_1
工商银行	2008—2015年	-0.000295	0.00000462	0.116501	0.877541
	2008—2014年	-0.000301	0.00000643	0.155731	0.834449
	2009—2014年	0.000222	0.00000946	0.158203	0.80126
	2009—2015年	0.000153	0.00000513	0.108886	0.87564

续表

银行	时间段	μ_t	α_0	α_1	β_1
建设银行	2008—2015年	-0.000274	0.0000131	0.153786	0.819553
	2008—2014年	-0.000223	0.0000126	0.137785	0.82802
	2009—2014年	0.000365	0.0000166	0.126364	0.800618
	2009—2015年	0.000244	0.0000152	0.148572	0.804109
中国银行	2008—2015年	-0.000261	0.000007	0.106796	0.874478
	2008—2014年	-0.000279	0.00000743	0.105671	0.869946
	2009—2014年	0.000232	0.00000984	0.108125	0.841596
	2009—2015年	0.000178	0.00000822	0.112139	0.857131
交通银行	2008—2015年	-0.000455	0.0000109	0.094909	0.884705
	2008—2014年	-0.000488	0.00000977	0.083273	0.895636
	2009—2014年	0.00025	0.0000131	0.078103	0.879774
	2009—2015年	0.000182	0.0000135	0.094933	0.870311

表4-13　　　2008—2015年3家城市银行参数估计结果

银行	时间段	μ_t	α_0	α_1	β_1
宁波银行	2008—2015年	-0.000366	0.0000566	0.131471	0.792667
	2008—2014年	-0.00039	0.0000612	0.14282	0.765252
	2009—2014年	0.000142	0.0000957	0.139541	0.666914
	2009—2015年	0.000101	0.0000725	0.139096	0.743223
北京银行	2008—2015年	-0.000174	0.00000915	0.072596	0.917236
	2008—2014年	-0.000191	0.00000955	0.069047	0.917478
	2009—2014年	0.000581	0.0000117	0.06374	0.913917
	2009—2015年	0.000488	0.00000943	0.067948	0.918725
南京银行	2008—2015年	-0.0000414	0.00000395	0.071851	0.926571
	2008—2014年	-0.000159	0.00000415	0.077515	0.921166
	2009—2014年	0.000386	0.00000473	0.079676	0.916435
	2009—2015年	0.000444	0.00000425	0.072851	0.924048

表4-14　　　　2008—2015年4家股份制银行参数估计结果

银行	时间段	μ_t	α_0	α_1	β_1
华夏银行	2008—2015年	-0.000237	0.0000108	0.097142	0.899377
	2008—2014年	-0.00021	0.0000093	0.087432	0.909238
	2009—2014年	0.000429	0.0002180	0.470984	0.271609
	2009—2015年	0.000305	0.0001720	0.444963	0.397796
民生银行	2008—2015年	-0.000229	0.0000232	0.09004	0.879489
	2008—2014年	-0.00019	0.0000200	0.0849	0.889576
	2009—2014年	0.000682	0.0000248	0.061701	0.888488
	2009—2015年	0.000511	0.0000279	0.071917	0.875614
招商银行	2008—2015年	-0.000401	0.0000034	0.050691	0.944464
	2008—2014年	-0.000506	0.0000029	0.048351	0.947858
	2009—2014年	0.000216	0.0000031	0.040766	0.952479
	2009—2015年	0.000234	0.0000036	0.04505	0.947226
中信银行	2008—2015年	-0.000185	0.0000185	0.095988	0.877079
	2008—2014年	-0.00014	0.0000151	0.082195	0.893664
	2009—2014年	0.000519	0.0000139	0.069236	0.901614
	2009—2015年	0.000373	0.0000179	0.088825	0.879057

(二) 银行股票波动率的计算

在估计了11家银行股票收益率的参数之后，需要将所有股票收益率的波动率转换为年波动率。为了计算的方便，假设一年有242个交易日。利用式 (4-14) 计算每家银行股票收益率的方差

$$\sigma_t^2 = \frac{\alpha_0}{1-(\alpha_1+\beta_1)} \quad (4-14)$$

计算的结果分别见表4-15，表4-16和表4-17。

从4家国有银行来看，在2008—2015年和2008—2014年，工商银行股票收益率的波动率都是最大的，分别达到0.4332和0.3981；在2009—2015年和2009—2014年，交通银行股票收益率的波动率都是最大的，分别达到0.2743和0.3066。这是一个很有意思的结果，说明2008年国际金融危机期间，工商银行的股票收益率波动比较剧烈；而交通银行在2015年这次股市异常波动中股票收益率波动比较剧烈。

相对于4家国有银行，3家城市银行的股票收益率波动率明显要大一些。特别是南京银行，在2008—2015年的波动率更是高达0.7783。在其他三个时间段的波动率也是显著地高于北京银行和宁波银行。

表4-15　　　2008—2015年4家国有银行股票的波动率

银行	时间段	日方差	年方差	年波动率
工商银行	2008—2015年	0.000775	0.1877	0.4332
	2008—2014年	0.000655	0.1585	0.3981
	2009—2014年	0.000233	0.0565	0.2376
	2009—2015年	0.000332	0.0802	0.2832
建设银行	2008—2015年	0.000491	0.1189	0.3448
	2008—2014年	0.000368	0.0892	0.2986
	2009—2014年	0.000227	0.0550	0.2346
	2009—2015年	0.000321	0.0777	0.2788
中国银行	2008—2015年	0.000374	0.0905	0.3008
	2008—2014年	0.000305	0.0737	0.2716
	2009—2014年	0.000196	0.0474	0.2176
	2009—2015年	0.000267	0.0647	0.2544
交通银行	2008—2015年	0.000535	0.1294	0.3597
	2008—2014年	0.000463	0.1121	0.3348
	2009—2014年	0.000311	0.0753	0.2743
	2009—2015年	0.000388	0.0940	0.3066

表4-16　　　2008—2015年3家城市银行股票的波动率

银行	时间段	日方差	年方差	年波动率
宁波银行	2008—2015年	0.000746	0.1806	0.4249
	2008—2014年	0.000666	0.1611	0.4014
	2009—2014年	0.000494	0.1197	0.3459
	2009—2015年	0.000616	0.1491	0.3861

续表

银行	时间段	日方差	年方差	年波动率
北京银行	2008—2015 年	0.000900	0.2178	0.4667
	2008—2014 年	0.000709	0.1715	0.4141
	2009—2014 年	0.000524	0.1267	0.3560
	2009—2015 年	0.000708	0.1712	0.4138
南京银行	2008—2015 年	0.002503	0.6058	0.7783
	2008—2014 年	0.003146	0.7614	0.8726
	2009—2014 年	0.001216	0.2943	0.5425
	2009—2015 年	0.001371	0.3317	0.5759

表 4-17　2008—2015 年 4 家股份制银行股票的波动率

银行	时间段	日方差	年方差	年波动率
华夏银行	2008—2015 年	0.003103	0.7508	0.8665
	2008—2014 年	0.002778	0.6722	0.8199
	2009—2014 年	0.000847	0.2050	0.4527
	2009—2015 年	0.001094	0.2647	0.5145
民生银行	2008—2015 年	0.000761	0.1843	0.4292
	2008—2014 年	0.000784	0.1896	0.4355
	2009—2014 年	0.000498	0.1205	0.3471
	2009—2015 年	0.000532	0.1287	0.3587
招商银行	2008—2015 年	0.000691	0.1673	0.4091
	2008—2014 年	0.000765	0.1851	0.4303
	2009—2014 年	0.000452	0.1093	0.3306
	2009—2015 年	0.000465	0.1125	0.3354
中信银行	2008—2015 年	0.000687	0.1662	0.4077
	2008—2014 年	0.000625	0.1514	0.3891
	2009—2014 年	0.000477	0.1154	0.3397
	2009—2015 年	0.000557	0.1349	0.3672

在 2008—2015 年和 2008—2014 年，华夏银行的波动率都很大，但是 2009—2015 年和 2009—2014 年，其波动率明显减小。由于 2008 年国际金

融危机的作用和2015年股市异常波动的影响,所有银行最大的波动率都发生在2008—2015年,而最小的都发生在2009—2014年。这种规律性特征对于4家国有银行都成立。比较例外的有南京银行、民生银行和招商银行,这三家银行在2008—2014年的波动率比2008—2015年的高。可能的原因有两个:一方面这些城市银行和股份制银行的股票市值相对国有银行要小得多,在市场上相对容易被炒作。另一方面,不同于全国性的国有银行,城市银行是区域性的,股份制银行的覆盖能力也远远没有国有银行大,因此系统性风险也相对较高。

(三)银行资产波动率的计算

基于银行股票的波动率,借鉴 Marcus 和 Shaked(1984)提出的一种估计银行资产波动率的方法。

$$\begin{cases} \sigma_V = \sigma_E \left[1 - e^{\mu T} \cdot \dfrac{B_T N(x_2)}{A_0 N(x_1)} \right] \\ x_1 = \dfrac{\ln(A_0/B_T) + (-\mu + \sigma_V^2/2)T}{\sigma_V \sqrt{T}} \\ x_2 = \dfrac{\ln(A_0/B_T) + (-\mu - \sigma_V^2/2)T}{\sigma_V \sqrt{T}} \end{cases} \quad (4-15)$$

在式(4-15)中,σ_E 是银行股票的波动率,A 和 B 分别是银行资产价值、负债,T 是波动率对应的期限,μ 是相对收益率[①],$N(\cdot)$ 表示标准正态分布。

本书使用误差函数(Error function)来处理标准正态分布。误差函数的定义是

$$erf(x) = \dfrac{2}{\pi^{1/2}} \int_0^x e^{-t^2} dt \quad (4-16)$$

其和标准正态函数之间的关系是

$$N(x) = \dfrac{1 + erf(x/2^{1/2})}{2} \quad (4-17)$$

利用式(4-15)、式(4-16)和式(4-17),在银行股票收益率的波动率已知的情况下,估计出的11家银行的资产波动率,如表4-18。

不同于银行股票收益率的波动率,银行资产波动率最高的是宁波银

[①] $\mu = \delta - r$,其中 δ 是红利率,r 是无风险利率。

行，在 2008—2015 年间达到 0.1149。去掉国际金融危机和股市异常波动的影响，波动率为 0.0906。其次是南京银行，在两个时间段分别为 0.0874 和 0.0786。城市银行中，北京银行的波动率相对较低。除开交通银行波动率较高外，其他 3 家国有银行的波动率相对较低，都在 0.03 上下波动。4 家股份制银行中，民生银行的波动率较高，在 0.05 以上。招商银行的波动率较低，在 0.04 上下浮动（见表 4-18）。

表 4-18　　　　2008—2015 年 11 家银行资产的波动率

	2008—2015 年	2008—2014 年	2009—2014 年	2009—2015 年
工商银行	0.0329	0.0316	0.0304	0.0320
建设银行	0.0302	0.0285	0.0293	0.0306
中国银行	0.0386	0.0371	0.0357	0.0377
交通银行	0.0481	0.0446	0.0428	0.0466
宁波银行	0.1149	0.0937	0.0906	0.1130
北京银行	0.0658	0.0547	0.0545	0.0659
南京银行	0.0874	0.0908	0.0786	0.0798
华夏银行	0.0511	0.0489	0.0446	0.0472
民生银行	0.0566	0.0520	0.0507	0.0553
招商银行	0.0407	0.0380	0.0373	0.0403
中信银行	0.0423	0.0378	0.0376	0.0424

四　上市银行存款保险价格

利用存款保险定价模型，以及本章上一节计算的银行资产储蓄比和估计的波动率参数，本节将给出 11 家银行在四个不同时间区间的存款保险费率[①]。需要说明的是，其他一些参数取值为：$\mu = 0.02$，$K = 0.00002$，$\lambda = 0.02$，$\phi = 0.9$ 和 $\theta = 1$。这些参数的取值遵循两个原则：第一，尽量接近中国银行业的实际情况；第二，要能体现本章存款保险定价模型的优越

---

① 我国存款保险制度是在 2015 年 5 月开始实施，本章根据模型可推算出 11 家银行 2015 年之前的保费价格。

性。估计的11家银行在四个不同时间区间的存款保险费率见表4-19。

首先来看4家国有银行的存款保险费率。不论是在2008—2015年，还是在2009—2014年，中国工商银行、中国建设银行和中国银行的存款保险费率都差不多。并且国际金融危机和股市异常波动没有对这3家银行产生较大冲击。但是交通银行的情况就不一样。在包含国际金融危机和股市异常波动的时间区间里，每百万元存款的保险费率是20.216139元，而在2009—2014年的"平常时间"里，保费为20.018063元，增加了0.9895%。

然后来分析一下3家城市银行的存款保险费率。在2008—2015年，宁波银行的存款保险费率最高，每百万元存款的保险费率达到3720.58元，是4家国有银行的180多倍。去掉2015年股市异常波动的影响，每百万元存款的保险费率为859.27元，降低了3.3倍多。如果抛开2008年的国际金融危机的影响，每百万元存款的保险费率为3196.94元，相对于2008—2015年，降低了16.38%。对比2008—2014年和2009—2015年，说明2015年股市异常波动对宁波银行存款保险费率的影响要比2008年国际金融危机的大。如果同时去除国际金融危机和股市异常波动的影响，宁波银行的存款保险费率为595.93元。这个数字相对国际金融危机和股市异常波动来说，降低了不少；但是相对其他银行来说，仍然是同期最高的。有意思的是，南京银行在2008—2014年的存款保险费率要比2008—2015年的高，这可能是因为在这个区间内南京银行的资产波动率比2008—2015年的高。在2009—2014年，南京银行的存款保险费率约是222.03元，比2008—2015年里降低了近2倍。和宁波银行及南京银行比较起来，北京银行的存款保险费率要低得多。2008—2015年的存款保险费率为45.98元，而在2009—2014年里降低了1倍多，为21.56元。

最后来分析一下4家股份制银行的存款保险费率情况。股份制银行的存款保险费率中对国际金融危机和股市异常波动最为"敏感"的是民生银行。民生银行在2008—2015年的存款保险费率为每百万元23.32元，而在2009—2014年为20.49元，减小了近18%。其次是华夏银行，大约减小了5%。而招商银行和中信银行的保费结构同几家国有银行差不多。

综合分析来看，国际金融危机和股市异常波动对城市银行的存款保险费率影响最大，对股份制银行的存款保险费率影响很有限，而对国有银行存款保险费率基本没有影响。

综上分析，可以概括出2008—2015年11家上市银行存款保险费率的特点：大多数银行的保险费率并没有受到国际金融危机和股市异常波动的影响，这基本符合预期；而少数银行的保险费率受到国际金融危机和股市异常波动的影响比较大。可能的原因是，国际金融危机由美国引起，后来迅速传递到全球诸多国家。但与美国等国家相比，中国所受影响并不大。因此，可以说只是一次潜在的系统性风险，但并没有形成系统性风险。2015年发生的股市异常波动形成了资本市场的动荡，但综合来看，并不能算作系统性风险。

表4-19　　　　　2008—2015年上市银行的存款保险价格

单位：每百万元存款的保险费率%

	2008—2015年	2008—2014年	2009—2014年	2009—2015年
工商银行	20.000207	20.000084	20.000015	20.000059
建设银行	20.000023	20.000005	20.000012	20.000029
中国银行	20.002868	20.001077	20.000312	20.001309
交通银行	20.216139	20.052721	20.018063	20.102328
宁波银行	3720.581149	859.372771	595.933116	3196.943556
北京银行	45.979796	21.899331	21.564523	46.369912
南京银行	632.238956	886.952649	222.030727	261.158161
华夏银行	21.066301	20.515332	20.070895	20.213004
民生银行	23.315415	20.931390	20.490988	22.001788
招商银行	20.012235	20.003404	20.001695	20.007663
中信银行	20.024991	20.002687	20.002060	20.023285

注：文中保留数值小数点后两位。

五　不良贷款率的作用

在存款保险定价模型中，含有三个政策性参数：监管宽容系数 ϕ、监管处罚力度 θ 以及监管强度 λ。政策性参数可以由监管机构进行调整，监管宽容系数的取值可以根据经济的整体情况和监管的目标来确定。所有的银行在同一时期的监管宽容系数可以一样，也可以有差别。而监管强度和处罚力度可以依据每家银行的一些监管指标来确定，比如银行的不良贷款率，核心资本充足率，等等。

作为一个例子，图 4-11 给出了 11 家银行在 2008—2015 年不良贷款率情况。从图 4-11 可以看出，这 11 家银行的不良贷款率呈现一种"U"形结构，即两头高、中间低。为此，监管机构可以在特定的时间适当调高监管强度和处罚力度。本章已经分析，提高监管强度和处罚力度会在短期内提高银行存款保险费率，以利于银行的稳定。

图 4-11　2008—2015 年 11 家银行不良贷款率

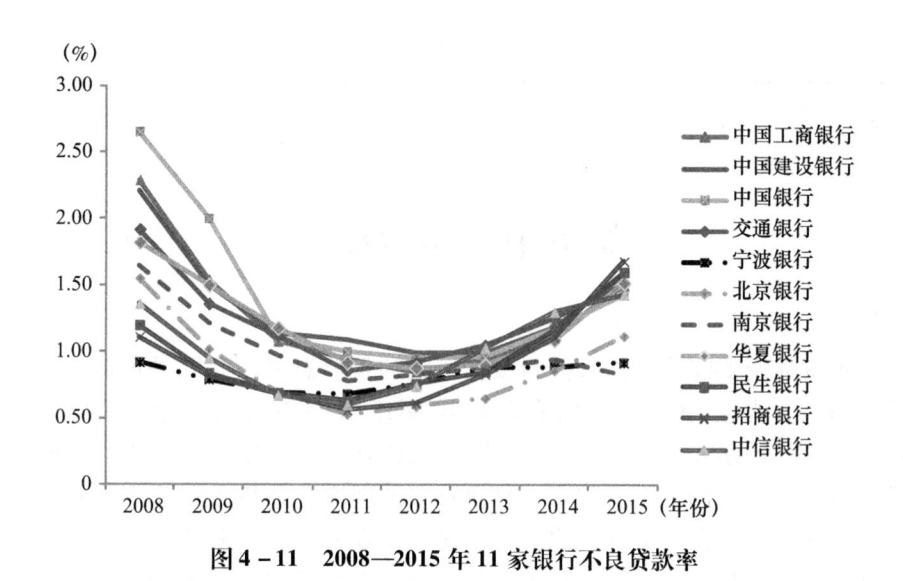

表 4-20 统计了 11 家银行在四个时段的不良贷款率情况。4 家国有银行中，中国银行在同一时期的不良贷款率最高。因此，可以适度加强对中国银行的监管监察，并提高对中国银行的处罚系数，以利于银行的稳定。

表 4-20　　　　　　2008—2015 年上市银行的不良贷款率

	2008—2015 年	2008—2014 年	2009—2014 年	2009—2015 年
中国工商银行	1.28	1.25	1.08	1.14
中国建设银行	1.34	1.30	1.15	1.21
中国银行	1.41	1.41	1.20	1.23
交通银行	1.25	1.21	1.09	1.15
宁波银行	0.82	0.80	0.78	0.80
北京银行	0.88	0.84	0.72	0.78

续表

	2008—2015 年	2008—2014 年	2009—2014 年	2009—2015 年
南京银行	1.01	1.04	0.94	0.92
华夏银行	1.23	1.18	1.08	1.14
民生银行	0.97	0.88	0.82	0.93
招商银行	0.93	0.82	0.77	0.90
中信银行	1.01	0.95	0.88	0.96

第五节 本章小结

本章强调了监管处罚对抑制银行风险的重要意义，它既是审慎监管的重要举措，也是构建有效的存款保险制度缺一不可的环节。在 Merton (1978) 模型的基础上，将监管处罚引入存款保险的定价模型中，同时将监管宽容引入到同一个框架中，具有重要的理论意义和现实指导意义。

首先，本章在提出合理假设下，建立了在监管宽容和监管处罚下的存款保险定价模型。然后利用相关数学工具，对存款保险模型进行求解。在一种线性的监管处罚下，得到了存款保险价格的解析解。其次，借鉴 Pennacchi (1987) 的思路，定义了银行的杠杆，用来度量银行的风险偏好。借助银行的杠杆，分析了存款保险价格和银行风险偏好之间的关系。最后，用比较静态分析方法分析了监管宽容、监管强度、处罚力度、检查成本以及银行资产波动率和存款保险价格之间的关系。

比较静态分析结果表明，监管宽容系数越大，存款保险价格越高，这可能是因为放松了监管标准导致了银行经营风险增大，而银行经营风险增大进一步导致了银行保险价格的提高。监管强度越大，存款保险价格越高，这可能是因为检查强度的提高直接增加了银行的经营成本。而当处罚力度加大时，存款保险费率会降低，这说明处罚措施在维护金融机构稳定方面具有重要的理论意义。检查成本越高，存款保险费率也越高。当银行资产波动率提高时，存款保险费率也越高。

其次，本章还分析了监管宽容、监管强度、处罚力度、检查成本以及银行资产波动率与银行风险偏好的关系。比较静态分析发现，当监管机构在监管过程中，没有监管宽容时（也就是 $\phi=1.0$），银行的风险偏好明显降低。在某些特定的资产储蓄比范围内，当 ϕ 越来越小时，监管宽容程度变大，银行的风险偏好得以提升。随着监管强度的不断提高，银行的风险偏好不断地降低。如果监管机构采取的是处罚措施，当银行的资产储蓄比较低时，银行的风险偏好较低。并且监管机构采取的处罚措施越严，银行的风险偏好越低。研究还发现，检查成本对银行经营的杠杆影响很有限。当银行的资产储蓄比取值较小时，随着银行资产波动率的不断上升，银行的风险偏好先减小后增大。而当银行的资产储蓄比取值较大时，随着银行资产波动率的不断上升，银行的风险偏好不断减小。这些比较静态分析很有趣，这为后续的实证分析打下了坚实的理论基础。

最后，存款保险定价实证分析中，计算了银行的资产储蓄比和估计银行的资产波动率。以中国 11 家上市银行为例，通过数据相关数据，计算了每家银行的资产储蓄比。并利用 GARCH（1，1）模型估计了每家银行股票的波动率。然后利用现有文献中给出的资产波动率的计算方法，求出了 11 家银行的资产波动率。

在得到了资产储蓄比和资产波动率的主要参数之后，利用构建的存款保险定价模型，获得了每家银行的存款保险费率。为了观测 2008 年国际金融危机和 2015 年股市异常波动对每家银行存款保险费率的影响，分成 2008—2015 年、2008—2014 年、2009—2014 年以及 2009—2015 年四个区间来分析各家银行的存款保险费率。研究发现，国际金融危机和股市异常波动对城市银行的存款保险费率影响最大，对股份制银行的存款保险费率影响很有限，而对国有银行存款保险费率基本没有影响。实证结果说明，本章构建的模型效果很好，能够充分反映不同银行存款保险费率的差别。同时也反映出一些重大事件对银行经营风险的影响，并进而在存款保险费率中得以体现。

除此之外，本章还简要讨论了一些政策参数，如监管宽容系数、监管处罚力度以及监管强度等。

第五章 存款保险的区间定价

本章提出了基于三角直觉模糊数的存款保险欧式期权定价法（Wu et al.，2020）。该方法考虑了资产价值的随机性和模糊性，充分反映了银行资产价值的高度不确定性，为存款保险定价提供了合适的弹性空间。此外，本章对区间定价法中的关键参数进行数值分析，分析各因素对存款保险价格的影响程度。最后，本章以7家中小银行为例，对区间定价模型进行预测。研究结果表明，基于三角直觉模糊数的存款保险定价模型更能体现管理者对银行资产价值评估的不确定性，相比固定的存款保险费率值，区间费率体现了更大的监管弹性。

第一节 引言

一 存款保险定价的研究

目前已有大量文献研究存款保险的定价问题。最具有里程碑意义的是Merton（1977）在Black和Scholes（1973）和Merton（1973）欧式期权定价思想的基础上，将存款保险和欧式看跌期权进行同构对应，从而对存款保险进行定价。虽然该模型简单直观，但也存在一定缺陷。因此，在Merton（1977）的基础上，大量学者对存款保险定价进行改进。

1. 估计Merton（1977）模型中无法观测的参数，如银行资产价值。Marcus和Shaked（1984）提出银行资产是服从对数正态分布的随机变量，并计算了银行资产价值及其波动率，联立方程求解存款保险的费率。Duan（1994，2000）利用极大似然法得到银行资产价值和权益价值的对数似然函数，计算出银行资产收益率和收益率标准差的最大似然估计值，最终得到银行资产价值的估计值。

2. 在 Merton（1977）的模型中考虑监管。Merton（1978）在原有模型中考虑了监督成本，Ronn 和 Verma（1986）考虑了监管者的宽容政策（简称 R&V 模型），张金宝和任若恩（2006）以 R&V 模型的思路对监管宽容下的存款保险定价做了案例分析，得出监管宽容程度与单期存款保险费率负相关的结论。明雷等（2019）同时考虑了监管宽容和监管惩罚对存款保险价格的影响，研究结果表明监管宽容程度越高、监管处罚力度越低，存款保险费率越高。刘海龙和杨继光（2011）将股权资本和次级债作为银行的监管资本，发现监管资本越多，缴纳的保费越低。

3. 围绕 Merton（1977）展开的研究考虑了更加全面和实际的因素。张金宝和任若恩（2007）认为在制定风险费率时应重视商业银行的债务清偿结构。如果在确定保费忽略了债务清偿结构，会明显低估保险费率，甚至会使征缴的保费难以满足实际的赔付要求，影响存款保险基金的正常运转。姜兴坤等（2013）在 Merton 模型基础上引入存款机构和保险公司的所得税因素，将税盾效应应用于存款保险的定价中，得到拓展后的模型能明显降低保费费率，税盾效应显著。此外，Duan 等（1995）给出了考虑利率风险对存款保险定价影响的定价公式。Dermine 等（2001）分析了信贷风险对存款保险定价的影响。Lee 等（2015）将资产相关性作为银行的系统性风险考虑在存款保险定价中。Zhang 和 Shi（2017）同样强调了系统风险对定价模型的影响。部分研究表明，存款保险制度激励银行冒险经营，在一定程度上受银行类型、治理结构及信息披露程度等因素的影响（Liu et al.，2018；郭晔和赵静，2017；朱波等，2016）。

二 模糊性

尽管大量的拓展研究使存款保险定价更加符合现实，但基于期权定价法得到的保费存在严格的假设条件。如果以期权定价思想计算保费，得到的数值会依赖于输入的参数值，这意味着不同的参数值也会影响最终的计算结果。在瞬息万变的金融市场中，参数值往往具有高度的不确定性，尤其是银行的资产价值。银行的资产价值不仅受银行自身的经营管理情况和风险水平的影响，还与存款保险基金管理者对宏观经济情况及外部环境不确定性的判断有关，这些因素往往不具有明确的概率分布，决策者很难准确估计出预期值。因此，基于数理模型得到的保费值与真实值存在一定偏差。

近年来，大量研究将模糊数学应用到经济学领域。模糊集的概念最早由 Zadeh（1965）提出，此后学者们也尝试在传统模型中加入模糊数来反映经济变量的高度不确定性。董志勇和韩旭（2008）认为在不确定的情况下，决策者不能知道随机变量在某一分布中的具体取值，这属于常见的风险问题；如果决策者不知道随机变量的准确概率分布，这就产生了所谓的模糊问题。模糊数在定价研究中发挥着重要作用。Carlsson 和 Fullér（2003）和 Collan 等（2009）分别利用模糊数学研究了实物期权的定价问题。Lee 等（2005）考虑了模糊集理论在欧式期权定价模型中的应用，认为不考虑模糊性，无风险利率和波动率被高估，期权价值被低估。Wu（2005，2004，2007）将 Black-Scholes 期权定价模型的各参数模糊化后，重新建立了欧式期权定价模型。Yoshida（2003）建立了三角模糊数下的 Black-Scholes 期权定价模型，同样给出了期权价格的区间。可见，已有文献在欧式期权定价模型中考虑了模糊性，区间化的期权价格更能反映金融市场瞬息万变的真实情况，有利于投资者根据自身情况进行决策。此外，也有研究基于模糊理论对传统风险评估进行改进。赵远等（2015）建立风险模糊矩阵，综合了多人的评价结果并为风险合理排序，为防范风险和管理决策提供了更实用有效的方法。Arunraj 等（2013）利用模糊理论给出了风险值的区间值，认为同时考虑随机性和模糊性的风险评估模型能够刻画更多的不确定性。综合来看，虽然已有文献对随机波动率下的期权定价问题进行研究，也有研究同时考虑了随机性和模糊性并给出期权价格区间，但存款保险区间定价的研究还较少。因此，本章基于三角直觉模糊的欧式期权定价法应用到存款保险领域，以期得到更为合理科学的保费价格。

第二节　存款保险区间定价的意义

一　理论意义

从理论上说，基于参数估计出的保费单一值往往与实际存在偏差。一方面，复杂多变的经济环境使得单一值欠缺科学性。经济金融发展水平、存款结构情况和存款保险基金的累计水平的变化都会影响管理机构的决策，加大了监管当局精准制定保险费率的难度。正如前面所说，Merton（1977）提出的存款保险定价模型可计算出唯一的保费值，计算结果依赖于输入的参数值，比如银行的资产价值等。存款保险价格往往事先确定，这意味着监管当局需要在瞬息万变的金融市场中准确估计未来一段时间内银行的资产价值、存款余额等参数值的大小，但在现实情况中，这些变量往往随着宏观经济环境、银行自身的运营管理等因素的变化而变化，想要准确估计参数值会十分困难。另一方面，存款保险定价模型中的参数值概率分布也不明确，而数理模型往往需要假设参数的分布来计算保费值，这同样会使计算出的保费存在一定偏差。

因此，本章的贡献点在于考虑了银行资产价值的模糊性。目前，虽然已有文献对随机波动率下的期权定价问题进行研究，也有研究同时考虑了随机性和模糊性并给出期权价格区间，但考虑存款保险区间定价的研究还较少。因此，本章将基于三角直觉模糊的欧式期权定价法应用到存款保险领域，既丰富了现有关于存款保险定价的研究，也赋予其更科学的经济学含义。

二　现实意义

从现实意义来讲，设定保费区间更加符合中国的整体发展目标。早在2013年7月，李克强总理指出，经济运行存在一定波动，有客观必然性，宏观经济的主要目标是避免经济大起大落，使经济运行保持在合理区间，其下限就是稳增长、保就业，上限就是防通胀[①]。2014年《政府工作报告》也提到"确定经济运行处于合理区间"。针对经济走势的不同情况，形成科学、合理、明确的宏观调控政策框架，把握好合理区间和政策框架相配合的动态调整，这在中国经济发展转型中发挥着重要作用。2016年的《政府工作报告》将国内增长预期定为6.5%—7%，既是推进结构性改革的需要，也有利于稳定和引导市场预期。此后，经济不确定性日益凸显，经济转型和结构调整的压力日益加剧，2019年《政府工作报告》再次将经济增长目标区间定为6%—6.5%。合理的经济增长区间既增加经济目标实现的弹性，又兼顾了稳就业、防风险等多个发展目标，推动中国经济高质量发展，经济发展韧性不断增强。

近年来，"不确定性"成为全球经济的关键词，国际形势更趋复杂严峻。根据Baker等（2016）提出的全球经济政策不确定指标（EPU）[②]和Davis等（2019）提出的中国经济政策和贸易政策不确定性[③]可知，自2018年以来全球经济政策不确定性和中国的经济政策不确定指数增加。2019年6月全球经济政策不确定性上涨至335.51，首次突破300，中国的EPU指数同样高涨至649.10，接近全球指数的2倍。这主要是因为全球经济贸易增速放缓，发达经济体增速持续下行，新兴经济体下行压力加大，国际贸易摩擦再度升级，地缘政治更趋紧张。此后，各国推出宽松政策或降低利率以避免经济严重衰退，负利率的出现与扩散加剧了全球经济不确定的风险。在这样的背景下，2020年席卷全球的新冠疫情给经济带来了一系列连锁反应。供应链断裂、供需"脱钩"及贸易环境突变等给世界各国经济复苏蒙上了一层"不确定性面纱"。受疫情影响，2020年5月中国的EPU指数上升至501.30，11月达到661.80，全球经济不确定指数在5月达到峰值430.14。横向来看，无论是全球还是中国的EPU指数都明显高于2008年国际金融危机期间。

随着中国在全球经济扮演着更为重要的角色，稳定金融体系平稳运行的责任也越大，其中对商业银行的流动性风险管理不容忽视。在外部疫情

[①] 中国政府网：《李克强主持召开经济形势专家和企业负责人座谈会》，2013年7月16日。
[②] 全球EPU指数是21个国家EPU指数的GDP加权平均值，这些国家包括：澳大利亚、巴西、加拿大、智利、中国、哥伦比亚、法国、德国、希腊、印度、爱尔兰、意大利、日本、墨西哥、荷兰、俄罗斯、韩国、西班牙、瑞典、英国和美国。
[③] 基于中国报纸：《人民日报》和《光明日报》，指数去除了通货膨胀影响。

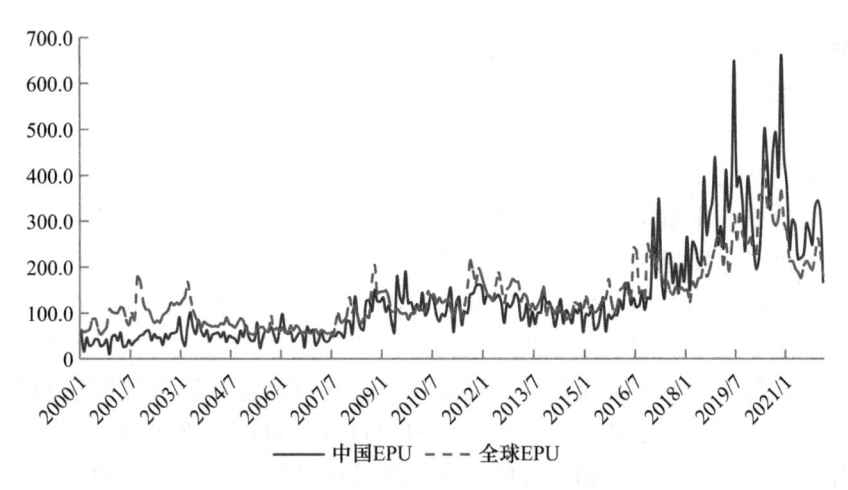

图 5-1 中国与全球的经济政策不确定指标

冲击和内部转型发展的双重背景下，中国灵活采取多种货币政策和财政政策来恢复和稳定经济，是疫情发生以来第一个恢复增长的主要经济体。商业银行作为宏观经济政策的直接作用对象、金融市场的重要组成部分，疫情冲击所带来的经济政策不确定性势必会影响到银行的资产负债结构。作为流动性传导链条中的重要一环，商业银行必须更加重视对流动性风险的管理。

因此，在外部经济不确定增强的环境下，存款保险制度更应发挥好金融安全网的作用，维护储户利益，稳定公众信心，严防银行挤兑造成重大风险。管理机构在确定保费时不仅要充分考虑当前经济水平、存款结构和保费基金累计水平，还应根据各投保机构的经营状况和风险水平弹性调整。若管理者能以合理的保费区间替代原先的固定保费值，存款保险制度既能充分保护存款人权益，又能使各投保机构高效配置资金，保持金融体系活力高效运作。

第三节 存款保险区间定价模型

上一节充分讨论了区间保费的重要意义，这一节本书参考 Yoshida

(2003) 和张茂军等 (2013) 将三角直觉模糊数加入欧式期权定价模型中，考虑了银行资产价值的随机性和模糊性，充分反映资产价值的高度不确定性，用风险中性的方法得到存款保险费率的解析式。

第四章已充分介绍了 Merton 基于 Black-Scholes 期权定价模型得到的存款保险价格，本章不再赘述。虽然该模型为学者们基于期权思想研究存款保险提供了重要思路，但在实践中仍存在问题。首先，模型中对存款保险的定价依赖于输入的参数值，不同的参数值计算出的保费不同。在情况多变的金融市场中，影响保费的五大因素并不总是某个确切的值。尤其是银行的资产价值，它随着宏观经济环境、银行自身的运营管理等因素的变化而变化，决策者很难估计出一段时期内银行资产价值的准确值。其次，存款保险基金管理机构根据银行的经营管理情况及风险状况评估的资产价值难以找到合适的分布概率，不满足参数概率分布已知的模型假定。较多研究通过改进模型以期得到更符合现实的保费，但仍忽略了银行资产价值的模糊性。最后，管理机构在确定费率时还要考虑当前经济金融发展水平、存款结构情况和存款保险基金的累计水平，这些因素同样在金融市场中时时变动。因此，从现实角度出发，研究存款保险费率的区间价格更有意义。综上所述，本章引入了三角直觉模糊数来衡量银行资产价值的模糊性，从而得出更具现实意义的区间价格。

一 三角模糊数

在给出三角直觉模糊数下的存款保险价格前，先明确三角模糊数和三角直觉模糊数的定义以及二者之间的关系。

定义 5-1 设 $\tilde{a} = (a_1, a, a_2)$ 是实数集 $\mathbb{R}$ 上的模糊集 (Yoshida, 2003)，其隶属度定义为式 (5-1) 所示：

$$\mu_{\tilde{a}}(x) = \begin{cases} 0, & 0 \leq x \leq a_1 \\ \dfrac{x - a_1}{a - a_1}, & a_1 < x \leq a \\ \dfrac{a_2 - x}{a_2 - a}, & a < x \leq a_2 \\ 0, & x > a_2 \end{cases} \quad (5-1)$$

满足上述定义的模糊数称为三角模糊数。图 5-2 表示三角模糊数 $\tilde{a}$。

不确定量 $\tilde{a}$ 最悲观取值为 a_1，最乐观取值为 a_2，最可能的取值为 a。从上式可知，三角模糊数是用单一隶属度表示模糊程度，只能表示参数估计的可能与不可能两种状态。但在现实问题中，参数估计值往往具有一定的犹豫程度。Atanassov（1986）提出了直觉模糊集的概念，利用双标度的隶属度和非隶属度来刻画模糊性，更全面地描述了客观现象的模糊性的自然属性（张茂军等，2013）。三角直觉模糊数是其中特殊的一种（Shu et al.，2006；Li，2008）。

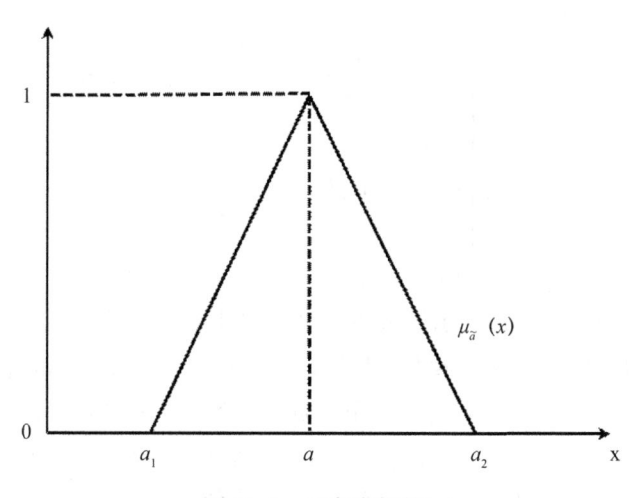

图 5-2 三角模糊数 $\tilde{a}$

定义 5-2 设 $\tilde{a}=(a_1, a, a_2)$ 为是实数集 $\mathbb{R}$ 上的三角模糊集，且 $0 \leqslant \alpha \leqslant \omega_{\tilde{a}}$，称集合

$$^{\alpha}\tilde{a} = \{x \mid \mu_{\tilde{a}}(x) \geqslant \alpha\} \quad (5-2)$$

为三角模糊数 $\tilde{a}$ 的 α 截集。根据式（5-1）和定义 5-2，很容易能得到集合 $^{\alpha}\tilde{a} = \{x \mid \mu_{\tilde{a}}(x) \geqslant \alpha\}$ 是闭区间，计算可得

$$^{\alpha}\tilde{a} = [^{\alpha}I_1(\tilde{a}), {}^{\alpha}I_2(\tilde{a})] = [a_1 + \alpha(a - a_1), a_2 - \alpha(a_2 - a)]$$
$$(5-3)$$

二 三角直觉模糊数

定义 5-3 设 $\tilde{a} = \langle (a_1, a, a_2); \omega_{\tilde{a}}, u_{\tilde{a}} \rangle$ 是实数集 $\mathbb{R}$ 上的一个直

觉模糊集，其隶属度定义为

$$\mu_{\tilde{a}}(x) = \begin{cases} \dfrac{x - a_1}{a - a_1}\omega_{\tilde{a}}, & a_1 \leqslant x < a \\ \omega_{\tilde{a}}, & x = a \\ \dfrac{a_2 - x}{a_2 - a}\omega_{\tilde{a}}, & a < x \leqslant a_2 \\ 0, & x < a_1, x > a_2 \end{cases} \quad (5-4)$$

其非隶属度为

$$\nu_{\tilde{a}}(x) = \begin{cases} \dfrac{a - x + u_{\tilde{a}}(x - a_1)}{a - a_1}, & a_1 \leqslant x < a \\ u_{\tilde{a}}, & x = a \\ \dfrac{x - a + u_{\tilde{a}}(a_2 - x)}{a_2 - a}, & a < x \leqslant a_2 \\ 1, x < a_1, & x > a_2 \end{cases} \quad (5-5)$$

其中，$\omega_{\tilde{a}}$ 和 $u_{\tilde{a}}$ 分别表示最大隶属度和最小非隶属度，且满足 $0 \leqslant \omega_{\tilde{a}} \leqslant 1$，$0 \leqslant u_{\tilde{a}} \leqslant 1$，$0 \leqslant \omega_{\tilde{a}} + u_{\tilde{a}} \leqslant 1$，则称 $\tilde{a} = \langle (a_1, a, a_2); \omega_{\tilde{a}}, u_{\tilde{a}} \rangle$ 为三角直觉模糊数。图 5-3 来表示三角直觉模糊数 $\tilde{a}$。不确定量 $\tilde{a}$ 介于 a_1 与 a_2 之间，最可能的取值是 a。相应的，最可能取值 a 的隶属度和非隶属度分别是 $\omega_{\tilde{a}}$ 和 $u_{\tilde{a}}$，最悲观取值 a_1 和最乐观的取值 a_2 的隶属度和非隶属度均为 0 和 1，当 $x \in (a_1, a_2)$ 时，不确定量 $\tilde{a}$ 的隶属度和非隶属度分别为 $\mu_{\tilde{a}}$ 和 $\nu_{\tilde{a}}$。可以看出，三角直觉模糊数能够表示决策者的犹豫程度，可以更为准确、客观地反映不确定信息。

令 $\pi_{\tilde{a}}(x) \triangleq 1 - \mu_{\tilde{a}}(x) - \nu_{\tilde{a}}(x)$，则 $\pi_{\tilde{a}}(x)$ 为三角直觉模糊数 $\tilde{a}$ 的直觉模糊指标，它反映了 x 属于 $\tilde{a}$ 的犹豫程度，是由 $\mu_{\tilde{a}}$ 和 $\nu_{\tilde{a}}$ 共同决定的。由定义 5-3 可知，$\mu_{\tilde{a}}$ 和 $\nu_{\tilde{a}}$ 分别是 $\omega_{\tilde{a}}$ 和 $u_{\tilde{a}}$ 的函数。由此得到 $\pi_{\tilde{a}}(x) \triangleq 1 - \omega_{\tilde{a}}(x) - u_{\tilde{a}}(x)$。也就是说，三角直觉模糊指标最终可以由 $\omega_{\tilde{a}}$ 和 $u_{\tilde{a}}$ 共同决定。

引理 5-1 当 $\omega_{\tilde{a}} = 1$，$\mu_{\tilde{a}} = 0$ 时，$\mu_{\tilde{a}}(x) + \nu_{\tilde{a}}(x) = 1$，$\pi_{\tilde{a}}(x) = 0$。三角直觉模糊数 $\tilde{a} = \langle (a_1, a, a_2); \omega_{\tilde{a}}, u_{\tilde{a}} \rangle$ 就转化为三角模糊数 $\tilde{a} = \langle (a_1, a, a_2); 1, 0 \rangle$。因此，三角直觉模糊数是三角模糊数的一般形式，三角模糊数是三角直觉模糊数的一个特例。

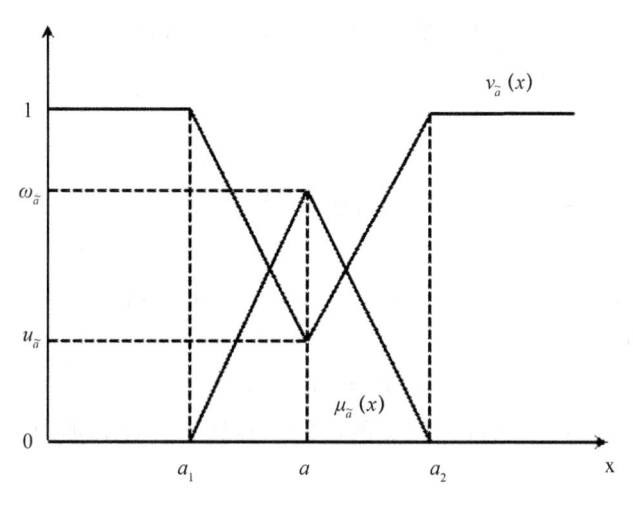

图 5-3　三角直觉模糊数 $\tilde{a}$

根据直觉模糊集的定义，Nan（2010）给出了三角直觉模糊数截集的概念。

定义 5-4　设 $\tilde{a} = \langle (a_1, a, a_2); \omega_{\tilde{a}}, u_{\tilde{a}} \rangle$ 为三角直觉模糊数，$0 \leq \alpha \leq \omega_{\tilde{a}}$，$u_{\tilde{a}} \leq \beta \leq 1$ 且 $0 \leq \alpha + \beta \leq 1$，则称集合

$$^{\alpha}\tilde{a}^{\beta} = \{x \mid \mu_{\tilde{a}}(x) \geq \alpha, \nu_{\tilde{a}}(x) \leq \beta\} \quad (5-6)$$

为三角直觉模糊数 $\tilde{a}$ 的 $\langle \alpha, \beta \rangle$ 截集。

定义 5-5　设 $\tilde{a} = \langle (a_1, a, a_2); \omega_{\tilde{a}}, u_{\tilde{a}} \rangle$ 为三角直觉模糊数，且 $0 \leq \alpha \leq \omega_{\tilde{a}}$，称集合

$$^{\alpha}\tilde{a} = \{x \mid \mu_{\tilde{a}}(x) \geq \alpha\} \quad (5-7)$$

为三角直觉模糊数 $\tilde{a}$ 的 α 截集。根据式（5-4）和定义 5-5，很容易能得到集合 $^{\alpha}\tilde{a} = \{x \mid \mu_{\tilde{a}}(x) \geq \alpha\}$ 是闭区间，计算可得

$$^{\alpha}\tilde{a} = [^{\alpha}I_1(\tilde{a}), ^{\alpha}I_2(\tilde{a})] = \left[a_1 + \frac{\alpha(a - a_1)}{\omega_{\tilde{a}}}, a_2 - \frac{\alpha(a_2 - a)}{\omega_{\tilde{a}}}\right]$$

$$(5-8)$$

定义 5-6　设 $\tilde{a} = \langle (a_1, a, a_2); \omega_{\tilde{a}}, u_{\tilde{a}} \rangle$ 为三角直觉模糊数，且 $u_{\tilde{a}} \leq \beta \leq 1$，称集合

$$\tilde{a}^{\beta} = \{x \mid \nu_{\tilde{a}}(x) \leq \beta\} \quad (5-9)$$

为三角直觉模糊数 $\tilde{a}$ 的 β 截集。根据式（5-5）和定义 5-6 能得到集

合 $\tilde{a}^\beta = \{x \mid \nu_{\tilde{a}}(x) \leq \beta\}$ 是一个闭区间，计算可得

$$\tilde{a}^\beta = [I_1^\beta(\tilde{a}), I_2^\beta(\tilde{a})]$$

$$= \left[\frac{(1-\beta)a + (\beta - u_{\tilde{a}})a_1}{1 - u_{\tilde{a}}}, \frac{(1-\beta)a + (\beta - u_{\tilde{a}})a_2}{1 - u_{\tilde{a}}}\right] \quad (5-10)$$

根据定义 5-4 至 5-6 得到引理 5-2。

引理 5-2 设 $\tilde{a} = \langle (a_1, a, a_2); \omega_{\tilde{a}}, u_{\tilde{a}} \rangle$ 为三角直觉模糊数。对任意的 $\alpha \in (0, \omega_{\tilde{a}})$，$\beta \in (u_{\tilde{a}}, 1)$，且 $0 \leq \alpha + \beta \leq 1$，不确定量 $\tilde{a}$ 的 $\langle \alpha, \beta \rangle$ 截集满足

$$^\alpha\tilde{a}^\beta = {}^\alpha\tilde{a} \cap \tilde{a}^\beta \quad (5-11)$$

根据 Neumaier（1991）定义的区间运算法则，计算不确定量 $\tilde{a}$ 的 $\langle \alpha, \beta \rangle$ 截集为

$$^\alpha\tilde{a}^\beta = {}^\alpha\tilde{a} \cap \tilde{a}^\beta = [\max\{{}^\alpha I_1(\tilde{a}), I_1^\beta(\tilde{a})\}, \min\{{}^\alpha I_2(\tilde{a}), I_2^\beta(\tilde{a})\}]$$

$$(5-12)$$

三　银行资产的模糊价格

影响存款保险定价的因素有很多，其中最关键、最难以度量的就是银行的资产价值。它随着宏观经济环境、银行自身的运营管理等因素的变化而变化，决策者很难估计出一段时期内银行资产价值的准确值。此外，存款保险基金管理机构根据银行的经营管理情况及风险状况评估的资产价值难以找到合适的分布概率，不满足参数概率分布已知的模型假定。因此，本章考虑银行资产价值的模糊性，进一步得到银行的存款保险价格。本章同时给出了银行资产的三角模糊价值和三角直觉模糊价值。

令 $\tilde{V}_t$ 表示银行资产在 t 时刻的三角模糊价值，其含义如式（5-4）和（5-5）的定义所示。

根据式（5-1）-式（5-3），$\tilde{V}_t$ 的 α 截集为

$$^\alpha\tilde{V}_t = \{x \mid \mu_{\tilde{V}}(x) \geq \alpha\} \quad (5-13)$$

其中 $0 \leq \alpha \leq 1$。

参考 Yoshida（2003）对股票价格的处理，令 $V_1 = V_t - a_t$，$V_2 = V_t + a_t$，$a_t = cV_t$，c 是取值在（0, 1）的常数。从而得到

$$^{\alpha}\tilde{V}_t = [^{\alpha}I_1(V), ^{\alpha}I_2(V)] = [V_1 + \alpha(V-V_1), V_2 - \alpha(V_2-V)] \tag{5-14}$$

对于银行资产的三角直觉模糊价格，本章需要同时考虑隶属度和非隶属度。令 $\tilde{V}_t$ 表示银行资产在 t 时刻的三角直觉模糊价值，其含义如式（5-4）和（5-5）的定义所示。

根据式（5-4）-式（5-13），$\tilde{V}_t$ 的 $\langle \alpha, \beta \rangle$ 截集为

$$^{\alpha}\tilde{V}_t^{\beta} \triangleq \{x \mid \mu_{\tilde{V}}(x) \geq \alpha, \nu_{\tilde{V}}(x) \leq \beta\} \tag{5-15}$$

其中 $\tilde{V}_t$ 的 α 截集为 $^{\alpha}\tilde{V}_t \triangleq \{x \mid \mu_{\tilde{V}}(x) \geq \alpha\}$，$\tilde{V}_t$ 的 β 截集定义为 $\tilde{V}_t^{\beta} \triangleq \{x \mid \nu_{\tilde{V}}(x) \leq \beta\}$，且 $0 \leq \alpha \leq \omega_{\tilde{V}}$，$u_{\tilde{V}} \leq \beta \leq 1$。

参考 Yoshida（2003）对股票价格的处理，令 $V_1 \triangleq V_t - a_t$，$V_2 \triangleq V_t + a_t$，$a_t = cV_t$，c 是取值在（0，1）的常数。从而得到

$$^{\alpha}\tilde{V}_t \triangleq [^{\alpha}I_1(V), ^{\alpha}I_2(V)] = \left[V_1 + \frac{\alpha(V-V_1)}{\omega_{\tilde{V}}}, V_2 - \frac{\alpha(V_2-V)}{\omega_{\tilde{V}}}\right] \tag{5-16}$$

$$\tilde{V}_t^{\beta} \triangleq [I_1^{\beta}(V), I_2^{\beta}(V)] = \left[\frac{(1-\beta)V + (\beta-u_{\tilde{V}})V_1}{1-u_{\tilde{V}}}, \frac{(1-\beta)V + (\beta-u_{\tilde{V}})V_2}{1-u_{\tilde{V}}}\right] \tag{5-17}$$

$$^{\alpha}\tilde{V}_t^{\beta} \triangleq [\max\{^{\alpha}I_1, I_1^{\beta}\}, \min\{^{\alpha}I_2, I_2^{\beta}\}] \tag{5-18}$$

记 $\Delta = \alpha(1-u_{\tilde{V}}) - (1-\beta)\omega_{\tilde{V}}$。当 $\Delta > 0$ 时，$^{\alpha}\tilde{V}_t^{\beta} = [^{\alpha}I_1(V), ^{\alpha}I_2(V)]$；反之，当 $\Delta \leq 0$ 时，$^{\alpha}\tilde{V}_t^{\beta} = [I_1^{\beta}(V), I_2^{\beta}(V)]$。

四 存款保险的模糊价格

通过上述分析，影响存款保险价格的因素主要来自两个方面。一方面是 Merton（1977）存款保险定价模型中的各个参数值，比如银行的资产价值及其波动率，存款期限及到期时存款本息和，无风险波动率；另一方面是资产价值的模糊参数 c，模糊资产价值的截集，三角直觉模糊数中的最大隶属度 $\omega_{\tilde{V}}$ 和最小非隶属度 $u_{\tilde{V}}$。因此，本章基于 Merton 提出的存款保险定价模型，模糊银行资产价值这一参数，给出存款保险的三角模

糊价格 $G_{\tilde{V},\pm}^{\alpha}$ [1]和三角直觉模糊价格 $^{\alpha}G_{\tilde{V},\pm}^{\beta}$ [2]表达式为

$$G_{\tilde{V},\pm}^{\alpha} = [[1 \pm (1-\alpha)c] \cdot N(D_2^{\pm}) - 1]V + B e^{-r(T-t)} N(-D_1^{\pm})$$

(5-19)

其中 $D_1^{\pm} = \dfrac{\log[1 \pm (1-\alpha)c] + \log\dfrac{V}{B} + (T-t)\left(r - \dfrac{1}{2}\sigma^2\right)}{\sigma\sqrt{T-t}}$, $D_2^{\pm} = D_1^{\pm} + \sigma\sqrt{T-t}$

对于三角直觉模糊价格,本章分别从 $\Delta > 0$ 和 $\Delta \leq 0$ 两种情况讨论。

当 $\Delta > 0$ 时,

$$^{\alpha}G_{\tilde{V},\pm}^{\beta} = \left[\left(1 \pm \dfrac{\omega_{\tilde{V}} - \alpha}{\omega_{\tilde{V}}}c\right) \cdot N(D_2^{\pm}) - 1\right]V + B e^{-r(T-t)} N(-D_1^{\pm})$$

(5-20)

其中 $D_1^{\pm} = \dfrac{\log\left(1 \pm \dfrac{\omega_{\tilde{V}} - \alpha}{\omega_{\tilde{V}}}c\right) + \log\dfrac{V}{B} + (T-t)\left(r - \dfrac{1}{2}\sigma^2\right)}{\sigma\sqrt{T-t}}$, $D_2^{\pm} = D_1^{\pm} + \sigma\sqrt{T-t}$

当 $\Delta \leq 0$ 时,

$$^{\alpha}G_{\tilde{V},\pm}^{\beta} = \left[\left(1 \pm \dfrac{u_{\tilde{V}} - \beta}{1 - u_{\tilde{V}}}c\right) \cdot N(D_2^{\pm}) - 1\right]V + B e^{-r(T-t)} N(-D_1^{\pm})$$

(5-21)

其中 $D_1^{\pm} = \dfrac{\log\left(1 \pm \dfrac{u_{\tilde{V}} - \beta}{1 - u_{\tilde{V}}}c\right) + \log\dfrac{V}{B} + (T-t)\left(r - \dfrac{1}{2}\sigma^2\right)}{\sigma\sqrt{T-t}}$, $D_2^{\pm} = D_1^{\pm} + \sigma\sqrt{T-t}$

在现实中,银行向保险机构缴纳的存款保险保费等于保费基数与存款保险费率的乘积。保费基数是银行的被保险存款余额,该值可以通过银行的财务报表获取,因此银行上缴的保费总额关键取决于监管机构制定的存款保险费率。费率一般是指银行单位存款在单位时间内应缴纳的保费金

---

[1] 默认 $G_{\tilde{V},\pm}^{\alpha} = [G_{\tilde{V},-}^{\alpha}, G_{\tilde{V},+}^{\alpha}]$,为简洁性起见,下述类似公式均使用该形式表示。

[2] 默认 $^{\alpha}G_{\tilde{V},\pm}^{\beta} = [^{\alpha}G_{\tilde{V},-}^{\beta}, {}^{\alpha}G_{\tilde{V},+}^{\beta}]$,为简洁性起见,下述类似公式均使用该形式表示。

额。进一步给出存款保险模糊费率的计算公式。

令 $g = \dfrac{G}{D}$，$x = \dfrac{V}{D}$，存款保险的三角模糊费率表示为

$$g_{\tilde{V},\pm}^{\alpha} = [[1 \pm (1-\alpha)c] \cdot N(d_2^{\pm}) - 1]x + N(-d_1^{\pm}) \quad (5-22)$$

其中 $d_1^{\pm} = \dfrac{\log[1 \pm (1-\alpha)c] + \log x - \dfrac{\tau}{2}}{\sqrt{\tau}}$，$d_2^{\pm} = d_1^{\pm} + \sqrt{\tau}$，$\tau = \sigma^2 (T-t)$

存款保险的三角直觉模糊费率表示为

当 $\Delta > 0$ 时，

$${}^{\alpha}g_{\tilde{x},\pm}^{\beta} = \left[\left(1 \pm \dfrac{\omega_{\tilde{V}} - \alpha}{\omega_{\tilde{V}}}c\right) \cdot N(d_2^{\pm}) - 1\right]x + N(-d_1^{\pm}) \quad (5-23)$$

其中 $d_1^{\pm} = \dfrac{\log\left(1 \pm \dfrac{\omega_{\tilde{V}} - \alpha}{\omega_{\tilde{V}}}c\right) + \log x - \dfrac{\tau}{2}}{\sqrt{\tau}}$，$d_2^{\pm} = d_1^{\pm} + \sqrt{\tau}$，$\tau = \sigma^2(T-t)$

当 $\Delta \leq 0$ 时，

$${}^{\alpha}g_{\tilde{x},\pm}^{\beta} = \left[\left(1 \pm \dfrac{u_{\tilde{V}} - \beta}{1 - u_{\tilde{V}}}c\right) \cdot N(d_2^{\pm}) - 1\right]x + N(-d_1^{\pm}) \quad (5-24)$$

其中 $d_1^{\pm} = \dfrac{\log\left(1 \pm \dfrac{u_{\tilde{V}} - \beta}{1 - u_{\tilde{V}}}c\right) + \log x - \dfrac{\tau}{2}}{\sqrt{\tau}}$，$d_2^{\pm} = d_1^{\pm} + \sqrt{\tau}$，$\tau = \sigma^2(T-t)$

第四节　数值分析及算例

本节基于得到的存款保险区间费率表达式分析模型参数的敏感性，接着通过算例得到具体的保费区间。

一　比较静态分析

参考现有文献设定基准模型的参数如表 5-1 所示。通过控制变量法分析模型参数的敏感性。

表 5-1　　　　　　　　　　基准模型参数设定值

参数名称	符号及取值	参数名称	符号及取值	参数名称	符号及取值
到期时间	$T-t=1$	资产波动率	$\sigma=0.25$	模糊指标	$c=0.3$
资产储蓄比	$x=1$	α 截集	$\alpha=0.75$	隶属度	$\omega_{\tilde{v}}=0.85$
无风险利率	$r=0.05$	β 截集	$\beta=0.2$	非隶属度	$u_{\tilde{v}}=0.05$

图 5-4 反映了模糊指标 c 对存款保险费率区间的影响。g_1 表示单位存款保费的下界，g_2 表示单位存款保费的上界，用 $[g_1, g_2]$ 表示保费区间（下同）。图 5-4 表明了模糊指标 c 对单位存款保费的上下界影响方向不一致，与理论模型一致。具体来说，保费区间的下界会随着 c 的增大而减小，相反，保费区间的上界会随着模糊指标 c 的增加而增大。这说明，随着模糊指标 c 的增大，存款保险费率的区间也会随之变大。根据定义，模糊指标 c 代表了管理机构对银行风险承担能力的判断。c 越大，说明管理者认为银行的风险承受能力越大，可以为银行制定更为灵活的费率区间，这有利于投保银行根据自身实际情况选择合适的费率。这与明雷和杨胜刚（2016）关于欧式期权的三角直觉模糊价格研究结果一致。

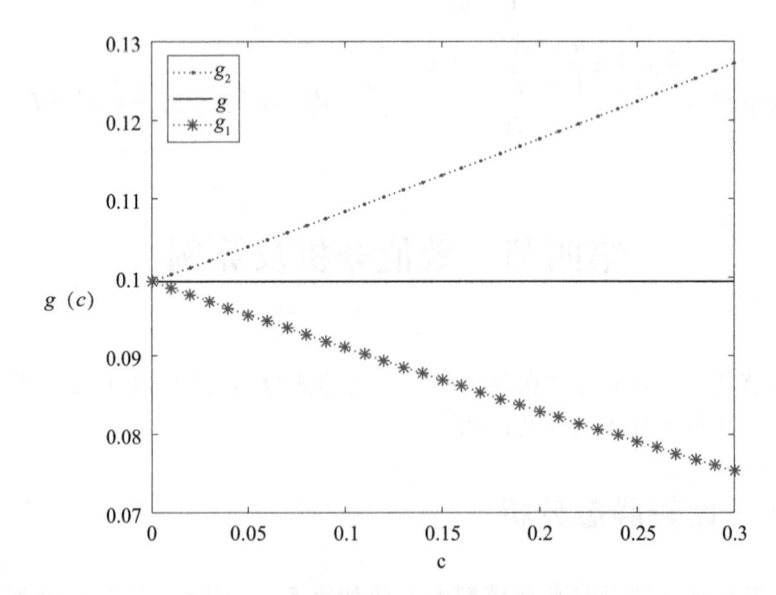

图 5-4　模糊指标 c 与费率区间的关系

图 5-5 反映了 β 对存款保险费率区间的影响。根据 β 截集的定义可知，当 β 较大时，费率区间会不受约束，图 5-5 也反映了这一点。当 β 取值小于 0.23 时，存款保险费率区间的下界会随着 β 的增大而减小，相反费率区间的上限会随着 β 的增大而增大，即存款保险费率区间会随着 β 的增大而增大。然而当 β 超过临界值 0.23 时，保险费率的区间将不再发生变化。这意味着存款保险费率区间的变化存在约束范围，当 β 过大时，区间费率就不再受到 β 的影响。

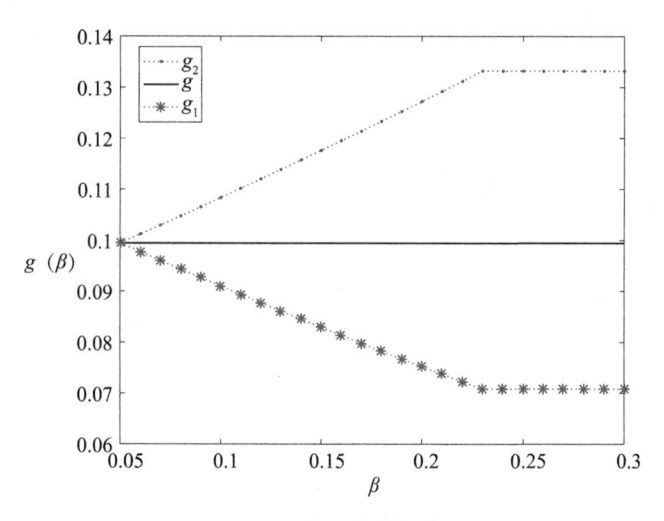

图 5-5 β 截集与费率区间的关系

图 5-6 反映了资产储蓄比 x 对存款保险费率区间的影响。结果表明资产储蓄比 x 对存款保险费率区间的上下界影响也不一致。具体而言，当资产储蓄比 x 小于 1 时，存款保险费率区间的上下界非常接近，同时上下界都会随着 x 的增大而减小。当 $x=0.5$ 时，存款保险费率区间的上下界大约在 0.5；当 x 增加至 1 时，存款保险费率区间的下界为 0.08 左右，上界大约为 0.13。当资产储蓄比 x 超过 1 时，存款保险费率的下界与资产储蓄比 x 呈负相关关系，而费率区间的上界随 x 与资产储蓄比 x 呈正相关关系，即存款保险费率的区间扩大。此外，当 x 增加到 3 时，费率区间的上界与资产储蓄比 x 等于 1 时的区间上界值基本相等。由图可知，当资产储蓄比 x 较小时，银行吸收的存款较多，意味着银行的杠杆较大，破产风险较高，

因此，监管者为其制定的费率水平往往较高且费率区间也较窄；而当资产储蓄比 x 大于 1 时，意味着资产价值提高，银行有较强的能力管理并应对可能出现的流动性风险，那么此时监管者会适度调低存款保险费率水平，为投保银行提供更为灵活的费率区间。这再一次证实了监管者制定的存款保险费率区间与银行的经营管理水平息息相关。

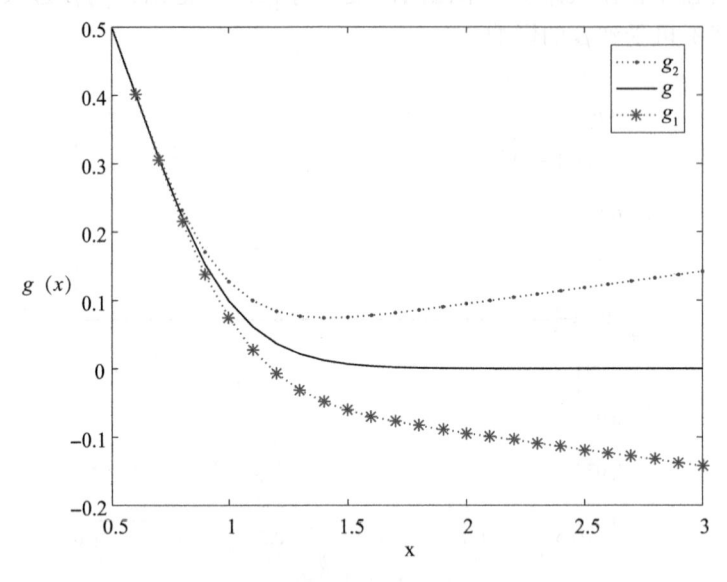

图 5-6 资产储蓄比 x 与费率区间的关系

图 5-7 反映了银行资产波动率 σ 与费率区间的关系。结果表明银行资产波动率 σ 与存款保险费率区间存在着明显的正向关系，这符合经济学直觉。在经济学中，一般用波动率的大小来代表风险的大小。银行资产价值的波动越大意味着在未来银行资产价值下降的概率增加，银行破产的可能性上升。基于对风险的考虑，监管者倾向于制定更高的费率区间来保护存款人利益，避免银行出现流动性风险，维护金融体系的稳定。需要说明的是，随着银行资产价值波动率的提高，存款保险费率的区间并没有发生显著变化，这一定程度上与本章模型设定有关。

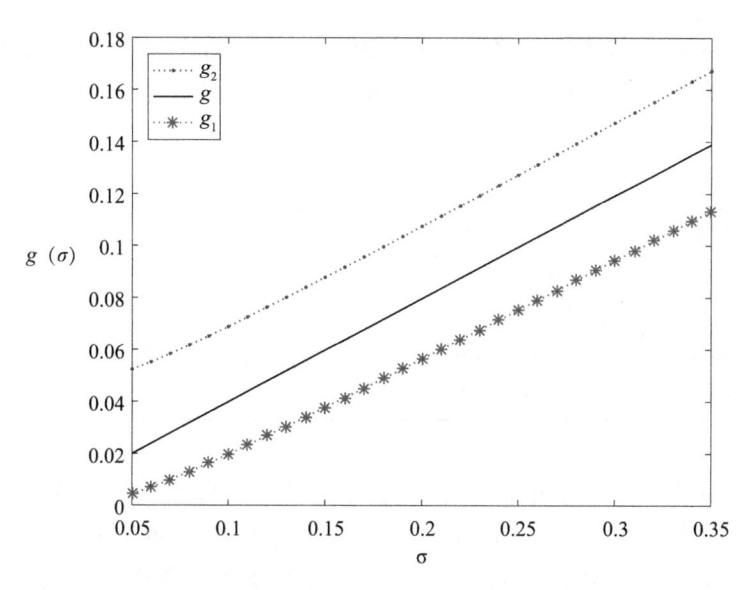

图 5-7 银行资产波动率 σ 与费率区间的关系

二 数值算例

在基准模型参数设定下,犹豫程度为 0,存款保险的区间费率为 [0.064268, 0.123105]。保持其他参数不变,改变非隶属度的大小,分析犹豫程度对存款保险费率区间的影响。当 $u_{\tilde{v}} = 0.02$ 时,费率区间变为 [0.063098, 0.121742],降低非隶属度到 $u_{\tilde{v}} = 0.01$,费率区间缩小至 [0.062709, 0.121283]。随着 $u_{\tilde{v}}$ 的减小,犹豫程度逐渐提升,存款保险费率的区间下界减小的幅度小于上界减小的幅度,最终费率区间会收窄。3 个算例说明,如果监管机构认为银行的经营风险有所上升,相应地会更加谨慎地评估银行的经营情况及风险水平,对银行资产价值的估计也更为保守,资产价值变动的范围减小,最终给投保银行制定的保险费率区间缩窄,一定程度上制约了投保银行缴纳保费的灵活性。

为了从实践的角度验证基于三角直觉模糊数的存款保险欧式期权定价方法对中国银行的适用性,本章选取了湖南省的 7 家中小银行作为研究对象,基于这 7 家银行在 2015 年 6 月至 2018 年 12 月的半年度财务报表及保费缴纳数据分析模型的效果。根据财务报表计算出各银行的资产波动率（σ）[①]以及资产储蓄比（x）。根据保费数据的统计频率以及银行经营的稳健性需求调整了到期时间和模糊指标，具体参数的设置如表 5-2 所示。

表 5-2　　　　　　　　　　模型参数设定值

参数名称	符号及取值	参数名称	符号及取值
α 截集	$\alpha = 0.75$	到期时间	$T - t = 0.5$
β 截集	$\beta = 0.2$	无风险利率	$r = 0.05$
隶属度	$\omega_{\tilde{v}} = 0.95$	模糊指标	$c = 0.01$
非隶属度	$u_{\tilde{v}} = 0.04$		

除了计算 7 家中小银行基于三角直觉模糊数模型的存款保险费率区间，本章同样计算了基于 Black-Scholes 期权定价模型和 Yoshida 的三角模糊数模型的存款保险费率区间，比较各个模型下不同资产储蓄比的银行应缴纳的保费或可选择的费率区间。计算结果如表 5-3 所示。其中 g 表示由 Black-Scholes 期权定价模型得到的保费值，g_1 和 g_2 分别表示基于三角直觉模糊数模型下费率区间的下界和上界，g_1' 和 g_2' 表示基于三角模糊数下费率区间的下界和上界。表 5-3 的结果说明基于 Black-Scholes 期权定价模型得到的 7 家中小银行单位存款保费值均落在基于三角直觉模糊数和三角模糊数计算出的费率区间内。此外，基于三角模糊数模型得到的费率区间大于基于三角直觉模糊数模型的费率区间，说明考虑犹豫程度后的存款保险费率区间要更小，与理论模型的结论一致。通过具体的数值算例，本章认为区间定价模型对存款保险管理机构具有更好的指导作用。

表 5-3　　　　　　　　存款保险价格及费率区间比较

银行代码	x	σ	B-S 模型	三角直觉模糊数模型		三角模糊数模型	
			g	g_1	g_2	g_1'	g_2'
100051	1.1273	13.84%	0.005537	0.003852	0.007229	0.003012	0.008076
100053	1.1937	16.74%	0.003819	0.001951	0.005691	0.001018	0.006628

[①] 算例中 7 家银行的资产波动率根据样本期内资产的标准差计算得到，相较于基准模型参数设定值偏低。

续表

银行代码	x	σ	B-S模型 g	三角直觉模糊数模型 g_1	三角直觉模糊数模型 g_2	三角模糊数模型 g'_1	三角模糊数模型 g'_2
100068	1.1330	13.82%	0.004963	0.003252	0.006680	0.002398	0.00754
100069	1.1185	13.31%	0.005702	0.004043	0.007368	0.003215	0.008203
100092	1.1363	13.73%	0.004544	0.002816	0.006277	0.001954	0.007146
100098	1.1712	15.25%	0.003697	0.000961	0.005525	0.001873	0.006441
100107	1.1056	10.20%	0.002826	0.001128	0.004531	0.000281	0.005385

第五节 本章小结

中国在2015年5月实行存款保险制度，目前仍处于建立初期。存款保险制度与监管当局的宏观审慎、央行的最后贷款人职能共同组成了国家的金融安全网。作为显性的存款保险制度，不仅有效减轻央行"兜底"的压力，减少隐性存款制度中的道德风险和逆向选择的问题，也提高了存款人对银行体系的信心，有效防止挤兑现象，维护金融体系的稳定。作为安全网的重要组成部分，参保银行对存款保险的接受度很大程度上取决于保费结构的设计，因此如何厘定存款保险费率是存款保险制度的核心。

相比现有的存款保险定价研究，本章考虑了银行资产价值的模糊性，将三角直觉模糊数的概念应用于欧式期权定价公式，得到了存款保险区间费率，具有一定的理论和现实意义。

从理论上来说，自Merton提出基于欧式期权的存款保险定价模型后，大量学者在其基础上不断完善，考虑的因素也更贴近现实。但期权定价法因为存在严格的假设条件，模型中的参数设定会影响最终的保费价格。在瞬息万变的金融市场中，给参数值赋予某个确切的值缺少一定合理性，而且难以找到适合参数的分布概率，因此引入模糊数的概念，推导出存款保险费率区间，丰富了现有存款保险定价的研究。从现实角度来说，存款保险制度发挥着提升存款者信心、维持金融体系稳定的作用。监管机构确定的费率不仅要考虑中国的宏观经济发展水平、外部环境不确定性、当前国家整体的存款结构情况及存款保险基金的累计水平，还应考虑投保机构的经营管理情况及风险水平。因此，区间费率相比于某个确定的费率值更为科学合理。

　　为充分反映银行资产价值的不确定性，本章首先考虑了银行资产价值的随机性和模糊性。根据三角直觉模糊数的定义得到了银行资产的三角直觉模糊价值，将其带入欧式期权定价模型中，得到存款保险区间费率的表达式。其次，对基于三角直觉模糊数的存款保险区间定价模型中的关键参数进行敏感性分析，结果表明存款保险费率区间与模糊指标 c、β 截集、资产储蓄比 x 和资产波动率 σ 呈正相关关系。最后，通过数值算例说明随着犹豫程度提升，存款保险费率的区间会逐渐缩小，意味着监管机构在评估投保银行的经营状况和风险水平上更为谨慎，会在一定程度上限制投保银行缴纳保费的灵活性。本章也对比了7家中小银行在不同定价模型下的保险费率及费率区间。结果表明基于 Black-Scholes 期权定价模型得到的费率值均落在基于三角直觉模糊数和三角模糊数计算出的费率区间内，说明区间定价模型具有一定的适用性；三角直觉模糊数模型的费率区间小于基于三角模糊数模型得到的费率区间，说明考虑犹豫程度会缩窄费率区间，降低投保银行缴纳保费的灵活性。综合而言，在当前中国经济面临不确定性的实际情况下，设定存款保险费率区间更加科学合理。

第六章 宏观经济政策与存款保险价格

第一节 引言

一 宏观经济环境背景

虽然目前中国银行体系稳定，但无论从国际还是从国内宏观环境来看，潜在风险却在加剧。一方面，从国际宏观经济环境来看，21世纪以来，国际重大危机事件频发，百年变局加速演进，外部环境更趋复杂严峻和不确定；另一方面，从国内宏观环境来看，中国经济发展也面临着需求收缩、供给冲击和预期转弱的三重压力。

为应对复杂的国际国内宏观经济环境，中国实施了一系列宏观经济政策。其中，积极的财政政策发挥着重要作用。减税降费政策是助企纾困最公平、最直接、最有效的举措，该政策注重精准聚焦、持续发力，紧盯事关经济社会发展的重点领域和关键环节，以重点突破带动全局发展，充分发挥稳定宏观经济大盘的作用。2021年中央经济工作会议特别强调实施新的减税降费政策，强化对小微企业和实体企业等的支持力度，坚持党政机关过紧日子，严肃财政纪律和遏制新增地方隐性债务。该政策从宏观"降税负"到微观"降成本"，每一项具体举措都释放着民生信号，一方面能直接减轻企业经济负担，促进经济增长；另一方面也催生了大量市场主体，推进了经济高质量增长。

二 中国减税降费政策现状

（一）减税降费政策的长期性

中国本轮减税降费政策大致从2018年开始，源于营业税改增值税的税收改革。如果将营改增政策视作本轮减税降费的开端，那减税降费开始得更早：2011年，经国务院批准，财政部、国家税务总局联合下发营业税改增值税试点方案；2012年开始试点；2016年5月1日全国全面推开营改增试点。

2018年上半年"减税"一直是国务院常务会议的重要议题；从2019年至2022年的《政府工作报告》来看，减税降费政策一直是政府的工作重点：2019年强调实施更大规模的减税，2020年指出将继续加大减税降费力度，2021年强调优化和落实减税政策，2022年指出实施新的组合式税费支持政策，使减税降费力度只增不减，以稳定市场预期。因此，减税降费政策不仅从2018年持续到今天，预计在未来也将继续坚持，是一项长期性的政策。

（二）减税降费政策的广泛性

首先，根据国务院官网，2019年制造业和民营经济成为减税降费的最大受益者，但实际上中国的减税降费政策几乎涉及所有行业。以2018年为例，减税政策就涉及农林牧渔业、零售业、制造业、电力行业、建筑业、交通运输业、金融业、信息传输业、文化业和居民服务业等不下10个行业。其次，根据赵璇（2021），2008—2020年，中国减税降费政策涉及流转税、所得税、财产税、行为税和资源税类五大类税种中的15个小税种。最后，目前中国市场主体数量已经超过了1.5亿户，减税降费政策惠及的市场主体数量庞大。

因此，中国的减税降费政策不论是从涉及的行业、税种还是市场主体来看，都具有广泛性。

（三）减税降费政策的高成本性

中国的减税降费政策的实施不仅具有持续性和广泛性，每年的实际减税降费规模也巨大。由表6-1可知，从2017年开始中国减税降费政策就达到了万亿级别，2020年更是高达2.6万亿元，并且到新冠疫情暴发前减税降费规模呈逐年递增趋势。横向对比中国的年税收收入和GDP规模，年减税降费额在2019年和2020年超过了税收收入的10%，超过了GDP的2%，减税降费政策的力度不可谓不大。

表6-1 "十三五"以来中国减税降费情况

单位	2016年	2017年	2018年	2019年	2020年	2021年
减税降费额（万亿元）	0.6	1.0	1.3	2.36	2.6	1.1
税收收入（万亿元）	15.96	17.26	18.34	19.04	18.29	20.25
占税收比值（%）	3.76	5.79	7.09	12.39	14.22	5.43
年GDP（万亿元）	74.64	83.20	91.93	98.65	101.36	114.37
占GDP比值（%）	0.80	1.20	1.41	2.39	2.57	0.96

资料来源：减税降费额数据来自历年《政府工作报告》以及国务院官网；税收收入和年GDP数据来自国家统计局；两个比值由以上数据计算所得。

三 中国减税降费政策存在的困境

（一）财务困境

中国在持续、广泛和大规模的减税降费后，财政政策陷入了"两难"的境地：一方面，大规模积极的财政政策使得地方政府财政收支状况不断恶化，制约了未来财政政策的发力空间；另一方面，逐渐增大的经济下行压力，又要求财政政策在经济发展中发挥更大的作用。因此，对实体企业继续大规模的减税降费是很难持续的，需要寻找更妥当的政策。

（二）执法困境

前文分析中国的减税降费政策具有持续性和广泛性，这对市场主体来说可能极大地减轻了其税费负担，但却极大地增加了税务等执法部门的工作量。根据郭先红和郭珊红（2021），中国的减税降费政策会导致执法成本高的问题。第一，逐年变化发展的新政策要求基层税务工作者不断更新其知识库，以便按照新的政策开展税务执法工作。第二，减税降费政策惠及的企业主体相当广泛，同时企业都来自不同行业，甚至一个企业涉及多个行业不同的税收优惠政策，税务部门需要对企业的真实业务、银行流水和进出口记录等诸多材料和情况进行核对，并逐一排除风险。第三，中国许多减税降费政策针对的是小微企业，但这部分企业往往组织结构不健全、业务不规范，甚至许多企业都配置专门的财务或税务员工，因此这部分企业前往税务部门办理和享受相关税收优惠时，往往会出现资料不齐、不正确等情况，从而进一步提高执法成本。

（三）道德风险困境

中国的减税降费政策针对不同的行业、不同的主体往往优惠力度不一致。总的来说，减税降费政策对小微企业、高科技企业和制造业企业等更有所偏重。这就很容易诱导范围外的企业伪造材料，违规享受减税降费政策。尤其是在税务部门工作量繁重的情况下，这种情况十分容易发生。

（四）企业政策知悉困境

减税降费政策的实施效果不仅取决于政府人员的工作，更依赖于企业对政策的了解程度。一些涉惠企业可能因为不知道这个政策而放弃申请相关退税或免税；甚至有些企业可能知道有相关政策可以享受，但是因为提供申请资料等过程过于繁琐而放弃，这就会影响政策的实施效果。

四 困境的解决办法——对商业银行进行结构性减税

提到减税降费，绝大部分学者和研究都不会认为与银行有关。在共同富裕的目标下，更是鲜有人赞成对银行减税降费，因为银行不仅不是"弱势群体"，反而位于社会财富链的顶端。针对目前中国减税降费政策的困境，在稳增长和防风险的双重目标下，对商业银行进行结构性减税无疑是一个两全其美的办法。

首先，从现有的减税降费政策转变为对商业银行进行结构性减税能极大地减少财政支出，降低政策成本。对中国银行业的所得税进行简单测算如下。

根据会计学原理，不考虑其他因素，银行所得税＝银行净利润×所得税税率÷（1－所得税税率）。在已知银行业净利润的前提下，根据该会计等式，可以估算出银行业所得税。表6-2的测算结果显示，全国企业所得税税收结构中，商业银行的所得税税收仅占约1/6。这意味着在不考虑其他因素的情形下，同样的减税对于商业银行的作用大约相当于实体企业的5倍。同时以2019年为例，当年中国减税降费总规模达到了2.36万亿元，而银行所得税只有0.6万亿元左右。这说明如果用商业银行的结构性减税代替部分现有减税降费政策，将很大程度地节约财政支出。

第六章 宏观经济政策与存款保险价格

表6-2 2018—2019年银行业所得税测算值及占全国企业所得税的比重

单位：亿元；%

年份	银行业净利润	银行业所得税估计数	企业所得税	银行业所得税占企业所得税比重
2018	18302	6100.666667	35323	17.27
2019	20000	6666.666667	37300	17.87

其次，有利于更精确地识别风险和防范风险。第一，相比于执法部门，商业银行的从业人员更多。根据《中国税务年鉴》，2015年中国国税系统和地税系统工作人员仅总计86万人，而根据《中国银行业监督管理委员会2016年报》，中国银行业金融机构从业人员380万人，是前者的4.4倍，这意味着投入企业情况识别和风险排查的资源也越多。第二，因为税务等执法部门具有非营利性，所以其工作人员在识别道德风险时积极性有限，而商业银行作为以盈利为目的的组织，其对风险往往更敏感，也能更好地发挥市场这一只"无形的手"的力量。

最后，对银行减税能更有效地降低企业成本，达到政策效果。一方面，直接降低商业银行的经营成本，能通过激励相容的机制设计，降低银行向企业提供的融资的成本，并通过杠杆效应发挥出比政府对企业直接减税降费更好的效果；另一方面，银行工作人员作为金融专业从业人员，能更好地了解相关减税政策。只要企业向银行提出贷款申请，银行就能帮助识别该企业是否符合优惠政策，并相应地降低其融资成本，从而达到政策效果，避免因企业不懂政策而错过优惠。

第二节　宏观经济政策与存款保险价格关系的内在逻辑

减税降费将如何影响存款保险价格呢？从简单的经济学原理角度出发，所得税税率的提高会增加银行的单位经营成本，在面临利润率压力时，银行可能会倾向于投资高风险高收益的项目，从而抵消所得税对利润率的不利影响，银行的这种风险投资行为就会不可避免地提高银行的风险承担水平，并导致银行所得税税率与银行风险承担水平之间呈正相关（正相关Ⅰ），如图 6-1。

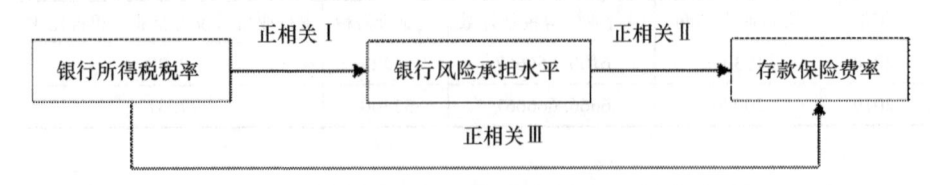

图 6-1 所得税税率影响存款保险费率机制的流程

据刘海龙和杨继光（2011）、魏志宏（2004）和刘鸿伟（2017）等已有文献可知，银行风险与存款保险费率之间存在正相关关系（正相关Ⅱ）。这主要是因为存款保险费率实际上是对参保银行的风险大小的衡量。当银行实力弱、业务不规范时，银行存款发生损失的可能性也就越大，银行风险高，因此存款保险机构对其收取的保险费率也更高。

根据银行所得税税率和银行风险承担水平之间的正相关Ⅰ以及银行风险承担水平和存款保险费率之间的正相关Ⅱ，猜测银行所得税税率和存款保险费率之间也呈正相关（正相关Ⅲ）。

已有研究已经验证了正相关Ⅱ，为了验证前文关于正相关Ⅲ的猜测，本部分聚焦于分析银行所得税税率与银行风险之间的关系（正相关Ⅰ），将通过一个简单的离散模型来分析银行所得税税率与银行风险水平之间的关系。

假设两期的银行资产负债表如表 6-3 所示，在 $T=0$ 时刻，银行资产等于银行贷款 L_0 与银行税收 T_0 之和，所有者权益为 E_0，银行负债只有存款，假设为 D_0。根据会计恒等式，$T=0$ 时，$L_0+T_0=D_0+E_0$，则 $D_0=L_0+T_0-E_0$。同时假定银行税前贷款利率为 r，税前存款利率为 R，银行所得税税率为 τ，贷款 $\tilde{L}_1$ 服从 Bernoulli 分布，即当 $T=1$ 时，$\tilde{L}_1=\begin{cases}L_0,&p=\theta\\0,&p=1-\theta\end{cases}$；相应地，贷款增加额为 $\Delta\tilde{L}_1=\begin{cases}L_0r,&p=\theta\\0,&p=1-\theta\end{cases}$；税收为 $\tilde{T}_1=\begin{cases}\tau(L_0r,-D_0R),&p=\theta\\0,&p=1-\theta\end{cases}$，其中 θ 表示贷款能够成功全部收回的概率。

表 6-3　　　　　　　　　两期银行资产负债表

	T = 0	T = 1
资产	贷款 L_0	贷款 $\tilde{L}_1$
		贷款增加额 $\Delta \tilde{L}_1$
	税收 T_0	税收 $\tilde{T}_1$
负债	存款 D_0	存款 D_0
		存款增加额 $D_0 R$
所有者权益	E_0	$\tilde{E}_1$

T = 1 时，存款仍然为 D_0，存款增加额为 $D_0 R$，所有者权益为 $\tilde{E}_1$，根据会计恒等式，$\tilde{L}_1 + \Delta \tilde{L}_1 + \tilde{T}_1 = D_0(1 + R) + \tilde{E}_1$，则银行所有者权益的期望为

$$\begin{aligned} E(\tilde{E}_1) &= E(\tilde{L}_1) + E(\Delta \tilde{L}_1) + E(\tilde{T}_1) - D_0(1 + R) \\ &= L_0 \theta + L_0 r \theta + \tau(L_0 r - D_0 R) - (L_0 + T_0 - E_0)(1 + R) \\ &= [L_0(1 + r)\theta - L_0(1 + R)] + [\tau(L_0 r - D_0 R)\theta - T_0(1 + R)] \\ &\quad + E_0(1 + R) \\ &\geq E_0(1 + R) \end{aligned} \tag{6-1}$$

根据式（6-1）可知，随着税率提高，保持所有者权益期望值不变时，银行会选择贷款利率（r）高并且贷款投资成功概率（θ）低的贷款进行投资。换句话说，银行所得税税率的提高会刺激银行进行更加激进的风险投资，导致银行风险承担水平上升。

第三节　所得税税率与存款保险价格的关系

一　引入银行所得税税率的存款保险定价模型

目前，鲜有研究关注所得税税率对存款保险价格的影响，更没有研究将银行所得税引入中国存款保险定价模型。本章通过对 Merton（1978）和明雷等（2019）的定价模型进行拓展，推导出存款保险价格的解析方程

（明雷等，2023）。具体模型的构建与推导如下：

假定 $dD/dt = gD$，其中 g 为存款增长率；假设存款保险监管机构存在监管宽容，监管宽容系数为 ρ。存款保险监管机构对银行进行监管检查，监管检查服从强度为 λ 的泊松分布，监管检查成本为 C。为推理计算方便，假定每单位存款监管检查成本是常数。当银行资产满足 $V > D$ 时，银行正常经营，那么存款保险机构只需支付监管检查成本 C；当银行资产满足 $\rho D < V \leq D$ 时，此时银行出现资不抵债但在监管宽容范围之内，存款保险机构不仅需要支付监管检查成本 C，还需要支付 $D-V$ 的资金，以保证银行资产负债平衡；当银行资产小于存款保险监管机构的宽容范围之外，即 $V \leq \rho D$ 时，那么监管机构强制银行破产，存款保险合约终止。

考虑银行所得税对存款保险价格的影响，因此，假设 τ 为所得税税率，R 为税前存款利率，s 为税前服务费率，并且存款增长率满足 $g = (R+s)(1-\tau)$。假定 r 为税前贷款利率。对于银行而言，要保持银行的盈利性，那么税前贷款利率必须高于税前存款利率与税前服务费率之和，即 $r \geq R+s$；否则银行的贷款收益难以抵消银行的成本。考虑银行所得税后，假定银行资产服从以下随机过程 $dV = \{\alpha V - [(R+s)(1-\tau) - g]D\}dt + \sigma V dz$，其中 α 表示税后单位时间资产的期望收益率。

根据以上假定，存款保险费率满足下式（6-2）：

$$\begin{cases} dP(V,D) = PdR_p = L[P(V,D)]dt + \sigma V \dfrac{\partial P}{\partial V}dz \\ \quad + C(V,D) + \rho D - V - P, V \leq \rho D \\ dP(V,D) = PdR_p = L[P(V,D)]dt + \sigma V \dfrac{\partial P}{\partial V}dz \\ \quad + C(V,D) + D - V, \rho D < V \leq D \\ dP(V,D) = PdR_p = L[P(V,D)]dt + \sigma V \dfrac{\partial P}{\partial V}dz \\ \quad + C(V,D), V > D \end{cases} \quad (6-2)$$

其中 $L \equiv \dfrac{1}{2}\sigma^2 V^2 \dfrac{\partial^2}{\partial V^2} + \{\alpha V - [(R+s)(1-\tau) - g]D\}\dfrac{\partial}{\partial V} + gD\dfrac{\partial}{\partial D}$，$dR_p$ 表示 P 的收益率；α 表示税后单位时间资产的期望收益率；α_P 表示税后单位时间 P 的均衡期望收益率。

$$\beta_P = \frac{\sigma V \frac{\partial P}{\partial V}}{P} \frac{\beta_V}{\sigma}, \alpha_P - r(1-\tau) = \frac{V \frac{\partial P}{\partial V}[\alpha - r - (1-\tau)]}{P} \quad (6-3)$$

其中 r 为税前贷款利率，$r \geq R+s$ 即 $r(1-\tau) \geq g$；ρ 表示监管宽容系数。

对式 (6-2) 求期望得：

$$\begin{cases} P\alpha_P = L[P(V,D)] + \lambda[C(V,D) + \rho D - V - P], & V \leq \rho D \\ P\alpha_P = L[P(V,D)] + \lambda[C(V,D) + D - V], & \rho D < V \leq D \\ P\alpha_P = L[P(V,D)] + \lambda C(V,D), & V > D \end{cases}$$
$$(6-4)$$

由式 (6-3) 和式 (6-4) 得：

$$\begin{cases} \frac{1}{2}\sigma^2 V^2 \frac{\partial^2 P}{\partial V^2} + \{r(1-\tau)V - [(R+s)(1-\tau) - g] \\ \quad D\}\frac{\partial P}{\partial V} + gD\frac{\partial P}{\partial D} - [r(1-\tau) + \lambda]P + \lambda[C(V,D) + \rho D - V] \\ \quad = 0, V \leq \rho D \\ \frac{1}{2}\sigma^2 V^2 \frac{\partial^2 P}{\partial V^2} + \{r(1-\tau)V - [(R+s)(1-\tau) - g]D\}\frac{\partial P}{\partial V} \\ \quad + gD\frac{\partial P}{\partial D} - r(1-\tau)P + \lambda[C(V,D) + D - V] = 0, \rho D < V \leq D \\ \frac{1}{2}\sigma^2 V^2 \frac{\partial^2 P}{\partial V^2} + \{r(1-\tau)V - [(R+s)(1-\tau) - g]D\}\frac{\partial P}{\partial V} \\ \quad + gD\frac{\partial P}{\partial D} - r(1-\tau)P + \lambda C(V,D) = 0, V > D \end{cases}$$
$$(6-5)$$

定义 $x \equiv \frac{V}{D}$，表示每单位存款资产的价值；$p \equiv \frac{P}{D}$，表示每单位存款的保费。根据链式法则得：$\frac{\partial p}{\partial x} = \frac{\partial P}{\partial V}$，$\frac{\partial^2 p}{\partial x^2} = \frac{\partial^2 P}{\partial V^2}D$，$D\frac{\partial P}{\partial D} = P - \frac{\partial p}{\partial x}V$，进而得到每单位存款保费满足微分方程 (6-6)：

$$\begin{cases} \dfrac{1}{2}\sigma^2 x^2 p_1'' + \mu x p_1' - (\lambda + \mu) p_1 + \lambda[c + \rho - x] = 0, x < \rho \\ \dfrac{1}{2}\sigma^2 x^2 p_2'' + \mu x p_2' - \mu p_2 + \lambda[c + 1 - x] = 0, \rho \leq x < 1 \\ \dfrac{1}{2}\sigma^2 x^2 p_3'' + \mu x p_3' - \mu p_3 + \lambda c = 0, x \geq 1 \end{cases} \quad (6-6)$$

方程 (6-6) 中，$\mu = (r - R - s)(1 - \tau)$。上述微分方程组满足以下边界条件，如式 (6-7) 所示。其中，前 4 个等式是通常满足的光滑黏贴条件，第 5 个等式的证明见 Merton (1978)。最后一个等式直观意思是，当资产储蓄比趋于无穷时，单位存款保险费率有界。其经济学含义是，资产远远超过负债（即存款），那么银行就不会出现挤兑风险，因此只需要缴纳有限的保费。

$$\begin{cases} p_1(\rho) = p_2(\rho) \\ p_1'(\rho) = p_2'(\rho) \\ p_2(1) = p_3(1) \\ p_2'(1) = p_3'(1) \\ p_1(0) = \dfrac{\lambda[c + \rho]}{\lambda + \mu} \\ p_3(x) \text{ 有界}, \text{当 } x \to \infty \end{cases} \quad (6-7)$$

方程的通解如下：

$$\begin{cases} p_1(x) = a x^k - x + \dfrac{\rho \lambda}{\lambda + \mu} + Q_1(x), & x < \rho \\ p_2(x) = b_1 x + b_2 x^{-\delta} + \dfrac{\lambda \delta}{\mu(1+\delta)^2} x \ln x \\ \quad - \dfrac{\lambda \delta}{\mu(1+\delta)^2} x + \dfrac{\lambda}{\mu} + Q_2(x), & \rho \leq x < 1 \\ p_3(x) = h x^{-\delta} + Q_3(x), & x \geq 1 \end{cases} \quad (6-8)$$

$k = \dfrac{1}{2}\left[1 - \delta + \sqrt{(1+\delta)^2 + \gamma}\right] > 1, \gamma = \dfrac{8\lambda}{\sigma^2} > 0, \delta = \dfrac{2\mu}{\sigma^2} > 0$

其中：

$$\begin{cases} Q_1(x) = \dfrac{\lambda\delta}{\mu(k-\xi)}\Big[x^\xi \int^x y^{(-\xi-1)}c(y)dy - x^k \int^k y^{(-k-1)}c(y)dy\Big] \\ Q_2(x) = \dfrac{\lambda\delta}{\mu(1+\delta)}\Big[x^{-\delta}\int^x y^{(\delta-1)}c(y)dy - x\int^k y^{(-2)}c(y)dy\Big] \end{cases} \quad (6-9)$$

当 $c(x) = c$ 时，$Q_1(x) = \dfrac{\lambda c}{\lambda+\mu}$，$Q_2(x) = \dfrac{\lambda c}{\mu}$。

此时：

$$\begin{cases} p_1(x) = ax^k - x + \dfrac{\rho\lambda}{\lambda+\mu} + \dfrac{\lambda c}{\lambda+\mu}, & x < \rho \\ p_2(x) = b_1 x + b_2 x^{-\delta} + \dfrac{\lambda\delta}{\mu(1+\delta)^2}x\ln x \\ \quad\quad - \dfrac{\lambda\delta}{\mu(1+\delta)^2}x + \dfrac{\lambda}{\mu} + \dfrac{\lambda c}{\mu}, & \rho \leq x < 1 \\ p_3(x) = hx^{-\delta} + \dfrac{\lambda c}{\mu}, & x \geq 1 \end{cases} \quad (6-10)$$

式（6-10）给出了考虑银行所得税下的存款保险的价格，其中系数满足以下式（6-11）：

$$\begin{cases} a = \dfrac{1}{\delta+k}\Big[(1+\delta)\rho^{1-k} - \dfrac{\lambda\delta}{\mu}\rho^{(1-k)} + \dfrac{\lambda\delta}{\lambda+\mu}\rho^{(1-k)} \\ \quad\quad + \dfrac{\lambda\delta}{\mu}\rho^{1-k}\ln\rho + \dfrac{\lambda\delta(1+c)}{\mu}\rho^{-k} - \dfrac{\lambda\delta c}{\lambda}\rho^{-k}\Big] \\ b_1 = -\dfrac{\lambda\delta}{\mu(1+\delta)} \\ b_2 = \dfrac{\lambda}{\mu(1+\delta)}\rho^{(1+\delta)}\ln\rho - \dfrac{\lambda\delta}{\mu(1+\delta)^2}\rho^{(1+\delta)} - \dfrac{k}{\delta}a\rho^{(\delta+k)} + \dfrac{1}{\delta}\rho^{(1+\delta)} \\ h = b_2 + \dfrac{\lambda}{\mu(1+\delta)} \end{cases}$$

$$(6-11)$$

由于存款保险价格关于银行所得税税率的一阶导数的数学表达式比较复杂，这里不再单独给出解析式。接下来将运用比较静态分析，研究各主要参数与所得税税率变化对存款保险费率的影响。

二 比较静态分析

（一）参数选择

考虑参数实际含义的同时，借鉴现有研究，设置如表6-4所示参数取值。参考大型国有商业银行的一年定期利率和一年期贷款利率，本章中银行存款利率R取值为2%，银行贷款利率r取值为5%；τ设置为25%，依据是银行法定的企业所得税税率；参考银行跨行收取的手续费，本章银行服务费s取值为0.2%；c表示每单位存款的检查成本，σ表示银行资产波动率，λ表示监管机构对银行检查的强度，三者取值分别为0.00002、25%、0.002（明雷等，2019）；根据孙晓琳等（2011）以及朱波和黄曼（2008）等现有文献，通常监管宽容系数在 [0.9，1] 之间，本章取0.95。

表6-4　　　　　　　　　　　模型参数取值

参数符号	参数取值	参数符号	参数取值
R	2%	c	0.00002
r	5%	ρ	0.95
τ	25%	λ	0.002
s	0.2%	σ	25%

（二）数值分析

图6-2表示在其他参数不变的情形下，资产储蓄比、银行所得税税率与存款保险费率之间的关系。由图6-2可知，存款保险费率与资产储蓄比呈反方向变动关系，即资产储蓄比越高，每单位存款的保费就越低。这与现有研究结论一致（Merton，1978；明雷等，2019），也符合经济学直觉。而存款保险费率与税率呈正向关系，即所得税税率越高，每单位存款的保费就越高。直观来看，银行所得税的提高会增加银行投资风险以及提高银行杠杆率，银行整体风险上升要求更高的存款保险费率。存款保险费率与税率的正向关系进一步确认了减税政策的积极作用，下文将进一步分析背后的机理。

根据已有文献，通常监管宽容系数为0.95左右，且差异不大。因此，

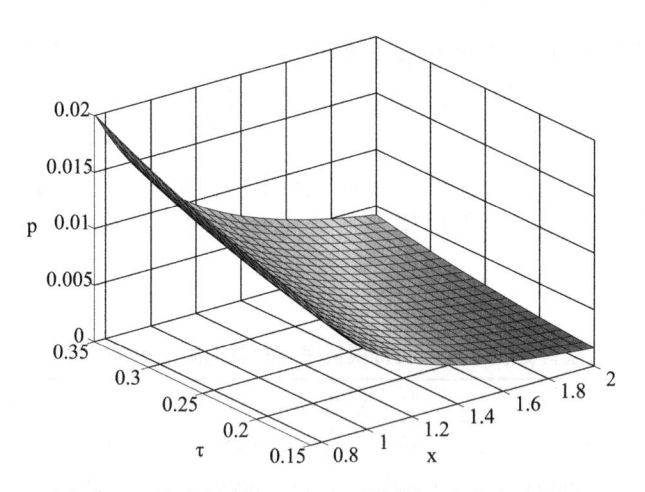

图 6-2 资产储蓄比、税率对存款保险费率的影响

本章将监管宽容系数设置在 [0.92, 0.98] 区间，来分析资产储蓄比与费率之间的关系，结果如图 6-3 所示。在其他条件不变的情况下，监管宽容程度越高（系数越小），存款保险费率越低。原因在于，监管宽容程度越高表明存款保险监管机构的风险容忍度越高，银行破产的概率较小，单位存款所要求缴纳的保费越少，这符合保险费率厘定的原则。资产储蓄比与费率呈负向关系，与图 6-2 的结果一致。

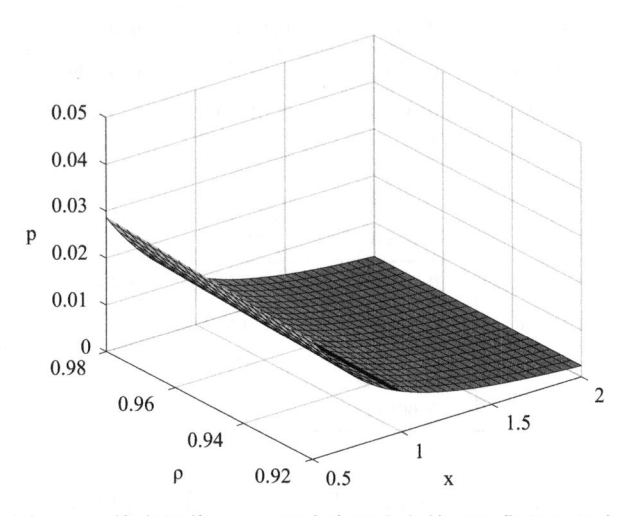

图 6-3 资产储蓄比、监管宽容程度存款保险费率的影响

表6-5给出了在其他参数不变的情况下,存款保险费率与监管宽容程度、银行所得税税率的关系。结果表明:在同一所得税税率下,无论银行资产储蓄比处在什么水平,监管宽容程度越低(宽容系数越高),银行存款保险费率越高,这与图6-3的结果相同。而在同一监管宽容程度下,银行存款保险费率随着所得税税率的增加而增加,与图6-3结果保持一致。

表6-5　　　监管宽容、银行所得税税率与存款保险费率的关系

\multicolumn{6}{c}{$x = 0.9 < \rho$}
ρ	$\tau = 0.15$	$\tau = 0.2$	$\tau = 0.25$	$\tau = 0.3$	$\tau = 0.35$
0.920	0.00800	0.00920	0.01050	0.01216	0.01419
0.935	0.00837	0.00953	0.01093	0.01254	0.01471
0.950	0.00873	0.00994	0.01138	0.01313	0.01527
0.965	0.00913	0.01037	0.01186	0.01366	0.01587
0.980	0.00955	0.01083	0.01237	0.01422	0.01649

\multicolumn{6}{c}{$\rho < x = 0.95 < 1$}
ρ	$\tau = 0.15$	$\tau = 0.2$	$\tau = 0.25$	$\tau = 0.3$	$\tau = 0.35$
0.920	0.00718	0.00824	0.00953	0.01109	0.01302
0.935	0.00748	0.00858	0.00990	0.01152	0.01350
0.950	0.00780	0.00894	0.01030	0.01197	0.01401
0.965	0.00815	0.00932	0.01073	0.01244	0.01455
0.980	0.00853	0.00974	0.01119	0.01295	0.01511

\multicolumn{6}{c}{$x = 1.2 > 1$}
ρ	$\tau = 0.15$	$\tau = 0.2$	$\tau = 0.25$	$\tau = 0.3$	$\tau = 0.35$
0.920	0.00438	0.00518	0.00616	0.00739	0.00893
0.935	0.00457	0.00539	0.00641	0.00767	0.00925
0.950	0.00476	0.00562	0.00667	0.00797	0.00960
0.965	0.00498	0.00586	0.00694	0.00829	0.00997
0.980	0.00521	0.00612	0.00724	0.00863	0.01036

为了分析在不同所得税税率水平下,减税政策对存款保险费率带来的影响,本章计算了存款保险费率关于税率τ的导数。图6-4给出了存款保

险费率关于银行所得税税率变化率与税率及资产储蓄比的关系。通过图6-4可以看出，存款保险费率关于税率τ的导数始终为正数，并且随τ减小而减小。这就意味着，相同幅度的减税政策，较高的银行所得税税率对存款保险费率的影响要大于较低的银行所得税税率对存款保险费率的影响。换句话说，减税政策对存款保险费率的边际影响会随着税率本身减小而减小；这对政策部门进一步推进减税政策具有重要意义，减税政策的边际作用递减意味着政策实施需要考虑"天花板"。

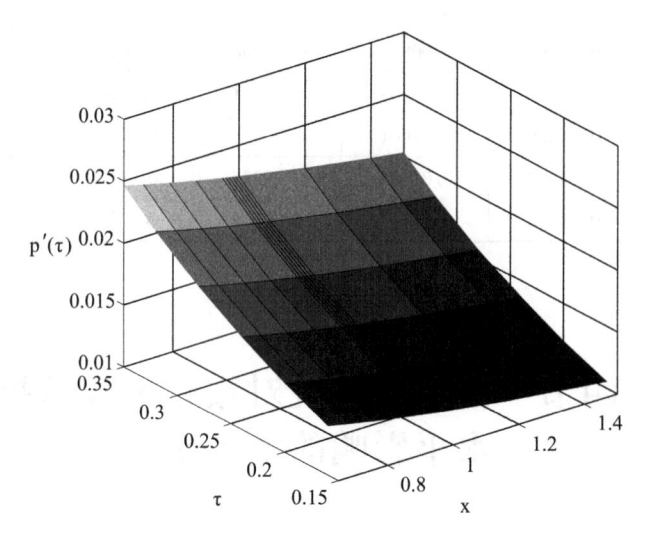

图6-4 银行所得税税率变化率与税率及资产储蓄比的关系

表6-6给出了其他条件不变情况下，当单位存款监管成本取值较大时，每单位监管成本、资产储蓄比与存款保险费率之间的关系。根据表6-4结果可知，存款保险费率随着每单位存款的监管成本上升而增加。对于存款保险监管机构而言，监管成本可以看成发行存款保险这种特定保险产品的一项成本，而存款保险保费是该种保险产品的收入，当保险成本上升时，为了保持收支平衡，应当提高该种保险保费。这就解释了每单位存款监管成本与存款保险费率之间的正向关系。同时由表6-6可知，不考虑其他因素的影响，存款保险费率与资产储蓄比呈反向变动关系，这与图6-2和图6-3所示结果一致。

表6-6　　　资产储蓄比、监管成本与存款保险费率的关系

c	x = 0.8	x = 0.84	x = 0.88	x = 0.96	x = 0.97
0.01000	0.01496	0.01381	0.01278	0.01103	0.01084
0.02000	0.01587	0.01473	0.01370	0.01195	0.01176
0.03000	0.01679	0.01564	0.01462	0.01287	0.01268
0.04000	0.01770	0.01656	0.01553	0.01380	0.01361
0.05000	0.01861	0.01748	0.01645	0.01472	0.01453
c	x = 0.98	x = 1.15	x = 1.3	x = 1.45	x = 1.6
0.01000	0.01065	0.00815	0.00668	0.00562	0.00484
0.02000	0.01157	0.00908	0.00761	0.00656	0.00578
0.03000	0.01250	0.01001	0.00855	0.00750	0.00672
0.04000	0.01342	0.01094	0.00948	0.00844	0.00766
0.05000	0.01435	0.01187	0.01042	0.00937	0.00860

第四节　银行所得税对银行风险承担水平影响的实证研究

第二节通过一个简单的离散模型，证明了银行风险承担水平充当了银行所得税税率与存款保险价格之间的"桥梁"；第三节研究了考虑银行所得税下的存款保险定价模型，并得到了存款保险价格和银行风险承担之间的关系。接下来通过实证研究来检验银行所得税对银行风险承担水平的影响。

一　模型设定与变量说明

基于数据可得性，选取中国50家银行2010—2019年的数据。50家银行中包括：5家国有银行，9家股份制银行，36家城市商业银行。数据来源于Wind、各银行年报以及国家统计局。

参考陆静等（2014）、汪莉（2017）的研究，构建如方程（6-12）

所示的实证模型

$$\ln Z_{i,t} = \beta_0 + \beta_1 t_{i,t} + \beta_2 \ln Ta_{i,t} + \beta_3 Lev_{i,t} + \beta_4 Ldr_{i,t} + \beta_5 Cost_{i,t}$$
$$+ \beta_6 Plr_{i,t} + \beta_7 Gdp_{i,t} + \beta_8 Cpi_{i,t} + \mu_i + \varepsilon_{i,t} \qquad (6-12)$$

其中，下标 i 表示银行个体，t 表示年份，μ_i 为银行个体固定效应，$\varepsilon_{i,t}$ 为随机误差项。$\ln Z_{i,t}$ 为被解释变量，作为银行风险水平的代理变量，该指标值越高表明银行风险承担水平越高。$t_{i,t}$ 表示银行实际所得税税率，为核心解释变量，其余为控制变量。根据数据可得性，参考陆静等（2014）和汪莉（2017）的研究，从银行层面选取了 5 个控制变量，分别为 $\ln Ta_{i,t}$ 表示银行资产规模，$Lev_{i,t}$ 表示银行资产负债率，$Ldr_{i,t}$ 表示银行存贷比，$Cost_{i,t}$ 表示银行成本收入比，$Plr_{i,t}$ 表示银行拨贷比。宏观经济层面选取了 GDP 增长率（$Gdp_{i,t}$）以及消费价格指数 CPI（$Cpi_{i,t}$）。模型变量具体的计算方法与说明见表 6 – 7。

表 6 – 7　　　　　　　　　实证变量及其说明

	变量名	变量符号	变量计算方法
被解释变量	Z 值	lnz	资产收益率标准差/（资产收益率 + 权益资产比率），取对数
核心解释变量	实际所得税税率	t	实际所得税/总利润
控制变量	资产规模取对数	lnTa	银行总资产规模取对数
	资产负债率	Lev	负债总额/资产总额
	存贷比	Ldr	贷款总额/存款总额
	成本收入比	Cost	银行成本/银行收入
	拨贷比	Plr	拨备/总贷款
	GDP 增长率	Gdp	（本期 GDP – 上期 GDP）/上期 GDP
	CPI	Cpi	居民价格消费指数

二　描述性统计

表 6 – 8 给出了所有实证变量的描述性统计。其中表示银行风险的 Z 值均值为 1.9542，标准差为 97.23%。实际所得税税率均值为 20.96%，小于现有银行法定所得税税率 25%，其中最小值为 0.0350，最大值为

30.29%。Z值和实际所得税税率标准差数值较大，表明这两组数据在各银行间的差异较大。资产负债率方面，均值为93.29%，与银行负债经营特征相符。存贷比方面，均值为64.93%，最低的仅为31.19%，而最高的达到了99.38%，说明各银行经营差异较大。拨贷比方面，均值为284.45%，最大值达到了512.72%，最小值也有130.99%，说明整体的风险抵御能力较强。其中，对所有变量进行两端各1%的缩尾处理，来消除极端值对实证结果的影响。

表6-8 主要变量描述性统计

变量名	变量符号	样本数	均值	标准差	最小值	最大值
Z值	lnz	500	1.9542	0.9723	-0.3984	4.0654
实际所得税税率	t	500	0.2096	0.0489	0.0350	0.3029
资产规模取对数	$lnTa$	500	26.8361	1.8481	23.5717	30.8299
资产负债率	Lev	500	0.9329	0.0126	0.8843	0.9599
存贷比	Ldr	500	0.6493	0.1333	0.3119	0.9938
成本收入比	$Cost$	500	0.3169	0.0614	0.1840	0.5138
拨贷比	Plr	500	2.8445	0.7648	1.3099	5.1272
GDP增长率	Gdp	500	7.6800	1.3301	6.1000	10.6000
CPI	Cpi	500	2.5900	1.0887	1.4000	5.4000

三　基准回归

具体回归结果如表6-9，这里的被解释变量都是Z值。其中，回归（1）—（3）为未加入控制变量，混合OLS、固定效应和随机效应模型估计出的所得税税率对银行风险的净影响。回归（4）—（6）为加入控制变量后，混合OLS、固定效应和随机效应模型估计出的所得税税率对银行风险的总影响。

从表6-9可以看出，未控制和控制银行层面和宏观经济因素的回归结果均显示所得税税率与银行风险承担水平之间存在显著的正向关系。考虑到混合回归、固定效应模型以及随机效应模型的回归系数存在差异，为此进一步利用计量经济学检验方法来识别更有效的回归结果。其中，F检验显示，银行个体虚拟变量是显著的（P值小于0.01），应该拒绝"所有个体虚体变量都为0"的原假设，认为存在个体效应，不应使用混合回归，而该选择个体固定效应回归。豪斯曼检验的P值为0.0287，远小于0.1临界值，认为固定效应模型的回归结果更优。除了统计学意义上显著外，从经济显著性上衡量（以第5列结果为例）：银行所得税税率降低1个单位（1%），Z值对数值可以降低2.7419%，如果与Z值标准差对比，能够解释Z值变动的2.8%（0.02742/0.97232），具有较强的经济显著性。

表6-9　　　　　　　　　　基准回归结果

	(1) OLS	(2) FE	(3) RE	(4) OLS	(5) FE	(6) RE
t	4.4593*** (5.13)	3.2358*** (3.27)	3.6659*** (4.00)	2.6770*** (3.18)	2.7419** (2.37)	2.4056*** (2.65)
$\ln Ta$				-0.1823*** (-7.02)	0.3170* (1.71)	-0.1663*** (-5.21)
Lev				1.9714 (0.62)	-3.6781 (-0.86)	1.3783 (0.40)
Ldr				-0.5639 (-1.55)	-1.4006*** (-2.72)	-0.7561* (-1.88)
$Cost$				2.3770*** (3.55)	3.5812*** (3.85)	2.7851*** (3.79)
Plr				0.1321** (2.37)	0.1656** (2.23)	0.1533** (2.56)
Gdp				0.0251 (0.56)	0.1820** (2.49)	0.0306 (0.69)
Cpi				-0.1274*** (-2.68)	-0.1270*** (-2.77)	-0.1276*** (-2.78)
$Cons$	1.0195*** (5.45)	1.2760*** (6.05)	1.1858*** (5.75)	3.8194 (1.29)	-5.4607 (-0.99)	3.8942 (1.23)
N	500	500	500	500	500	500
F	26.3258***	10.6842***		22.6964***	6.4627***	

续表

	(1)	(2)	(3)	(4)	(5)	(6)
	OLS	FE	RE	OLS	FE	RE
F 检验		4.1203***			1.9452***	
R^2	0.0502	0.0232	0.0232	0.2700	0.1047	0.0870
Hausman 检验			1.31 [0.2526]			14.09 [0.0287]

注：*、**、***分别表示在10%、5%、1%的水平上显著。( )内为各系数的标准误，[ ]内为检验对应的 p 值。

四 稳健性和内生性检验

(一) 替换被解释变量

为了保证实证结果的稳健性，通过改变被解释变量度量方式进一步检验。将银行风险承担的代理变量改为资产收益率波动率（Roav）和不良贷款率（Npl），控制变量与前文一致，对变换被解释变量后的模型进行实证检验。回归结果见表6-10，豪斯曼检验结果显示，被解释变量为收益率波动率（Roav）的模型应选择随机效应模型估计结果，不良贷款率（Npl）的模型应选择固定效应模型估计结果。具体的回归结果显示：在1%的显著性水平下，所有回归结果表明实际所得税税率与银行风险水平之间存在显著的正向关系。说明替换被解释变量之后的实证结论仍然是稳健的。

表6-10　　　　　　　　　　替换被解释变量

	(1)	(2)	(3)	(4)	(5)	(6)
	Roav			Npl		
	OLS	FE	RE	OLS	FE	RE
t	3.4746*** (4.13)	3.1735*** (2.73)	3.3358*** (3.65)	0.4313 (1.13)	1.1435*** (2.60)	0.1823 (0.44)
lnTa	-0.1524*** (-5.86)	-0.0756 (-0.41)	-0.1415*** (-4.29)	-0.0048 (-0.41)	0.5949*** (8.41)	0.0046 (0.24)

续表

	(1)	(2)	(3)	(4)	(5)	(6)
	\multicolumn{3}{c}{Roav}			
	OLS	FE	RE	OLS	FE	RE
Lev	-4.2035	-6.7739	-4.8484	2.3033	2.1120	4.8421***
	(-1.32)	(-1.58)	(-1.41)	(1.59)	(1.30)	(3.13)
Ldr	-1.1054***	-1.8513***	-1.3378***	1.1383***	1.5195***	1.4769***
	(-3.03)	(-3.57)	(-3.29)	(6.89)	(7.73)	(7.83)
Cost	-0.1698	0.4825	0.0757	0.9425***	0.0822	0.5090
	(-0.25)	(0.52)	(0.10)	(3.11)	(0.23)	(1.48)
Plr	0.0851	0.0978	0.0875	0.2991***	0.2042***	0.2814***
	(1.53)	(1.31)	(1.45)	(11.85)	(7.20)	(10.31)
Gdp	0.1323***	0.1385*	0.1291***	-0.0852***	0.1165***	-0.0725***
	(2.98)	(1.89)	(2.92)	(-4.23)	(4.18)	(-3.80)
Cpi	-0.1300***	-0.1236***	-0.1279***	-0.1020***	-0.1086***	-0.1059***
	(-2.74)	(-2.68)	(-2.80)	(-4.74)	(-6.20)	(-5.62)
Cons	4.5062	5.0851	4.9316	-2.9870**	-20.2899***	-5.6768***
	(1.52)	(0.92)	(1.55)	(-2.23)	(-9.68)	(-3.91)
N	500	500	500	500	500	500
F	22.1880***	9.8322***		66.4385***	100.0323***	
F 检验		1.8503***			6.4766***	
R^2	0.2655	0.1511	0.1489	0.5198	0.6442	0.5837
Hausman 检验			3.37 [0.7609]			88.36 [0.0000]

注：*、**、*** 分别表示在 10%、5%、1% 的水平上显著。( ) 内为各系数的标准误，[ ] 内为检验对应的 p 值。

（二）控制遗漏变量

使用固定效应模型进行估计一定程度上可以缓解遗漏变量导致的内生性问题，为进一步缓解可能存在的内生性问题，在基准回归模型基础上进一步增加了银行层面和宏观层面其他可能的遗漏变量。具体包括净资产收益率（Roe）、银行业 14 天同业拆借利率（Rate）和货币供应 M2 增速

（$M2gr$）。回归结果如表 6-11 所示，实际所得税税率与银行风险水平仍然在 5% 水平下显著为正，仍然符合本章假设。

表 6-11　　　　　　　　　　遗漏变量问题

	(1)	(2)	(3)	(4)
	FE	FE	FE	FE
t	2.9021**	2.8540**	2.7609**	2.7934**
	(2.54)	(2.45)	(2.35)	(2.36)
$\ln Ta$	0.0145	0.2636	0.3091	0.0501
	(0.07)	(1.35)	(1.51)	(0.22)
Lev	4.0459	-3.5262	-3.6070	4.2063
	(0.85)	(-0.83)	(-0.83)	(0.87)
Ldr	-1.7085***	-1.4846***	-1.4106***	-1.6498***
	(-3.30)	(-2.83)	(-2.67)	(-3.04)
$Cost$	1.8471*	3.5702***	3.5686***	1.7884*
	(1.76)	(3.84)	(3.79)	(1.67)
Plr	0.1226	0.1584**	0.1651**	0.1257*
	(1.65)	(2.12)	(2.21)	(1.67)
Gdp	0.1434*	0.1410	0.1875**	0.1495
	(1.96)	(1.62)	(1.98)	(1.53)
Cpi	-0.1114**	-0.1012*	-0.1295**	-0.1183**
	(-2.44)	(-1.85)	(-2.42)	(-2.07)
Roe	-0.0463***			-0.0490***
	(-3.39)			(-3.27)
$Rate$		-0.0684		0.0397
		(-0.87)		(0.43)
$M2gr$			-0.0033	0.0093
			(-0.09)	(0.24)
$Cons$	-2.7281	-3.6408	-5.3012	-4.0721
	(-0.50)	(-0.62)	(-0.92)	(-0.64)
N	500	500	500	500
F	7.1613***	5.8253***	5.7327***	5.8529***

续表

	（1）	（2）	（3）	（4）
	FE	FE	FE	FE
F 检验	2.0197***	1.8948***	1.8967***	1.9917***
R²	0.1275	0.1063	0.1047	0.1279

注：*、**、***分别表示在10%、5%、1%的水平上显著。（）内为各系数的标准误。

（三） 互为因果关系问题

总体而言，银行的所得税税率由政府部门制定，相对银行风险而言是较为外生的，因此银行风险水平对银行所得税税率的反向因果效应较弱。但是，为了进一步缓解可能存在的互为因果内生性问题，尝试利用滞后期、工具变量和GMM方法重新估计本章假设。

首先，采用滞后一期的银行实际所得税税率重新估计结果，采用滞后一期的银行实际所得税税率可以在一定程度上缓解互为因果的内生性问题，因为当期的银行风险水平一般不会影响上一期的银行实际所得税税率。实际所得税税率滞后一期的回归结果如表6-12中回归（1）—（3）所示，实际所得税税率仍然在1%水平下对银行风险显著为正。

其次，尝试寻找合适的工具变量进行2SLS估计，但是目前的研究缺乏合适的工具变量，因此使用上一期的所得税税率和同类型银行所得税税率均值作为各银行实际所得税税率的工具变量重新进行估计。回归结果见表6-12中的回归（4）和（5），一阶段回归中，两个工具变量对银行实际所得税税率影响显著为正，说明工具变量选取较为合理。二阶段回归中，银行实际所得税税率对银行风险仍然在1%水平下显著为正。工具变量的相关检验均显示工具变量不存在弱工具变量、识别不足和过度识别问题。

表6-12　　　　　　　　互为因果关系问题

	（1）	（2）	（3）	（4）	（5）
	OLS	FE	RE	FE	IV
	lnZ	lnZ	lnZ	t	lnZ
L.t	4.0475***	5.3607***	4.1744***	0.5152***	
	(4.08)	(3.74)	(3.85)	(9.81)	

续表

	(1)	(2)	(3)	(4)	(5)
	OLS	FE	RE	FE	IV
	lnZ	lnZ	lnZ	t	lnZ
Iv				0.6415***	
				(5.06)	
t					10.9485***
					(4.31)
lnTa	-0.2115***	0.6910***	-0.1979***	-0.0150*	1.0769***
	(-7.79)	(3.42)	(-6.16)	(-1.85)	(4.50)
Lev	1.8296	-7.5743	1.4197	0.1443	-11.9653**
	(0.53)	(-1.56)	(0.39)	(0.81)	(-2.20)
Ldr	-0.1400	-0.5820	-0.2165	0.0036	-0.1218
	(-0.37)	(-1.04)	(-0.52)	(0.16)	(-0.20)
Cost	1.5285**	2.9675***	1.8662**	-0.0315	3.6884***
	(2.18)	(2.95)	(2.44)	(-0.87)	(3.12)
Plr	0.1588***	0.1406*	0.1764***	-0.0006	0.1625*
	(2.67)	(1.72)	(2.76)	(-0.20)	(1.78)
Gdp	0.1270	0.5114***	0.1304	-0.0109**	0.5425***
	(1.60)	(4.05)	(1.61)	(-2.35)	(3.77)
Cpi	-0.1652***	-0.2185***	-0.1640***	0.0056**	-0.1887**
	(-2.74)	(-3.33)	(-2.73)	(2.10)	(-2.25)
Cons	3.6979	-14.9289**	3.5510	0.3084	
	(1.16)	(-2.45)	(1.04)	(1.32)	
N	450	450	450	450	450
F	24.6419***	8.7763***		55.1550***	8.0219***
F检验		1.9669***		1.6619***	
R^2	0.3089	0.1519	0.1063	0.5594	0.0019
Hausman			24.75 [0.0004]		
Kleibergen-Paap_F					50.6615

续表

	(1)	(2)	(3)	(4)	(5)
	OLS	FE	RE	FE	IV
	lnZ	lnZ	lnZ	t	lnZ
Kleibergen–Paap_LM					51.5338 ***
Hansen_P					0.1463

注：*、**、*** 分别表示在10%、5%、1%的水平上显著。()内为各系数的标准误，[]内为检验对应的 p 值。

最后，利用 GMM 方法重新估计前面的假设，回归结果见表6-13。其中，回归（1）—（2）为差分 GMM 的估计结果，回归（3）—（4）为系统 GMM 的估计结果。模型设定方面，所有回归的 AR（2）和 Hansen 检验的 P 值均大于 0.1，通过了序列自相关检验和工具变量过度识别检验，说明 GMM 模型设定合理。所有回归结果均显示，银行实际所得税税率对银行风险仍然在 1% 水平下显著为正，进一步验证了本章的假设。

表6-13　　　　　　　　　　GMM 回归结果

	(1)	(2)	(3)	(4)
	DIF–GMM	DIF–GMM	SYS-GMM	SYS-GMM
L.lnZ	0.6146 *** (20.71)	0.5831 *** (21.10)	0.7181 *** (47.62)	0.5863 *** (28.07)
L2.lnz	−0.3085 *** (−18.52)	−0.3071 *** (−16.40)	−0.3043 *** (−28.43)	−0.3018 *** (−24.15)
t	4.1697 *** (8.14)	2.8733 *** (3.69)	3.0306 *** (12.85)	1.6164 *** (2.77)
lnTa		1.0397 *** (6.83)		−0.1589 *** (−13.82)
Lev		−13.9050 *** (−2.91)		−2.4186 (−0.95)

续表

	（1）	（2）	（3）	（4）
	DIF-GMM	DIF-GMM	SYS-GMM	SYS-GMM
Ldr		-1.5480***		-0.3589*
		(-2.71)		(-1.92)
$Cost$		-2.8463**		0.8805***
		(-2.32)		(3.94)
Plr		-0.0723		0.0435**
		(-1.09)		(2.25)
Gdp		0.5433***		-0.0227
		(5.29)		(-0.60)
Cpi		-0.2629***		-0.4222***
		(-5.75)		(-12.88)
$Cons$			0.4695***	8.4734***
			(6.20)	(3.62)
N	350	350	400	400
AR1_P	0.0000	0.0000	0.0000	0.0000
AR2_P	0.4560	0.6038	0.3969	0.4932
Hansen_P	0.1084	0.0934	0.5628	0.5240

注：*、**、***分别表示在10%、5%、1%的水平上显著。()内为各系数的标准误，被解释变量取滞后两期，模型才通过序列相关检验，故本章加入被解释变量的滞后两期。

第五节 本章小结

营改增政策从2012年开始试点。根据2021年的中央经济工作会议和2022年的《政府工作报告》，减税降费政策在未来还将持续，具有长期性。同时政策涉及的行业、税种和市场主体都十分广泛。最后，从历年中国减税降费规模来看，政策成本高。但中国的减税降费政策却让财政政策陷入"两难"境地，无法持续，并且极大地增加了税务部门等的执法责任，同时还面临着企业非法享受优惠政策的道德风险困境。

第六章　宏观经济政策与存款保险价格

进一步分析发现中国减税降费政策主要针对小微企业和制造业等群体，鲜有涉及银行业。但实际上，对商业银行进行结构性减税既能实现减税降费政策的目的，还能解决其面临的困境。这是因为银行的所得税年规模尚不及减税降费规模的三分之一，对银行减税可以极大地缓解财政压力，同时商业银行作为营利性金融机构，比政府具有更强的风险识别能力。因此，对银行进行结构性减税具有重要意义。

在第二节，研究了减税降费政策与存款保险价格联系的内在逻辑，一方面，税率的提升导致银行成本上升，在利润压力下，银行将投资于高风险项目，本章建立的一个简单的离散模型也验证了所得税税率和风险承担水平的正相关性。在第四节，利用面板数据进行实证检验，进一步证明了所得税税率与银行风险水平的正向关系。而另一方面，刘海龙和杨继光等（2011）研究说明银行风险与存款保险费率之间存在正相关，据此猜测银行所得税税率与银行存款保险费率之间正相关。

之后在第三节建立了引入银行所得税税率的存款保险定价模型，并通过比较静态分析验证了前文的猜测。银行所得税通过影响银行风险进一步影响存款保险价格的。

综上所述，针对银行业进行所得税税制改革，能促使银行更好地服务于实体经济，同时也有助于防范化解银行潜在风险。本章的研究为中国财政政策提供了一个新思路。当未来真正实施对银行的结构性减税政策时，可以利用真实数据进一步检验政策效果，对本章研究进行拓展。

第七章　存款保险制度与中小银行风险承担

以农商行为主的农村中小银行是中国商业银行体系中不可或缺的组成部分，其为解决中小微企业融资难、融资贵做出了重要贡献。截至2020年，农村金融机构所发放的普惠型小微企业贷款在银行业合计中占比达到了33.92%，尤其是以农村中小银行为主的农村金融机构在扶持县域经济发展中发挥了十分重要的作用。因此，关系中国众多中小微企业发展及居民生活的农村中小银行风险承担一直是银行治理的重要议题之一。长期以来，农村中小银行在市场竞争中面临着信用风险高、经营风险大等问题，直接关系县域居民、个体工商户、中小微企业获取资金的难度，处理不当往往会造成农村中小银行与服务对象间的信任危机。因此，2015年中国推出的《存款保险条例》是否改善了中国农村中小银行的困境、推动了农村中小银行降低银行风险承担是本章所探讨的问题。

第一节　引言

通常来说，中国中小银行是指除了国有银行外的全国性股份制商业银行以及城商行、农商行、农村信用合作社（以下简称"农信社"）及村镇银行等[①]。考虑到经营区域的特殊性和体量大小，本章主要考虑了对接当地经济的农商行及城商行的发展和风险承担。

[①] 中、农、工、建、交、邮储六大行分别指中国银行、中国农业银行、中国工商银行、中国建设银行、交通银行及中国邮政储蓄银行。

第七章 存款保险制度与中小银行风险承担

20世纪末，中国进行了城市信用合作社改制，建立了股份制的城商行，并通过剥离不良资产及资产互换等措施降低了城商行建立初期的不良贷款率。之后城商行进入高速发展期，如今已较为成熟。同时，中国还开展了农信社改制。1996年下发的《关于农村金融体制改革的决定》标志着农信社正式脱离了中国农业银行，开始以合作社形式经营。但是在这之后，农信社连续多年的亏损又推动了二次改革——股份化改制。2003年《深化农村信用社改革试点方案》发布。农信社开始试点进行转型股份制农商行的尝试。

截至2020年，中国共有城商行133家，农商行1539家，农信社641家。如图7-1所示，中国城商行最近五年的发展趋于稳定，法人机构数基本没有变化。而农商行却从2015年的859家增长至2020年的1539家，与之相对应，中国农信社数量从2015年的1373家减少至2020年的641家。这与中国大力推进农信社股份制改革成农商行相符。由图7-2可知，过去五年中国中小银行的资产负债表规模持续扩张，反映了中国金融市场的多元化及人民生活水平的不断提升。而农村信用社的总资产持续下降与农信社改制进程的推进不无关系。

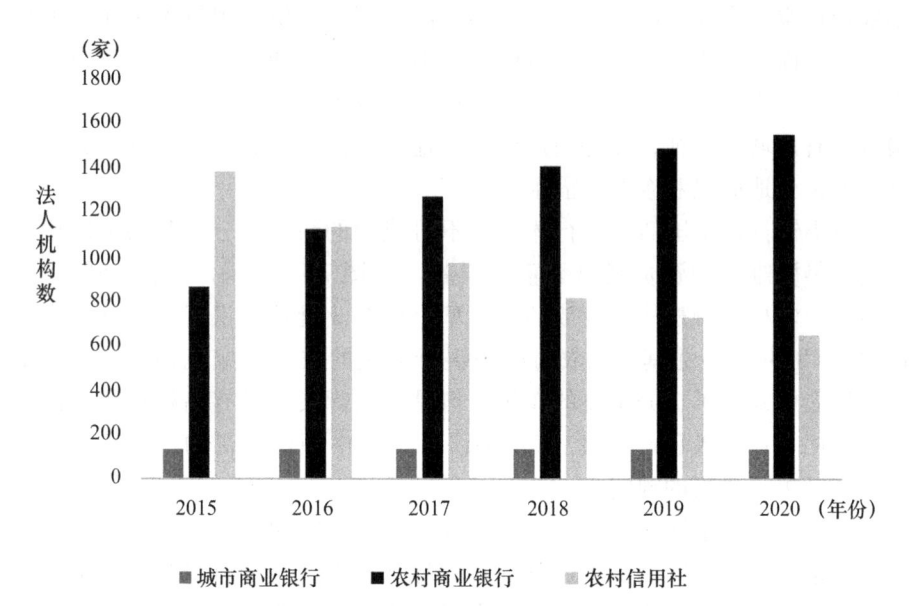

图7-1 主要中小银行法人机构情况

资料来源：中国银行保险监督管理委员会。

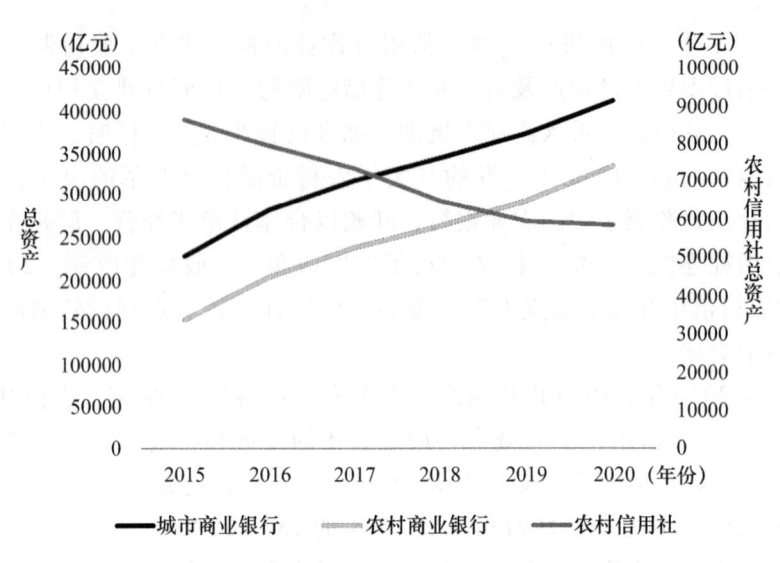

图 7-2　主要中小银行法人机构总资产情况

资料来源：中国银行保险监督管理委员会。

在中小银行快速扩张的同时，银行风险防范也值得关注。区域性的中小银行在服务当地经济时具有大型银行或全国性股份制银行不可比拟的优势。一方面，其决策链较短，可以针对中小微企业的需求灵活调整自身策略并做出反应，有利于激励中国中小微企业发展。另一方面，区域性中小银行具有地域性特征，较好地适应了当地的经济结构和经济发展模式，充分了解了当地居民和企业的需求。

中小银行是中国商业银行体系中不可或缺的组成部分，其为解决中小微企业融资难、融资贵做出了重要贡献。如图7-3所示，截至2020年，城商行及农村金融机构所发放的普惠型小微企业贷款在银行业合计中占比达到了48.44%，尤其是以农村中小银行为主的农村金融机构在扶持县域经济发展中发挥了十分重要的作用。但是，银行天然具有高杠杆经营的特性，为保护存款人利益，《巴塞尔协议Ⅲ》及中国监管机构都对银行的风险防范做出了严格的规定。

但是中国中小银行发展仍存在很多问题。互联网金融的快速发展就使得中小银行通过互联网扩展业务，吸收异地存款，增加自身收益，但这也增加了中小银行的风险。同时，中小银行的风险主要源于内部管理制度不完善。发展时间较短等原因使得中小银行的内部管理制度仍存在漏洞。

第七章　存款保险制度与中小银行风险承担

图7-3　2020年银行业投放普惠型小微企业贷款金额（单位：亿元）
资料来源：中国银行保险监督管理委员会。

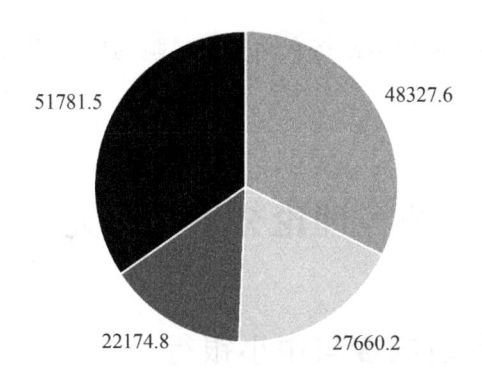

（饼图数据：大型商业银行 51781.5；股份制商业银行 48327.6；城市商业银行 27660.2；农村商业银行 22174.8）

2019年包商银行因严重的信用风险被监管机构监管，除包商银行外，恒丰银行及锦州银行的案例同样说明了中小银行充分的风险防范、恰当的风险处置的重要性。

中小银行的业务范围广，涉及主体多，能否做到风险防范、及时处置风险不仅影响自身经营，还影响相关业务方，甚至可能引发系统性金融风险以及社会稳定。在中国人民银行的《中国金融稳定报告2020》相关金融机构评级中，中小银行的风险总体大于大型银行，其中农村中小金融机构的风险最大，农商行高风险机构数量为178家，占本类型比例达到了12.1%[①]，在地区分布上差异较大。中小银行应做好风险防范，防止风险外溢和蔓延，维护金融市场的平稳运行。

道德风险是商业银行在经营中需要加以关注的风险类型，一旦缺乏审慎对待，极易导致银行危机。管理层的违法违规手段、盲目追求收益的行为及相关机构及市场利益方的监管不足都倾向增加银行的道德风险。在包商银行的风险处置中，严肃市场纪律，依法依规对相关股东、高层及监管人员进行处理，才能最大限度地保护存款人利益，并指导其他银行的日常经营，达到维护金融稳定的目的。同时，应加强金融监管并发展存款保险制度。存款保险与金融监管互为补充，二者协同以防范化解金融风险。充

---

① 数据来源：中国人民银行《中国金融稳定报告2020》。

分发挥存款保险制度的优越性将有利于高风险的中小银行风险处置和规范经营。

第二节 理论分析与研究假设

一 存款保险制度与中小银行

存款保险制度的相关研究中关于全国性银行尤其是上市银行的较多，针对农村中小银行风险承担水平的文献较少。在存款保险与银行风险方面，部分学者就中小银行展开，但没有对存款保险制度作用于区域性银行进行深入研究；在区域性银行的风险承担方面，部分学者主要关注了城商行的发展情况和风险水平，这与中国城商行发展较成熟有关（郭晔和赵静，2017；汤洪波，2008；刘莉亚等，2021；潘敏和魏海瑞，2015）。但是农村中小银行的稳健经营是中国金融稳定战略布局中的重要一环。从现实来看，主要体现在：（1）农村中小银行数量多，分布范围广。截至2020年，中国农村中小银行共3898家，在银行业金融机构中法人机构中占比达85%，降低其风险承担将助力实现国家层面的金融稳定；（2）虽然农村中小银行的重要性不及系统重要性银行，但其公司治理水平相对弱，缺乏人才技术优势，潜在风险较大；（3）农村中小银行业务同质化水平相对较高且业务相对单一，分散风险能力较弱，更容易受到区域性外部冲击，防范风险能力相对较弱（明雷等，2019）。

二 存款保险制度与中小银行风险承担

从全球角度出发，存款保险制度一方面维护各国金融稳定，另一方面可能会引发银行的道德风险问题，进行高风险投资，抑或是两种效果共存。DeLong 和 Saunders（2011）立足于美国1933年建立的存款保险制度，认为统一实施存款保险制度使得银行体系整体更加稳定，但是银行个体更倾向进行冒险投资，银行风险增大。2004—2009年全球96个国家4109家银行样本分析结果则表明，实施存款保险制度对银行体系稳定性的影响是负面的，且在危机发生前显著增加了该国的银行风险，危机发生时表现出维护金融稳定、降低银行风险的作用（Anginer等，2014）。不仅如此，存款保险制度的具体设计也会影响实施效果。Calomiris 和 Chen（2012）研究发现，世界范围内一国增加存款保险制度覆盖率（Generosity of Deposit Insurance）显著增加了家庭贷款和总贷款与总资产的比值，但是否与存款保险制度实现的流动性风险降低相抵消，尚无定论。但也有学者提出存款保险实施效果呈现为"U"形。Angkinand 和 Wihlborg（2010）考察了多个国家尤其是新兴市场经济体的二者关系后认为，各国银行风险承担与存款保险覆盖范围呈"U"形关系，且受到该国银行体系制度及治理水平的影响。赵胜民和陈蒨（2019）研究发现，一国存款保险最高偿付限额也对银行风险存在"U"形影响。

全球范围内，存款保险制度在一个银行监管较严、相关法律较完善、信息披露机制较完备的国家中实施效果较好，因为该国银行治理往往较成熟，不易产生道德风险（汤洪波，2008）。存款保险制度实施效果受到多方面因素的影响。明雷等（2019）认为银行监管力度加大将降低存款保险费率及银行风险。而朱波等（2016）以全球137家上市商业银行为例分析了存款保险制度的建立及相关制度设计对系统性风险的影响，认为存款保险制度的建立与高信息披露程度可以协同维持金融稳定。王晓博等（2019）基于东盟六国2000—2013年的银行数据提出，存款保险制度的实施有效降低了银行的利率风险，银行规模越大，存款保险制度带来的稳定效应越显著。因此，如图7-4所示，存款保险制度的作用效果仍有待研究。

在中国银行体系中，由于《存款保险条例》规定了"存款保险实行限额偿付，最高偿付限额为人民币50万元"。大额存款人在银行破产时存在风险暴露，从而加强对银行的监督，促使银行减少冒险行为，降低风险。刘莉亚等（2021）对比中国国有商业银行和非国有商业银行后，发现存款保险制度由隐转显会促使风险暴露的存款人增加对银行的监督，从而降低银行风险承担，抑制流动性创造。而且存款保险制度要求银行对所吸收存款按规定费率进行投保。一方面，这保障了存款人在银行破产时的利益，降低了挤兑发生的可能性，保护了金融危机时银行的正常存续，利于维持银行业稳定，降低银行业风险；另一方面，这增强了存款人对参保的大、小银行的信心，缩小了大型银行和农村中小银行的受公众信任的差距，促

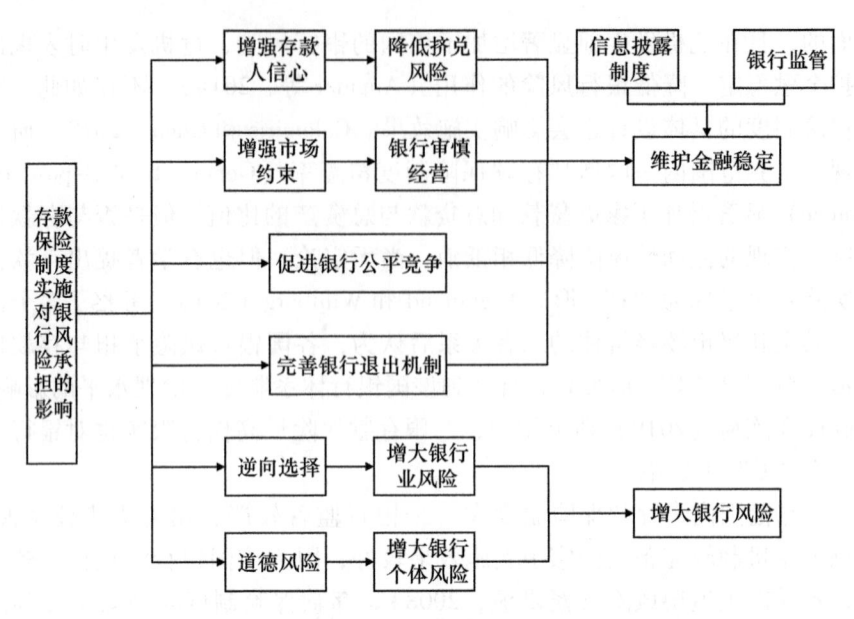

图 7-4 存款保险制度实施对银行风险承担的影响机制

进了银行业的公平竞争,减少了农村中小银行的经营成本,进一步降低了农村中小银行的风险水平。因此,本章提出以下假设:

假设 1a:存款保险制度的设立有利于降低农村中小银行的风险水平。

Chernykh 和 Cole(2011)发现实施存款保险制度后参保银行的存款水平上升,对地区性银行和小型银行的存款水平影响更大,有利于促进银行间公平竞争。然而,中小银行市场地位的提高,显著降低了其经营压力,可能引发道德风险,进行高风险高收益投资以获取高利润。赵胜民和陈倩(2021)认为存款保险制度的建立减弱了存款人监督银行行为的动机,进而削弱了银行的市场约束。郭晔和赵静(2017)则结合银行杠杆率和股权结构,比较了中美两国存款保险制度实施情况,认为制度实施后中国银行风险显著提高。而 Lambert 等(2017)考虑了美国 2008 年颁布的《紧急经济稳定法案》(Emergency Economic Stabilization Act,EESA)要求的扩大存款保险范围的影响,结果表明扩大存款保险范围会增加银行风险,尤其是资本充足较低的银行,且银行风险投资增加。而玻利维亚在 2001 年将隐性存款保险制度转为显性后,储户对银行的监督减弱,当地银行发放更多的次级贷款(Ioannidouand Penas,2010)。同样地,1967 年加拿大实施固定费率的存款保险制度后，当地参保银行的总风险及市场风险、利率风险等均有所上升，在 1967—1974 年间表现尤为明显（Gueyie and Lai, 2003）。Chernykh 和 Cole（2011）发现俄罗斯建立存款保险体系提高了银行风险承担水平，同时增加了经营风险和财务风险。在中国，《存款保险条例》保障了大部分存款人的利益，一定程度上削弱了银行的市场约束。而大型银行在制度实施前的隐形保护、公众信任以及实施后的监管机构的持续严格监管使得其所面临的市场约束并没有明显变化。与之相反，就银行经营与外部环境而言，为了提高利润、应对市场竞争压力，农村中小银行有动机实施更加激进的经营策略，提高风险水平。因此，本章提出以下假设：

假设 1b：存款保险制度的设立提高了农村中小银行的风险水平。

首先，银行规模影响银行的经营、投资决策，进而影响银行的风险承担水平。大银行存在规模经济，吸收存款的成本更低，融资渠道更广阔，银行的经营成本更低，风险降低。但在隐性保护下，规模较大的银行可能有更强的冒险动机，引发道德风险（徐超，2013）。而与其他国家不同的是，中国监管机构倾向于对所有面临危机的银行进行救助。在 2015 年《存款保险条例》出台前，中国的农村中小银行也享受着政府的隐性保护，不存在破产风险，冒险动机强烈。再加上大型银行的规模经济和市场话语权等优势，使得处于劣势的农村中小银行为了提高利润，抢占市场份额，可能选择高风险、高收益的投资项目，银行风险水平较高。同时，大型银行的系统重要性使得中国监管机构往往对其采取更严格的监管，市场约束更强，即使在《存款保险条例》颁布后监管强度也没有明显变化，银行风险水平较低且稳定（项后军和张清俊，2020）。而《存款保险条例》的正式实行取代了以往银行所享有的隐形保护，促进了银行业的公平竞争。为了抢占市场份额，农村中小银行会降低风险水平、提高经营效率以吸引更多存款，增强市场竞争力。其中，规模较大的农村中小银行起点高，在此方面做得更为出色。

其次，银行风险偏好与经营理念、中长期经营战略有关。在设立风险偏好时，需考虑规模与市场定位，以发挥竞争优势（张守川等，2012）。因此，银行的风险偏好设立后短期内不会突然改变，影响了银行的风险承担水平。在《存款保险条例》实施后，风险承担水平较低、风险偏好较保守的银行会借此机会进一步降低银行风险。与之相反，风险较高的银行在

《存款保险条例》的保护作用下更有可能采取高风险投资。因此，本章提出以下假设：

假设2：存款保险制度设立后，规模较大的农村中小银行的风险承担水平受影响较大；自身风险较低的农村中小银行的风险承担水平受影响较大。

金融发展水平是影响银行业发展、企业融资、经济增长以及相关政策落地效果的重要因素。而地区综合金融竞争力量化了地区银行、证券、保险行业的发展现状，反映了当地的金融发展水平及发展潜力，其中信贷投放是影响地区经济增长的主要因素。在金融竞争力强的地区，提升金融竞争力影响当地的金融系统效率，有利于经济增长（明雷等，2019）。对于农村中小银行而言，金融发展水平越高，银行的信贷集中度越低，不良贷款率越低，银行风险越低（王秀丽等，2014）。在金融竞争力较低的环境中，监管体系和金融体系发展不完善，信息不对称问题较严重。而存款保险制度保护了农村中小银行的吸收存款，分散了风险控制压力，有利于农村中小银行的风险降低。再加上存款保险制度促进了银行业的公平竞争，使农村中小银行必须控制自身的风险承担水平，以增强市场竞争力。而在金融发展水平较高、金融竞争力强的地区的农村中小银行的竞争压力较大、信息不对称较轻，受《存款保险条例》实施的作用更显著。因此，本章提出以下假设：

假设3：存款保险制度设立后，金融竞争力较高地区的农村中小银行受影响较大。

第三节　存款保险制度对农村中小银行风险承担影响分析

一　模型设定

(一) 变量选择

(1) 银行风险承担（$\ln Z$）。信用风险、市场风险、流动性风险等都是商业银行在日常经营中必须重视的风险。为了全面考察商业银行在《存款保险条例》实施前后的风险承担水平变化，本章采用了表示银行破产风险的 Z 值（Z - SCORE）作为农村中小银行风险承担水平的衡量指标。Z 值包括了资本资产比（$(E/A)_{i,t}$）、资产收益率（$ROA_{i,t}$）以及资产收益率的三年移动平均标准差（$\sigma(ROA)_{i,t}$），如模型（7-1）所示。其中，i 和 t 分别表示第 i 年和第 t 家银行。

$$Z_{i,t} = \frac{(E/A)_{i,t} + ROA_{i,t}}{\sigma(ROA)_{i,t}} \qquad (7-1)$$

参考 Lambert 等（2017）的做法，本章选用 ln$Z$ 值作为衡量银行风险承担水平的主要指标。ln$Z$ 与银行风险承担水平负相关，与银行的稳定性正相关，即 ln$Z$ 越大，银行越稳定，风险承担水平越低。同时，本章选择不良贷款率（Npl）、拨备覆盖率（Rcov）反映银行的信用风险，替换 ln$Z$ 进行回归，保证回归结果的可靠性。

（2）存款保险制度（Di）。中国于 2015 年出台《存款保险条例》，这是区分之前在中国存在的隐性存款保险制度和之后全国范围内推行的显性存款保险制度的重要标志。为了探讨存款保险制度的实施对农村中小银行的风险承担水平的影响，本章参考 Ioannidou 和 Penas（2010）将实施存款保险制度当年及之后设置为 1，之前取 0 的方式，设置虚拟变量 Di 代表中国《存款保险条例》的颁布，2015 年及之后的年份取 1，之前的年份取 0，以区分《存款保险条例》是否实施。

（3）控制变量。农村中小银行的风险承担水平受多方面因素共同决定，总体来说包括自身发展条件和外界宏观环境的影响。银行特征影响着其经营、管理活动，体现在银行绩效和风险承担水平上，因此参考郭晔和赵静（2017）、赵胜民和陈蒨（2021）等选取控制变量的方式，在银行层面，本章控制了银行规模（Size）、发展现状（Ldr）及经营水平（Ci、Roa）等方面对银行风险承担水平的影响。在宏观环境方面，本章控制了农商行所在地级市的相关变量。2019 年银保监会发布的《关于推进农村商业银行坚守定位强化治理提升金融服务能力的意见》所阐述，农商行应专注服务当地，原则上不得跨县。所在地区的经济、金融发展水平等影响农村中小银行的经营环境进而影响其风险承担。而 2013—2018 年跨度较大，县级宏观环境变量存在缺失。因此本章选择了所在市的经济增长（Ggdp）、城市规模（lnPop）及金融发展水平（Tl）三个方面共同控制宏观环境对农村中小银行风险承担水平的影响。

(二) 数据来源

本章使用的中部某省农信社、农商行及宏观环境数据来源于农商行管理机构及各级统计局，该省各县域综合竞争力数据来源于《湖南省县域金融竞争力评价报告》；全国 100 家城商行相关数据来源于 Wind 数据库。由于存款保险制度实施于 2015 年，为了更准确地反映存款保险制度实施对该省农信社、农商行的影响，本章选择的是 2013—2018 年的该省农信社、农商行相关数据。同时 Z 值中资产收益率的三期移动标准差使用 2011—2018 年的数据计算。为了构建平衡面板数据，保证实证结果的可靠性，本章选取了 85 家农商行、农信社，共有 510 个观测值。

(三) 模型设定

在实证分析中，本章主要关注了农商行的个体风险承担水平，因此构建固定效应模型研究《存款保险条例》颁布对湖南省农商行的风险承担水平的影响，建立模型如下：

$$LnZ_{i,t} = \alpha_0 + \alpha_1 Di_{i,t} + \mu_i + \lambda_t + \varepsilon_{i,t} \quad (7-2)$$

$$LnZ_{i,t} = \beta_0 + \beta_1 Di_{i,t} + \beta_2 Controls + \mu_i + \lambda_t + \varepsilon_{i,t} \quad (7-3)$$

其中模型（2）为不加控制变量的固定效应回归，模型（3）为加入了银行层面和宏观环境层面的控制变量的固定效应回归。如果 Di 的系数显著为正，代表《存款保险条例》颁布后，农商行 lnZ 显著增加，银行稳定性增加，风险承担水平降低；若 Di 的系数显著为负，则代表银行的风险承担水平显著提高。本章据此分析了存款保险制度的实施对农商行的风险承担水平的影响。

(四) 描述性统计

本章以某省农商行、农信社风险承担水平受《存款保险条例》颁布的影响为主要研究对象，所涉及的农商行、农信社变量描述统计如表 7-1 所示。所有连续变量两端均进行了 1% 和 99% 的缩尾处理，以减少离群值的影响。

表 7-1　　　　　　　　　　变量描述统计

变量名称	定义	观测值	均值	标准差	最小值	最大值
Panel A：银行层面的风险承担水平变量及相关控制变量							
lnZ	Z-SCORE 对数	510	2.965	1.021	0.668	5.974
Size	银行规模	510	13.16	0.633	11.88	14.98

续表

变量名称	定义	观测值	均值	标准差	最小值	最大值
Ldr	贷存比	510	0.550	0.109	0.285	0.782
Ci	成本收入比	510	0.513	0.209	0.263	1.002
Roa	资产利润率	510	0.009	0.006	0.000	0.026
Panel B：制度实施变量及城市层面相关控制变量							
Di	存款保险制度实施虚拟变量	510	0.667	0.472	0	1
$Ggdp$	所属地级市的GDP增长率	510	0.086	0.014	0.040	0.111
$\ln Pop$	所属地级市的总人口对数	510	6.264	0.350	5.136	6.721
Tl	所属地级市贷款/GDP	510	0.623	0.236	0.289	1.517

二 实证研究

（一）基准回归

如表7-2所示，回归（1）展示了无控制变量的回归结果，可见Di对$\ln Z$在1%的统计水平上为正，《存款保险条例》颁布降低了农商行的风险承担水平。回归（2）为加入银行层面与地方特征控制变量后的回归结果，《存款保险条例》的出台仍显著提高了农商行的稳定性。这表明在中国，存款保险制度由隐性转为显性所带来的维护金融稳定、增强公众对农村中小银行信心等优势有效改善了农村中小银行的经营环境，而市场约束增强等促进了农村中小银行降低风险承担水平。因此，显性存款保险制度的出台与实施对维持中国金融安全起到了不可忽视的作用。

表7-2 基准回归及一步法系统GMM回归结果

	(1)	(2)	(3)
	$\ln Z$	$\ln Z$	$\ln Z$
L.$\ln Z$			0.360***
			(5.43)
Di	1.005***	1.084**	0.796***
	(5.98)	(2.31)	(2.72)

续表

	（1）	（2）	（3）
	lnZ	lnZ	lnZ
Controls	NO	YES	YES
N	510	510	
adj. R²	0.194	0.232	
AR（1）P值			0.000
AR（2）P值			0.168
Hansen P值			0.159

注：本表采用双向固定效应，$**p<0.05$，$***p<0.01$，括号内为 t 统计量。

此外，银行特征对银行风险承担水平（lnZ）有显著影响。银行规模（$Size$）越大，农商行的风险承担水平越低。规模经济使得大规模银行在经营中享有更低的经营成本，在管理上形成完备的治理结构，在市场中具有更强的竞争力，因此银行的风险承担水平相对较低。但是宏观环境层面的控制变量对农商行风险承担水平的影响均不显著，这与农商行的规模较小、市场占有份额较小有关，受宏观环境影响较小，受自身经营决策影响较大。

（二）内生性检验

本章参考了郭晔和赵静（2017）等人处理内生性问题的做法，加入银行风险变量的滞后一期，并采用系统 GMM 模型进行动态面板分析，构建模型如下：

$$LnZ_{i,t} = \theta_0 + \theta_1 LnZ_{i,t-1} + \theta_2 Di_{i,t} + \theta_3 Controls + \mu_i + \lambda_t + \varepsilon_{i,t}$$

$$(7-4)$$

系统 GMM 模型结合了水平 GMM 和差分 GMM，比单纯的差分 GMM 的估计效率更高，因此本章选择了系统 GMM 模型。其次，由于两步法系统 GMM 的估计结果稳健但存在向下的偏误，本章参考潘敏和魏海瑞（2015）的做法，选择了一步法系统 GMM 模型。接着，为了防止回归结果受到异方差或自相关的影响，本章选择了稳健标准误进行回归。且在 Sargan 检验和 Hansen 检验中，选择了 Hansen 检验，因为 Hansen 检验对随机扰动项表现稳健（周再清等，2017）。

如表7－3所示，固定系统 GMM 回归结果的 lnZ 一阶滞后项的系数大小小于简单 OLS 回归结果，大于固定效应模型回归结果，回归效果较好。

且 AR（1）在 1% 的统计水平上显著，而 AR（2）在 10% 的统计水平上不显著，说明本研究满足了系统 GMM 的扰动项存在一阶自相关，但不存在二阶自相关的要求。同时 Hansen 检验的 P 值大于 0.1，说明本章所选的工具变量是有效的。

由表 7-2 中的回归（3）可知，存款保险制度实施（Di）的系数在 1% 的统计水平上显著为正，即在利用系统 GMM 模型考虑了可能的内生性问题后，《存款保险条例》颁布仍对农商行的风险承担水平起到了显著的降低作用，这证明了本章的研究结果的可靠性。滞后一期的银行风险承担水平（L.lnZ）对农商行风险承担水平（lnZ）的影响在 1% 的统计水平上显著为正，说明农商行的风险承担水平具有延续性，风险较低、经营较稳健的农商行会降低风险承担水平。

（三）稳健性检验

（1）替换被解释变量再检验。为了全面考虑银行风险承担水平的变化，保证分析结果的可靠性，本章选用了不良贷款率（Npl）和拨备覆盖率（Rcov）作为信用风险的衡量指标代替破产风险 lnZ 作为风险承担水平变量进行回归，构建固定效应模型如下：

$$Npl_{i,t} = \gamma_0 + \gamma_1 Di_{i,t} + \gamma_2 Controls + \mu_i + \lambda_t + \varepsilon_{i,t} \quad (7-5)$$

$$Rcov_{i,t} = \delta_0 + \delta_1 Di_{i,t} + \delta_2 Controls + \mu_i + \lambda_t + \varepsilon_{i,t} \quad (7-6)$$

如表 7-3 所示，《存款保险条例》颁布（Di）对农商行的不良贷款率（NPL）在 1% 的统计水平上有显著负向影响。在中国，建立显性存款保险制度有效帮助农村中小银行降低风险承担水平，降低信用风险。农村中小银行的经营压力有所减轻，有利于强化对贷款发放的监督与管理，降低不良贷款率。同时回归（2）表明，存款保险制度的实施还提高了银行的拨备覆盖率（Rcov），即增加了银行财务的稳健性，银行风险承担更加可控。综上所述，存款保险制度的实施有效降低了银行的风险承担水平。

表 7-3　　稳健性检验的回归结果

	(1)	(2)	(3)	(4)	(5)	(6)	(7)
	Npl	Rcov	lnZ	lnZ	lnZ	lnZ	lnZ
Di	-0.123***	0.861**	0.919*	0.875*	0.756*	1.005***	1.189**
	(-2.77)	(2.40)	(1.91)	(1.97)	(1.95)	(5.98)	(2.50)

续表

	(1)	(2)	(3)	(4)	(5)	(6)	(7)
	Npl	Rcov	lnZ	lnZ	lnZ	lnZ	lnZ
Controls	YES	YES	YES	YES	YES	NO	YES
N	510	510	510	510	510	425	425
adj. R²	0.542	0.394	0.218	0.237	0.249	0.214	0.254

注：* $p<0.10$，** $p<0.05$，*** $p<0.01$，括号内为 t 统计量。

（2）改变缩尾处理方法再检验。为了减轻两侧离群值对实证结果的影响，本章还使用了未缩尾数据，将两侧的离群值分别以 2% 和 98%、5% 和 95% 替换的缩尾数据进行回归，如表 7-3 中的回归（3）—（5）所示。在三种缩尾处理方式下，《存款保险条例》颁布（Di）均在 10% 的统计水平上显著降低农商行的风险承担水平（lnZ），提高银行的稳定性。因此，基准回归中的实证结果是可靠的。

（3）去除 2015 年数据再检验。前文研究中将 2015 年作为存款保险制度开始实施的第一年，Di 取 1。由于存款保险制度于 2015 年 5 月 1 日正式开始实施，2015 年仍存在四个月未实施存款保险制度。为了保证回归结果的稳健性，本章参考赵胜民和陈蒨（2021）的做法，将存在争议的 2015 年的数据排除，以 2013—2014 年与 2016—2018 年的数据进行回归，结果如表 7-3 中的回归（6）-（7）所示，分别表示无控制变量和加入控制变量。可知，即使剔除 2015 年的数据，存款保险制度的实施仍对农商行的个体风险承担水平产生了显著的降低作用，说明上述的基准回归结果是稳健的，即存款保险制度的实施确实会降低农商行的风险承担。

（4）城商行样本再检验。受限于数据的可得性，本章使用的是湖南省农商行样本来代表农村中小银行。以农商行为代表的农村中小银行与城商行共同作为中国中小银行的主要成分，均在一定程度上反映中国中小银行的发展情况。为了避免样本选择偏差，接下来基于全国城商行数据进行进一步检验。

相比农商行，城商行的股份化改制开始得更早，现已形成成熟的发展模式，甚至不少城商行进入了全球前 500 强之列。截至 2020 年，中国共有城商行133家①。虽然《中华人民共和国商业银行法（修改建议稿）》中明确提出城商行、全国城商行均不可跨区经营，以便中小银行更好地服务当地经济需求，但是之前城商行的跨区域经营相较农商行更普遍。据不完全统计，截至2012年年底，106家城商行中就有86.67%开展了跨区域经营，而69家农商行中仅有34.48%开展了有关业务（李广子，2014）。

银行风险影响着存款人、贷款人等利益相关方的损益，作为关乎民生的行业，银行业的风险则影响着一国经济发展速度，甚至成为产生金融经济危机的根源。2018年席卷全球的国际金融危机的根源就是房地产市场泡沫的破裂导致有关次级抵押贷款机构的破产，最终引起全球的流动性不足问题。而银行监管不足正是次贷危机爆发的原因之一。银行监管强度提升可以有效减少银行风险承担行为，降低银行风险（潘敏和魏海瑞，2015）。同时，银行信息披露是一种重要的市场约束手段，高度信息披露的银行倾向于减少风险承担行为（朱波等，2016）。因此，低信息披露的农村中小银行在市场竞争中更显劣势，而《存款保险条例》实施在一定程度上改变这一现象。

在中小银行纷纷开始跨区域经营后，风险承担问题成为中小银行发展路上的阻碍。有学者提出地域多元化不利于降低中小银行的风险承担；也有学者认为跨区域经营可以降低风险承担，因为有能力跨区域经营的多是经营状况较好的银行（范香梅等，2010；王擎等，2012）。而且跨区域经营的银行通过地域组合分散风险，有利于银行整体风险承担的进一步降低。而对于未跨区域经营的银行，《存款保险条例》实施可以有效帮助其降低风险承担。

由表7-4中的回归（1）可知，《存款保险条例》实施（Di）在1%的统计水平上显著降低了城商行的风险承担水平（$\ln Z$）。因此，转为显性存款保险制度同样有利于中国城商行的风险承担水平的降低，有利于城商行、农商行等中小银行追赶大银行发展的脚步。

---

① 数据来源：中国银行保险监督管理委员会。

表7-4　　　　　　　　　改变样本的回归结果

	(1) 总体 lnZ	(2) 上市 lnZ	(3) 未上市 lnZ	(4) 跨区域经营 lnZ	(5) 未跨区域经营 lnZ
Di	1.143***	0.971	1.203***	0.558	1.396**
	(3.14)	(1.16)	(3.11)	(1.17)	(2.12)
Controls	YES	YES	YES	YES	YES
N	593	42	551	348	245
adj. R2	0.196	0.268	0.194	0.220	0.173

资料来源：*$p<0.10$，**$p<0.05$，***$p<0.01$，括号内为t统计量。

由于信息不对称问题，银行风险承担水平受到信息披露程度影响。银行的信息披露越完善，治理透明度越高，越容易受存款人信任和选择。可知，提高信息透明度是降低银行经营成本、减轻营业压力的良好方式。同时，银行信息公开透明，存款人对其的了解程度高、监督作用强，市场约束增强，激励银行降低风险承担水平、提高经营利润以吸引优质客户。为了排除信息披露的影响，本章选择以2015年的银行信息披露为分组变量，分组研究高信息披露组和低信息披露组的银行的风险承担水平受《存款保险条例》实施的影响。

考虑到衡量信息披露程度的方法较复杂且无定论，为简化处理，本章选择以2015年城商行是否上市作为代理变量。因为上市对银行财务披露、重大事件披露要求较严格，上市银行信息透明度较高。如图7-5所示，在所研究样本中，2013年前上市银行仅有3家，从2014年开始，数量有所上升，但在城商行总体中占比较低。这与严格的上市审批制度和城商行规模小、适应于地方经济的特性有关。

如表7-4所示，回归（2）-（3）分别为2015年上市城商行和未上市城商行的回归结果。易知，《存款保险条例》实施对未上市城商行的风险承担水平的影响在1%的统计水平上显著，而上市城商行则不然。这是因为上市城商行的综合实力较强，为达到上市要求，银行风险承担控制较好。而上市后，面临着较强的市场约束，银行经营较审慎。因此，在《存款保险条例》实施前，上市城商行的风险防范较好。《存款保险条例》实施的保障作用有利于增强存款人对未上市城商行的信任，降低其经营成

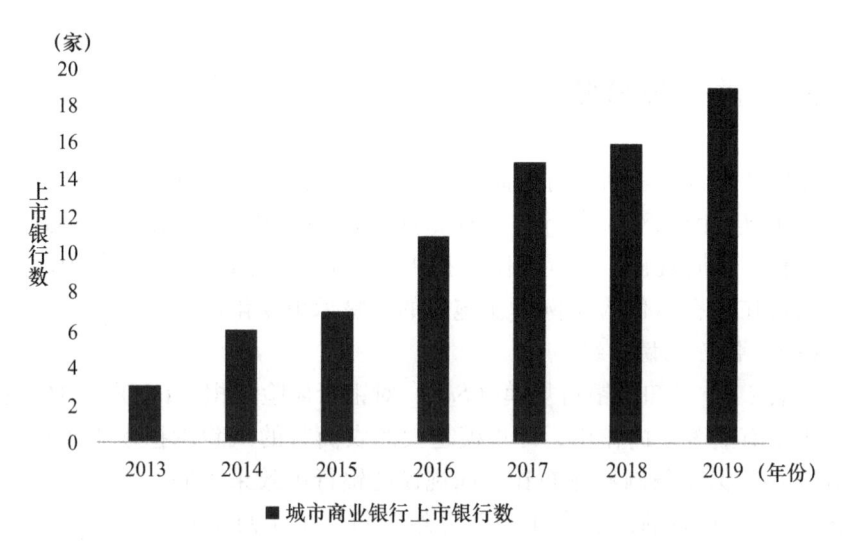

图 7-5　2010—2019 年上市城商行数量

资料来源：Wind 数据库。

本，降低风险承担水平。

而跨区域经营的城商行综合实力较强，为了抢占所跨区域的市场份额，需提高银行利润率，降低银行风险承担水平。同时，跨区域经营有利于银行通过地域投资组合分散风险（王擎等，2012）。因此，本章根据城商行是否进行跨区域经营分组讨论。由表 7-4 可知，回归（4）-（5）分别为 2015 年选择跨区域经营组和未选择跨区域经营组。《存款保险条例》实施（Di）在 5% 的统计水平上显著降低了未选择跨区域经营的城商行的风险承担水平（$\ln Z$）。一方面，在 2015 年中国未明确限制跨区域经营时，城商行未选择跨区经营往往与银行实力有关。银行实力较弱、市场份额较少、风险承担水平较高的银行以稳定已有市场份额、改善银行经营状况为主。因此，存款保险显著减少了银行经营的压力，降低银行风险承担水平。另一方面，选择跨区域经营的城商行为了扩大市场份额，必须打造竞争优势，即经营效率高，风险承担水平低等。因此，《存款保险条例》实施对其影响较小。

三 进一步分析

在保证存款保险制度对农商行风险的降低作用的稳健性后，本章进一步探讨了其他因素对农商行在《存款保险条例》背景下风险变化的影响。本章分析了不同规模、不同风险承担水平和处于不同的金融竞争力环境中的农商行在《存款保险条例》实施后的风险承担变化。

（一）银行规模分组

由表7-2可知，银行规模（$Size$）对银行风险承担（$\ln Z$）在1%的统计水平上有显著正向作用，即规模越大的农商行的风险承担水平越低。考虑到《存款保险条例》颁布在不同规模的银行中效果不同，本章将全部样本按照2018年时的总资产排序并分组分析。由于总资产为连续变量，为了明确区分大规模银行和小规模银行，本章选择以2018年总资产的第60百分位和第40百分位两侧观测值进行分组。

如表7-5所示，回归（1）-（2）分别为小规模银行组和大规模银行组的回归结果，存款保险制度的实施对规模较大农商行的风险承担水平的降低作用更显著。因为同为农商行时，银行本身的实力越强，受民众认可度越高，在政策实施时的反应速度越快，接受政策的利好信息速度越快，因此风险承担水平显著降低。而规模较小的农商行并无此特性。2020年推行的《存款保险标识使用办法》也许可以改善规模较小的农商行所面临的这一困境。遗憾的是，本章无法获得2020年后的相关数据，暂不做进一步研究。

（二）银行风险水平分组

由表7-2可知，农商行滞后一期的风险承担水平显著正向影响当期的风险承担，即风险越高的银行在下一期的风险承担水平进一步提高，这侧面反映了银行的经营策略。因此，本章根据银行风险承担水平（$\ln Z$）进行分组讨论，考虑到银行风险承担水平为连续变量，本章以2018年的银行风险承担水平第60百分位和第40百分位为界，选择两端样本，有利于有效区分高、低风险承担水平银行，同上述处理保持一致。

如表7-5所示，回归（3）-（4）分别为高风险银行组和低风险银行组的回归结果。可知，存款保险制度实施对风险较低的农商行的风险承担水平的降低作用较显著。这是因为在农商行中风险较低的银行在存款保险制度实施前的经营策略较谨慎，存款保险制度实施后其多余资金的使用同样表现为风险厌恶，有效降低了银行风险承担。而高风险银行由于本身的经营策略就较为激进，存款保险提供的保障作用不会促进银行主动降低风险，银行甚至有将更多的资金用于冒险投资的倾向。

（三）金融竞争力分组

当地金融发展水平全方位影响着银行经营行为、管理决策等。对更脆弱、体量更小的农村中小银行，尤其是区域性银行而言，当地金融发展影响了其风险承担水平。金融发展水平显著影响了城商行的信贷行为，那么农商行可能具有相似的表现，于是本章根据各地的金融发展水平分组进行研究（王秀丽，2014；王擎和潘李剑，2012）。将《湖南省县域金融竞争力评价报告》（以下简称《报告》）测算的该省各县域综合竞争力作为当地金融发展的代表指标，匹配各农商行，其中市级农商行使用该市各县域综合金融竞争力排名平均值作为其金融发展排名（长沙银行、湖南大学联合课题组，2018）。

与《报告》保持一致，将所属地综合金融竞争力排名前30的农商行归为高金融竞争力组，第31—60名归为中金融竞争力组，其余归为低金融竞争力组，如表7-5中的回归（5）-（7）所示。易知，高金融竞争力组的农商行受到《存款保险条例》颁布（Di）带来的显著降低银行风险承担水平（$\ln Z$）的作用，而中、低金融竞争力组农商行受到的《存款保险条例》颁布（Di）带来的银行风险承担水平（$\ln Z$）降低作用并不显著，但可以发现，金融竞争力一般的环境中的农商行的《存款保险条例》颁布（Di）系数更大，t统计量更大。当农商行所在地区的外部金融环境较好，金融竞争力较高时，代表该地区的金融体系发展较完善，政府、社会监督体系较成熟，因此当地农商行会更注重自身风险把控。农商行受到的存款保险制度实施的影响表现为正向作用。与之相反，处于金融竞争力较低的环境中的农商行，监管较为松散，为了获取利润、扩大市场份额，当地农商行会有较高的风险投资的动机，相对于高金融竞争力组的农商行而言结果不显著。

表7-5　　　　银行规模、风险水平及金融竞争力的分组回归结果

	(1) 小银行 lnZ	(2) 大银行 lnZ	(3) 高风险 lnZ	(4) 低风险 lnZ	(5) 高金融竞争力 lnZ	(6) 中金融竞争力 lnZ	(7) 低金融竞争力 lnZ
D_i	0.252 (0.27)	2.331*** (2.74)	-0.304 (-0.44)	2.348*** (3.95)	1.941* (1.72)	1.055 (1.34)	0.751 (1.14)
Controls	YES	YES	YES	YES	YES	YES	YES
N	204	210	204	210	180	167	163
adj. R^2	0.190	0.235	0.141	0.423	0.181	0.178	0.391

资料来源：*p<0.10，***p<0.01，括号内为t统计量。

第四节　本章小结

存款保险制度是全球各国的金融安全网的三大组成成分之一。本章通过阐述存款保险制度的发展与主要作用，指出存款保险制度的实施对中国农村中小银行既有正面影响，既可以维持金融稳定、提高存款人信心、提供稳健的金融环境；又有负面影响，可能提高农村中小银行的道德风险。然后以2013—2018年湖南省农商行数据为例，定量分析了存款保险制度对农村中小银行的风险承担影响。本章认为存款保险制度的实施有效降低了湖南省农商行的风险承担水平，表现出正向作用。实证结果通过了内生性检验和替换控制变量、缩尾方式变换剔除2015年数据、改变样本的稳健性检验，保证了结果的可靠性。同时，可以认为大规模、低风险的农商行在存款保险制度实施后风险承担水平降低更显著；金融竞争力较高的环境中的农商行显著降低了风险承担水平。因此，结合定性、定量分析结果，本章提出存款保险制度实施应重视农村中小银行的发展水平，注重金融环境和监管的完善，提高银行信息披露程度。

第一，强化存款保险制度对农村中小银行稳定作用。存款保险制度可以降低农村中小银行的风险承担水平。农村中小银行是国家在推行精准扶贫、乡村振兴、"支农支小"等政策的重要参与者。为了保障农村中小银

行的稳健发展，为广大农户、中小微企业提供更快捷、方便的金融服务，在落实保障存款人利益的存款保险制度时，应更关注农村中小银行，降低其破产风险。因此，在存款保险制度的后续安排上应向农村中小银行适当倾斜，在进行风险评级和提供差别费率时，应考虑到中国特殊国情和中国农村中小银行发挥的独特作用，多方给予适当的优惠或补贴，保证中国农村中小银行的健康发展和生存区间。但同时，还应注意加强银行监管，防止存款保险机构成为经营不善的农村中小银行的"接盘手"，降低农村中小银行的道德风险，促进存款保险制度的正面效果的发挥。

第二，完善金融竞争力环境，提高金融发展水平。当地金融竞争力水平影响着农村中小银行的未来发展和承担的风险水平，而存款保险制度的实施对金融竞争力环境较好的农村中小银行的降低风险作用更显著。为了保障农村中小银行的健康发展，降低银行系统性风险，各地应大力推动金融行业发展和完善风险防控体系。以成熟的风险防控体系和金融市场，配合存款保险制度的金融安全网效应，提高本地综合金融竞争力，增强金融体系服务实体经济的能力，充分发挥农村中小银行服务农户、中小微企业的作用。

第三，重视存款保险制度与其他政策相协调。在实施存款保险制度时，要重视存款保险制度与其他措施的协调作用，最大化其降低风险、维护金融稳定的作用。银行风险受多方面因素影响，存款保险制度的保障能力只是其中重要的一部分，设计不当或在宏观经济影响下可能还会产生道德风险或逆向选择问题。存款保险制度的实施与其他控制银行风险的政策相结合时，可以显著降低银行风险；与完善金融体系但同时会增加风险的政策相结合时，既可以推动金融体系的完善，还可以抵消相应的风险，保障金融稳定。在实施存款保险制度时，应当与其他政策或监管机构相配合，完善银行信息披露制度，多角度共同作用于银行风险的降低，实现效益最大化。

第八章　差别化存款保险费率与银行风险承担

第一节　引言

2019年以来频频爆出的中小银行危机事件，挤兑风波等种种迹象表明，外部事件持续冲击，银行体系风险稍露苗头。当前经济下行的压力及金融深化改革的挑战，使过去由于经济高速增长而疏于重视的风险隐患逐渐暴露。如何有效识别及防控问题银行的风险，以及风险一旦暴露应该如何妥善处置成为不得不考虑的现实问题。

党中央、国务院也认识到中国金融体系存在一定风险隐患，第五次全国金融工作会议明确指出，要把主动防范化解系统性金融风险放在重中之重的位置，早识别、早预警、早发现、早处置，着力防范化解重点区域风险，着力完善金融安全防线和风险应急处置机制。存款保险制度作为金融安全网的重要一环，在金融风险的事前预警、动态监管和事后处置当中均可以发挥作用。

本章将通过理论分析和实证分析，证明存款保险差别化费率机制对银行风险承担具有抑制作用；并且选取存款保险制度重点关注、风险隐患相对更大的农村银行进行研究。探讨制度设计优化、监管政策协调，对加强存款保险制度的早期纠正功能、防范化解金融风险以及金融深化改革的协同配合具有重要意义。

第八章　差别化存款保险费率与银行风险承担

第二节　存款保险制度差别化费率机制的实践

一　差别化费率机制的发展历程

现代存款保险制度自1933年于美国推出以来，其应对银行挤兑、抵御金融危机、稳定公众信心等作用有目共睹。由于各国的制度环境及制度设计存在差异，存款保险制度产生的影响也不尽相同。基于风险的差别化费率是在存款保险制度实践过程当中推出并逐步完善的，进而得到众多国家一致认可。2009年6月，IADI和巴塞尔银行监管委员会（Basel Committee on Banking Supervision，BCBS）联合发布《有效存款保险制度核心原则》，被纳入健全金融系统的关键标准，其中明确说明存款保险制度的核心要素是差别化费率机制，通过合理设计规避道德风险。截至2020年年底，实施存款保险制度的146个国家中有52个国家采取差别化费率[①]，呈现上升趋势。

存款保险制度于1933年在美国设立初期采用的是统一费率，其优势是简便易行。由于20世纪80年代的储贷危机，1991年，FDIC取缔单一费率机制，采用由CAMELS评级和资本充足情况构建的3×3矩阵模型确定费率，并于1993年正式实施。促使美国建立风险差别费率机制的原因主要是20世纪80年代储贷危机中暴露的道德风险问题。FDIC从储贷危机中意识到单一费率不但不能对高风险机构形成风险约束和正向引导，还会造成低风险投保机构对高风险投保机构的保费进行补贴，有失公平公正，且极易滋生道德风险，因此FDIC决定将费率机制转向基于风险的差别化费率。

自美国的改革成果得到有效验证后，探索建立风险差别费率制度开始在越来越多的国家及地区被提上日程。加之2008年爆发国际金融危机，各国逐渐对存款保险制度进行改革，引入差别化费率机制，抑制银行的道

---

① 数据来源于IADI网站，https://www.iadi.org/en/about-iadi/message-from-the-chairman/。

德风险。随后基于现实环境的改变和制度运行中发现的问题，存款保险差别化费率机制在国际上逐渐流行，并进行一系列的改革完善，更好地匹配银行风险水平，扩充存款保险基金规模。IADI 统计，到 2020 年 12 月止，实施存款保险制度的 146 个国家中有 52 个国家采用差别化费率，单一费率过渡到风险差别化的费率机制成为发展趋势。

二 中国存款保险制度差别化费率机制的实践

（一）中国存款保险制度的建立

早在 20 世纪末，中国就筹备成立存款保险制度。1993 年颁布的《国务院关于金融体制改革的决定》中明确说明，要"构建存款保险基金"，保障中小储户的合法权益。从 1997 年开始，中国存款保险制度从会议精神的多次传达，到专项课题组的着手设计，时经二十余年的探索，最终于 2015 年 5 月推出《存款保险条例》，这标志着中国正式将存款保险制度显性化。这对深化中国金融改革、构架完整的金融体系和金融安全网来说，是至关重要的一步。自《存款保险条例》推出以来，存款保险制度对中国金融系统的稳定发挥了重要作用。2019 年 5 月，存款保险基金管理有限责任公司成立，标志着存款保险机构开启相对独立运营的新阶段。

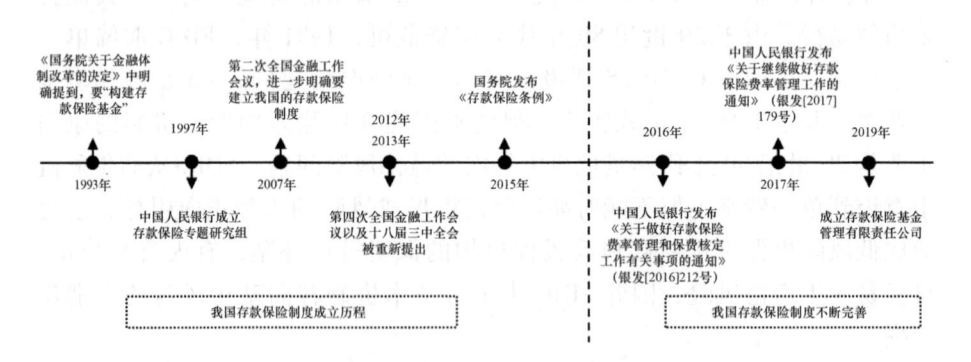

图 8-1 中国存款保险制度发展及完善历程

在具体的制度设计上，中国存款保险制度明确采用"风险最小化"模式，对在中国境内设立的银行业金融机构（包括商业银行、信用合作社、农合行等吸收存款的银行机构）采取强制投保。同时要求存款保险机构

"事前介入、事中接管、事后处置",并强调早期纠正功能。但中国建立这一制度时间较晚,且缺乏处置问题银行的经验,因此也不断出台新的政策文件来完善制度设计,以期充分发挥制度有效性。

在实践成效上,截至2020年年底,中国存款保险制度虽然成立时间仅有五年左右,但在存款保险基金归纳、问题机构风险处置、稳定公众信心和金融系统等方面都发挥了积极作用。截至2020年年底,中国共有4000余家银行机构参与到存款保险制度当中,保费缴纳数额逐年上升,存款保险基金余额于2019年年底累计达到1215.79亿元。在2020年,存款保险基金为应对"包商银行"事件发生支出,包括风险处置、购买不良资产、注资蒙商银行、认购徽商银行股份等,有效化解风险。据中国人民银行官方网站公布的保费收支数据,至2020年年底中国存款保险基金余额为620亿元左右。

表8-1　　　　　　　　中国存款保险基金收支情况　　　　　　单位:亿元

项目	2015年	2016年	2017年	2018年	2019年	2020年
期初余额	—	31.00	238.10	480.28	821.21	1215.79
保费收集	31.00	207.10	242.18	340.93	394.58	423.88
本年支出	—	—	—	—	—	1030.52
期末余额	31.00	238.10	480.28	821.21	1215.79	620.40

资料来源:中国人民银行官方网站。

(二)中国存款保险制度差别化费率机制演进

虽然推出时间晚于大多数国家,但中国存款保险制度也因此具备后发优势,不断探索并借鉴国外存款保险制度的经验,逐步从统一费率过渡至风险差别化费率。差别化存款保险费率作为"风险最小化"模式的存款保险制度设计中重要的一环,对发挥风险校正作用具有重要意义。

2015年中国发布《中国人民银行关于存款保险制度实施有关事项的通知》(银发〔2015〕147号),规定中国存款保险制度设立初期统一适用基准费率万分之1.6,每半年收取一次,由法人投保机构上交。2016年8月发布《关于做好存款保险费率管理和保费核定工作有关事项的通知》(银发〔2016〕212号),规定参考法人投保机构的监管评级进行保费收取,费率分为五档,作为差别化费率机制的试行办法,初步体现差别化风险费率的思想。

2017年7月中国存款保险制度经历一次重要调整。依据《关于继续做好存款保险费率管理工作的通知》(银发〔2017〕179号),进一步规定费率评级根据投保机构经营和风险情况进行定量及定性考量。其中,定量指标涵盖银行的资本充足情况、资产质量、盈利能力、流动性状况等方面;定性指标则主要参考银行的内部治理情况给予评级。再依据定量指标占75%,定性指标占25%的权重,确定银行的风险评分,匹配适用费率,由法人投保机构每半年上交一次。本次调整使得存款保险费率变动范围扩大,且费率档次增加至八档,充分体现差异化,这也标志中国存款保险制度更加成熟。

仅以政策文件尚不能说明中国差别化费率机制的演进,因此以2015年下半年—2019年上半年某省110家法人投保机构的真实存款保险费率波动趋势进行分析(如图8-2所示)。由费率标准差曲线可以发现,2015年下半年中国推出存款保险制度,采用统一费率的收取办法,因此在实施初期费率标准差基本不变,至2017年上半年费率标准差没有显著变动。

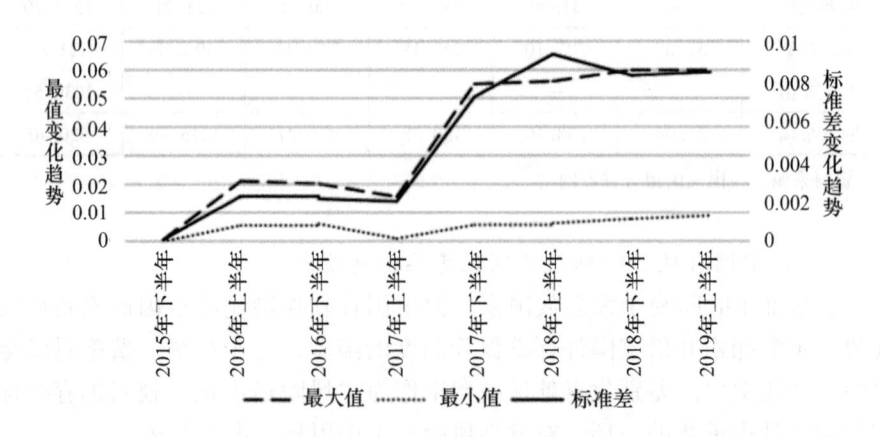

图8-2 2015年下半年—2019年上半年中国存款保险费率标准差及极值[1]
资料来源:所用样本由省份的监管部门提供。

---

[1] 2015年下半年我国采取全国统一费率,但标准差及最大最小值差显示仍有费率变动,是因为存在个别调整,对新设立的投保机构及农信社考虑予以优惠,同时可对个别触及监管红线的银行给予监管惩罚等。

而2017年下半年的标准差迅速增长为2017年上半年的四倍左右，最大和最小值之差也明显扩大，这进一步说明2017年7月份出台的条例使得存款保险费率开始明显差异化，佐证了银发〔2017〕179号文件的出台对差别化存款保险费率具有实质且重大的影响。

在2015年中国正式建立显性存款保险制度的前后，国内学者就存款保险制度对中国的影响展开了多个角度的讨论。姚东旻等（2013）及王晓博等（2015）认为在中国引入存款保险制度起到金融稳定作用。王永钦等（2018）则发现短期来看存款保险制度在中国的负面影响居多，尤其是对小规模银行及地方性银行。赵静和郭晔（2021）发现这一负面影响主要是通过影子银行的渠道进行传导，增加了系统性风险。项后军和张清俊（2020）使用较长年度的数据进行分析，肯定了其对中国银行体系的稳定作用；但同时发现，中国存款保险在抑制高风险银行风险的同时，也激励了低风险银行提高风险承担水平。刘莉亚等（2021）进一步探讨中国存保制度在"隐性"转为"显性"的过程中，如何从风险承担、资产流动性以及融资成本三个路径降低银行流动性创造。

第三节 差别化费率机制对银行风险承担的影响机理

为考察差别化费率对银行风险承担的作用，本节将结合模型推导、相关理论及实践考察等角度，分析其对银行风险承担的影响机理。

一 抑制银行道德风险

（一）两周期模型

首先，本节在Freixas和Rochet（2008）模型基础上构建差别化费率模型，分析差别化费率机制相对固定费率对银行道德风险的抑制作用。与Freixas和Rochet（2008）模型不同的是，本节将模型设定由固定费率拓展为差别化费率。

假设在 $T=0$ 时，银行的所有者权益为 E[①]，银行的存款是 D_0，银行的贷款是 L_0。假定贷款回报 $\tilde{L}_0$ 服从 Bernoulli 分布。一个合理的假定是 $X_0 > D_0$，如果 $X_0 \leq D_0$，银行的贷款投资在概率意义下是亏损的。一个"理性"的银行当然不会做这样的投资，因此 $X_0 > D_0$。当 $\tilde{L}_0 = X_0$，表明银行的贷款成功，其对应的概率是 θ_0。当 $\tilde{L}_0 = 0$ 时，表明银行的贷款无法收回，投资失败，其对应的概率是 $1-\theta_0$。

为引入差别化费率，假定银行向存款保险机构支付的保费 $\tilde{P}$ 是一个随机变量，保费 $\tilde{P} = \begin{cases} P_1, & if\ \tilde{L}_0 = 0 \\ P_2, & if\ \tilde{L}_0 = X_0 \end{cases}$，其中 $P_1 > P > P_2$，如果保费取常数 P，则对应 Freixas 和 Rochet（2008）原模型。

在 $T=1$ 时，银行存款到期，同时银行获得贷款回报 $\tilde{L}_0$。此时银行的清算价值为 $\tilde{V}_1$。存款人获得偿付，偿付资金来自银行资产清算价值和存款保险基金。为简化起见，假定银行只有贷款资产和存款负债；无风险利率（包括存款利率和贷款利率）被规范化为 0，如表 8-2 所示。

表 8-2　　　　　　　　　两周期模型的资产负债表

		T=0		T=1	
资产	贷款	L_0	贷款回报	$\tilde{L}_0$
	保费	$\tilde{P}$	保险支付	$\tilde{S}_1$
负债	存款	D_0	存款	D_0
	所有者权益	E	清算价值	$\tilde{V}_1$

在 $T=0$ 时，根据资产负债表有 $D_0 = L_0 + \tilde{P} - E$。在 $T=1$ 时，$\tilde{V}_1 = \tilde{L}_0 + \tilde{S}_1 - D_0$。而 $\tilde{S}_1 = max(0, D_0 - \tilde{L}_0)$。所以银行清算价值 $\tilde{V}_1$ 满足公式（8-1）。

$$\tilde{V}_1 = E + (\tilde{L}_0 - L_0) + (max(0, D_0 - \tilde{L}_0) - \tilde{P}) \qquad (8-1)$$

式（8-1）说明，银行的清算价值由三部分组成：第一部分是银行初始股权的价值，第二部分是贷款的增加值，第三部分来自存款保险。

根据以上假定，银行股东的期望收益

[①] 所有者权益在这里可以理解为银行的资本金。

第八章　差别化存款保险费率与银行风险承担

$$E(\tilde{V}_1) = E + (\theta_0 X_0 - L_0) + (1 - \theta_0)(D_0 - P_1) - \theta_0 P_2 \quad (8-2)$$

令 $u_1 = P_1 - P$，$u_2 = P - P_2$，重新整理式（8-2）。那么银行股东的期望收益是：

$$E(\tilde{V}_1) = E + (\theta_0 X_0 - L_0) + (1 - \theta_0) D_0 - P - \Psi(u_1, u_2) \quad (8-3)$$

其中 $\Psi(u_1, u_2) = (1 - \theta_0) u_1 - \theta_0 u_2$，$\Psi(u_1, u_2)$ 可以看作银行的风险承担水平，也可以理解为监管机构对银行不合理投资的约束。式（8-3）反映在差别化费率机制下银行道德风险受到抑制。因为如果银行依然铤而走险，在一系列净现值都相同的投资项目中，选择那些投资成功概率较低（θ_0 较小），投资回报较高（X_0 较大）的投资项目的话，银行的最终收益会降低。

当然这一约束作用也具有一定的局限性。令 $\Psi(u_1, u_2) = 0$，可以得到 $\theta_0^* = \dfrac{u_1}{u_1 + u_2}$。当 $\theta_0 = \theta_0^*$ 时，约束作用消失。当 $0 < \theta_0 < \theta_0^*$ 时，那么 $\Psi(u_1, u_2) > 0$。这时银行如果进行投资，那么最终贷款投资收益会降低。当 $\theta_0^* < \theta_0 \leq 1$ 时，得到 $\Psi(u_1, u_2) < 0$。这也就意味着，当投资成功概率较高时，银行投资的积极性较高。同时也看到，在差别化费率的框架下，银行不会仅仅为了追求高收益而冒险投资，而是会根据收益项目投资成功的概率进行投资。也就说明，相对于固定费率，差别化费率机制可以抑制银行的过度风险承担。

（二）模型拓展——三周期模型

在两周期模型中，费率在 $T = 0$ 就已经确定。而在初始时刻，银行在未来经营的好坏事实上未知，因此两周期模型存在一定的缺陷。为了进一步说明差别化费率机制对银行风险承担的抑制作用，接下来建立三周期模型：假定已知在 $T = 0$ 时缴纳的保费为 P，而在 $T = 1$ 时，根据 $T = 0$ 时银行贷款的风险水平设定 $T = 1$ 时的费率，即基于风险收取差别化费率。

如表 8-3 所示，假设在 $T = 0$ 时银行的所有者权益是 E，银行向存款保险机构支付保费 P。在 $T = 0$ 和 $T = 1$ 时，银行分别获得存款 D_0 和 D_1，同时银行对外贷款分别为 L_0 和 L_1；存款和贷款的期限假设只有 1 期。到 $T = 1$ 和 $T = 2$ 时分别获得贷款回报 $\tilde{L}_0$ 和 $\tilde{L}_1$。为简单起见，假设 $\tilde{L}i$（$i = 0, 1$）仍然服从原 Bernoulli 分布。如果 $T = 1$ 和 $T = 2$ 时，银行贷款失败，将需要存款保险支付，假设为 $\tilde{S}_j$（$j = 1, 2$）。容易知道 $\tilde{S}_j = \max(0, D_i - \tilde{L}_i)$，

其中 i 和 j 同上。假定在 $T=1$ 和 $T=2$ 时银行的清算价值为 $\tilde{V}_j$。同两周期模型，三周期模型假定银行只有贷款资产和存款负债；银行无风险利率（包括存款利率和贷款利率）被规范化为 0，但考虑的保险费率结构不同。

表 8-3　　　　　　　　　　三周期模型的资产负债表

		$T=0$		$T=1$		$T=2$	
资产	贷款	L_0	贷款回报	$\tilde{L}_0$		
	保费	P	保险支付	$\tilde{S}_1$		
			贷款	L_1	贷款回报	$\tilde{L}_1$
			保费	$\tilde{P}$	保险支付	$\tilde{S}_2$
负债	存款	D_0	存款	D_0		
	所有者权益	E	存款	D_1	存款	D_1
			清算价值	$\tilde{V}_1$	清算价值	$\tilde{V}_2$

在三周期模型中，经过一期的经营后，存款保险机构根据上一期银行贷款的表现，动态调整费率。具体说来，如果上一期银行的投资失败，那么这一期就调高银行的存款保险费率；如果上一期银行的投资成功回收，那么意味着银行的风险承担水平降低，对应的费率也相应调低。因此，假定在 $T=1$ 时，银行的存款保险费率满足 $\tilde{P} = \begin{cases} p+u_1, & if\ \tilde{L}_0 = 0 \\ p+u_2, & if\ \tilde{L}_0 = X_1 \end{cases}$。

在 $T=0$ 时，根据资产负债表依然有 $L_0+P=D_0+E$。在 $T=1$ 时，有 $\tilde{L}_0+\tilde{S}_1+L_1+\tilde{P}=D_0+D_1+\tilde{V}_1$。将 D_0 和 $\tilde{S}_1$ 代入，整理化简得：

$$\tilde{V} = E + (L_1+\tilde{L}_0-L_0) + (\max(0, D_0-\tilde{L})-P) + (\tilde{P}-D_1)$$
(8-4)

式（8-4）说明，银行在 $T=1$ 期的清算价值由四部分组成：一部分是银行初始股权的价值，一部分是上期银行贷款的投资收益和本期的新增贷款，一部分是上期存款保险带来的价值，最后一部分是当期的保费和存款之差。

对式（8-4）取期望，得到

$$E(\tilde{V}_1) = E + (L_1+\theta_0 X_0-L_0) + ((1-\theta_0)D_0-P) + (\Psi(u_1,u_2)-D_1)$$
(8-5)

式（8-5）反映，银行若想提高当期价值，须增加当期贷款，并提高上期贷款的成功概率。

在 $T=2$ 时，根据资产负债表有 $\tilde{L}_1 + \tilde{S}_2 = D_1 + \tilde{V}_2$。根据前两期资产负债表，消去 D_0 和 D_1：

$$\tilde{V}_2 = \underline{\tilde{V}_1 - E} + \underline{\tilde{L}_1 - L_1 - (\tilde{L}_0 - L_0)} + \underline{\tilde{S}_2 - \tilde{S}_1} - \underline{(\tilde{P} - P)} \quad (8-6)$$

在式（8-6）中，银行在 $T=2$ 的价值是由四部分组成：第一部分是上一期调整的价值，第二部分是贷款的增量，第三部分是当期存款的增量，最后一部分是保费支出。

对式（8-6）取期望得到：

$$E(\tilde{V}_2) = (E(\tilde{V}_1) - E) + ((\theta_1 X_1 - L_1) - (\theta_0 X_0 - L_0)) \\ + ((1-\theta_1)D_1 - (1-\theta_0)D_0) - \Psi \quad (8-7)$$

从式（8-7）可以看出，第2期银行的期望价值由四部分组成：第1期去除所有者权益后的价值，第2期银行贷款净增加的价值，第2期存款净增加的价值，以及银行的风险收益。因此，银行要提高第2期的期望价值，可增加贷款或吸收存款。加总银行两期的价值，得到：

$$E(\tilde{V}_1) + E(\tilde{V}_2) = E(\tilde{V}_1) + (E(\tilde{V}_1) - E) + ((\theta_1 X_1 - L_1) \\ - (\theta_0 X_0 - L_0)) + ((1-\theta_1)D_1 - (1-\theta_0)D_0) - \Psi \quad (8-8)$$

式（8-8）说明，银行在决策投资项目时，需要考虑风险因子 $\Psi = (u_1, u_2)$ 的约束。这就说明在三周期模型的差别化费率模型中，银行在进行投资时的道德风险依然受到抑制。

二 强化银行风险的早期纠正

除抑制银行的事前投资行为，主动降低道德风险外，存款保险制度的特殊性还在于能在银行破产成为既定事实前发挥早期纠正作用。早期纠正作用的发挥与差别化费率机制相互关联，存款保险制度通过风险监测、现场核查等方法确定银行的风险评级，并希望尽早识别出问题银行的指标异动及风险隐患。同时根据资本充足程度等明确的定量标准，及时对风险进行不同程度的事前干预和早期纠正，在规定期限内及时化解风险。在"金融监管理论"框架下，早期纠正作为有效风险处置的"触发机制"，核心是要在投保机构资本耗尽前，由相关机构及时介入，降低金融风险发生的概率，提升金融业的风险防控能力。在"风险最小化"模式的存款保险制度安排下，金融安全网各成员会对投保机构潜在风险进行识别和早期介入，基于新巴塞尔协议等国际法则，对银行的信用风险、流动性风险及市场风险等进行风险防范。

三 提高银行的隐性监管成本

差别化费率机制的评级结果不仅体现了银行风险的动态变化，也通过监管部门之间的信息共享日益成为微观调控的重要依据。《中国金融稳定报告（2020）》显示，风险评级除作为费率收取的依据，也被广泛应用于央行各项工作，例如开展宏观审慎评估、审批再贷款额度及发债资格等工作时，也充分利用风险评级，切实发挥评级结果引导金融机构审慎经营的作用。更高的评级意味着更严格的监管，因此银行迫于监管压力会改善自身的资产质量和资本充足情况，对已放出去的贷款加快坏账回收或者提高拨备覆盖（Nieto and Wall，2006）。同时，评级信息的互联共享也能够限制监督人员对问题银行的容忍度，尽量减少预期损失。这也意味着监管强度的提高，强化市场约束（项后军和张清俊，2020）。

综上，可以发现差别化费率机制抑制中国银行风险的三个影响机理一脉相承，在贷款行为发生前可以抑制冒险经营动机；在贷款行为发生后、事后风险积累甚至破产事件爆发前，有关部门可以及时纠正银行隐患，有效规避风险恶化。事实上，后两个影响机理仍以差别化费率机制的实施为基础，若没有差别化费率对标银行的风险监测，那后面的风险预防也难以展开（见图8-3）。

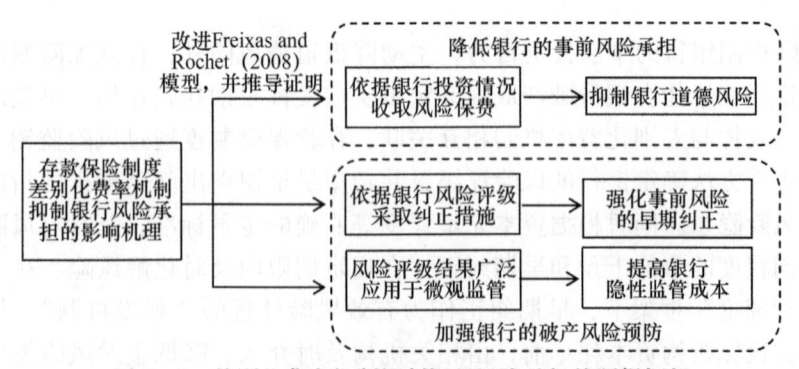

图8-3 差别化费率机制抑制银行风险承担的逻辑框架

第四节　差别化费率机制影响银行风险承担的经验证据

一　样本选择、模型设定及数据来源

（一）样本选择

现有研究存款保险制度影响的文献大都利用跨国数据进行分析，而本节的关注点有所不同。基于既有文献、理论分析与制度背景，本节着重考虑存款保险差别化费率机制对中国中小银行风险承担的影响。结合数据的可得性，选取中国某省法人投保机构作为研究样本。本节基于中国县域层面金融机构开展实证研究，中小银行是金融风险的重点关注对象，也是存款保险制度关注的重中之重，因此本节的研究结论对防范中国金融风险具有实质性的参考意义。

中国的存款保险制度于 2015 年 7 月正式实施，且由于保费是每半年由法人投保机构上交一次，因此选取的样本区间为 2015 年下半年—2019 年上半年，总共 8 个半年度的数据。根据数据统计情况，剔除了指标数据缺失和异常的样本，得出 119 家银行法人机构的平衡面板数据，其中包括 90 家农村商业银行，29 家村镇银行。本节所用银行层面的数据由该省份监管部门提供，宏观层面控制变量（M2 规模、固定资产投资价格指数）数据来源于国家统计局网站，市州层面 GDP 数据来源于各市州网站公布的半年度报告，由作者手工整理汇总。基于既有文献、理论分析与制度背景，本节着重考虑存款保险差别化费率机制对中国中小银行风险承担的影响。

（二）模型设定

本节的实证部分主要是研究存款保险制度的固定费率过渡为差别化费率机制对银行风险承担的影响。为了检验这一影响，设计如下基础模型：

$$Risk_{i,t} = \alpha_0 + \alpha_1 DY_{i,t} + \alpha_2 Control_{i,t} + \mu_i + \varepsilon_{i,t} \quad (8-9)$$

模型中，i 为银行，t 为半年度；被解释变量为银行风险承担 $Risk$；核心解释变量为虚拟变量 DY，代表差别化费率机制是否实施；α_1 刻画的是存款保险制度差别化费率机制对银行风险承担的影响；控制变量为 $Control$；

μ 为法人银行机构的固定效应；ε 为随机扰动项。

（三）变量选取及描述性统计

(1) 被解释变量：银行风险承担

本节借鉴以往文献的研究思路（郭晔和赵静，2017），选取 Z 值作为银行风险承担的代理变量。为确保研究结果的稳健性，本节还参考潘敏和魏海瑞（2015）等，选取资产收益率波动率对数值（3 期窗口移动计算）、贷款拨备率（100×贷款损失准备计提余额/各项贷款余额）作为代理变量进行辅助回归。Z 值综合考量了银行的资产收益率、资本资产比等因素，能够反映银行的破产风险，Z 值越大代表银行承担风险越小，定义 $Z_{i,t}$ = $[ROA_{i,t} + (E/A)_{i,t}] / \sigma(ROA_{i,t})$[①]。

(2) 核心解释变量：是否实施差别化费率机制

模型选用的主要解释变量为是否实施差别化费率这一外生事件，并将其设置为虚拟变量 DY。本节的处理办法为将 2015 年下半年—2017 年上半年设为"0"，2017 年下半年及以后设为"1"。设置依据为 2017 年 7 月，差别化费率收取办法调整，且参照图 8-1 所示的费率标准差直至 2017 年下半年出现明显差距。因此本节设置差别化费率机制发挥政策效应的时间为 2017 年下半年具有合理性。

此外，考虑到 2016 年出台的差别化费率试行办法依然具有一定的差别化费率指导思想。为体现政策制定效果的动态变化过程，以及实证结果的稳健性，本节借鉴王道平（2016）度量中国利率市场化进程渐进性的做法，进一步地，将该虚拟变量进行划分，即将 2015 年下半年—2016 上半年设为"0"，2016 年下半年—2017 年上半年设为"1"，2017 年下半年—2019 年上半年设为"2"，并将其定义为 DY_2，用于稳健性检验。

(3) 控制变量

本节考虑了宏观经济状况、地区发展水平及银行层面的控制变量。一方面，考虑到银行经营情况会受到货币政策工具的影响，因此本节选取货币供应量对数值（lnM2）作为宏观层面的控制变量；另一方面，考虑到本节选取的样本可能会受到宏观层面经济水平的影响，因此选取银行层面的各法人投保机构所在市州层面的 GDP 增速（Gdp）作为地区经济水平的控

---

① 其中 ROA 为资产收益率，E/A 为资本与总资产的比率，σ（ROA）为 ROA 的标准差（用 3 个连续时期的滚动窗口计算）。

制变量，同时还控制了固定资产投资价格指数（Ipr）。在银行层面，本节参考郭晔和赵静（2017）、汪莉（2017）及赵胜民和陈倩（2019）等研究，从规模、盈利性、流动性以及经营效率等方面，分别选取资产规模对数值（lnA）、资产利润率（净利润×折年系数/资产平均余额）、流动性比例（100×流动性资产/流动性负债）和成本收入比（100×营业成本/营业收入）作为控制变量。考虑可能出现的离群值问题，本节对数据进行了缩尾（Winsorize）处理，各变量的描述性统计如表8-4所示。

表8-4　　　　　　　　各变量描述性统计

	变量	代表符号	均值	标准差	最小值	最大值
银行风险承担	Z值	Z	5.29	8.23	-0.72	61.75
	贷款拨备率	Lpr	5.46	2.13	2.50	15.18
	资产收益率波动率	lnRoav	-0.91	0.93	-3.85	0.83
核心解释变量	是否实施差别化费率机制	DY	0.50	0.50	0	1
		DY_2	1.25	0.83	0	2
控制变量	资产利润率	Roa	1.24	0.89	-0.75	4.04
	流动性比例	Liquidity	56.54	26.93	-11.60	150.48
	成本收入比	Cost	38.42	10.69	19.35	82.49
	资产规模对数值	lnA	12.98	0.95	10.96	15.04
	货币供应量对数值	lnM2	6.22	0.05	6.14	6.28
	市州层面GDP增速	Gdp	7.93	0.74	5.10	9.90
	固定资产投资价格指数	Ipr	102.55	2.83	97.10	105.20

二　实证结果及分析

(一) 差别化存款保险费率抑制银行风险承担：基本结果

差别化存款保险费率对样本农村银行风险承担影响的基本结果如表8-5所示。根据Hausman检验结果，认为在5%的置信水平下选用固定效应模型优于随机效应模型。依据表8-5中（2）固定效应模型的回归结果，得到以下结论。政策虚拟变量DY系数为2.0198，在1%的置信水平下显著为正，说明2017年下半年对存款保险制度实施依据银行风险状况进行评级以收取保费的差别化费率机制，抑制银行的风险承担。这也与Liu 等（2016）和 Bergbrant 等（2016）的研究结论相契合，说明存款保险制度差别化费率机制一定程度可以规避道德风险带来的不良影响。项后军和张清俊（2020）利用中国推出存款保险制度这一事件，基于全国银行样本进行实证检验，也认为存款保险制度的推出有利于银行体系的稳定，与本节相比虽然研究视角有所差异，但结论具有相似之处。

关于银行个体层面的其他控制变量，可以发现资产收益率（ROA）的回归系数显著为正，说明银行的盈利水平越高，Z 值越高，风险承担水平越低。这说明农村银行的风险水平与自身的盈利能力密切相关，尤其在当前利率市场化不断推进、互联网金融快速发展、市场竞争加剧的情况下，农村银行等中小银行更应该拓宽业务渠道，获取新的收入来源，并压缩业务成本，提高自身的经营效率。与此同时也发现，成本收入比（Cost）和流动性比例（Liquidity）的显著性则相对较弱，可能是因为本节所选样本相对有限（农村银行），并且由表 8-4 的描述性统计也发现两个指标的标准差较大，也会影响实证结果。而资产规模（lnA）与银行风险承担水平之间的关系在以往文献中则存在不同观点，因为其蕴含了客户来源、经营策略等多方面的信息，很难单纯被定义是正相关还是负相关（Delis and Kouretas, 2011）。但考虑到资产规模对银行经营的重要性，本节在后续部分将其作为一个重要的分组依据进行更具体的分析。

表 8-5　差别化费率对银行风险承担的影响：基本结果

	被解释变量：Z			
	（1）RE	（2）FE	（3）DiffGMM	（4）SysGMM
L1. Z	—	—	0.0630 * （0.0369）	0.2291 *** （0.0063）
DY	1.9121 *** （0.4525）	2.0198 *** （0.4496）	1.2272 ** （0.5109）	0.4900 *** （0.1019）
Roa	2.7524 *** （0.4126）	2.7174 *** （0.4738）	1.5431 （1.0395）	2.1062 *** （0.1310）
Cost	-0.0034 （0.0235）	-0.0316 （0.0313）	0.0302 （0.0487）	-0.0400 *** （0.0082）
Liquidity	0.0104 （0.0094）	0.0021 （0.0110）	0.0079 （0.0291）	0.0482 *** （0.0046）

续表

	（1）RE	（2）FE	（3）DiffGMM	（4）SysGMM
被解释变量：Z				
ln$A$	0.6434 (0.4030)	-2.3322 (1.8533)	0.5127 (4.9104)	0.5263*** (0.0855)
ln$M2$	17.1073* (10.2581)	20.6967** (9.8582)	-5.8532 (16.2258)	4.4309* (2.5282)
Gdp	-0.3559 (0.4235)	-0.6593 (0.4907)	-1.4453 (1.2293)	-0.9288*** (0.1389)
Ipr	-0.1330 (0.1920)	-0.1077 (0.1899)	0.6450** (0.3233)	0.7572*** (0.0450)
R^2	0.0761	0.0792	—	—
N	119	119	119	119
F检验	—	7.54***	—	—
LM检验	50.22***			
Hausman检验	14.68** [0.0402]			
Wald检验	67.34***	—	66.39***	3876.57***
Sargan检验	—	—	96.2202 [0.3003]	96.1102 [0.3103]

资料来源：常数项结果略去；*、**、***分别代表在10%、5%、1%的水平下显著；括号（）内为各系数的标准误；括号［］内为检验对应的p值。

（二）基于动态面板模型的进一步考察

考虑到银行层面的数据可能有内生性的问题，前期被解释变量也有可能影响当期被解释变量，而动态面板对于内生性有较好的处理。因此本节进一步设置动态面板模型进行两步法分析，并设定回归方程式（8-10）：

$$Risk_{i,t} = \alpha_0 + \alpha_1 Risk_{i,t-1} + \alpha_2 DY_{i,t} + \alpha_3 Control_{i,t} + \mu_i + \varepsilon_{i,t}$$

（8-10）

其中，将 DY 设置为外生解释变量，而其他控制变量被视为内生解释变量，使用系统 GMM（Twostep）的动态面板模型进行实证检验，回归结果列于表8-5的（3）（4）列。Sargan 检验结果表明模型所用工具变量均有效，即意味着本节所选用的模型和变量可以合理解释实证结果。根据表

8-5（4）所列系统 GMM 的回归结果分析，Z 值受滞后一期影响，说明银行的经营状况具有一定的连续性。DY 系数为 0.49 且高度显著，表明差别化费率对银行风险承担具有显著的抑制影响，为研究假说提供了进一步的证据支持。

（三）差别化存款保险费率对银行风险承担抑制作用的异质性分析

差别化存款保险费率对银行风险承担抑制作用的存在性已经在前述内容得到充分体现。那么自然而然引出新的问题，针对不同类型的银行，差别化费率机制发挥的作用是否存在差异？接下来讨论对风险水平不同、资产规模不同、自身类型不同的银行的异质性影响。

（1）按风险水平进行分组分析

将样本银行按风险承担水平的均值进行排序，选取风险承担最小的 30% 样本及最大的 30% 样本进行分组讨论，分别为子样本1和子样本2，结果列示于表8-6。

根据固定效应模型的回归结果，如表8-6的（1）列和（2）列显示，低风险农村银行的 DY 系数为 6.05 且高度显著，高风险农村银行的 DY 系数明显更小且不显著，而全部样本的 DY 系数为 2.02。说明对原本自身风险更小的银行来说，差别化费率机制起到的风险承担抑制作用更明显；而对自身风险水平较高的银行来说，差别化费率起到的风险承担抑制作用反而较弱。这说明存款保险制度发挥的效应依银行自身差异而存在异质性，对自身资产质量更好、经营状况更稳健的银行来说，道德风险更能有效化解（Laeven and Levine，2009；Liu et al.，2016）。

进一步分析，对自身经营本就稳健、风险承担水平本就较小的银行来说，好的政策起到的约束作用相当于锦上添花。在受到风险评级和差别化费率的调控后，经营状况相对较好的风险有更多渠道和手段来降低下一期的风险，其资产调控相对灵活，改善贷款指标、拨备情况的手段等也更加多样。而对于自身经营状况存在问题的银行来说，一是经营风格和累积的资产质量问题，难以在短时间得到改善，资产、贷款及拨备等指标的调整并不灵活；二是监管部门对其管理和约束成本高，政策效果的发挥也受更多干扰因素影响。

表8-6　　差别化费率对银行风险承担的影响：异质性讨论

被解释变量：Z

	分风险大小		分资产规模		分银行类型	
	(1) 子样本1：风险低	(2) 子样本2：风险高	(3) 子样本3：资产规模大	(4) 子样本4：资产规模小	(5) 子样本5：农商行	(6) 子样本6：村镇银行
DY	6.0464*** (1.1811)	0.0490 (0.2250)	2.6202** (0.9849)	1.0946 (0.8103)	2.4994*** (0.5670)	0.4666 (0.8277)
Roa	7.1229*** (1.9186)	1.4812*** (0.2799)	3.3900*** (1.2017)	2.6297*** (0.6282)	3.1170*** (0.6525)	2.4798*** (0.5935)
Cost	-0.0908 (0.1086)	-0.0072 (0.0100)	-0.1311** (0.0641)	0.0409 (0.0436)	-0.0477 (0.0427)	0.0401 (0.0401)
Liquidity	-0.0196 (0.0309)	0.0121** (0.0050)	0.0054 (0.0195)	0.0315 (0.0192)	-0.0038 (0.0129)	0.0332 (0.0221)
lnA	-5.7723 (7.6767)	0.8245 (0.6049)	-6.1052 (8.7340)	0.2747 (2.1751)	-7.2229 (6.2013)	-0.7638 (2.3060)
lnM2	48.9250 (32.3000)	9.7617* (5.3611)	11.8831 (20.0690)	19.8698 (19.8158)	29.5054* (15.3903)	12.7136 (22.6125)
Gdp	-3.0461** (1.4450)	0.4773* (0.2454)	-0.4657 (1.0955)	-0.0515 (0.7709)	-1.1956* (0.6707)	0.9625 (0.6957)
Ipr	-0.4675 (0.6275)	0.0274 (0.0897)	0.1840 (0.3640)	0.2429 (0.3479)	-0.1477 (0.2525)	0.5172 (0.3594)
R^2	0.1407	0.3095	0.1177	0.1339	0.0832	0.1595
N	35	35	35	35	90	29
F检验	8.63***	13.56***	2.29**	6.10***	5.58***	7.03***

资料来源：受篇幅限制，回归结果只报告固定效应模型结果，常数项结果略去；*、**、***分别代表在10%、5%、1%的水平下显著；括号（）内为各系数的标准误；括号［］内为检验对应的p值。

（2）按银行资产规模进行分组分析

考虑到银行经营行为和破产风险可能受资产规模影响而存在差异。基于农村银行资产规模，又将119个样本按照资产规模均值进行排序，选取前30%和后30%，形成子样本3和子样本4，讨论存款保险制度差别化费率机制对资产规模不同的银行风险承担的异质性影响。依据该设计思路，固定效应模型的回归结果同样列示于表8-6。

如表8-6的（3）列和（4）列所示，子样本3的 DY 系数为2.62，子样本4的 DY 系数并不显著。这说明对自身规模相对较大的银行来说，差别化费率机制起到的风险承担抑制作用更明显；而对资产规模相对较少的银行，差别化费率机制起到的风险承担抑制作用不明显。

本节的实证结果倾向于资产规模更大的银行具备更强的风险抵抗能力，风险承担水平相对较低。徐明东和陈学彬（2012）认为银行资产规模更高则其受到的管控可能更为严格，经营策略越发保守。从这一角度来讲，也与本节的研究结果相契合。在推进存款保险制度的过程中，应更加重视小型银行的治理和经营风险，完善银行的竞争环境。针对信息披露不健全、费率测算存在困难的小银行，更应在定价及事前风险防控等方面提高重视（明雷等，2019）。

（3）按银行类型进行分组分析

本节所用样本为农村银行，而其中主要涉及农村商业银行及村镇银行。二者在服务定位上都主要是为当地提供三农支持和小微支持，但在经营模式和资产规模、跨区经营等方面存在诸多差异。农商行是由农村合作银行、农村信用社改制组建而来，并可根据业务发展需要，设立分行及分支机构。而村镇银行注册资本低、控股权较集中，且多设立在县域层面，辐射范围小。因此，基于样本中银行类型的可分性及样本自身差异性，将119个样本进行分组回归，两个子样本中分别有90个农商行和29个村镇银行，即子样本5和子样本6，讨论差别化存款保险费率对农商行和村镇银行风险承担的异质性影响，结果同样列示于表8-6。

由表8-6的（5）列和（6）列的对比发现，这一划分结果之间的系数存在明显差异，农商行样本核心解释变量的系数为2.50且高度显著；村镇银行样本核心解释变量并不显著。这说明差别化费率机制对村镇银行风险承担的抑制作用有限。郭妍和韩庆潇（2019）也曾指出，农商行可以通过规模调整实现盈利水平、支农效率和经营风险之间的最优平衡。村镇银行在经营规模上则相对受限。除此之外，可能也是因为在经营模式层面，农商行的治理机制相对健全完善；在风险分散能力层面，村镇银行分支机构较少，从而抗风险能力较弱。

（四）稳健性分析

（1）替换解释变量

在解释变量层面，为了检验估计结果的稳健性，进一步考察了 DY_2 作为主要解释变量的回归结果，列于表 8-7。为体现政策实施的渐变过程，本节将差别化费率这一虚拟变量替换为 DY_2 再次进行回归，由表 8-7（2）列的固定效应模型回归结果可见，DY_2 系数为 1.0745 且依然显著，表明结论依然成立。差分 GMM 和系统 GMM 的结果也与前文结论具有一致性。这进一步说明差别化费率作为"风险最小化"制度模式中的重要安排，充分发挥了抑制银行风险承担的作用。

表 8-7　差别化费率对银行风险承担的影响：基本结果

	（1）RE	（2）FE	（3）DiffGMM	（4）SysGMM
被解释变量：Z				
L1.Z	—	—	0.0695*** (0.0149)	0.2501*** (0.0082)
DY_2	0.7547 (0.4933)	1.0745** (0.5101)	0.8394** (0.3853)	0.0159* (0.2132)
Roa	2.7443*** (0.4098)	2.7109*** (0.4704)	1.3303*** (0.3606)	1.9543*** (0.1501)
Cost	-0.0103 (0.0236)	-0.0419 (0.0326)	-0.0103 (0.0185)	0.0146 (0.0126)
Liquidity	0.0106 (0.0095)	0.0025 (0.0111)	0.0099 (0.0119)	0.0450*** (0.0052)
lnA	0.6223 (0.4034)	-2.3334 (1.8423)	1.5611 (2.0666)	0.5036*** (0.1152)
lnM2	28.3168** (11.7128)	29.2081** (11.2474)	-4.1384 (8.3746)	11.9067*** (3.4668)

续表

被解释变量：Z				
	(1) RE	(2) FE	(3) DiffGMM	(4) SysGMM
Gdp	-0.2102 (0.4330)	-0.5223 (0.5034)	-1.3457*** (0.3862)	-0.7924*** (0.1689)
Ipr	-0.2496 (0.1935)	-0.2599 (0.1882)	0.4660*** (0.0990)	0.6717*** (0.0604)
R^2	0.0724	0.0755	—	—
N	119	119	119	119
F 检验	—	7.04***	—	—
LM 检验	49.58***	—	—	—
Hausman 检验	18.94*** [0.0084]	—	—	—
Wald 检验	61.07***	—	318.88***	4219.63***
AR (2) 检验	—	—	-1.3728 [0.1698]	—
Sargan 检验	—	—	—	89.8653 [0.3108]

资料来源：受篇幅限制，回归结果只报告固定效应模型结果，常数项结果略去；*、**、*** 分别代表在 10%、5%、1% 的水平下显著；括号（）内为各系数的标准误；括号 [ ] 内为检验对应的 p 值。

(2) 替换被解释变量

同样，在被解释变量层面，为检验研究结论的可信性，本节也通过替换多种代理变量进行稳健性检验。参考潘敏和魏海瑞（2015）及张雪兰和何德旭（2012），采用资产收益率波动率（ln$Roav$）及贷款拨备率（Lpr）对银行风险承担进行衡量，替换 Z 值，对上述模型进行回归。其中，资产收益率波动率（ln$Roav$）与银行风险正相关，贷款拨备率（Lpr）与银行风险负相关，替代检验后可发现 DY 作为主要变量系数符号代表意义与前文结论一致，各控制变量的符号与显著性也基本一致，实证结果较为稳健，具体结果列于表 8-8。

表8-8　差别化费率对银行风险承担的影响：替换被解释变量

	替换被解释变量			
	ln$Roav$		Ipr	
	（1）RE	（2）FE	（3）RE	（4）FE
DY	-0.1806*	-0.1618**	0.5028*	0.5589***
	（0.0987）	（0.0766）	（0.2009）	（0.1966）
Roa	0.0406	-0.0095	-0.6837***	-0.6702***
	（0.0358）	（0.0579）	（0.1004）	（0.1018）
$Cost$	-0.0029	0.0027	-0.0277***	-0.0325***
	（0.0029）	（0.0036）	（0.0077）	（0.0070）
$Liquidity$	-0.0006	0.0000	-0.0015	0.0004
	（0.0010）	（0.0013）	（0.0024）	（0.0020）
ln$A$	-0.1639***	0.3304	-0.6025*	-4.4472***
	（0.0402）	（0.3184）	（0.3483）	（1.1486）
ln$M2$	-9.1181***	-10.5479**	4.5462*	10.1762***
	（1.4946）	（1.3550）	（2.6144）	（2.4999）
Gdp	-0.1055**	-0.0934*	-0.0172	-0.1300
	（0.0413）	（0.0512）	（0.1009）	（0.1081）
Ipr	0.0563***	0.0513**	-0.0280	0.0366
	（0.0174）	（0.0215）	（0.0326）	（0.0369）
R^2	0.2365	0.2450	0.2887	0.3679
N	119	119	119	119
F检验	—	27.38***	—	12.14***
LM检验	62.92***	—	1096.45***	—
Hausman检验	62.78*** [0.0007]	—	48.99*** [0.0000]	—
Wald检验	281.36***	—	119.70***	—

注：受篇幅限制，回归结果只报告固定效应模型结果，常数项结果略去；*、**、***分别代表在10%、5%、1%的水平下显著；括号（）内为各系数的标准误；括号［］内为检验对应的p值。

(3) 将政策时间滞后一期

本节同时考虑到政策效果很可能会受到实施的时间滞后影响，为克服内生性问题，参照类似研究（王道平，2016），在政策变量设置上将政策实施时间推后一期作为时间虚拟变量的分割点进行稳健性考察，以检验实证结果是否仍然成立。由于篇幅限制此处回归结果列于表8-9，由数据可见系数符号与显著性基本和前文保持一致，进一步证明本节结论的可靠性。

表8-9　　差别化费率对银行风险承担的影响：滞后一期

	将政策时间滞后一期（Lpr）			
	RE	FE	RE	FE
L1.DY	0.5038 ***	0.3360 ***		
	(0.1701)	(0.1177)		
L1.DY_2			0.6893 ***	0.5087 ***
			(0.1441)	(0.0950)
Roa	-0.6769 ***	-0.6655 ***	-0.7071 ***	-0.6887 ***
	(0.0642)	(0.1023)	(0.0638)	(0.1017)
$Cost$	-0.0264 ***	-0.0322 ***	-0.0229 ***	-0.0291 ***
	(0.0054)	(0.0072)	(0.0055)	(0.0073)
$Liquidity$	-0.0014	0.0004	-0.0008	0.0009
	(0.0019)	(0.0021)	(0.0019)	(0.0021)
lnA	-0.5691 *	-4.3032 ***	-0.5478	-4.1848 ***
	(0.1502)	(1.1651)	(0.1499)	(1.1627)
$lnM2$	2.9830	11.4408 ***	-2.7045	6.5547 *
	(2.9565)	(3.2260)	(3.1751)	(3.2090)
Gdp	0.0223	-0.0640	-0.0160	-0.0923
	(0.0701)	(0.0945)	(0.0703)	(0.0955)
Ipr	0.0138	0.0564	-0.0348	0.0230
	(0.0342)	(0.0357)	(0.0283)	(0.0341)
R^2	0.2871	0.3610	0.2985	0.3680
N	119	119	119	119
F检验		13.31 ***		13.89 ***

续表

	将政策时间滞后一期（Lpr）			
	RE	FE	RE	FE
LM 检验	1098.34 ***		1113.87 ***	
Hausman 检验	125.49 *** [0.0000]		118.17 *** [0.0000]	
Wald 检验	138.82 ***		349.02 ***	

注：受篇幅限制，回归结果只报告固定效应模型结果，常数项结果略去；*、**、*** 分别代表在 10%、5%、1% 的水平下显著；括号（）内为各系数的标准误；括号 [ ] 内为检验对应的 p 值。

（4）进一步控制时间效应

为进一步保证实证结果的可靠性，尽可能排除干扰因素的影响，本节在原有固定效应模型基础上，还尝试同时控制个体效应和时间效应再次进行回归，同时使用替代变量贷款拨备率（Lpr）作为进一步验证，结果依然基本与前述结论保持一致，见表 8-10。

表 8-10　差别化费率事件对银行风险承担的影响：控制时间效应

	控制时间效应			
	被解释变量：Z		被解释变量：Lpr	
DY	3.6611 *** (0.8333)		0.5795 ** (0.2459)	
DY_2		1.0983 ** (0.5143)		0.2195 (0.2152)
Roa	2.4967 *** (0.4323)	2.6509 *** (0.4512)	-0.6730 *** (0.1050)	-0.6490 *** (0.1024)
$Cost$	-0.0402 (0.0320)	-0.0459 (0.0333)	-0.0326 *** (0.0071)	-0.0336 *** (0.0074)
$Liquidity$	0.0067 (0.0110)	0.0039 (0.0111)	0.0004 (0.0021)	0.0000 (0.0021)
lnA	-2.2090 (1.8100)	-2.2640 (1.8187)	-4.4456 *** (1.1483)	-4.4620 *** (1.1773)

续表

	控制时间效应			
	被解释变量：Z		被解释变量：Lpr	
ln$M2$	144.8362 *** (45.1791)	67.4600 ** (34.0530)	11.7335 (6.8374)	-1.0460 (6.4020)
Gdp	-1.1108 * (0.5631)	-0.5782 (0.5182)	-0.1357 (0.1185)	-0.0592 (0.1095)
Ipr	-0.3753 (0.2282)	-0.3477 (0.2219)	0.0332 (0.0365)	0.0336 (0.0335)
R^2	0.0856	0.0762	0.3679	0.3618
时间效应	控制	控制	控制	控制
个体效应	控制	控制	控制	控制
N	119	119	119	119
F检验	7.05 ***	6.44 ***	11.47 ***	12.12 ***

注：受篇幅限制，回归结果只报告固定效应模型结果，常数项结果略去；*、**、*** 分别代表在10%、5%、1%的水平下显著；括号（）内为各系数的标准误；括号［］内为检验对应的 p 值。

第五节 农信社改制的影响

需要客观认识到，近年来中国多项金融改革举措同时推进，也强调健全银行的治理机制，因此仅考虑存款保险制度单一事件的影响易疏漏其他政策的效果。

2011年，原银监会宣布不再组建新的农信社和农村合作银行，"成熟一家改制一家"，逐步将有条件的农信社改组为农商行。2016—2018年，中央一号文件先后提出"开展省联社改革试点""抓紧研究制订省联社改革方案""推动农村信用社省联社改革"，农信社改制步伐加快。至2018年年底，山东、安徽、湖北、江西、湖南等多个省份已基本完成改制。如图8-4所示，农商行数量急剧增加，农信社逐渐退出历史舞台。

但同时也发现，2016年以来农商行被下调评级家数明显增加，2018

年降级16家，截至2019年7月已有13家银行被下调评级①，且多地农商行被曝挤兑风波，区域性银行经营的稳定性值得重点关注。中国人民银行发布的《中国金融稳定报告（2019）》中明确提到，部分农信社改制前背有巨额亏损挂账，资本严重不足，拨备缺口大，改制后并未解决沉重历史包袱。"存款保险机构要通过早期纠正、改革重组、收购承接和市场化退出等方式有序化解风险"。

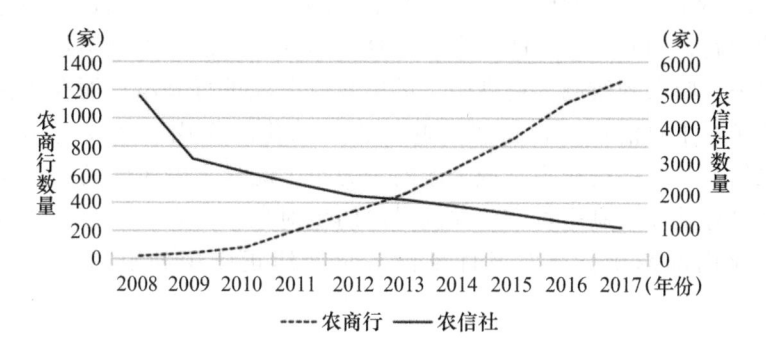

图8-4 2008—2017年全国农商行及农信社数量变化

在研究层面，有学者考虑同时期的其他金融改革政策对银行风险承担的综合影响。王道平（2016）发现，在利率市场化推进过程中，存款保险制度有利于抑制银行危机的发生。尹雷和卞志村（2016）、田国强等（2016）也表明，存款保险制度的设立有利于金融体制改革平稳推进，抑制风险事件的发生。

因此，为排除其他政策影响因素的干扰，进一步考察存款保险差别化费率机制联合农信社改制事件对农商行风险承担水平的综合影响，也可以再次验证实证部分结论的稳健性。主要出于以下两点考虑。

第一，本章节所用样本为农村银行，其中主要为农商行，是由原农信社、农合行等改制而来。农信社改制不仅与中国存款保险制度实际落地、推行的节奏相近，过程当中也存在道德风险和市场退出机制的问题。而且两项金融改革举措对中小银行的业务经营与治理机制都存在相当的影响。尤其是农信社改制事件，对本章节选用的农村银行样本具有直接和重要的

---

① 数据来源于Wind数据库及信息整理。

影响。本节选取的样本期间为 2015 年下半年—2019 年上半年，同时发现样本所在省份的农信社改制也恰巧自 2015 年开始加速推进。截至 2019 年上半年，样本内 90 家农商行中，有 53 家农商行是自 2015 年下半年以来由农信社银行化改制而来，对其自身经营以及风险承担也自然存在影响。因此，不能忽视这一重要金融改革对样本的政策效应。

第二，通过文献追溯，本书也发现早前就有学者论证存款保险制度与农信社改制相互影响的内在逻辑。谢平（2001）认为，改制过程中存在道德风险问题，即农信社可能将由于自身原本的经营或者管理不足导致的坏账损失一并归入到改制的包袱中，借用政府拨款进行剥离；而存款保险制度的安排对于农信社的道德风险起到很好的化解作用。高波（2017）提出，农信社和农商行作为县域金融的主力军，既是金融风险防控的重要目标，也是存款保险制度着重关注的风险防范对象；二者协同配合有利于农商行强化内部约束，有效发挥事前的早期纠正作用和事后的风险处置作用。

一　模型设计

考虑本节所用样本的实际情况，农信社改制与存款保险制度的正式推出和完善时间节奏相近，为检验存款保险制度对银行风险承担的抑制作用是否受农信社改制影响，本节将进一步探讨二者的综合效应。截至 2019 年上半年，样本所含 90 家农商行中，有 53 家农商行是自 2015 年下半年以来由农信社银行化改制而来，对其自身经营以及风险承担也自然存在影响。因此，为排除其他政策影响因素的干扰，进一步验证实证结论的稳健性，即考察存款保险差别化费率机制联合农信社改制事件对农商行风险承担水平的综合影响，本节继续设置模型（8-11）和模型（8-12）：

$$Risk_{i,t} = \alpha_0 + \alpha_1 Reform_{i,t} + \alpha_2 Control_{i,t} + \mu_i + \varepsilon_{i,t} \quad (8-11)$$

$$Risk_{i,t} = \alpha_0 + \alpha_1 Reform_{i,t} + \alpha_2 DY_{i,t} + \alpha_3 Reform_{i,t} \times DY_{i,t} \\ + \alpha_4 Control_{i,t} + \mu_i + \varepsilon_{i,t} \quad (8-12)$$

式（8-11）中，i 为银行，t 为半年度；被解释变量为银行风险承担 $Risk$；核心解释变量为虚拟变量 $Reform$，代表样本银行是否实施了农信社改制；α_1 刻画的是农信社改制对农商行风险承担的影响；控制变量为 $Control$；μ 为银行机构的固定效应；ε 为随机扰动项。式（8-12）中，又引入交互项 Reform×DY，为研究农信社改制及存款保险制度差别化费率机制对银行风险承担的共同作用进行拓展分析。

二　变量选取及定义

同前文，被解释变量依然为 Z 值，控制变量的选取也保持一致。关于虚拟变量 Reform，设置依据为样本是否在该半年度由农信社实行改制而来，如果是则设置为"1"，如果否则设置为"0"。改制时间的判断以工商执照注册时间为依据。考虑改制事件对银行产生的影响存在滞后，为保证实证结果稳健性，设置改制时间的虚拟变量时将其滞后一期。

三　实证结果及分析

首先对模型（8-11）进行回归，简要分析农信社改制单一外生事件对农商行风险承担的影响。依据表 8-11（1）中 FE 回归结果来看，L. Reform 这一虚拟变量系数显著为负，说明农信社改制为农商行，在短期来看提高了银行的风险承担。短期来看，银行化改制是农信社剥离不良资产、完善治理机制的规范化改革；但改制过程中，不良资产的清收主要由政府出资支持或者利用拨备、盈利进行核销，背后可能会引致新的道德风险，主要表现为原可以收回的贷款，寄希望于通过政府注资实现剥离；以及处置不良资产时的不规范行为，导致错过不良贷款最佳收回期限，实则埋下风险隐患，不利于改制后的可持续发展。而改制的另一重头戏即完善股权结构，规范治理体系，从目前来看农商行的法人治理也还没有完全将制衡机制及激励约束机制融入日常经营，与完善有效的公司治理机制还有差距。

然后，对模型（8-12）进行回归，进一步考察存款保险差别化费率机制对农商行的风险抑制作用是否受同期其他政策效果干扰。表 8-11 的（3）列考虑了农信社改制以及存款保险制度差别化费率机制的交互作用对样本区间内农商行的风险承担影响。L. Reform 这一虚拟变量系数依然显著为负，但交互项系数显著为正，说明农信社改制虽然提高了银行的风险承担，但当同时考虑存款保险制度差别化费率机制的推出，二者的综合影响是抑制银行的风险承担。这一方面说明差别化费率机制对银行风险承担的抑制作用依然显著存在，本节的结论具有稳健性；另一方面也说明农信社改制短期内加大银行体系风险,但基于风险评级的差别化费率机制能够抑制这一负面影响,起到稳定金融体系的作用。

这说明合理的存款保险制度设计可以缓和其他金融改革举措在短期内对银行风险承担造成的消极影响。一方面,差别化费率机制实施后,明确规定存款保险制度的费率评级也将被视为银行日常监督的指标,有利于发挥存款保险制度早期纠正作用,抑制道德风险。另一方面,费率评级需要银行加强信息披露,而资产透明度越高,越能减少监管套利的行为,降低银行的系统性风险,也可以督促银行完善内部治理机制。

表8-11　农信社改制为农商行及其与差别化费率的共同影响

	被解释变量:Z			
	农信社改制		农信社改制与差别化费率事件	
	(1) RE	(2) FE	(3) RE	(4) FE
$L.Reform$	-2.6697**	-3.1738***	-2.7516***	-3.1395***
	(1.2561)	(1.0230)	(0.9628)	(1.0298)
DY	—	—	-2.0685**	-1.3545
			(1.0459)	(1.0837)
$L.Reform * DY$			3.7612***	3.3839***
			(1.1832)	(1.2756)
Roa	2.2013***	1.8545***	2.2361***	1.9261***
	(0.5006)	(0.3844)	(0.4398)	(0.3878)
$Cost$	-0.0461	-0.0580	-0.0402	-0.0511
	(0.0337)	(0.0479)	(0.0365)	(0.0465)
$Liquidity$	0.0194	0.0263	0.0202	0.0269
	(0.0145)	(0.0163)	(0.0134)	(0.0163)
lnA	0.9146	-3.6778	0.9602	-5.5421
	(0.8244)	(5.4641)	(1.2020)	(5.6006)
$lnM2$	23.2975**	29.6287**	4.2380	10.8011
	(11.8617)	(13.9112)	(11.1072)	(14.0666)
Gdp	-1.4530***	-1.8760**	-1.6935**	-2.2509**
	(0.4946)	(0.8817)	(0.6818)	(0.9167)

续表

	被解释变量：Z			
	农信社改制		农信社改制与差别化费率事件	
	(1) RE	(2) FE	(3) RE	(4) FE
Ipr	0.5034**	0.6245**	0.5530**	0.6991**
	(0.2254)	(0.2933)	(0.2542)	(0.3043)
R^2	0.1202	0.1234	0.1262	0.1304
N	90	90	90	90
F 检验	—	6.37***	—	5.59***
LM 检验	118.17***	—	120.24***	—
Hausman 检验	45.21*** [0.0000]	—	17.99** [0.0352]	—
Wald 检验	80.64***	—	48.55***	—

注：受篇幅限制，回归结果只报告固定效应模型结果，常数项结果略去；*、**、*** 分别代表在10%、5%、1%的水平下显著；括号（）内为各系数的标准误；括号［］内为检验对应的 p 值。

四 稳健性检验

本节替换解释变量和被解释变量进行稳健性检验，在考虑政策变量滞后一期的同时用资产收益率波动率刻画银行风险承担，回归结果依然显著成立，结果列于表 8-12。

表 8-12　农信社改制为农商行及其与差别化费率的综合影响

	被解释变量：lnRoav					
	(1) 农信社改制		农信社改制与差别化费率			
			(2)		(3)	
	RE	FE	RE	FE	RE	FE
L.Reform	0.5916***	0.6002***	0.6167***	0.6149***	0.8177***	0.8399***
	(0.1671)	(0.1873)	(0.1749)	(0.1903)	(0.1955)	(0.2159)

续表

	被解释变量：ln$Roav$					
	(1) 农信社改制		农信社改制与差别化费率			
			(2)		(3)	
	RE	FE	RE	FE	RE	FE
DY	—	—	0.5919**	0.6523	—	—
			(0.2865)	(0.4131)		
$L.DY \times Reform$	—	—	-0.7661***	-0.8665**	—	—
			(0.2768)	(0.4096)		
DY_2	—	—	—	—	0.4947***	0.4817***
					(0.1337)	(0.1393)
$L.DY_2 \times Reform$	—	—	—	—	-0.4259***	-0.4722***
					(0.1286)	(0.1318)
Roa	0.1490***	0.1050*	0.1441***	0.0955	0.1475***	0.0995*
	(0.0528)	(0.0582)	(0.0526)	(0.0576)	(0.0532)	(0.0583)
$Cost$	0.0020	0.0058	0.0015	0.0050	0.0021	0.0059
	(0.0038)	(0.0046)	(0.0038)	(0.0045)	(0.0038)	(0.0046)
$Liquidity$	-0.0015	-0.0018	-0.0016	-0.0019	-0.0014	-0.0016
	(0.0015)	(0.0022)	(0.0015)	(0.0022)	(0.0015)	(0.0022)
$\ln A$	-0.0788	0.1215	-0.0829	0.3031	-0.0704	0.2182
	(0.0857)	(0.6376)	(0.0865)	(0.6408)	(0.0866)	(0.6352)
$\ln M2$	-9.9789***	-10.1110***	-8.0218***	-8.0676***	-10.9784***	-10.5737***
	(1.2826)	(1.8961)	(1.7186)	(2.0966)	(1.9050)	(2.4031)
Gdp	0.0414	0.0971	0.0651	0.1366**	0.0262	0.0900
	(0.0557)	(0.0632)	(0.0572)	(0.0665)	(0.0586)	(0.0673)
Ipr	-0.0381*	-0.0453	-0.0444	-0.0550*	-0.0509*	-0.0531*
	(0.0285)	(0.0295)	(0.0288)	(0.0303)	(0.0270)	(0.0278)
R^2	0.3684	0.3719	0.3754	0.3795	0.3762	0.3800
N	90	90	90	90	90	90
F 检验	—	27.88***	—	23.56***	—	22.73***
LM 检验	52.67***	—	55.24***	—	54.49***	—

续表

被解释变量：ln$Roav$

	(1) 农信社改制		农信社改制与差别化费率			
			(2)		(3)	
	RE	FE	RE	FE	RE	FE
Hausman 检验	202.33*** [0.0000]	—	84.05*** [0.0000]	—	79.92*** [0.0000]	—
Wald 检验	282.24***	—	328.92***	—	283.43***	—

注：常数项结果略去；*、**、*** 分别代表在10%、5%、1%的水平下显著；括号（ ）内为各系数的标准误；括号［ ］内为检验对应的 p 值。

（一）验证差别化费率与风险承担之间的关系

本节利用真实的存款保险费率，验证差别化费率是否与风险承担水平呈正相关，以及是否能够从银行经营的其他方面得到体现，对政策实施的效果进行研究。

（1）实证设计

差别化费率的核心思想是依据银行的风险经营状况确定相应的费率评级，并依照评级结果收取保费。因此，考察当前的差别化费率是否体现了银行的风险承担水平，如若是，则费率应与银行风险水平正相关。据此设计实证模型如式（8-13）：

$$Yield_{i,t} = \alpha_0 + \alpha_1 Risk_{i,t} + \alpha_2 Control_{i,t} + \mu_i + \varepsilon_{i,t} \qquad (8-13)$$

（2）变量选取

被解释变量 $Yield$ 为存款保险费率；核心解释变量为银行风险承担，仍然选用 Z 值进行衡量。而关于控制变量的选取，综合考虑 2017 年政策文件的规定及数据可得性，从资本充足、资产质量、盈利性、流动性等几方面选取指标，分别为资本充足率（$Capital$）、不良贷款率（Npl）、资产收益率（Roa）、流动性比例（$Liquidity$）和成本收入比（$Cost$），验证差别化存款保险费率与银行风险承担及主要经营指标之间的关系。数据均由监管机构提供。

（二）实证结果

考虑 2015 年下半年及 2016 年上半年保费收取是按照统一费率，还没有体现银行的风险经营状况，因此此处剔除 2015 年下半年和 2016 年上半年进行回归，结果列于表 8 - 13 （2）。Hausman 检验结果显示选择 *FE* 模型，从回归结果来看，费率与风险承担水平正相关，系数为 0.0004 且显著。从其他变量来看，费率与资产收益率显著负相关，说明费率与银行的盈利能力负相关；与不良贷款率正相关，说明银行的贷款质量越差，银行保费收取水平越高。接着以 2017 年下半年—2019 年上半年为样本再次进行回归，结果列于表 8 - 13 （4）。剔除前两个半年度后，风险承担系数为 0.0008，高于 0.0004；可以认为在完善差别化费率机制后，风险承担水平在保费费率层面体现得更为明显。

表 8 - 13　　差别化存款保险费率与风险承担等指标的关系

	被解释变量：Yield			
	2016 下—2019 上		2017 下—2019 上	
	（1） RE	（2） FE	（3） RE	（4） FE
$1/Z$	0.0004**	0.0004**	0.0007**	0.0008***
	(0.0002)	(0.0001)	(0.0002)	(0.0002)
Capital	-0.0001	-0.0002	-0.0001**	-0.0003
	(0.0000)	(0.0001)	(0.0000)	(0.0003)
Npl	0.0005***	0.0000	0.0006***	-0.0002
	(0.0001)	(0.0002)	(0.0001)	(0.0002)
Roa	-0.0016***	-0.0014***	-0.0013***	-0.0005
	(0.0003)	(0.0003)	(0.0004)	(0.0005)
Liquidity	0.0000	0.0000*	0.0000	0.0000*
	(0.0000)	(0.0000)	(0.0000)	(0.0000)
Cost	0.0000	-0.0000	0.0000**	0.0000
	(0.0000)	(0.0000)	(0.0000)	(0.0000)
R^2	0.0448	0.0621	0.0146	0.0551
N	119	119	119	119
F 检验	—	4.73***	—	2.85**
LM 检验	0.00 [0.0000]	—	1.85 [0.0867]	—

续表

	被解释变量：*Yield*			
	2016下—2019上		2017下—2019上	
	(1) RE	(2) FE	(3) RE	(4) FE
Hausman 检验	44.57*** [0.0000]	—	54.95*** [0.0000]	—
Wald 检验	92.53***	—	67.59***	—

注：常数项结果略去；*、**、*** 分别代表在 10%、5%、1% 的水平下显著；括号内为各系数的标准误；括号 [ ] 内为检验对应的 p 值。

（三）内生性处理

存款保险费率除与当期银行风险承担水平相关，还可能受滞后期影响，因此继续设置动态 GMM 模型（差分 GMM 和系统 GMM），处理可能存在的内生性问题。在处理该问题后，实证结果依然显著支持本节结论。

第六节　本章小结

差别化费率相对于统一费率的优越性得到一致认可。差别化费率机制作为"风险最小化"模式存款保险制度的核心部分，不仅能够通过优化制度设计减少制度自身负面效果，还能够通过定期的风险评级发挥早期纠正作用，对问题机构或银行风险隐患及时干预，从多个维度抑制银行的风险承担。

本章节的研究结论体现的政策含义有以下几点。

首先，通过完善存款保险制度设计，不仅可以削弱制度本身带来的道德风险负面影响，还可以更大限度地发挥其稳定银行体系的作用。

其次，加强对小型银行、高风险银行的事前风险预警及动态监管，发现问题即要求整改，避免金融机构风险的积累。

最后，各项金融改革要协同配合，稳步推进金融生态环境的建设，加强市场约束，并提高对市场退出机制建设的高度重视，完善市场竞争环境。

因此，应当充分发挥存款保险制度在纠正事前风险方面的优越性，区分"好银行""坏银行"，并对后者跟进监控和及时干预，降低风险处置成本，防范金融风险的传染与扩散。当前的金融风险处置主要采取行政手段和措施，如停业整顿、警告罚款等。未来应注重市场化处置机制，例如要求其及时补充资本、控制风险业务扩张、如有重大违规行为调高费率等。不能在限期内改进的，由存款保险实施接管处置，实现早识别、早预警、早发现、早处置。

第九章　中国存款保险制度发挥了早期纠正作用吗？

第一节　引言

早期纠正作用和风险处置是存款保险制度两大基本职能。中国自2015年建立了存款保险制度，积极探索两大职能作用的发挥。特别是2019年以来，在"包商银行"事件中以"清算－接管"方式实施重组，妥善赔付储户，将事后风险最小化；同时也积极应对事前风险，及时做出危机预警，以"地方政府注资＋引战重组"的方式处置恒丰银行风险，以"在线修复"方式化解锦州银行风险。从三起银行事件来看，存款保险制度依据"一行一策"的处置思路对症下药，防止风险进一步扩散，为打赢"防范化解金融风险攻坚战"作出了积极贡献。同时也发现，问题银行及其风险的发展演变有一定的过程性，早期纠正机制可以为存款保险机构提供一道缓冲，配合监管部门提前介入以遏制风险隐藏与蔓延。

在中国银行业体系中，过去几十年鲜有"问题银行"因资不抵债被清算关闭。这一方面是因为经济的高速增长使得中国大量金融风险隐患得以隐藏；另一方面是由于中国商业银行与政府在控股或交易方面大多有所关联，银行或多或少含有国有股份，密切的银证关系导致银行长期处于"隐形担保"。（刘晓光等，2019）。但随着中国金融市场体制日趋健全，城商行、农商行相继改制，过去疏于银行公司治理及市场纪律的现象将得到改善；加之存款保险制度的优化完善，允许经营无力的银行破产将成为正常现象。区分"好银行""坏银行"，建立对"问题银行"的早期识别和干预制度，因症施策，对深化中国金融改革尤为重要（黄志凌，2015；纪洋等，2018）。从各国的实践情况来看，早期纠正机制的引入对稳定金融系统产生了积极的影响。1993年美国改革存款保险制度，正式引入差别化费率机制和早期纠正机制（Prompt Corrective Action，PCA），督促银行提高资本比率，显著降低银行违约风险，减轻存款保险机构的赔付压力（Hovakimian and Kane，2000；Aggarwal and Jacques，2001）。

已有文献较多探讨存款保险制度本身的有效性：一方面，有学者对其持肯定态度，即存款保险制度的推出能够有效缓解银行系统的脆弱性，维护金融稳定（Anginer et al.，2014；Boyle et al.，2015；姚东旻等，2013；王晓博等，2015）。但另一方面，也有学者认为存款保险制度实施后，由于银行存在道德风险、逆向选择等问题，以及储户对银行监督的放松，会激励银行冒险行为的增加，导致风险承担显著提升（Pennacchi，2006；Lé，2012，Ngalawa et al.，2016）。由此可见，就该制度实施的有效性存在争议，主要分歧点在于存款保险基金对银行的事后风险赔付是否会激励其经营过程中的风险投资行为，具体探讨存款保险制度早期纠正作用的研究则相对较少。

随着2015年以来中国正式实施并逐步完善显性存款保险制度，以及银行危机隐患被日益重视，有关该制度在中国的实践经验分析和实施效果探讨也日渐丰富。一方面，部分研究基于中国银行样本的经验证据，肯定存款保险制度的引入对中国银行体系风险的抑制作用（项后军和张清俊，2020；刘莉亚等，2021；秦晓雨和明雷，2023），为中国存款保险制度的研究提供了理论支撑和政策借鉴；另一方面，王晓博等（2015）及郭晔和赵静（2017）等对比存款保险在中国及其他国家和地区的制度效应，认为在当前的制度环境下，存款保险引致的道德风险问题更值得重点关注。项后军和张清俊（2020）进一步指出，不同于美国等其他国家，过去中国对银行实施隐性担保，存款保险制度显性化后实际上减少了对银行的保护，降低特许权价值进而提高了银行风险承担。总体来说，国内文献主要停留在探讨中国隐性存款保险转变为显性存款保险对银行体系的影响，在研究设计上也基本以2015年作为制度引入时间并设置虚拟变量分析政策效果。关于如何从定量的角度识别中国"问题银行"，以及分析早期纠正作用有效性的研究还相对缺乏。

2019年以来的多起银行风险事件使得早期纠正机制的作用得到高度重视，但如何界定高风险机构、如何设置风险纠正措施触及线以及各监管部

第九章 中国存款保险制度发挥了早期纠正作用吗？

门如何相互配合都有待在实践中进一步摸索。从当前中国的实施情况来看，存款保险通过费率评级、核查、评估等方式实施风险监测，并与中国人民银行、银保监会等金融管理部门建立信息共享机制。那么存款保险制度实施以来政策效果如何，是否有效发挥了其早期纠正作用？是否精准识别到高风险银行并规范其经营行为？而对于未被认定为高风险的银行，又是否存在一定的副作用？针对以上问题进行研究，不仅有助于完善中国存款保险的制度设计，更有利于进一步推动金融风险的防范化解，促进中国金融稳定。

基于以上的现实问题和研究背景，本章试图以存款保险制度早期纠正机制为切入点，系统梳理有关该机制的国际经验与现状，总结中国存款保险制度早期纠正机制的实施情况，并以某省 119 家中小银行的真实存款保险费率这一独特数据作为银行机构的风险识别变量，实证检验早期纠正机制的有效性。基于上述样本数据的研究发现：中国存款保险制度初步发挥了早期纠正作用。基于风险收取的差别化费率抑制了银行的风险承担，即"高费率"纠正了"高风险"，督促银行更加注重审慎经营。进一步发现，该机制对高风险机构的纠正作用更为明显，早期纠正机制发挥的效果较有效。同时发现，完善的外部金融环境会提升早期纠正机制的政策效果。最后，本章检验了存款保险制度的风险费率机制是否存在副作用。研究表明，当前政策并没有带来额外的负面效果，未被认定为"高风险"的投保机构在缴纳"低费率"的同时，并未提升风险，即早期纠正作用没有产生副作用。

与之前的研究相比，本章边际贡献主要体现在以下三个方面：首先，不同于以往研究使用时间虚拟变量来检验存款保险制度引入与否对银行风险的影响，本章的研究视角和研究设计较为独特，以真实的存款保险费率变动情况作为早期纠正机制的识别变量，来评价存款保险制度在中国运行的有效性，丰富了国内现有研究。其次，与已有文献相比，本章首次从早期纠正作用的有效性、异质性和副作用三个维度系统评价了中国存款保险制度的早期纠正作用，对完善实践经验较少的中国存款保险制度具有重要参考意义和借鉴价值。最后，本章的研究对象有所不同，主要关注存款保险制度对中小银行的影响。已有文献普遍认为，存款保险制度的推出对大型银行影响较小，对中小银行影响更大（王永钦等，2018；项后军等，2020）。本章围绕存款保险制度重点关注的中小银行展开研究，对防范化解区域性金融风险具有指导意义。

本章余下的结构安排如下：第二节为早期纠正机制的制度背景，包含国际经验及中国现行成效；第三节为理论分析与实证设计；第四节为实证结果；最后是本章小结，包括本章主要结论及政策启示。

第二节 早期纠正机制的制度背景

一 早期纠正机制的国际经验

20世纪80年代的美国储贷危机期间，商业银行的过度扩张以及外部监管不力导致银行体系风险积累，最终导致系统性的银行危机，上千家银行在此次危机中倒闭。美国联邦存款保险公司也为此付出高额的事后赔付成本，这促使美国改革存款保险制度，加强事前风险管理。早期纠正机制应运而生，其最早由Kane（1986）提出，并于1991年通过《联邦存款保险公司改进法》被正式引入美国。该法案不仅规定存款保险的统一费率过渡到风险差别化费率，同时首次提出PCA，发挥存款保险制度的事前风险防范作用。PCA的核心含义有三点：一是风险纠正必须"即时"；二是制度安排上要"激励相容"；三是要明确早期纠正和接管处置的干预标准。

2009年，国际存款保险协会和巴塞尔银行监管委员会共同发布《有效存款保险制度核心原则》，将存款保险早期纠正机制涵盖内容明确为两部分：早期识别和及时纠正。为了进一步提高存款保险制度的有效性，2013年3月，IADI发布《存款保险制度的早期识别和及时干预一般指引》（以下简称《指引》），就存款保险如何在问题银行的早期识别和及时干预方面发挥作用提出政策指引。《指引》指出，对问题银行的早期发现，是存款保险制度有效运行的重要基础。赋予存款保险机构对问题银行的早期纠正职能，可以给监管机构一定压力，防止或减少过度的监管宽容，促进监管质量和效率的提升。

首先，存款保险机构可以通过现场检查、非现场检查、市场信息、与银行管理人员或审计机构进行沟通等渠道收集投保机构的相关信息，同时可以与金融安全网其他成员建立信息共享机制，确保能够提前识别出问题银行及风险隐患。现有的问题银行识别方法分为两大类：定量财务信息和监督评估。在实践中，大多数国家的监管机构及"风险最小化"模式的存款保险制度，普遍使用各种定性和定量相结合的方法来识别问题银行和系统性风险。

其次，在有效识别的基础上，存款保险机构能够实施一系列审慎措施，以遏制风险的扩散和升级。按照介入程度进行划分，干预措施分为非正式类和正式类。如果发现的风险隐患并不严重，且认为银行管理层能够妥善解决问题，那么存款保险机构或监管部门可以只对其实施非正式纠正办法，例如实施道义劝告、发放早期纠正通知书、限期改正方案、约谈银行高管等。但如若银行的财务状况进一步恶化，影响其偿付能力，在限期内不能或者不愿改正，则视其严重程度采取不同程度的正式干预措施（表9-1包含IADI及中国对早期纠正措施的分类）。

具体纠正措施复杂多样，且不可观测、难以度量，进行政策效应评估具备一定难度。Freixas和Parigi（2007）研究了早期纠正机制中对问题银行投资行为的限制所起到的风险抑制作用。Niinimäki（2011）则进一步研究"禁止政策"（Prohibition Policy）如何减轻影响道德风险，"禁止发放红利""限制对管理人员的薪酬"以及"银行关闭政策"三项措施中，前两项政策对于银行道德风险有显著的抑制作用，而当银行即将面临第三项措施时会倾向于隐藏更多的不良贷款，以避免被直接关闭。

总体来说，PCA的引入极大地缓解了储贷危机带来的负面影响，1991—1993年美国银行整体的资本充足率显著提升，逐步从危机中恢复常态（Elizalde and Repullo，2007；Gwilym et al.，2013）。近年来，特别是在2008年国际金融危机的影响下，各国对存款保险制度设计以及金融安全网构建展开反思，普遍认同早期纠正机制对于金融危机的防范和化解具有重要作用。除美国之外，诸多国家相继采用了这一审慎政策（Nieto and Wall，2006）。1998年日本也设立PCA机制，基于巴塞尔协议对资本监管指标的规定，采用资本充足率作为监管行动的预警。Guizani和Watanabe（2016）研究发现，该机制同样有效地抑制了日本投保银行的风险激励。考虑到欧盟地区的金融联系性更强，风险防范涉及区域性多个经济体的共同参与，Benston和Kaufman（1988）针对欧盟成员银行集团监管和跨境代理问题对PCA机制进行完善，提出结构化的早期干预措施（Structured Early Intervention and Resolution，SEIR）。

二 中国早期纠正机制的实践与成效

早期纠正是中国存款保险制度的重要职能,随着存款保险制度地位与职责权限的逐步明确,早期纠正机制的相关概念与举措也趋于清晰。图9-1所示为中国早期纠正机制相关的法律条文。在过去几十年期间,中国银行事实上处于政府的隐性存款保险下,缺乏银行破产的案例,因此也主要是在业务层面对其进行日常监管。2015年以来中国存款保险制度建立并不断完善,且推动确立差别化费率及风险评级的制度安排。如果触及风险警示线的投保机构未在限定期限内有效整改,"存款保险基金管理机构可以提高其适用费率",早期纠正机制的雏形初现。2020年10月,中国人民银行发布《中华人民共和国商业银行法(修改建议稿)》,明确将风险评级及早期纠正机制写入法案,存款保险基金管理机构会同银行监管部门建立风险评级系统和信息共享共商共研机制,并可视监管指标异动程度采取纠正措施。自该机制探索运行以来,有效推动中国银行体系风险化解,"早识别、早预警"的处置思路逐步落实。

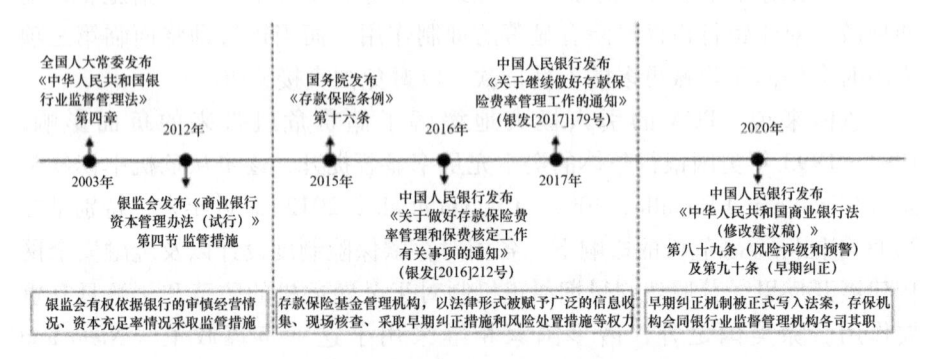

图9-1 有关中国银行体系早期纠正机制的政策

在风险监测方面,中国人民银行规定将日常监测同存款保险费率核定紧密结合,及时发现和应对风险。通过定期评级、核查评估等方式摸清银行体系在资金及治理层面的风险隐患,并确保数据真实性。对识别出的问题机构实行"名单制"管理,按月或按季定向追踪。对于存在一定风险隐患,但未纳入问题机构名单的银行,部分地区的监管机构采用定量与定性相结合的方法设置触发门槛,建立"关注类机构名单"。同时,统筹考虑非现场监测和现场核查相结合的穿透式监管,审慎确定触发标准,实行动态管理。

在风险纠正方面,依照"一行一策"的思路研究风险化解措施。针对前期识别出的风险预警高度重视,一旦发现投保机构触及预警水平线即采取分类纠正措施。对资本不足、资产质量恶化的投保机构,约谈高层领导、下发"早期纠正通知书",要求其在规定期限内补充资本、处置不良资产、提高利润留存等。同时还通过控制资产增长、限制高管薪酬、要求股东认购增发股份或注入资金等手段主动化解风险。《中国金融稳定报告(2020)》显示,截至2019年年底,共对503家"高风险机构"实施早期纠正措施,有245家通过合理整改退出名单。在落实过程中,存款保险会同地方政府和监管部门共同监督执行,有效形成工作合力,指导和督促机构改善经营。

第三节 理论分析与实证设计

一 存款保险制度早期纠正机制的代理变量

存款保险制度早期纠正机制对抑制银行风险承担的有效性究竟如何?在进行理论分析与实证分析前,有必要先行确定合适的代理变量。部分学者认为,PCA框架中的资本标准并无法有效识别出问题银行(Eisenbeis and Wall, 2002)。Mayes(2009)发现单一数据的可用性和可靠性往往不足以满足PCA的需要,当监督不充分和不可靠时,PCA将无法有效地实施干预,监督安排也变得薄弱。Huizinga和Laevenfind(2012)认为,银行对于抵押贷款和MBS等风险敞口较高的资产,往往会掩盖其真实的损失准备金和虚报资本比率,从而使得预警指标不能将其识别为风险机构。Chernykh和Cole(2015)通过实证设计,发现杠杆率、资本充足率、核心资本充足率等美国事前监管体系中高度关注的预警指标,实际上并没有准确预测未来的破产概率,即很多破产银行在前期并不会被列入资本不足的关注名单内。Evanoff和Wall(2002)则提出利用次级债务收益率与其他同时到期的债券之间的利差作为美国银行 PCA 的触发因素,并分析发现次级债务收益率差比资本充足率指标更准确地预测了银行未来的监管评级。

以上研究表明,对投保机构风险的监测和评估是发挥风险约束和校正作用的前提;而有效的识别指标既要真实反映银行的风险水平,又要防止银行为规避监管处罚而对单一指标进行粉饰或不实披露的风险。结合以下三方面考虑,本章选取存款保险真实费率作为早期纠正机制的反应变量。

首先,基于评级结果的差别化费率是一项综合性的指标。中国存款保险制度要求定期对投保银行进行风险评级,银行的风险状况体现到风险评级和对应的费率水平上。评级的变化是银行风险变化的直接体现,直接导致银行承担不同的保费费率。因此,差别化费率能有效识别银行风险隐患,是早期纠正机制的实现基础。其不仅反映银行的资本充足、资产质量、盈利能力、流动性状况等定量情况,还涵盖银行的内部治理及外部环境等定性方面,可以规避单一指标预测风险的局限性。

其次,存款保险费率及其变动可被观测,具有实践性。不同于存在滞后性的早期纠正具体措施,存款保险费率及其变动反映在每期的费率水平中,风险等级在实践中也被广为应用,并越来越被视为银行风险监测的重要参考(Gorton and Santomero, 1990)。除了在差别化管理中将其作为费率收取的依据,央行在开展宏观审慎评估(Macro Prudential Assessment, MPA)、审批再贷款额度及发债资格等工作时,也充分利用评级结果,切实发挥评级结果引导金融机构审慎经营的作用。由此可见,存款保险费率评级结果不仅可以作为风险预警的依据,也日益成为监管部门及政策机构采取事前介入、主动调控的重要依据。

最后,监管机构的大多数早期纠正行为最后都会在费率上得以体现,具有可测度性。理论上,检验具体的早期纠正措施对银行风险抑制的作用似乎更为直接。但从实践来看,监管部门的早期干预措施复杂多样且不具备公开性,难以观测、无法度量。监管部门披露的部分纠正措施可能是针对中度风险或高度风险预警采取的限制业务开展、罚款或者限制高管薪酬等;层次较低的纠正手段,如约见高管谈话、发放早期纠正通知书等则不会——公开,但归根结底可以在费率当中得到体现。

综合上述分析,本章认为存款保险费率对应风险评级情况,具有综合性、实践性、可测度等特点,差别化费率的变化体现了评级部门识别到银行风险的变动情况,可以刻画早期纠正机制作用。如果费率调高,则意味存款保险管理机构监测到银行风险水平上升,提高其适用费率,并有可能依据银行的风险情况采取不同程度的纠正措施。

二 研究假说

(一) 存款保险制度是否发挥早期纠正作用

在存款保险制度框架下,事前风险防范的重要性远大于事后的损失补偿。存款保险制度的早期纠正机制对于银行风险具有抑制作用,主要通过两个影响机理:一是降低银行主动风险承担动机。"风险最小化"模式的存款保险制度普遍要求实施差别化费率,较高的风险水平会对应较高的费率,对银行是一种风险约束。因此,银行进行投资或发放贷款前,事先对其行为有所限制,有利于抑制其追逐高风险业务的倾向,保持投资者和经营者理性(明雷等,2019)。二是"金融监管理论"框架下的微观监管约束银行经营行为,监管部门为保证金融机构和金融业安全稳定,采取干预手段降低银行机构倒闭的可能性。在早期纠正机制下,金融安全网各成员会对投保机构潜在风险进行识别和早期介入。基于新巴塞尔协议等国际法则,对银行的信用风险、流动性风险及市场风险等进行风险防范(叶永刚和张培,2009)。更高的评级意味着更严格的监管,因此银行迫于监管压力会改善自身的资产质量和资本充足情况,对已放出去的贷款加快坏账回收或者提高拨备覆盖(Nieto and Wall,2006)。同时,早期纠正机制能够限制监督人员对问题银行的容忍度,尽量减少对存款保险公司和纳税人的预期损失,这也意味着监管强度的提高,强化市场约束(谢平和邹传伟,2010;王道平,2016;项后军和张清俊,2020)。

如果当前中国的存款保险制度发挥了早期纠正作用,那么其应当识别出银行风险隐患,进而采取不同程度的纠正措施。银行为规避在未来承担更严格的监管和更高的保费,会降低风险经营动机,并改善资产质量,进而降低风险承担水平。

假说1:如果存款保险制度的早期纠正作用有效,上期承担了高费率的投保机构,会受到监管约束和风险抑制,其主动风险承担和破产风险都会下降。

(二) 存款保险制度早期纠正机制的有效性

存款保险制度的金融监管有效性受银行异质性影响，如不同银行的资本充足率、资产质量、流动性、股权结构及信息披露等因素会影响存款保险制度风险抑制作用（郭晔和赵静，2017；Liu et al.，2016）。同时，项后军和张清俊（2020）指出，如若存款保险制度有效性强，那么其应该对高风险银行的抑制作用更明显，这也是早期纠正机制的目标。因此提出以下假说2：

假说2：如果存款保险制度早期纠正机制的有效性强，那么对于原本风险水平更高的银行来说，其风险纠正作用应该更明显。

(三) 外部金融环境对存款保险制度早期纠正作用的影响

通常来说，存款保险制度有效性的发挥也受外部金融环境的影响。在负外部性的金融环境下引入存款保险制度反而会加剧银行的风险激励，导致银行风险隐患增加并阻碍金融发展。Kane（2000）及田国强等（2016）认为良好的外部环境（包括法治监管、市场竞争等）使得存款保险制度的有效性更加充分。段军山等（2018）及Qian等（2019）等指出机构所处的外部市场环境、监管力度是影响存款保险制度有效性的决定性因素，金融环境水平提高的可以弱化银行过度竞争导致的风险上升。不仅如此，某一地区的外部金融环境对银行的经营管理和信贷投放也有重要影响。地区间的金融环境存在差异，直接导致各地信贷资产质量良莠不齐；同时市场有效性越高，意味着银行在进行投资时的信息可获得性与可利用性更高，有利于贷款的发放与回收（朱凯等，2010）。因此，本章认为更好的外部金融环境有利于存款保险制度早期纠正作用的发挥，据此提出假说3：

假说3：对处于外部金融环境更优的银行来说，存款保险制度早期纠正机制的有效性更明显。

(四) 进一步探讨：存款保险制度是否存在副作用

项后军和张清俊（2020）的研究中为探讨存款保险制度是否具有副作用提供了一个研究思路。如果银行缴纳的实际费率低于其应缴保费（公平费率价格），意味着银行的真实风险水平并没有反映到保费当中，会导致银行道德风险增加。但同时他们也指出，由于真实费率数据不可观测、公平费率难以计算两个制约因素，并无法依照这一思路展开研究。理论费率的计算对于数据及模型的要求较高，确实难以计算；但本章拥有真实的存款保险费率数据，可以提供另一个研究角度。假说1-3试图验证存款保险早期纠正机制的有效性,即上期费率缴纳水平被调高的银行,是否会受到风险约束作用从而降低风险。那么反向思考,如果银行往期承担的存款保险费率是较低或者是降低的,那么是否会导致银行放松警惕提高风险呢?如果存款保险制度不具有副作用,那么缴纳低费率的银行不会在未来提高风险承担水平,据此提出假说4:

假说4:如果存款保险制度不具有副作用,那么对于上期费率被调低的投保机构,不会被激励提升其风险经营动机,即风险承担水平不会提高。

三 实证设计与变量选择

（一）数据来源

本章的数据来源于以下几个方面:银行层面的财务数据及存款保险费率由某省监管部门提供;市州层面的 GDP 来源于手工查找各地政府官网得到;宏观层面数据,如 Cpi、Shibor 等来源于国家统计局官方网站及中国人民银行官方网站。样本区间为 2015 年下半年—2019 年上半年。剔除样本中部分数据缺失严重的样本,本章得到某省层面 119 家中小银行的半年度数据,其中包含 90 家农村商业银行和 29 家村镇银行。与以往研究相比,本章的研究对象是金融风险防范重点预防的中小银行。

（二）指标的选择和构建

（1）被解释变量:银行风险承担

依据理论分析内容,本章从两个方面刻画银行的风险承担:主动风险承担和破产风险。首先,早期纠正机制的目的是及时发现银行的风险隐患,防止问题愈演愈烈,最终演变成破产,减少存款保险基金管理公司的赔付压力。因此,本章一方面关注是否能在事前降低银行的主动风险承担,选取加权风险资产占比 Rwa（加权风险资产/总资产）作为代理变量。Rwa 反映银行发放贷款前的行为,如果银行放松贷款标准或倾向风险投资,那么会导致银行主动风险承担提高（方意,2015;顾海峰和杨立翔,2018）。为验证实证结果的稳健性,本章还在主动风险承担方面选取拨备覆盖率 Pcr（贷款拨备/不良贷款）作为代理变量进行检验。Pcr 反映银行对于不良贷款的主动计提准备是否充足,体现其事前经营的审慎程度。

另一方面,考虑到存款保险制度的赔付是在银行破产后进行,因此,本章还关注银行面临"资不抵债"的破产风险。如果早期纠正机制有效，那么也应当显著降低破产风险，减轻存款保险制度的赔付压力。在衡量指标上，本章选取不良资产率 Bar（不良资产/总资产×100%），该值越高，则资不抵债的情况越有可能发生（Delis and Kouretas, 2011）。除此之外，众多文献也常选取 Z 值来反映银行破产风险，Z 值越大代表银行破产风险越大。因此，本章在稳健性检验部分也使用 Z 值作为破产风险的代理变量。

（2）核心解释变量

中国存款保险差别化费率可通过风险评级综合体现银行的风险水平，同时评级结果影响纠正措施干预程度。因此，本章选取投保机构上期的存款保险费率作为衡量早期纠正机制有效性的代理变量。如果银行上期费率被存款保险机构调高，或者上期承担的费率水平高，那么银行不仅要承担高费率的缴付压力，还有可能因风险评级较高而受到早期纠正措施的约束并承担相应的潜在成本。

具体来说，本章尝试以下做法考察早期纠正机制对银行风险承担的抑制作用。从相对值角度计算上期费率的变动值，具体测算公式为：$D. dirate =$（上期费率 - 上上期费率）×100，代表上期费率被调高或者调低的程度。如果差值为正则说明费率较之前提高；如果差值为负则说明费率较之前降低，银行会直接感受到差别化费率变动的幅度和带来的影响。如费率相对往期提高，则监管部门和银行管理层都能够从纵向维度观测到银行前后期经营水平的差异。从理论上来讲，如果早期纠正机制有效，那么上期征收费率被调高的银行，意味着其风险评级也被对应调高，银行会受到风险约束而抑制当期的风险经营行为，以期不在后续缴纳较高的存款保费，同时也可以控制其他不可观测的监管成本。

同时由于相对值角度涉及两期之间的差值，损失部分样本。因此，本章还从绝对值角度构建指标进行稳健性检验。使用上期的存款保险实际费率（$L. dirate$），考察上期的实际征收费率是否能对当期的银行风险承担行为起到约束作用。绝对值衡量的是上期费率的缴付情况，高费率实际上也是对银行风险经营或者在限时内未依照早期纠正措施的要求完成整改的处罚。

（3）控制变量

本章考虑在银行层面、货币政策层面、地区经济发展水平及宏观层面设定控制变量。首先在银行层面，本章参考方意（2015）及郭晔和赵静（2017）等从银行规模、银行盈利性、资本充足、经营效率等方面，分别选取资产规模对数值 lnA、资产收益率 Roa（利润/总资产×100%）、资本充足率 Capital（资本总额/加权风险总资产×100%）、杠杆率 Lever、成本收入比 Cost（营业成本/营业收入×100%）作为控制变量。同时考虑到银行经营情况会受到货币政策工具的影响。中国利率市场化基本完成，Shibor 作为市场利率的指导性日益增强（方意，2015；方意和陈敏，2019），因此本章选取月度银行间同业拆借利率 Shibor 作为货币政策层面的控制变量。其次，考虑到本章选取的样本可能会受到宏观层面经济水平的影响，本章参考郭晔和赵静（2017）及王晓博等（2020）的研究，选取银行层面的各法人投保机构所在市州层面的 GDP 对数值（lnGdp）作为地区经济水平的控制变量。最后还控制了居民消费价格指数 CPI，排除宏观层面通胀率变动的影响。以上数据均为半年度数据。

四 计量模型的构建

本章的实证部分主要是研究上期的存款保险费率调整对投保机构当期风险承担的影响。考虑到银行层面的数据具备一定连续性和相关性，因此本章借鉴郭晔和赵静（2017）以及项后军和张清俊（2020）等的研究，设定基础模型为：

$$Risk_{i,t} = \alpha_0 + \alpha_1 Risk_{i,t-1} + \beta_1 dirate_{i,t} + \beta_2 control_{i,t} + \mu_t + \epsilon_{i,t} \quad (9-1)$$

模型中，i 为银行，t 为半年度；被解释变量为银行风险承担 $Risk$；核心解释变量为上期的存款保险费率收取情况；β_1 刻画的是上期存款保险风险费率对当期银行风险的抑制作用；控制变量为 $Control$；μ 为法人银行机构的固定效应；ε 为随机扰动项。

五 数据描述性统计

考虑可能出现的离群值问题，本章对银行层面的连续型数据进行了头尾1%缩尾（Winsorize）处理。最终样本数量为119家机构，样本跨度为2015年下半年—2019年上半年的8个半年度，各变量的描述性统计如表9-1所示。

表9-1　　　　　　　　　变量符号及描述性统计

	变量	代表符号	均值	标准差	最小值	最大值
银行风险承担	加权风险资产占比	Rwa	0.54	0.10	0.36	0.83
	不良资产率	Bar	2.12	2.15	0	13.38
	拨备覆盖率	Pcr	2.44	3.58	0	30.74
	Z值对数	$\ln Z$	-1.32	1.07	-4.22	2.01
核心解释变量	上期差别化费率变动×100	$D.dirate$	0.27	0.73	-2.33	3.76
	上期差别化费率真实值	$L.dirate$	0.01	0.01	0.00	0.05
控制变量	资本充足率	$Capital$	13.68	6.50	-6.92	39.47
	资产规模对数值	$\ln A$	12.97	0.95	10.96	15.04
	资产利润率	Roa	1.24	0.89	-0.75	4.04
	成本收入比	$Cost$	38.43	10.69	19.35	82.49
	杠杆率	$Lever$	6.83	3.41	-4.23	21.46
	市州层面GDP对数值	$logGDP$	2.99	0.28	2.30	3.77
	银行间同业拆借利率	$Shibor$	3.73	0.62	3.05	4.76
	居民消费价格指数	Cpi	101.93	0.34	101.50	102.70

资料来源：笔者整理，下同。

第四节　实证结果及分析

一　基本结果的分析：主动风险承担和破产风险

为解决实证结果中可能存在内生性问题带来的偏误，本章不仅使用固定效应模型控制银行个体效应（FE），还选取系统GMM模型（SYS-GMM）进行估计。为了保证系统GMM模型的估计不存在工具变量过度识别问题，本章进行了Sargan检验，结果表明模型所用工具变量均有效，不存在过度识别的问题，即意味着本章所选用的模型和变量可以合理解释实证结果。

据表9-2的（2）、（4）列所示，无论从加权风险资产占比代表的主动风险，还是不良资产率代表的破产风险来看，存款保险制度均通过差别化费率的调节和反映，降低银行的风险水平，纠正了银行的风险行为。这反应了当前中国存款保险制度运行有效,通过差别化费率的收取和早期纠正机制的引入,对中小银行风险承担具有显著的早期纠正作用,为假说 1 提供了依据。

表 9-2　　　　　　　　　基准模型回归结果

	主动风险承担: Rwa		破产风险: Bar	
	(1) FE	(2) SYS-GMM	(3) FE	(4) SYS-GMM
$L1.Rwa/L1.Bar$	0.1350 ***	0.1663 ***	0.0715	0.2220 ***
	(0.0496)	(0.0096)	(0.0743)	(0.0114)
$D.dirate$	-0.0052 **	-0.0026 ***	-0.0857	-0.0506 ***
	(0.0022)	(0.0004)	(0.0664)	(0.0115)
$Capital$	-0.0290 ***	-0.0300 ***	-0.1601 ***	-0.2335 ***
	(0.0025)	(0.0003)	(0.0437)	(0.0139)
Roa	0.0017	-0.0072 ***	-0.2209 **	-0.5550 ***
	(0.0035)	(0.0012)	(0.0951)	(0.0499)
$\ln A$	-0.0407	0.0001	-1.6975 **	-0.6074 ***
	(0.0252)	(0.0012)	(0.8573)	(0.0461)
$Cost$	-0.0005 **	-0.0002 ***	-0.0031	-0.0244 ***
	(0.0002)	(0.0000)	(0.0072)	(0.0022)
$Lever$	0.0529 ***	0.0591 ***	-0.1037	0.1445 ***
	(0.0062)	(0.0006)	(0.0919)	(0.0213)
$\log Gdp$	0.0381	0.0059 *	-0.4623	-0.2264 **
	(0.0232)	(0.0031)	(0.5496)	(0.0997)
$Shibor$	-0.0053	-0.0048 ***	0.0644	-0.0110
	(0.0035)	(0.0007)	(0.0950)	(0.0182)
Cpi	-0.0149 **	-0.0227 ***	0.2109	-0.0636
	(0.0057)	(0.0014)	(0.1610)	(0.0405)
$Cons$	2.4852 ***	2.7934 ***	7.0281	20.4562 ***
	(0.5245)	(0.1508)	(11.1072)	(3.9612)
N	713	713	713	713

续表

	主动风险承担：Rwa		破产风险：Bar	
	(1) FE	(2) SYS-GMM	(3) FE	(4) SYS-GMM
F 检验	62.10 ***		4.03 ***	
R^2	0.6493		0.2303	
Wald 统计量		15836.27 ***		10969.03 ***
Sargan 检验		103.4641 [0.2151]		93.9992 [0.4515]

注：*、**、***分别代表在10%、5%、1%的水平下显著；括号（）内为各系数的标准误；括号[]内为检验对应的 p 值。

二 存款保险制度早期纠正机制的有效性检验

依据本章的理论分析，如果存款保险制度早期纠正机制有效，那么其应该对高风险银行的风险抑制作用更为明显。在具体的研究设计上，本章参考项后军和张清俊（2020）对投保机构风险高低的划分思路，将样本分为"高风险组"和"低风险组"。首先计算出样本在全部时间区间的风险水平均值（$\overline{Risk_t}$）及标准差（σ_t），同时定义两个虚拟变量：$Highrisk$（"高风险银行"）与 $Lowrisk$（"低风险银行"）。如若投保机构 i 在时间 t 的风险承担水平 $Risk_{i,t} \geq (\overline{Risk_{tt}} + \sigma_t)$，则将其归为高风险组，即 $Highrisk = 1$；如若投保机构 i 在时间 t 的风险承担水平 $Risk_{i,t} < (\overline{Risk_{tt}} - \sigma_t)$，则将其归为低风险组，即 $Lowrisk = 1$。

然后再将全部观测值进行分组回归，具体结果见表9-3。由于篇幅限制，此处只汇报系统 GMM 模型的结果。根据系统 GMM 模型的回归结果显示，相较于低风险组，高风险组的主动风险承担水平以及破产风险的核心解释变量系数绝对值都明显更大。这说明对原本自身风险更高的银行来说，早期纠正机制起到的风险承担抑制作用更明显。存款保险制度发挥的效应依银行自身差异而存在异质性（Laeven and Levine, 2009），中国存款保险制度发挥了较为有效的纠正作用，即对于高风险机构的风险约束起到更好的政策效果。验证了本章假说2。

表 9-3　　早期纠正机制对不同风险水平银行的有效性检验

	主动风险承担：Rwa		破产风险：Bar	
	（1）高风险：Highrisk=1	（2）低风险：Lowrisk=1	（1）高风险：Highrisk=1	（2）低风险：Lowrisk=1
L1.Rwa/L1.Bar	0.2742*** (0.0377)	0.0300 (0.0282)	0.2556*** (0.0315)	0.4492*** (0.0461)
D.dirate	-0.0129** (0.0061)	-0.0040** (0.0016)	-0.3017*** (0.0628)	-0.2892*** (0.0301)
Capital	-0.0310*** (0.0014)	-0.0099*** (0.0011)	-0.1514*** (0.0265)	-0.0549** (0.0254)
Roa	0.0046* (0.0023)	0.0049*** (0.0016)	-0.2254*** (0.0229)	-0.5096*** (0.0920)
lnA	-0.0140** (0.0069)	-0.0106*** (0.0029)	-0.2024*** (0.0736)	-0.1651 (0.1086)
Cost	-0.0008*** (0.0003)	0.0005*** (0.0001)	0.0142*** (0.0044)	0.0018 (0.0084)
Lever	0.0486*** (0.0029)	0.0199*** (0.0027)	0.1070*** (0.0239)	-0.0427** (0.0207)
logGdp	0.0540*** (0.0066)	-0.0387*** (0.0140)	-0.1575 (0.2913)	-0.3385 (0.3913)
Shibor	-0.0101** (0.0047)	-0.0148*** (0.0037)	0.1980*** (0.0717)	-0.1664*** (0.0592)
Cpi	-0.0339*** (0.0061)	-0.0321*** (0.0044)	0.1040 (0.1210)	-0.4170*** (0.0714)
Cons	4.0700*** (0.6039)	4.0035*** (0.4782)	-5.8369 (12.0759)	49.1320*** (8.6398)
N	96	98	96	98
Wald 检验	169924.51***	3801.69***	38180.49***	110480.92***
Sargan 检验	24.9694 [1.0000]	30.7989 [1.0000]	21.6106 [1.0000]	26.8830 [1.0000]

注：*、**、***分别代表在10%、5%、1%的水平下显著；括号（）内为各系数的标准误；括号［］内为检验对应的 p 值。

三 稳健性检验

（一）替换被解释变量：银行风险承担代理变量

为验证实证结果的稳健性，本章还选取其他代理变量度量银行风险承担。借鉴现有研究（郭晔和赵静，2017；项后军和张清俊，2020），在主动风险承担方面本章选取拨备覆盖率 Pcr，该值越高说明银行对于可能发生的呆账、坏账的计提准备越充分，主动风险的承担倾向更低；在破产风险方面选取 Z 值对数 lnZ，该值越高说明银行的破产风险越高。回归结果见表 9-4，由（2）（4）列的系统 GMM 模型可见依然与前文结论保持一致。进一步证明，存款保险可以通过有效的制度设计，有效抑制银行体系内，尤其是中小银行的风险经营动机和事后风险累积，有效遏制风险隐患的隐藏和扩散。

表 9-4 替换风险承担代理变量

	主动风险承担：Pcr		破产风险：lnZ	
	（1）FE	（2）SYS-GMM	（3）FE	（4）SYS-GMM
L1.Pcr/L1.lNZ	0.2492 (0.1783)	0.3468*** (0.0020)	0.3572*** (0.0384)	0.4214*** (0.0145)
D.$dirate$	0.0048 (0.0715)	0.1265*** (0.0063)	-0.0133 (0.0566)	-0.0671*** (0.0171)
$Capital$	-0.0433 (0.0563)	-0.1922*** (0.0087)	-0.0162 (0.0200)	0.0088 (0.0072)
Roa	-0.0464 (0.1668)	-0.0152 (0.0174)	-0.5792*** (0.0756)	-0.0624*** (0.0214)
lnA	-2.2849** (0.9889)	-0.8071*** (0.0290)	-0.3718 (0.3328)	-0.4401*** (0.0299)
$Cost$	-0.0002 (0.0122)	-0.0182*** (0.0011)	0.0050 (0.0046)	-0.0006 (0.0024)
$Lever$	0.1201 (0.0995)	0.4990*** (0.0135)	0.0148 (0.0440)	-0.0906*** (0.0137)

第九章　中国存款保险制度发挥了早期纠正作用吗？

续表

	主动风险承担：Pcr		破产风险：lnZ	
	(1) FE	(2) SYS-GMM	(3) FE	(4) SYS-GMM
log Gdp	0.8586 (1.3016)	0.9370 *** (0.0450)	-2.1338 *** (0.3798)	-1.0959 *** (0.0918)
Shibor	-0.1839 (0.1381)	-0.2500 *** (0.0146)	0.0792 (0.0567)	0.0541 *** (0.0195)
Cpi	0.1808 (0.3318)	-0.0713 *** (0.0259)	0.8895 *** (0.1226)	1.0783 *** (0.0508)
Cons	11.0688 (28.1731)	17.3672 *** (2.6309)	-80.1916 *** (11.7375)	-101.4355 *** (5.2564)
N	701	701	701	701
F 检验	4.15 ***		23.81 ***	
R2	0.1185		0.3680	
Wald 统计量		53869.57 ***		4486.60 ***
Sargan 检验		104.5515 [0.1942]		104.3130 [0.1986]

注：*、**、***分别代表在10%、5%、1%的水平下显著；括号（）内为各系数的标准误；括号［］内为检验对应的 p 值。

（二）替换解释变量：上期费率的绝对值

本章的核心解释变量为上期费率的变动值，考虑到样本有损失问题，本章还从绝对值角度进行考察。具体来说，使用上期的存款保险费率实际值（L. dirate），考察上期的实际征收费率是否能对当期的银行风险承担行为起到约束作用。如果银行在上期承担了较高的费率，那么对其来说也是一种较高的监管成本。表9-5显示，存款保险制度的早期纠正机制对银行的主动风险承担和破产风险均起到显著抑制作用。从绝对值角度看，除BAR的符号方向及系数不显著外，其他三个度量银行风险承担的代理变量均表明上期费率越高的银行在本期倾向于降低风险，具有较显著的抑制影响。

表9-5　　　　　　　　替换解释变量为上期费率的实际值

	主动风险承担		破产风险	
	（1） Rwa	（2） Pcr	（3） Bar	（4） lnZ
L1. 被解释变量	0.1633***	0.3887***	0.1943***	0.2347***
	(0.0089)	(0.0014)	(0.0492)	(0.0084)
L. dirate	-0.1353**	17.5303***	5.3769	-33.1958***
	(0.0557)	(0.6083)	(13.0912)	(2.1910)
Capital	-0.0298***	-0.2267***	-0.2548***	0.0098
	(0.0003)	(0.0049)	(0.0770)	(0.0068)
Roa	-0.0083***	0.0265*	-0.6360***	0.1034***
	(0.0011)	(0.0135)	(0.2010)	(0.0271)
lnA	0.0023**	-0.9575***	-0.4837**	-0.7028***
	(0.0011)	(0.0189)	(0.2336)	(0.0328)
Cost	-0.0003***	-0.0109***	-0.0209	-0.0028
	(0.0000)	(0.0009)	(0.0177)	(0.0024)
Lever	0.0596***	0.4864***	0.2021	-0.1397***
	(0.0006)	(0.0084)	(0.1677)	(0.0123)
logGdp	0.0084***	1.2574***	0.1883	-1.9131***
	(0.0024)	(0.0359)	(0.7109)	(0.0898)
Shibor	-0.0047***	-0.1496***	0.1427	-0.2451***
	(0.0005)	(0.0121)	(0.0983)	(0.0151)
Cpi	-0.0231***	0.0070	0.0556	0.7696***
	(0.0012)	(0.0211)	(0.1006)	(0.0328)
Cons	2.8065***	9.9411***	4.6666	-62.5098***
	(0.1287)	(2.0940)	(10.1083)	(3.5591)
N	832	832	832	832
Wald 检验	29732.75***	151481.23***	77.30***	20090.25***
Sargan 检验	105.8236	107.7466	102.4964	111.8142
	[0.3779]	[0.3294]	[0.4676]	[0.2381]

注：*、**、***分别代表在10%、5%、1%的水平下显著；括号（）内为各系数的标准误；括号[ ]内为检验对应的 p 值。

（三）调整样本区间：剔除2017年上半年及之前数据

考虑到2015年下半年—2016年上半年，中国存款保险制度适用的是万分之1.6的统一费率；而且中国差别化费率真正实施是自2017年下半年开始实施。因此，为了保证差别化费率在约束作用中的体现，有必要剔除2017年之前的时期再次进行回归。由表9－6所示的系统GMM回归结果来看，依然支持原结论，即从投保机构上期费率的变动情况来看，上期费率被调高的幅度越大，对本期的主动风险承担和破产风险抑制作用越明显。

表9－6　　　　　　　　剔除2017年上半年及之前的时期

	主动风险承担：Rwa		破产风险：Bar	
	（1）FE	（2）SYS-GMM	（3）FE	（4）SYS-GMM
L1.Rwa/L1.Bar	0.1363 ***	0.2132 ***	0.1633 ***	0.4208 ***
	(0.0303)	(0.0144)	(0.0474)	(0.0275)
D.dirate	-0.0029 *	-0.0019 ***	-0.0874 *	-0.1034 ***
	(0.0017)	(0.0009)	(0.0520)	(0.0228)
Capital	-0.0308 ***	-0.0278 ***	-0.1408 ***	-0.1507 ***
	(0.0014)	(0.0004)	(0.0420)	(0.0193)
Roa	0.0029	-0.0022 ***	-0.1775 *	-0.6321 ***
	(0.0034)	(0.0004)	(0.1003)	(0.0736)
lnA	-0.1317 ***	0.0087 **	-1.5500 **	-0.4463 ***
	(0.0245)	(0.0020)	(0.7372)	(0.0869)
Cost	-0.0002	0.0002	-0.0088	-0.0336 ***
	(0.0002)	(0.0001)	(0.0074)	(0.0039)
Lever	0.0545 ***	0.0583 ***	-0.1785 *	0.0698 **
	(0.0032)	(0.0008)	(0.0970)	(0.0310)
logGdp	-0.0453	-0.0204	-2.1030 **	-0.3440 **
	(0.0298)	(0.0061)	(0.8680)	(0.1729)
Shibor	-0.0132 ***	-0.0031 ***	-0.2658 **	-0.0095
	(0.0037)	(0.0014)	(0.1090)	(0.0289)

续表

	主动风险承担: Rwa		破产风险: Bar	
	(1) FE	(2) SYS-GMM	(3) FE	(4) SYS-GMM
Cpi	-0.0270***	-0.0273***	-0.4261**	-0.0772
	(0.0068)	(0.0023)	(0.1981)	(0.0638)
Cons	5.2003***	3.1522***	76.7270***	19.4609**
	(0.7260)	(0.2380)	(21.1180)	(6.5215)
N	476	476	476	476
F检验	84.98***		14.28***	
R^2	0.7101		0.2916	
Wald 检验		9860.06***		1704.95***
Sargan 检验		88.6793 [0.0469]		62.1792 [0.6760]

注：*、**、***分别代表在10%、5%、1%的水平下显著；括号（）内为各系数的标准误；括号［］内为检验对应的 p 值。

（四）异质性分析——区分银行类型

本章所用样本为农村银行，而其中主要涉及农村商业银行及村镇银行。二者在服务定位上都主要是为当地提供三农支持和小微支持，但同时在经营模式和资产规模、跨区经营等方面存在诸多差异。农商行是由农村合作银行、农村信用社改制组建而来，并可根据业务发展需要，在辖内设立分支机构、在辖外设置分行；而村镇银行相较而言注册资本低、控股权较为集中，且多设立在县域层面，辐射范围小。因此，基于样本中银行类型的可分性及两类样本自身差异性，本章在回归中加入银行类型变量 Type，控制自身性质、治理水平等不同带来的差异。具体做法是将 Type 设置为虚拟变量，如果样本为农村商业银行则取1，为村镇银行则取0，结果列于表9-7。

同表9-3有效性检验部分的做法，由于篇幅限制，此处只将系统GMM模型的回归结果进行汇报。表9-7回归结果显示，核心解释变量的系数依然基本与前文一致，以验证本章结论的合理性。进一步对比表9-7（1）（2）列和（3）（4）列结果可以发现，无论是主动风险还是破产风险，存款保险制度对农村商业银行的风险警示作用似乎更为明显。这可能

第九章 中国存款保险制度发挥了早期纠正作用吗？

是因为农商行相对于村镇银行来说规模大，被监管部门及当地政府重视的程度也更高，采取的手段更为严格。同时农商行分支机构相对较多，流动性方面相对灵活，可以较快地满足监管要求。而村镇银行体量小，分支机构少，贷款规模也较有限，即使发现问题也难以在短时间内催收或者通过股东注资补充资本。

表9-7 异质性分析：区分银行类型

	主动风险承担：Rwa		破产风险：Bar	
	(1) 农商行	(2) 村镇银行	(3) 农商行	(4) 村镇银行
L1.Rwa/L1.Bar	0.1355***	0.1728***	0.1175***	0.4687***
	(0.0093)	(0.0361)	(0.0065)	(0.0355)
D.dirate	-0.0012***	-0.0012	-0.1288***	0.0223
	(0.0002)	(0.0016)	(0.0114)	(0.0221)
Capital	-0.0376***	-0.0262***	-0.3968***	-0.0535**
	(0.0003)	(0.0014)	(0.0102)	(0.0260)
Roa	-0.0116***	0.0030	-0.0169	-0.3313***
	(0.0011)	(0.0045)	(0.0318)	(0.0442)
lnA	-0.0038***	0.0166	-0.7647***	-0.2631
	(0.0011)	(0.0121)	(0.0437)	(0.1717)
Cost	-0.0007***	-0.0001	-0.0082***	-0.0143***
	(0.0000)	(0.0003)	(0.0015)	(0.0049)
Lever	0.0738***	0.0521***	0.1256***	0.0469
	(0.0007)	(0.0030)	(0.0223)	(0.0603)
logGdp	0.0117***	0.0347***	0.3086***	0.2851
	(0.0019)	(0.0132)	(0.0724)	(0.1788)
Shibor	-0.0039***	-0.0090***	-0.1644***	0.3041***
	(0.0003)	(0.0026)	(0.0124)	(0.0888)
Cpi	-0.0239***	-0.0185***	-0.1272***	0.5243***
	(0.0013)	(0.0055)	(0.0200)	(0.0963)
Cons	2.9883***	2.0736***	29.2976***	-50.1928***
	(0.1313)	(0.5548)	(1.5859)	(10.0760)

续表

	主动风险承担：Rwa		破产风险：Bar	
	（1）农商行	（2）村镇银行	（3）农商行	（4）村镇银行
N	539	174	539	174
Wald统计量	69581.36***	3084.12***	29885.92***	2096.99***
Sargan检验	80.3179 [0.8229]	20.8150 [1.0000]	77.1602 [0.8820]	14.1692 [1.0000]

注：*、**、***分别代表在10%、5%、1%的水平下显著；括号（）内为各系数的标准误；括号［］内为检验对应的p值。

四 进一步分析

（一）外部金融环境不同对早期纠正机制的影响

前文实证内容主要基于银行自身异质性展开分析。此外，众多研究结果表明，存款保险制度有效性的发挥受外部环境影响（Kane，2000；段军山等，2018；Qian et al.，2019），需要进一步联系银行所处的外部金融环境深入讨论。

本章涉及样本均为农村银行，基本分布在该省的县域层面，因此本章使用县域金融竞争力指标来衡量各投保机构所处的外部环境。银行所处的县域金融竞争力越高，则说明当地的金融体系具有较高的发展水平和发展潜力，市场化水平越高，对银行自身经营发展以及政策效应的发挥均能带来有利影响。本章参考明雷等（2019）中对县域金融竞争力的测算，将县域金融竞争力指标划分为由3个一级指标，8个二级指标，40个三级指标构成的3个层级的金融竞争力评价指标体系。其中一级指标为金融服务竞争力、金融竞争力、金融发展竞争力，能够综合反映县域金融环境水平。由于逐年收集县域层面的数据存在获取难度，且县域金融环境相对稳定，短期内不会发生较大变化，因此本章选取2017年（也就是差别化费率制度引入当年），对样本所在省份的县域数据进行测算，得到该省县域金融竞争力。按照测算得分进行排序，均值以上的县域属于竞争力较高，均值以下的县域属于竞争力较低。对应的银行位于哪个县域，则归入该分组，最终形成"县域金融竞争力高"和"县域金融竞争力低"两个分组。

对比表9-8（1）（3）两列发现，县域金融环境越好，存款保险制度早期纠正机制对银行主动风险承担抑制作用就越为明显;表 9-8 (2) (4) 两列显示对破产风险的结论亦是如此。这说明良好的县域金融环境,不仅对银行自身经营影响重大,也对政策传导的效果具有促进作用。这既印证了 (Kane, 2000; 段军山等, 2018; Qian et al., 2019) 等的研究结论, 也启示我们, 存款保险制度金融稳定作用的发挥, 需要健全的外部金融环境辅以配套。

表 9-8　　不同外部金融环境的存款保险制度有效性检验

	县域金融环境好		县域金融环境差	
	(1) 主动风险承担: Rwa	(2) 破产风险: $\ln Z$	(3) 主动风险承担: Rwa	(4) 破产风险: $\ln Z$
L1.Rwa/L1.Bar	0.2187 *** (0.0228)	0.4619 *** (0.0328)	0.0703 *** (0.0146)	0.3991 *** (0.0121)
D.dirate	-0.0050 *** (0.0009)	-0.2815 *** (0.0314)	-0.0033 *** (0.0003)	-0.0043 (0.0164)
Capital	-0.0250 *** (0.0003)	-0.0099 (0.0155)	-0.0366 *** (0.0004)	0.0042 (0.0083)
Roa	-0.0012 (0.0025)	-0.0627 (0.0629)	-0.0055 *** (0.0017)	-0.3097 *** (0.0403)
$\ln A$	0.0087 *** (0.0018)	-0.2787 *** (0.0702)	-0.0074 *** (0.0018)	-0.6555 *** (0.0434)
Cost	0.0002 (0.0002)	0.0023 (0.0033)	-0.0013 *** (0.0001)	-0.0076 *** (0.0010)
Lever	0.0516 *** (0.0008)	-0.0139 (0.0315)	0.0678 *** (0.0009)	-0.1297 *** (0.0170)
$\log Gdp$	0.0086 (0.0056)	-0.6657 *** (0.2440)	0.0423 *** (0.0035)	-1.0728 *** (0.0900)
Shibor	-0.0117 *** (0.0015)	-0.0343 (0.0494)	-0.0041 *** (0.0003)	0.0865 *** (0.0200)
Cpi	-0.0276 *** (0.0023)	0.9541 *** (0.0868)	-0.0206 *** (0.0012)	1.0590 *** (0.0369)

续表

	县域金融环境好		县域金融环境差	
	(1) 主动风险承担：Rwa	(2) 破产风险：lnZ	(3) 主动风险承担：Rwa	(4) 破产风险：lnZ
Cons	3.1260*** (0.2391)	-92.0208*** (8.2163)	2.6936*** (0.1360)	-96.2261*** (3.6095)
N	240	236	431	423
Wald 检验	37173.82***	1134.38***	12414.88***	7797.94***
Sargan 检验	31.5572 [1.0000]	32.3810 [1.0000]	61.8519 [0.9947]	64.9785 [0.9880]

注：*、**、***分别代表在10%、5%、1%的水平下显著；括号（）内为各系数的标准误；括号［］内为检验对应的p值。

（二）存款保险制度早期纠正机制是否具有副作用

以上分析证明了存款保险制度早期纠正机制对"高风险机构"发挥了显著的风险抑制作用。进一步思考，对于那些未被认定为"高风险"机构的银行来说，费率调低之后，是否会因为监管约束宽松，而提高风险承担水平呢？即存款保险制度在发挥有效性的同时，是否会带来一定的副作用？

经过数据整理，发现样本中有218个观测值是在上期费率调低的，有495个观测值是在上期费率调高的，这里重点关注费率调低的样本是否会提升风险水平。具体结果如表9－9所示。

表9－9（1）（2）列结果显示：对于费率调低的样本，$D.dirate$ 的系数并不显著；对于费率调高的样本，$D.dirate$ 的系数为-0.0030且高度显著。结果表明两方面：一是对于费率调低的情况，银行也没有因为风险约束的放松而提高冒险经营的动机，即存款保险制度本身并没有带来副作用。二是对于费率调高的样本，存款保险制度早期纠正机制的风险约束作用更加明显。将主动风险承担指标替换为破产风险指标后，结果如表9－9（3）（4）列所示，依然支持这一结论。

表9-9　　　　　存款保险制度早期纠正机制副作用检验

	主动风险承担：Rwa		破产风险：Bar	
	(1) DYield<=0	(2) DYield>0	(3) DYield<=0	(4) DYield>0
L1.Rwa/L1.Bar	0.2132*** (0.0534)	0.1552*** (0.0075)	0.2134*** (0.0105)	0.3305*** (0.0069)
D.$dirate$	0.0021 (0.0019)	-0.0030*** (0.0005)	-0.0055 (0.0099)	-0.1878*** (0.0127)
$Capital$	-0.0255*** (0.0015)	-0.0299*** (0.0004)	-0.2437*** (0.0047)	-0.1516*** (0.0137)
Roa	0.0033 (0.0049)	-0.0052*** (0.0008)	-0.5001*** (0.0241)	-0.2969*** (0.0336)
$\ln A$	0.0086 (0.0058)	-0.0056*** (0.0011)	-0.3572*** (0.0431)	-0.4095*** (0.0374)
$Cost$	-0.0004 (0.0004)	-0.0003*** (0.0001)	0.0067*** (0.0016)	-0.0097*** (0.0016)
$Lever$	0.0516*** (0.0023)	0.0556*** (0.0007)	0.2241*** (0.0117)	0.0957*** (0.0232)
$\log Gdp$	-0.0263 (0.0179)	-0.0099*** (0.0027)	0.4689*** (0.0923)	-0.0020 (0.0991)
$Shibor$	-0.0111*** (0.0040)	-0.0061*** (0.0008)	0.1236*** (0.0205)	-0.0311 (0.0229)
Cpi	-0.0063 (0.0097)	-0.0240*** (0.0014)	-0.1827*** (0.0362)	0.0038 (0.0312)
$Cons$	1.0992 (1.0239)	3.0847*** (0.1513)	25.0302*** (3.7497)	-0.1878*** (0.0127)
N	218	495	218	495
Wald 检验	1027.70***	15486.76***	54881.08***	9637.60***
Sargan 检验	79.9706 [0.6339]	99.9947 [0.2914]	92.1840 [0.2786]	99.3103 [0.3081]

注：*、**、***分别代表在10%、5%、1%的水平下显著；括号（）内为各系数的标准误；括号［］内为检验对应的p值。

第五节　本章小结

本章从存款保险制度早期纠正机制的角度出发，基于2015—2019年某省层面119家中小银行的真实存款保险费率水平，检验早期纠正机制是否发挥风险抑制作用，并探究其有效性和副作用。结果表明：（1）中国存款保险制度发挥了较好的风险纠正作用，银行在经历上期费率评级调整后会主动降低风险承担水平，同时破产风险也有所降低。（2）该机制对于高风险银行的纠正作用更为明显，即有效性良好。（3）进一步将政策实施与外部环境联系起来发现，良好的外部金融环境不仅促进银行稳健经营，更有利于政策效果传递。（4）从本章的定量分析角度来看，低风险机构并未因费率调低、监管放松而去追逐高风险。即基于费率变动的实证结果显示，中国存款保险制度在发挥有效性的同时，并未带来额外的副作用。

基于本章实证结果，相关的政策启示如下：存款保险制度的引入完善了中国金融市场建设，加强了监管约束和市场纪律，差别化费率的收取以及早期纠正机制的引入对中小银行的风险承担带来有效的抑制作用。但对比其他国家早期纠正的经验以及中国当前的实践情况来看，中国还应当进一步完善：（1）明确、健全问题银行的风险预警机制。《中华人民共和国商业银行法（修改建议稿）》中只强调动态监管资本充足率这一指标，应当考虑从多个维度充分识别问题银行潜在风险。（2）保障纠正措施的介入标准合理，并可以得到有力执行，防止监管主体在"监管处罚"与"监管宽容"的天平上左右摇摆。同时强化对问题银行的处理，并建立健全退出机制。（3）细化存款保险基金管理公司的监管权限与独立性，界定其与金融安全网其他成员、中国人民银行、银保监会等的功能差异，不仅做到信息共享，也应当各司其职，提升监管效率。（4）优化银行的公司治理。银行治理机制本就不同于普通的公司治理，有负债经营的特殊性；本章也发现村镇银行相较于农商行，体量小、抗风险能力弱、治理机制不健全，存款保险制度对村镇银行的风险纠正作用也有限。因此应当充分重视小型银行的问题识别，在差别化费率的收取当中也可借鉴其他国家或地区依据银行类型区别对待。

第十章　微观审慎监管与银行风险

第一节　引言

在 2008 年国际金融危机爆发后，宏观审慎监管成为各国金融改革的重点，但这并不意味着微观审慎监管的被取代或削弱。现阶段，中国已经形成了以中国人民银行为主导，强调整体金融系统稳定的宏观审慎监管体系和以银保监会为主导，关注单个银行经营风险的微观审慎监管体系。宏观审慎监管和微观审慎监管相互协调配合，两者的监管目标相互渗透，共同维护中国的金融系统稳定。监管处罚作为微观审慎监管的重要工具和手段（熊婉婷，2021；明雷等，2023），对维护金融业安全稳定发挥了重要作用。因此，聚焦于监管处罚对银行风险防范的研究，对优化审慎监管框架、维持金融体系稳定具有重要理论和现实意义。

随着中国金融体制改革的不断推进，在利率市场化和互联网金融等背景的冲击下，商业银行面临的内外部环境逐渐复杂，整体的盈利水平不断受到挤压，商业银行的局部风险事件频发。其中，2015—2020 年，农业银行、民生银行和平安银行等银行及其分支机构因为内控管理问题，严重违反审慎经营规则、非法提供第三方信用担保、违规为地方政府提供融资以及违规为房地产企业土地出让金提供融资等，接连发生风险违规事件。表 10-1 统计了截至 2020 年银保监会开出的监管罚款金额位于前十的行政罚单。其中，在 2017 年，广发银行因为"侨兴债真假保函"事件被原银监会开出 7 亿多元的行政罚单，创下银行业历史以来最大的行政处罚金额纪录。随后，多家银行也因为从事非法投资活动和违法审慎经营等案由也被处以上亿元的罚款。

表 10-1　　　　　　被处罚金额位于前十的商业银行　　　　　　单位：万元

处罚单位	日期	处罚对象	处罚金额	处罚单位	日期	处罚对象	处罚金额
原银监会	2017/11/17	广发银行	72215	原河南银监局	2017/12/28	兴业银行	13226
原北京银监局	2017/12/29	邮储银行	52064	银保监会	2020/7/14	民生银行	10783
原四川银监局	2018/1/18	浦发银行	46175	银保监会	2020/7/13	浙商银行	10120
原青岛银监局	2017/12/29	兴业银行	23218	银保监会	2020/6/29	广发银行	9283
原银监会	2017/12/29	恒丰银行	16692	原甘肃银监局	2018/1/23	邮储银行	8550

注：银监会和保监会于2018年合并，之前称为原银监会，罚款单位为万元。

各家商业银行的违法违规事件为银行业敲响了警钟，这些违规事件背后牵扯大量的企业和关联银行，不仅提高了监管部门的风险监管难度，还加大了银行业整体的系统风险传染程度。而强有力的政府监管被认为是弥补和替代市场与司法机制的重要手段（Djankov et al.，2003），作为审慎监管重要组成部分的监管处罚行动对维护金融秩序具有重要意义。那么中国实施近二十年已久的监管处罚措施是否发挥了应有作用？本章尝试通过解决这个问题，回顾并阐明了中国监管处罚措施对银行风险抑制的有效性。

第二节　国内外监管处罚制度的发展历程

监管处罚作为微观审慎监管的重要工具和手段，世界各国监管部门为了维护本国金融业的安全与稳定，均有采取处罚行动的惯例。本章内容主要系统地介绍并分析了世界主要国家的银行业监管处罚制度的发展历程以及各国的银行业监管特点。具体而言，在国外方面主要分析了以美国、欧盟和日本为代表的国家和地区的银行业监管制度发展。在国内方面，详细梳理了中国银行业监管制度和规章的变化与发展以及各阶段具体的监管措施类别。

一 世界主要国家监管处罚制度发展

从全球范围来看，各国均有对违反监管条例的商业银行采取监管处罚行动的惯例。监管处罚行为作为一种事后纠正手段，是监管部门实现金融业风险可控的重要工具。比如，在日本由金融厅、日本银行和存款保险公司负责金融监管职能，它们可以通过现场检查和非现场监测等手段对违法银行采取处罚行为[1]。在欧盟，由2011年成立欧洲银行管理局（EBA）配合各国央行负责成员国的银行业监管。但是，由于欧洲银行体系的情况十分复杂，只有少数国家的中央银行公布了监管处罚行动（Delis and Staikouras，2011）。

而在美国，监管处罚制度已经实施多年，具有完整和严谨的流程，具有较强的代表性。在1978年颁布的《金融机构管制和利率控制法》中，要求成立了联邦金融机构审查委员会，统一对金融机构进行审查评价。联邦金融机构审查委员会通过对银行的运作做出评估，根据运作评估做出综合评级，对银行做出监管等级确定（邢会强，2014）。对于问题银行，由不同的机构负责问题商业银行的监管[2]，这些机构可采取正式和非正式的整改措施。具体而言，监管机构通过现场检查监督银行，当现场检查表明商业银行存在不安全、不健全或违反法律的行为时，就可以采取执法行动，通过及时纠正违法行为、稳定机构和避免存款保险基金的潜在损失来恢复银行业的安全性和稳定性（Curry et al.，1999）。其中，正式执法行动带有法律的制裁措施，具有强制性。具体包括：吊销营业执照、中止银行保险和民事罚款等。而非正式的监管行动包括：道义劝告、提供董事会决议和谅解备忘录等书面文件。一般而言，非正式监管行动没有法律效力，但不遵守非正式监管要求，通常被认为是需要采取正式行动的强有力证据。因此，当商业银行违法问题不严重时，美国的监管部门更愿意采取非正式行动来纠正商业银行的不当行为。

---

[1] 中国人民银行国际司：《日本的金融管理体系和监管标准》。
[2] 主要包括联邦存款保险公司、联邦储备系统和货币监理署。

二 中国监管处罚制度发展

从中国监管处罚行为的实践来看，监管处罚行为可以追溯到1995年全国人大常委会通过的《商业银行法》，该法案旨在保护储户权益，规范商业银行行为，维护金融业秩序。法案中涵盖了包括责令改正、责令停业整顿、接管和撤销等金融监管处罚措施。直到2003年原中国银监会成立并于年底颁布通过《银行业监督管理法》。其中，为了维持银行业秩序，原银监会于2004年制定了《中国银行业监督管理委员会行政处罚办法》（下文中简称《处罚办法》），此时商业银行正式的行政处罚法规开始施行。《处罚办法》中，规定了行政处罚的违法行为、处罚种类和立案、调查和取证程序等内容，成为中国监管部门对违反安全稳健性规定的商业银行采取处罚措施主要的参考性文件。

面对内外部环境的变化，原银监会分别于2007年和2015年对《处罚办法》进行了修订和补充。其中，2007年只是对处罚程序进行了规范补充，内容变化不大。而2015年对《处罚办法》进行了重大修改。在审议和机构设置上，新《处罚办法》中进一步区分了定性与量罚依据。完善更新内部组织框架，新设了现场检查局和处罚委员会等部门，建立了审、查、决分离的处罚机制。在处罚原则和程序上，新《处罚办法》中推进实施违法责任人制度，打破原有"只罚机构，不罚个人"的惯例，执行纪律处罚和行政处罚并处的方式。同时，加强了立案管理监督，强化证据和程序意识，明确异地实施违法行为管辖主体，加大了对银行违法行为责任人的处罚力度。最后在具体量罚的标准中，新《处罚办法》中调整了重大行政处罚的实施标准，原银监会对机构处罚由原来的200万元提高为500万元，对个人处罚由原来的统一的10万元变更为原银监会50万元、原银监局30万元和原银监分局10万元。新增禁止从事银行业务和没收较大数额违法所得作为重大处罚的规定。最后，监管部门还建立了处罚信息公开制度，主动接受社会监督（具体内容见表10-2）。2018年，为了更好防范金融系统性风险，原银监会和保监会合并为银保监会。2020年，银保监会颁布了最新的《中国银保监会行政处罚办法》[①]（银保监会令2020年第

[①] 该版本合并了保险机构的处罚内容，银行处罚部分未发生重大变化。

8号),标志着中国监管制度体系进入新局面。

表10-2 《处罚办法》变更内容

内容	2007年	2015年
处罚依据	规范性文件未纳入处罚依据	将规范性文件纳入处罚依据
审议和机构设置	未有效建立查、审、决分离机制	新设现场检查局和处罚委员会等,进一步规划查、审、决分离机制
处罚原则和程序	未明确"双罚"制度,未区分纪律处分和行政处罚	进一步明确"双罚"制度,执行纪律处罚和行政处罚并处
明确异地违规管辖	缺乏跨区经营违规的处罚管辖主体	明确异地机构职责,加强各机构合作执法
具体量罚的标准	原银监会对机构罚款200万元以上罚款;个人处罚统一10万元以上罚款;处罚措施包括责令停业整改、吊销金融许可证、取消董事、高管任职资格五年以上直至终身禁止	原银监会对机构罚款500万元以上;个人处罚方面,原银监会50万元以上、原银监局30万元以上和原银监分局10万元以上;新增禁止从事银行业工作;没收较大数额违法所得作为重大处罚的规定
处罚信息公开制度	未作明确规定	在官方网站公开行政处罚信息

第三节 监管处罚与银行风险关系的理论分析

　　本章内容主要从理论上详细梳理分析了银行业监管处罚措施对银行风险承担的具体影响效应以及监管处罚具体效应的异质性。具体而言,详细梳理了银行业监管与银行风险的各类观点,指出监管部门的处罚措施可以加强银行业市场纪律,抑制商业银行的冒险意愿。与此同时,从"大而不能倒"假说延伸分析银行资产规模和股权性质对监管处罚措施与银行风险承担关系的影响,验证现阶段中国隐性担保问题。

一 监管处罚与银行风险

已有研究中，关于银行业监管能否有效约束商业银行风险承担，促进银行业的稳定发展并没有一致结论。一些研究指出，银行监管当局在通过维护银行业的诚信、效率和透明度，以促进国民经济的利益过程中，发挥了至关重要的作用（Barth et al., 2001）。王擎和田娇（2016）研究发现，基于各类银行监管水平，适当提高银行业监管要求，同时更加严格地加强对风险抵御能力较差银行的监管，有助于抑制金融风险传递。这类研究强调了通过加强金融监管以促进金融的稳定发展的必要性，建立稳定的缓冲机制以应对任何金融危机的重要性（Barakat and Hussainey, 2013; Delis, 2015）。有一些研究认为，过于严格的监管程度会加剧金融体系的不稳定性。例如，繁重的监管可能会阻碍银行为经济部门提供金融资源的能力。这种监管也可能对银行竞争产生不利影响，导致贷款利率上升，并可能增加企业贷款违约的可能性（Hakenes and Schnabel, 2011）。还有一些研究指出，监管对银行业稳定的影响受到异质性因素影响，比如银行业特征、宏观经济环境、银行治理结构和制度质量等因素（Laeven and Levine, 2009; Delis et al., 2012; Bermpei et al., 2018）。

监管处罚行为作为一种事后纠正手段，是监管部门实现金融业风险可控的重要工具。从全球范围来看，各国均有对违反监管条例的银行采取监管处罚行动的惯例。但是，在监管早期，监管当局一直反对公布银行机密信息，担心这会引发代价高昂的挤兑。但是，在1989年美国国会不顾监管界的反对，要求监管部门披露最严格的正式执法行动，并要求所有正式的执法行动都要通知公众，使得银行经营行为符合消费者法规和安全稳健的标准（Gilbert and Vaughan, 2001）。在美国，监管部门的正式执法行动主要有两种形式：一是银行与其监管者之间的非正式谅解；二是可以在法庭上执行的更正式的处罚行动。监管机构可以通过及时纠正违法行为来恢复与保障银行业的安全性和稳定性（Curry et al., 1999）。

而已有研究中主要集中于企业违规行为的成因或企业被违规处罚的后果。例如，Nourayi（1994）研究指出监管部门的执法行动会对上市公司的股价产生负面影响，股票价格的变动程度与强制执行行为的严重程度相对应；李培功和沈艺峰（2010）指出媒体的曝光有利于企业违规行为的改正；沈红波等（2014）发现证券市场行政监管可以缓解政治关联给企业所带来的信息不透明、代理冲突问题等，具有一定的事后治理效力。对未能满足金融安全和稳健要求的银行采取处罚是有效的银行监管中重要的组成部分（BCBS，2012）。

目前关于监管处罚会如何影响商业银行风险的文献较为有限。其中，Gilbert 和 Vaughan（2001）研究了储户对 20 世纪 90 年代联邦银行监管机构执法行动的反应，发现储户对执法行动并不敏感，受调查商业银行并未遭遇存款流失或存款成本的增加。潘敏和魏海瑞（2015）利用 2003—2013 年中国银行业面板数据，研究发现中国的监管强度具有风险抑制作用，银行业监管部门的违规惩戒措施会降低商业银行的风险承担。明雷等（2019）将监管检查和监管宽容引入 Merton 模型，理论分析发现当监管处罚力度越大时，银行的风险偏好会越低，说明处罚措施有利于维护金融稳定。Delis 等（2017）利用 2000—2010 年美国银行数据，指出美联储的正式执法行动会降低被处罚银行的风险加权资产和不良贷款率。之后的研究中，Delis 等（2019）进一步指出，当商业银行受到美联储的监管处罚后，会导致其存款总额下降。监管处罚会对被处罚银行造成直接约束，从而导致它们自我收缩资产负债表。Caiazza 等（2018）研究发现意大利银行监管部门的执法行动存在溢出效应，会导致非被处罚银行出售自身的问题贷款，减少贷款活动。

首先，当监管部门对违规商业银行采取监管措施，会释放与被处罚商业银行相关违规行为的不利信号。这些监管措施可能会加强银行业市场纪律，抑制商业银行的冒险意愿。其次，监管部门的监管处罚措施会直接提高违规商业银行的经营管理成本，例如业务开展限制、监督审查费用和商业银行声誉维护费用等，这样直接限制违规商业银行的过度风险承担行为。最后，行政处罚作为一种相对正式的处罚行为，当违规商业银行不按时整改，会受到监管部门更加严重的处罚，这会增加违规商业银行进行整改的概率。基于此，提出假说 1：

假说 1：监管处罚具有风险抑制作用，当商业银行受到监管处罚后会降低自身的风险承担。

二 监管处罚与银行风险的异质性

已有研究指出，金融监管措施对商业银行风险承担行为影响具有异质性。监管机构不愿关闭或破产大型和业务复杂的商业银行，这会导致潜在的道德风险行为，使得银行在预期政府救助时承担过度风险（Farhi and Tirole，2012）。这也可能会导致大型商业银行对监管更不敏感，进而采取一些冒险行为。例如，李双建和田国强（2020）研究指出，中国的系统重要性银行风险承担水平对货币政策会更加敏感，政府隐性担保的存在会诱使中国系统重要性银行在宽松货币政策环境下承担更多风险。

但是，也有学者认为大型商业银行的风险管控能力会优于其他银行，大型商业银行不仅可以吸收利率更低的存款，还拥有更加多元的资金渠道，这导致了大型商业银行的风险水平更低（Delis and Kouretas，2011）。其中，Klomp 和 Haan（2012）基于 2002—2008 年 21 个经合组织国家的 200 多家银行数据，利用分位数回归模型，研究发现银行监管对低风险银行的影响不大，但对高风险银行的影响非常显著。顾海峰和于家珺（2019）基于 2006—2017 年中国 219 家银行数据，研究经济政策不确定性对商业银行风险承担的影响，发现当政策不确定性增加时，国有商业银行可能依托于隐性担保优势，增加主动风险承担。而由于公司治理及财务管理的完善度相对较低，业务单一性程度高，农村商业银行的风险容忍度会相对更低。还有一些研究指出，商业银行的资本要求和银行监管可以降低商业银行风险。但是，监管措施的有效性还得取决于商业银行的内部组织结构等因素（Klomp and Haan，2015）。

监管处罚作为监管部门的一种正式执法行动，直接反映了监管当局的政策意图。而中国的银行业具有特殊性，大型商业银行和国有控股商业银行的管理层一般由政府部门直接行政任命，导致这类商业银行和监管部门关系紧密。这些客观因素的存在，可能会导致大型商业银行和国有控股商业银行更能贯彻和理解监管部门的政策目的，进而采取一些行动降低自身的风险承担。但是，大型商业银行和国有控股商业银行业务种类繁多、社会影响力广大，这种天然的政治纽带也可能会导致大型商业银行和国有控股商业银行更容易躲避监管部门的处罚和监督，使其对监管部门的执法行动更加不敏感，进而不积极采取一些措施控制自身的风险水平。因此，监管处罚对不同类型商业银行风险抑制作用存在不确定性。与之相对应，中小商业银行的经营范围小、业务较为单一，与大型商业银行相比不具有规模、管理和技术等优势，整体的风险抵御能力较差。这些客观因素可能会导致中小商业银行被处罚后，更有动机采取一些积极措施进行整改，降低自身的风险水平。基于此，提出假说2：

假说2a：监管处罚的风险抑制作用对大型和国有商业银行更为显著。

假说2b：监管处罚的风险抑制作用对大型和国有商业银行更不显著。

第四节 数据来源和研究设计

本节内容介绍了相关数据的来源、具体指标的选取和描述以及后文中回归分析涉及的研究设计。首先，利用Python软件收集和手工处理银保监会官方网站公布的行政处罚数据，匹配CSMAR数据库的银行财务数据。其次，从监管处罚金额、次数和是否被处罚三维度定义银行处罚情况，以Z值表征银行风险。最后，从描述性统计和相关性分析简单说明监管处罚与银行风险的关系，进一步利用系统GMM模型验证两者因果关系。

一 样本和数据说明

考虑数据可得性和完整性，以2007—2020年中国商业银行为研究样本。首先，剔除政策性商业银行、外资商业银行和农信社等机构，保证样本商业银行的同质性。其次，对所有连续变量都进行上下1%水平上的缩尾处理，排除极端异常值的影响。同时，为了提高数据质量，剔除了样本少于3年的银行样本。最终获得294家商业银行的非平衡面板数据，具体包括6家国有控股大型商业银行[①]、12家股份制商业银行、122家城市商业银行和156家农村商业银行[②]。

[①] 2019年银保监会发布的银行业金融机构法人名单中，将中国邮政储蓄银行定义为国有大型商业银行。

[②] 下文简称为国有银行、股份制银行、城商行和农商行。

其中，商业银行的监管处罚数据来源于银保监会官方网站。首先，使用 Python 软件从银保监会官方网站抓取各年和各级银保监会 25521 条原始行政处罚的数据。剔除非银行类的金融机构的行政处罚的数据后，最后获得共计 9734 条与样本银行相关的银行类行政处罚原始数据。之后根据原始数据，分别计算不同商业银行每年各级机构的行政处罚数据，最后由作者手动整理汇总得出各商业银行各年监管处罚数据。其余的商业银行财务数据均来源于 CSMAR 数据库，宏观数据来源于国家统计局官方网站。

二 变量选取和描述性统计

（一）银行风险

选取 Z 值反映银行风险承担，Z 值计算考虑了银行的收益稳定性、盈利能力和杠杆状况，能较好地反映商业银行的实际风险。其中，调整的 Z 值的计算如式（10-1），ROA_{it} 表示银行资产收益率，CAP_{it} 表示银行权益资产占比，$\sigma(ROA_{it})$ 表示银行资产收益率的标准差，采用三年期滚动窗口方法计算。由于调整的 Z 值分布的有偏性，对调整的 Z 值取自然对数，其中调整的 Z 值越大，说明银行风险承担越大。

$$Z = \frac{\sigma(ROA_{it})}{ROA_{it} + CAP_{it}} \qquad (10-1)$$

（二）监管处罚

根据银保监会行政处罚数据进行总结，银保监会的监管处罚对象主要可以分为三类：对机构的处罚、对责任人的处罚和机构与责任人同时的处罚。而从处罚方式来看，对机构的处罚可以分为：罚款、责令改正、没收违法所得或多种处罚方式并处等方式；对个人的处罚可以分为：罚款、警告、暂停从业或暂停取消任职资格、终身禁入或多种处罚方式并处等方式。

从三个视角定义银行受处罚情况：（1）监管处罚金额（Fine），该指标由每年中商业银行受到银保监会的行政处罚金额加总计算得出，本章在回归中对行政处罚金额取自然对数；考虑到监管处罚金额可能因为银行资产规模而存在差异。为了消除资产规模影响，也设置监管处罚金额与资产比值（Finer），衡量监管处罚金额；（2）监管处罚次数（Finenum），该指标由每年中商业银行受到银保监会的行政处罚次数加总计算得出，在回归中对行政处罚次数加 1 取自然对数；（3）是否受到监管处罚（$Test$），区分商业银行是否受到银保监会的行政处罚，即当会计年度商业银行受到监管部门的行政处罚则取 1，反之取 0。

（三）其他控制变量

除了核心变量之外，还控制了一系列银行特征和宏观变量。具体包括：（1）资产规模（$lnTa$），总资产取对数；（2）资产负债率（Lev），总负债与总资产比值；（3）贷存比（Ldr），总贷款与总存款比值；（4）贷款增长率（Lgr），贷款总额年增长率；（5）资产收益率（Roa），净利润与总资产比值；（6）货币供应量（$M2gr$），货币供应量 M2 增长率；（7）GDP 增长率（$Gdpgr$），国内生产总值增长率。

（四）描述性统计

表 10-3 报告了主要变量的描述性统计结果。观察结果发现，样本商业银行的监管处罚金额（$Fine$）的最大值为 73083 万元，而样本均值仅为 238.86 万元，说明各家商业银行所受的监管处罚金额差别较大；样本银行的监管处罚次数（$Finenum$）的均值为 3.3 次，其中最大值达到了 247 次，这也说明了商业银行间所受的监管处罚差异较大；是否受过监管处罚（$Test$）变量的均值为 0.2808，说明有近 30% 的样本银行受到过行政处罚。以上三个指标，总体可以说明中国商业银行受监管处罚的频率较高。

表 10-3　　　　　　　　　　描述性统计

指标	变量名	样本数	均值	标准差	最大值	最小值
Z 值	lnZ	2350	0.2515	0.9600	2.1634	-2.5598
处罚金额（万元）	Fine	2660	238.8578	2359.0308	73083.1563	0.0000
处罚金额比值	Finer	2660	0.0232	0.1195	3.6173	0.0000
处罚次数（次）	Finenum	2660	3.2665	14.6886	247.0000	0.0000
是否受到处罚	Test	2660	0.2808	0.4495	1.0000	0.0000
总资产对数	lnTa	2660	25.1756	1.7031	30.4491	21.9603
资产收益率	Roa	2660	0.9235	0.0205	0.9646	0.8526

续表

指标	变量名	样本数	均值	标准差	最大值	最小值
资产负债率	Lev	2648	0.9373	0.4041	2.0617	0.0526
贷存比	Ldr	2639	0.6422	0.1201	0.9791	0.2763
贷款增长率	Lgr	2449	0.1944	0.1183	0.7023	-0.0147
GDP增长率	Gdpgr	2660	7.2769	2.1763	14.2000	2.3000
M2增长率	M2gr	2660	12.5670	4.5313	28.5000	8.1000

注：其中处罚金额比值过小，表中为放大一万倍的结果。

表10-4统计了样本期内不同类型的银行受到银保监会监管处罚变量的差异。在监管处罚金额方面，国有商业银行的监管处罚金额绝对值最高，均值达到了2760.18万元。其次是股份制商业银行，监管处罚金额均值也达到了2450.20万元。而城商行和农商行的监管处罚金额相对较低，城商行处罚金额均值为172.15万元，而农商行均值仅为65.23万元。在监管处罚次数方面，国有商业银行的行政处罚次数最高，均值达到了54.4次，股份制商业银行均值为16.6次，而城商行和农商行均值分别为4.1和2.0次。

而监管处罚金额比值方面，相比之下城商行和农商行的罚款比值均值最高，分别为0.09和0.13，其次是股份制商业银行和国有商业银行。以上指标总体可以说明，在绝对值指标方面，国有商业银行和股份制商业银行受到监管部门的商业处罚金额、次数和受处罚银行占比均较高，而城商行和农商行的商业处罚总体都较低。但是，从监管处罚金额比值来看，结果却恰恰相反，说明考虑规模因素后，城商行和农商行的监管处罚力度较高。

表10-4　　　　　　不同类型商业银行行政处罚差异

变量	机构类型	样本数	均值	标准差	最大值	最小值
Fine	国有银行	83	2760.1833	6619.2365	54549.0703	3.5000
	股份制银行	140	2450.1976	8537.8631	73083.1563	0.0000
	城商行	500	172.1538	418.0411	5589.1802	0.0000
	农商行	124	65.2280	111.3250	937.8600	0.0000

续表

变量	机构类型	样本数	均值	标准差	最大值	最小值
Finer	国有银行	78	0.0218	0.0707	0.6053	0.0001
	股份制银行	136	0.0724	0.3183	3.5256	0.0002
	城商行	448	0.0916	0.2044	3.6173	0.0009
	农商行	73	0.1252	0.1193	0.4372	0.0015
Finenum	国有银行	83	54.3976	56.0215	247.0000	1.0000
	股份制银行	140	16.5571	18.6579	82.0000	1.0000
	城商行	500	4.1000	4.6131	38.0000	1.0000
	农商行	124	2.0323	2.1028	15.0000	1.0000

注：其中处罚金额比值为合并银行财务数据之后的样本数，为放大一万倍的结果。

图 10-1 显示了各类型商业银行监管处罚金额的变化图（国有银行和股份制银行为主坐标轴，城商行和农商行为次坐标轴）。其中，监管部门的监管处罚金额和次数在 2016 年之后有明显的增幅。一方面，原银监会

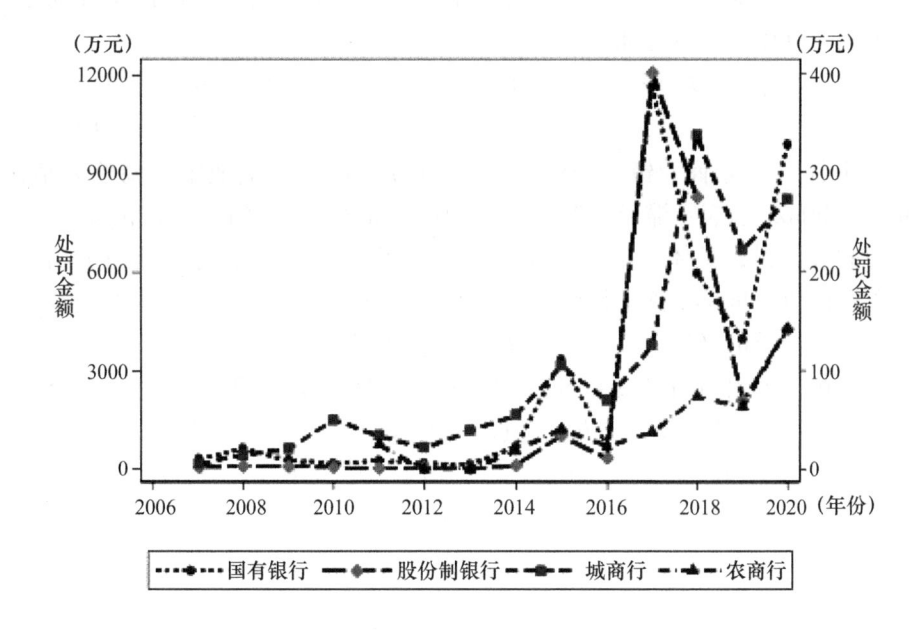

图 10-1 各类型商业银行 2007—2020 年监管处罚金额变化

于2015年年底修订了《处罚办法》，新的《处罚办法》中完善了原银监会原有的组织框架，强化了违法案件的监督与管理，更细致地调查取证，更好适应新时期的监管，加大了该阶段的处罚力度。另一方面，这一阶段在防范系统性金融风险背景下，监管部门的执法力度趋严，说明近年来的监管部门的事后监管力度是在逐渐增大的。本章样本期间为2007—2020年，该阶段经历了几次较大的事件冲击，其中发现在2008年国际金融危机期间和2015年股市异常波动期间，原银监会的监管处罚力度具有明显的增幅。其中，2017年原银监会对广发银行开出了7亿多元的罚单，创下最大金额监管处罚的历史。通过整治银行业乱象，加大监管力度，对违法违规行为进行严格规范，有效的防范金融风险，使这一阶段的监管处罚逐渐趋严。

三 计量模型

考虑到银行风险承担存在滞后性，具有动态特征。参考项后军和闫玉(2017)，本章使用系统GMM方法估计，可以一定程度上缓解内生性问题的干扰。具体模型设定如下：

$$\ln Z_{i,t} = \beta_0 + \beta_1 \ln Z_{i,t-1} + \beta_2 \ln Z_{i,t-2} + \beta_3 Sup_{i,t} + \gamma_k Control_{i,t} + \varepsilon_{i,t}$$

$$(10-2)$$

其中，i 表示商业银行个体，t 表示年份，$\ln Z_{i,t}$ 是商业银行调整 Z 值，$\ln Z_{i,t-1}$ 和 $\ln Z_{i,t-2}$ 表示滞后一期和二期的商业银行调整 Z 值[①]。$Sup_{i,t}$ 表示银行的监管处罚，具体包括：行政处罚的金额（$\ln fine_{i,t}$）、行政处罚金额与总资产比值（$\ln finer_{i,t}$）、行政处罚的次数（$\ln finenum_{i,t}$）以及是否受到行政处罚虚拟变量（$Test_{i,t}$）。$Control_{i,t}$ 为一系列会影响商业银行风险的控制变量，包括了银行特征变量和宏观变量，具体为资产规模（$\ln Ta$）、资产负债率（Lev）、贷存比（Ldr）、贷款增长率（Lgr）、资产收益率（Roa）、货币供应量增长率（$M2gr$）和 GDP 增长率（$Gdpgr$），$\varepsilon_{i,t}$ 表示随机误差项。

[①] 被解释变量取滞后一阶时，显示存在二阶序列自相关，加入滞后两期被解释变量，模型设定合理。

四 相关性分析

对各个监管处罚措施变量和银行风险承担进行相关性分析,初步观察各个变量的相关关系。表 10-5 报告了核心变量之间的相关性分析结果。观察发现监管处罚金额(ln*fine*)、处罚金额比值(ln*finer*)、次数(ln*finenum*)和是否受监管处罚(*Test*)与银行风险(ln*Z*)的相关系数均在1%水平下显著为负,即监管处罚措施越严重,银行风险会越低,这初步验证本章的假说。进一步观察各类监管处罚措施的相关性,各类监管处罚措施的相关系数均在 0.75 以上且均在 1% 水平显著,这与预期相符。

表 10-5　　　　　　　　　　相关性分析

	ln*Z*	ln*fine*	ln*finer*	ln*finenum*	*Test*
ln*Z*	1				
ln*fine*	-0.221***	1			
ln*finer*	-0.157***	0.924***	1		
ln*finenum*	-0.232***	0.938***	0.786***	1	
Test	-0.168***	0.922***	0.943***	0.810***	1

注：***、**、*表示在1%、5%、10%水平上显著。

第五节　监管处罚与银行风险关系的实证结果

银行监管当局在通过维护银行业的诚信、效率和透明度以促进国民经济的利益过程中,发挥了至关重要的作用。本章节内容主要讲述监管处罚措施对银行风险行为的影响以及相关异质性分析。具体而言,通过计量经济模型分析以银保监会为典型代表的相关监管处罚措施对银行风险行为的影响,同时进一步考察资产规模和股权性质对监管处罚与银行风险实际作用产生的影响。

一 基准回归

对式（10-2）进行估计，结果如表10-6所示。其中回归（1）—（4）是采用固定效应模型的估计结果，回归（5）—（8）是采用系统GMM的估计结果。其中，各个系统GMM回归结果均通过了Sargan检验和二阶序列相关检验结果（p值均大于0.1），说明系统GMM模型设定合理，工具变量不存在过度识别和扰动项不存在二阶序列相关问题。

回归结果显示，无论是静态面板回归结果还是动态面板回归结果中，监管处罚金额（ln fine）、处罚金额比值（ln finer）、次数（ln finenum）和是否受监管处罚（Test）的估计系数对银行风险承担的影响均显著为负，说明当商业银行受到监管部门的行政处罚后，会显著降低自身的风险承担。这验证了本章的假说1，监管处罚具有风险抑制作用，当商业银行受到监管处罚后会降低自身的风险承担。说明监管部门通过监管处罚措施，可以加强银行业市场纪律，提高商业银行的违法成本，抑制商业银行的冒险意愿。

表10-6　　　　　　　基准回归：监管处罚与银行风险

	FE				SYS-GMM			
	(1)	(2)	(3)	(4)	(5)	(6)	(7)	(8)
ln fine	-0.0358*** (0.0118)				-0.0407*** (0.0036)			
ln finer		-0.0183** (0.0084)				-0.0282*** (0.0032)		
ln finenum			-0.1080*** (0.0318)				-0.0752*** (0.0071)	
Test				-0.0908* (0.0526)				-0.3684*** (0.0203)
ln Ta	-0.0439 (0.0751)	-0.0633 (0.0747)	-0.0433 (0.0748)	-0.0646 (0.0751)	-0.1170*** (0.0069)	-0.1354*** (0.0058)	-0.1218*** (0.0065)	-0.1076*** (0.0082)

续表

	FE				SYS-GMM			
	(1)	(2)	(3)	(4)	(5)	(6)	(7)	(8)
Lev	11.4847***	11.7061***	11.2085***	11.7999***	5.7456***	5.7135***	6.1653***	6.0648***
	(1.7623)	(1.7663)	(1.7691)	(1.7657)	(0.6226)	(0.6372)	(0.4094)	(0.5426)
Roa	−0.4104***	−0.4073***	−0.4120***	−0.4004***	−0.3515***	−0.3563***	−0.3318***	−0.3770***
	(0.0798)	(0.0803)	(0.0799)	(0.0803)	(0.0302)	(0.0249)	(0.0189)	(0.0196)
Ldr	−0.3961	−0.4559*	−0.3609	−0.4845*	−0.2584***	−0.2659***	−0.2270***	−0.1836***
	(0.2638)	(0.2633)	(0.2634)	(0.2631)	(0.0609)	(0.0700)	(0.0592)	(0.0563)
Lgr	−0.5277**	−0.5217**	−0.5312**	−0.5198**	−0.0597	−0.0427	−0.0730	−0.0608
	(0.2071)	(0.2070)	(0.2063)	(0.2072)	(0.0585)	(0.0519)	(0.0506)	(0.0599)
$Gdpgr$	0.0563***	0.0560***	0.0558***	0.0561***	0.0139***	0.0145***	0.0107***	0.0164***
	(0.0147)	(0.0147)	(0.0147)	(0.0147)	(0.0029)	(0.0027)	(0.0017)	(0.0020)
$M2gr$	0.0371***	0.0374***	0.0369***	0.0379***	0.0602***	0.0598***	0.0599***	0.0603***
	(0.0072)	(0.0073)	(0.0072)	(0.0073)	(0.0014)	(0.0015)	(0.0006)	(0.0014)
$L.\ln Z$					0.4546***	0.4598***	0.4583***	0.4504***
					(0.0061)	(0.0077)	(0.0040)	(0.0041)
$L2.\ln Z$					−0.2799***	−0.2805***	−0.2750***	−0.2851***
					(0.0061)	(0.0049)	(0.0049)	(0.0057)
$Cons$	−9.3041***	−9.0061***	−9.0753***	−9.0575***	−2.3530***	−1.8592***	−2.6460***	−2.8602***
	(2.5235)	(2.5206)	(2.5143)	(2.5305)	(0.5882)	(0.5743)	(0.3524)	(0.4794)
N	2308	2308	2308	2308	1676	1676	1676	1676
R^2	0.397	0.396	0.398	0.395				
AR(1)_p					0.0000	0.0000	0.0000	0.0000
AR(2)_p					0.3921	0.4056	0.3401	0.5810
Sargan_p					0.3551	0.3295	0.2190	0.2915

注：括号内为标准误，***、**、*表示在1%、5%、10%水平上显著，相关检验为p值。

二 异质性

（一）资产规模异质性

商业银行的资产规模会如何影响监管处罚对银行风险承担的关系？一

种观点认为，大型商业银行业务开展范围广，其经营状况不仅会直接影响储户和债权人。当其发生破产损失时，还会对其他金融机构造成巨大的影响。因此，会导致一些银行产生道德风险。而另一种观点认为，大型商业银行的风险管控能力会强于其他银行。一些研究也发现，银行资产规模和风险承担呈现出负相关关系（Delis and Kouretas, 2011）。郭晔和赵静（2017）也指出现阶段中国的商业银行并不存在"大而不能倒"的问题，即大型商业银行的风险水平更低。在基准回归中发现，资产规模与银行风险呈现显著的负相关，即资产规模较大的商业银行，其风险承担相对较为缓和。

表 10-7 报告了银行资产规模对监管处罚和银行风险承担关系的影响。结果显示，监管处罚的金额、次数和是否被处罚与银行资产规模的交互项都显著为正，即银行的资产规模越大，监管处罚对其银行风险的抑制作用会越小。这验证了本章的假说 2b，资产规模弱化了处罚的风险抑制作用。其可能原因是，即使监管处罚可以抑制违规银行的风险行为，但是由于大型银行的规模优势，其业务影响范围广，即使自身存在一些经营问题，也有政府部门的隐性担保。因此，政府部门对大型商业银行的隐性担保会更为明显[①]，进一步导致了监管处罚的抑制作用更不明显。

表 10-7 资产规模异质性

	(1)	(2)	(3)	(4)
	$\ln Z$	$\ln Z$	$\ln Z$	$\ln Z$
ln*fine*	-0.0756***			
	(0.0053)			
ln*finer*		-0.0360***		
		(0.0035)		
ln*finenum*			-0.2974***	
			(0.0137)	
Test				-0.4467***
				(0.0288)

---

① 即使近年来中国逐渐由隐性担保转为显性担保的存款保险制度，但是大型商业银行始终在政府部门的保护网内。

续表

	(1) ln$Z$	(2) ln$Z$	(3) ln$Z$	(4) ln$Z$
ln$fine$_lnTa	0.0212*** (0.0010)			
ln$finer$_lnTa		0.0080*** (0.0015)		
ln$finenum$_lnTa			0.0729*** (0.0035)	
$Test$_lnTa				0.0912*** (0.0136)
lnTa	-0.1507*** (0.0091)	-0.1401*** (0.0081)	-0.1329*** (0.0049)	-0.1557*** (0.0098)
Lev	6.5712*** (0.6907)	5.8991*** (0.6772)	7.1164*** (0.3825)	6.3469*** (0.5015)
Roa	-0.4015*** (0.0269)	-0.3573*** (0.0307)	-0.4130*** (0.0180)	-0.4090*** (0.0228)
Ldr	-0.3135*** (0.0697)	-0.3722*** (0.0673)	-0.1847*** (0.0553)	-0.2737*** (0.0669)
Lgr	0.0538 (0.0705)	-0.0130 (0.0637)	0.0626 (0.0582)	0.0441 (0.0606)
$Gdpgr$	0.0179*** (0.0027)	0.0154*** (0.0029)	0.0140*** (0.0014)	0.0177*** (0.0026)
$M2gr$	0.0571*** (0.0018)	0.0598*** (0.0017)	0.0556*** (0.0009)	0.0593*** (0.0015)
$L.$ln$Z$	0.4512*** (0.0066)	0.4585*** (0.0079)	0.4568*** (0.0048)	0.4516*** (0.0033)
$L2.$ln$Z$	-0.2844*** (0.0051)	-0.2813*** (0.0054)	-0.2740*** (0.0057)	-0.2852*** (0.0066)
$Cons$	-2.1734*** (0.5794)	-1.8514*** (0.5973)	-3.1541*** (0.3606)	-1.8413*** (0.5054)
N	1676	1676	1676	1676

续表

	(1)	(2)	(3)	(4)
	lnZ	lnZ	lnZ	lnZ
AR（1）_p	0.0000	0.0000	0.0000	0.0000
AR（2）_p	0.4979	0.4269	0.4852	0.6006
Sargan_p	0.3242	0.3371	0.2092	0.2860

注：括号内为标准误，***、**、*表示在1%、5%、10%水平上显著，相关检验为p值。

（二）股权性质异质性

进一步观察银行股权性质会如何影响监管处罚对银行风险承担的关系？许多观点认为，政府部门对国有商业银行存在一种"隐性担保"，这种天然的政治纽带可能会导致国有控股商业银行对监管部门的执法行动更加不敏感，进而不积极采取一些措施控制自身的风险水平。在基准回归模型基础上，进一步加入监管处罚和国有属性交互项，验证本章假说。

表10－8报告了银行股权性质对监管处罚和银行风险承担关系的影响。结果显示，监管处罚的金额、次数和是否被处罚与资产规模和国有性质的交互项都显著为正，即如果银行是国有控股属性，监管处罚对其银行风险的抑制作用会越小。这又进一步验证了本章的假说2b，股权性质会弱化了处罚的风险抑制作用。与资产规模类似，其可能原因是国有控股商业银行的实际控股股东一般为政府部门，其银行内部的高级管理层也由政府部门直接任命。因此，国有控股商业银行和监管部门关系更为紧密，会导致国有控股商业银行对监管部门的监管处罚敏感性更低。因此，政府部门对国有控股商业银行的隐性担保也会更为明显，进一步导致了监管处罚的抑制作用更不明显。

表10－8　　　　　　　　　股权性质异质性

	(1)	(2)	(3)	(4)
	lnZ	lnZ	lnZ	lnZ
ln*fine*	－0.0444 *** (0.0040)			

续表

	(1) ln$Z$	(2) ln$Z$	(3) ln$Z$	(4) ln$Z$
ln$finer$		-0.0300*** (0.0037)		
ln$finenum$			-0.1073*** (0.0056)	
$Test$				-0.3770*** (0.0204)
ln$fine\_SOE$	0.0454*** (0.0047)			
ln$finer\_SOE$		0.0523*** (0.0094)		
ln$finenum\_SOE$			0.1043*** (0.0086)	
$Test\_SOE$				0.1343*** (0.0436)
lnTa	-0.1313*** (0.0095)	-0.1436*** (0.0069)	-0.1253*** (0.0049)	-0.1090*** (0.0095)
Lev	6.0435*** (0.7163)	5.9365*** (0.6825)	6.2913*** (0.4771)	6.5430*** (0.6682)
Roa	-0.3841*** (0.0268)	-0.3749*** (0.0235)	-0.3395*** (0.0169)	-0.3811*** (0.0243)
Ldr	-0.1980*** (0.0698)	-0.2679*** (0.0705)	-0.1488** (0.0645)	-0.1977*** (0.0569)
Lgr	-0.0757 (0.0682)	-0.0596 (0.0590)	-0.0345 (0.0558)	-0.0499 (0.0433)
$Gdpgr$	0.0148*** (0.0032)	0.0154*** (0.0031)	0.0116*** (0.0016)	0.0171*** (0.0032)
$M2gr$	0.0594*** (0.0009)	0.0608*** (0.0010)	0.0582*** (0.0006)	0.0583*** (0.0010)

续表

	（1）	（2）	（3）	（4）
	lnZ	lnZ	lnZ	lnZ
L.lnZ	0.4504***	0.4575***	0.4568***	0.4490***
	(0.0082)	(0.0079)	(0.0054)	(0.0083)
L2.lnZ	-0.2868***	-0.2837***	-0.2764***	-0.2816***
	(0.0052)	(0.0057)	(0.0052)	(0.0046)
Cons	-2.2611***	-1.8492***	-2.7044***	-3.2523***
	(0.6208)	(0.5870)	(0.4011)	(0.5510)
N	1676	1676	1676	1676
AR（1）_p	0.0000	0.0000	0.0000	0.0000
AR（2）_p	0.4987	0.4586	0.3549	0.5244
Sargan_p	0.3211	0.3477	0.2568	0.2592

注：括号内为标准误，***、**、*表示在1%、5%、10%水平上显著，相关检验为p值。

三 稳健性检验

（一）替换被解释变量

参考江曙霞和陈玉婵（2012），选取银行主动风险承担指标，风险加权资产与总资产比值（Risk）重新衡量银行风险承担。同时，选取资产收益波动率（$\sigma(ROA)$），这一更纯粹的风险指标替换Z值，重新对基准回归模型进行估计。进一步观察不同风险指标的差异。

表10-9是利用风险加权资产占比和资产收益波动率替换因变量的回归结果。结果表明，监管处罚金额、监管处罚金额比值、监管处罚次数和是否被监管处罚对商业银行风险加权资产和资产收益波动率的估计系数都在1%水平下显著为负，说明替换银行风险承担指标的回归结果与前文完全一致。对商业银行而言，监管部门的监管处罚会降低商业银行的主动风险承担，即当商业银行受到监管部门的监管处罚后，会直接影响商业银行的风险偏好，导致其倾向于降低自身的风险承担。

表10-9 替换被解释变量

	Risk				σ (ROA)			
	(1)	(2)	(3)	(4)	(5)	(6)	(7)	(8)
ln*fine*	-0.0007***				-0.0278***			
	(0.0000)				(0.0035)			
ln*finer*		-0.0005***				-0.0113***		
		(0.0000)				(0.0030)		
ln*finenum*			-0.0011***				-0.1025***	
			(0.0000)				(0.0037)	
Test				-0.0038***				-0.2228***
				(0.0001)				(0.0211)
ln*Ta*	-0.0160***	-0.0151***	-0.0144***	-0.0142***	-0.1307***	-0.1465***	-0.1097***	-0.1184***
	(0.0001)	(0.0001)	(0.0001)	(0.0001)	(0.0081)	(0.0076)	(0.0054)	(0.0073)
Lev	-0.1597***	-0.1962***	-0.2249***	-0.2178***	-3.4703***	-3.5455***	-3.8155***	-3.1653***
	(0.0025)	(0.0035)	(0.0026)	(0.0032)	(0.6620)	(0.6602)	(0.5616)	(0.5895)
Roa	0.0267***	0.0262***	0.0262***	0.0254***	-0.2384***	-0.2166***	-0.2554***	-0.2530***
	(0.0001)	(0.0001)	(0.0001)	(0.0001)	(0.0245)	(0.0218)	(0.0233)	(0.0246)
Ldr	0.4473***	0.4413***	0.4356***	0.4351***	-0.3898***	-0.3938***	-0.3277***	-0.3426***
	(0.0005)	(0.0003)	(0.0005)	(0.0008)	(0.0889)	(0.0796)	(0.0543)	(0.0712)
Lgr	0.0111***	0.0126***	0.0128***	0.0145***	-0.1978***	-0.1658***	-0.2499***	-0.1898***
	(0.0004)	(0.0001)	(0.0004)	(0.0004)	(0.0677)	(0.0562)	(0.0552)	(0.0525)
Gdpgr	-0.0025***	-0.0025***	-0.0024***	-0.0024***	0.0092***	0.0092***	0.0095***	0.0105***
	(0.0000)	(0.0000)	(0.0000)	(0.0000)	(0.0019)	(0.0028)	(0.0014)	(0.0029)
M2gr	0.0020***	0.0020***	0.0021***	0.0020***	0.0541***	0.0558***	0.0541***	0.0538***
	(0.0000)	(0.0000)	(0.0000)	(0.0000)	(0.0017)	(0.0020)	(0.0007)	(0.0010)
L.Y	0.3679***	0.3696***	0.3724***	0.3763***	0.4532***	0.4589***	0.4479***	0.4563***
	(0.0006)	(0.0003)	(0.0005)	(0.0006)	(0.0068)	(0.0068)	(0.0063)	(0.0069)
L2.Y	-0.0208***	-0.0192***	-0.0179***	-0.0168***	-0.2848***	-0.2843***	-0.2791***	-0.2784***
	(0.0003)	(0.0002)	(0.0006)	(0.0004)	(0.0075)	(0.0078)	(0.0064)	(0.0070)
Cons	0.5491***	0.5616***	0.5694***	0.5583***	4.5341***	4.9511***	4.3051***	3.9570***
	(0.0024)	(0.0025)	(0.0026)	(0.0034)	(0.5576)	(0.5728)	(0.4689)	(0.4996)
N	1839	1839	1839	1839	1686	1686	1686	1686

续表

	Risk				σ (ROA)			
	(1)	(2)	(3)	(4)	(5)	(6)	(7)	(8)
AR (1) _p	0.0000	0.0000	0.0000	0.0000	0.0000	0.0000	0.0000	0.0000
AR (2) _p	0.7880	0.8066	0.8277	0.8701	0.6565	0.6454	0.5958	0.6052
Sargan_p	0.7908	0.8225	0.7372	0.7837	0.3542	0.3446	0.2763	0.2697

注：括号内为标准误，***、**、*表示在1%、5%、10%水平上显著，相关检验为p值。

（二）更改监管处罚统计方式

在基准回归中，使用的银行监管处罚数据包含了监管部门对银行机构自身和从业人员的处罚。考虑到银行机构从业人员的违规行为可能存在自利性，将其纳入银行的监管处罚范围中，有可能会放大银行实际的违规行为。因此，为了保证监管处罚对象的准确性，剔除了监管部门仅对银行机构从业人员的行政处罚数据，重新统计和计算了各家商业银行自身实际的监管处罚情况，对基准回归模型重新进行估计。

表10-10为剔除个人监管处罚后的回归结果。总的来说，剔除个人处罚后所有衡量监管处罚的指标的系数均略有下降，但是估计系数仍然均在1%水平下显著为负，说明剔除个人层面处罚数据后统计的银行监管处罚指标还是会降低商业银行的风险承担。说明将个人罚款纳入商业银行的监管处罚在一定程度上会放大监管处罚的风险抑制作用，说明本章结论具有稳健性。

表10-10　　　　　　　　更改监管处罚统计方式

	SYS-GMM			
	(1)	(2)	(3)	(4)
lnfinenet	-0.0394 *** (0.0039)			
lnfinernet		-0.0306 *** (0.0032)		
lnfinenumnet			-0.0679 *** (0.0059)	

续表

	SYS-GMM			
	(1)	(2)	(3)	(4)
Testnet				-0.4013***
				(0.0241)
lnTa	-0.1200***	-0.1395***	-0.1248***	-0.1033***
	(0.0081)	(0.0078)	(0.0069)	(0.0085)
Lev	5.7300***	6.0209***	5.4704***	6.0756***
	(0.6582)	(0.7104)	(0.5563)	(0.5722)
Roa	-0.3701***	-0.3603***	-0.3203***	-0.4121***
	(0.0275)	(0.0252)	(0.0169)	(0.0224)
Ldr	-0.2845***	-0.3097***	-0.3308***	-0.2143***
	(0.0775)	(0.0745)	(0.0452)	(0.0499)
Lgr	-0.1521**	-0.0226	-0.1846***	-0.0214
	(0.0659)	(0.0772)	(0.0621)	(0.0638)
Gdpgr	0.0151***	0.0151***	0.0118***	0.0238***
	(0.0026)	(0.0032)	(0.0018)	(0.0031)
M2gr	0.0599***	0.0591***	0.0627***	0.0575***
	(0.0015)	(0.0017)	(0.0006)	(0.0013)
L.ln$Z$	0.4486***	0.4511***	0.4524***	0.4461***
	(0.0068)	(0.0089)	(0.0039)	(0.0083)
L2.ln$Z$	-0.2865***	-0.2874***	-0.2766***	-0.2933***
	(0.0050)	(0.0054)	(0.0048)	(0.0062)
Cons	-2.2161***	-1.9927***	-1.8984***	-2.9424***
	(0.5952)	(0.6226)	(0.4600)	(0.5185)
N	1676	1676	1676	1676
AR(1)_p	0.0000	0.0000	0.0000	0.0000
AR(2)_p	0.5199	0.5236	0.3543	0.7770
Sargan_p	0.2661	0.3258	0.2276	0.3371

注：括号内为标准误，***、**、*表示在1%、5%、10%水平上显著，相关检验为p值。

(三) 剔除国有银行样本

考虑到国有银行的经营范围广泛、业务众多。与此同时，国有银行的国内分支机构冗杂繁多，这些客观因素使其易受到监管部门的处罚。将其纳入样本中，有可能会导致监管处罚刻画失真。因此，本章也使用剔除国有银行的样本，重新对基准回归模型进行估计。

表10-11报告了剔除国有银行样本后监管处罚对银行风险承担的估计结果。其结果显示，所有衡量监管处罚的指标均在1%水平下显著为负，说明剔除国有银行样本后，本章结果仍然与前文一致，具有稳健性。

表10-11　　　　　　　　　剔除国有银行样本

	SYS-GMM			
	(1)	(2)	(3)	(4)
ln$fine$	-0.0472*** (0.0034)			
ln$finer$		-0.0325*** (0.0033)		
ln$finenum$			-0.1013*** (0.0061)	
$Test$				-0.3753*** (0.0202)
lnTa	-0.1229*** (0.0098)	-0.1384*** (0.0097)	-0.1244*** (0.0071)	-0.1183*** (0.0098)
Lev	5.9711*** (0.6441)	6.0497*** (0.6683)	6.1388*** (0.5711)	6.2747*** (0.5667)
Roa	-0.3856*** (0.0335)	-0.3729*** (0.0321)	-0.3357*** (0.0233)	-0.3965*** (0.0261)
Ldr	-0.1765*** (0.0635)	-0.2478*** (0.0606)	-0.1819*** (0.0560)	-0.1722*** (0.0635)
Lgr	-0.0256 (0.0703)	-0.0157 (0.0637)	-0.1112** (0.0537)	-0.0364 (0.0667)

续表

	SYS-GMM			
	(1)	(2)	(3)	(4)
$Gdpgr$	0.0149***	0.0155***	0.0078***	0.0136***
	(0.0033)	(0.0032)	(0.0016)	(0.0025)
$M2gr$	0.0606***	0.0608***	0.0609***	0.0586***
	(0.0015)	(0.0015)	(0.0019)	(0.0021)
$L.\ln Z$	0.4538***	0.4539***	0.4586***	0.4535***
	(0.0070)	(0.0070)	(0.0043)	(0.0045)
$L2.\ln Z$	-0.2754***	-0.2723***	-0.2611***	-0.2795***
	(0.0053)	(0.0055)	(0.0052)	(0.0064)
$Cons$	-2.4461***	-2.1079***	-2.5655***	-2.7416***
	(0.5139)	(0.5636)	(0.5064)	(0.4937)
CVs	Yes	Yes	Yes	Yes
N	1616	1616	1616	1616
AR(1)_p	0.0000	0.0000	0.0000	0.0000
AR(2)_p	0.4876	0.4416	0.3041	0.6752
Sargan_p	0.4273	0.4215	0.3138	0.3829

注：括号内为标准误，***、**、*表示在1%、5%、10%水平上显著，相关检验为p值。

四 内生性问题

本章的研究容易受到内生性问题的干扰，需有效地识别因果效应。考虑到从监管部门的行政处罚与商业银行风险承担的互动关系，到监管部门的行政处罚行为这一看似外生的政策变量，实际上可能会存在样本选择性偏误和互为因果引起的内生性问题。一方面，那些本来自身风险承担水平较高的商业银行可能会更倾向于做出一些违规违法的业务行为；另一方面，商业银行的风险承担水平往往也是监管部门甄别和筛选行政处罚对象的潜在的参考标准，即自身风险承担水平较高的商业银行会更容易受到监管部门的行政处罚。虽然本章使用了系统GMM估计方法可以一定程度上缓解内生性造成的偏误，但是这些内生性问题仍然会导致本章的估计结果有偏。

首先，为了避免样本选择偏差问题，采用倾向得分匹配方法（PSM）。通过商业银行是否受到行政处罚的虚拟变量（Test）对控制变量进行Logit模型回归，采用核匹配方式进行匹配，选择满足变量平衡性条件的匹配控制组，重新进行估计基准回归。其次，针对互为因果的内生性问题，通过选取合适的工具变量，采用固定效应2SLS方法进行估计。其中，选取同地区商业银行的行政处罚金额和次数作为各家银行行政处罚金额和次数的工具变量。其逻辑在于银行是否受到监管部门的行政处罚，往往会受到同地区银行的某些特征要素的影响，即同地区银行的行政处罚金额和次数必然和地区内的商业银行的行政处罚金额和次数有关，但其又不会直接影响每家银行是否会受到监管处罚的概率。因此，这些特征使得选取的工具变量满足工具变量的外生性要求。

内生性处理的回归结果如表10-12所示。使用PSM方法匹配样本之后，监管处罚银行组和无监管处罚银行的各个控制变量的偏差均有大幅下降，变量的平均偏差仅为5.6，总体通过平衡性检验。利用匹配后的样本重新进行估计，回归结果显示在1%显著性水平下，监管处罚仍然会显著降低银行的风险承担。利用工具变量进行2SLS估计，其中一阶段回归中工具变量对行政处罚有显著的正向影响，而且一阶段的F值远大于10，说明工具变量满足外生性假设。二阶段回归中，监管处罚对银行风险承担的影响均显著为负。说明考虑样本选择偏差和双向因果的内生性问题后，结论依然稳健。

表10-12　　　　　　　内生性处理：PSM和工具变量估计

	PSM				IV		
	(1)	(2)	(3)	(4)	(5)	(6)	(7)
ln$fine$	-0.0517*** (0.0042)				-0.0594** (0.0250)		
ln$finer$		-0.0332*** (0.0028)				-0.0319* (0.0192)	
ln$finenum$			-0.1763*** (0.0066)				-0.1953*** (0.0581)

续表

	PSM				IV		
	(1)	(2)	(3)	(4)	(5)	(6)	(7)
$Test$				−0.3407*** (0.0111)			
$\ln Ta$	−0.1415*** (0.0085)	−0.1489*** (0.0095)	−0.1309*** (0.0073)	−0.1316*** (0.0095)	−0.0112 (0.0769)	−0.0409 (0.0753)	−0.0032 (0.0742)
Lev	6.3669*** (0.6881)	6.2809*** (0.5997)	6.0117*** (0.5670)	6.5474*** (0.5699)	11.2371*** (1.6128)	11.5870*** (1.6009)	10.6761*** (1.6300)
Roa	−0.3954*** (0.0236)	−0.3855*** (0.0263)	−0.3754*** (0.0208)	−0.4091*** (0.0185)	−0.4193*** (0.0706)	−0.4158*** (0.0716)	−0.4251*** (0.0702)
Ldr	−0.2299*** (0.0535)	−0.2771*** (0.0650)	−0.1617*** (0.0466)	−0.1415* (0.0745)	−0.2954 (0.2576)	−0.3875 (0.2530)	−0.2108 (0.2565)
Lgr	0.0159 (0.0638)	−0.0262 (0.0598)	0.0362 (0.0686)	0.0548 (0.0699)	−0.5456*** (0.1847)	−0.5364*** (0.1848)	−0.5544*** (0.1847)
$Gdpgr$	0.0206*** (0.0030)	0.0184*** (0.0030)	0.0161*** (0.0034)	0.0203*** (0.0037)	0.0587*** (0.0152)	0.0583*** (0.0152)	0.0582*** (0.0152)
$M2gr$	0.0530*** (0.0015)	0.0553*** (0.0014)	0.0549*** (0.0013)	0.0553*** (0.0018)	0.0370*** (0.0073)	0.0376*** (0.0073)	0.0366*** (0.0073)
$L.\ln Z$	0.4491*** (0.0081)	0.4542*** (0.0063)	0.4615*** (0.0062)	0.4522*** (0.0079)			
$L2.\ln Z$	−0.2722*** (0.0056)	−0.2670*** (0.0059)	−0.2593*** (0.0048)	−0.2717*** (0.0057)			
$Cons$	−2.2593*** (0.6230)	−1.9921*** (0.4903)	−2.2573*** (0.4445)	−2.7173*** (0.5346)			
CVs	Yes	Yes	Yes	Yes	Yes	Yes	Yes
N	1540	1540	1540	1540	2308	2308	2308
R^2					0.153	0.151	0.152
AR(1)_p	0.0000	0.0000	0.0000	0.0000			
AR(2)_p	0.6599	0.5759	0.5115	0.7533			
Sargan_p	0.3737	0.3588	0.3090	0.3795			
一阶段 F 值					546.3256***	472.3901***	767.9438***

注：括号内为标准误，***、**、*表示在1%、5%、10%水平上显著，相关检验为p值，因为核心解释变量 Test 是虚拟变量，本章对其回归未进行2SLS估计。CVs 为一系列控制变量，与前文一致。

第六节　基于存款保险制度的进一步拓展分析

金融监管机构的审慎监管和存款保险制度属于中国金融安全网三大支柱的重要组成部分。在2015年年初，中国颁布实施了《存款保险条例》，存款保险制度颁布和推行标志着中国银行业从政府部门的隐性担保开始逐渐过渡到显性的存款保险制度。其中，在《存款保险条例》第七条中的第六项规定了存款保险基金管理机构有权"采取早期纠正措施和风险处置措施"。存款保险制度中的早期纠正措施与审慎监管中的监管处罚措施具有一定共性，但是在监管主体、侧重点和具体的监管手段等方面却各不相同。在共性方面，两者的具体措施和做法均带有一定监管性质，对防范和控制商业银行风险承担，维护中国金融业安全稳定，都发挥了不可或缺的作用。

而关于两者的不同点，主要可以反映为监管主体、监管重点和监管具体三个方面。首先，在监管主体方面，监管处罚措施主要由银保监会参与负责，而早期纠正措施主要由存款保险基金管理机构负责。但是，由于中国特殊的金融监管制度体系，银保监会也享有一定对投保机构进行早期纠正的权力。其次，在侧重点方面，监管处罚主要是针对违反审慎经营原则的商业银行采取一些处置措施，而早期纠正更多是针对违反监管部门测度指标（如资本充足率和杠杆率等）的投保银行采取纠正措施。最后，在措施方面，监管处罚包括了警告、罚款、责令改正和没收违法所得等多种处罚措施，而早期纠正措施主要包括了要求投保机构补充资本、控制资产增长、控制重大交易授信和降低杠杆率等措施。相比之下，监管处罚的处置措施更为直接，处罚力度也更为强硬，而早期纠正措施带有一定引导性质。

因此，本节进一步通过计量经济模型分析中国存款保险制度实施对银行风险的影响以及存款保险制度与监管处罚对银行风险影响的差异，进一步说明作为中国金融安全网两大支柱的审慎监管和存款保险制度的有效性和差异性。

第十章　微观审慎监管与银行风险

一　存款保险制度和银行风险

一些观点认为，存款保险制度设立的初衷就是防止由储户恐慌所造成的银行挤兑风险，进而降低银行的系统性风险（Diamond and Dybvig，1983）。但也有研究发现，存款保险制度会进一步扭曲了风险和收益的分担机制，银行会采取一些更具风险的经营行为和策略，而却不需支付更多的存款成本（DeLong and Saunders，2011）。针对中国 2015 年开始实施的存款保险制度，一些学者指出现阶段中国存款保险制度的实施显著增加了中国商业银行的个体风险（郭晔和赵静，2017），并未达到存款保险制度推行的目标。但是，也有学者发现中国存款保险制度的实施弱化了银行特许权价值和资本比率与银行风险的负向关系，说明中国的存款保险制度是有效的（项后军和张清俊，2020）。

进一步考虑存款保险制度实施对银行风险的影响，本章利用 2015 年存款保险制度推行这一外生事件，将 2015 年设为存款保险制度的实施年份。2015 年及以后取值为 1，2015 年以前取值为 0。在基准回归中加入存款保险制度实施虚拟变量（Di），同时加入存款保险制度与银行资产规模或国有属性的交互项，以考虑存款保险制度实施之后对隐性担保的影响。

表 10-13 中报告了存款保险制度与银行风险关系的回归结果。结果显示，存款保险制度（Di）的系数在所有回归中均显著为正，说明中国存款保险制度的实施并未降低商业银行的个体风险，反而引发了银行的道德风险，导致银行采取一些更加激进的经营管理策略，这与郭晔和赵静（2017）结论一致。观察存款保险制度和资产规模（Di_lnTa）或股权性质（Di_Soe）的交互项系数发现，交互项系数也均显著为正，即大型商业银行的和国有控股商业银行会加剧存款保险制度的道德风险。由于存款保险制度的偿付制度，会弱化储户和债权人的外部监督，导致市场约束减弱。同时，这种硬性的补偿保障还会弱化商业银行内部的治理，导致商业银行管理层的不作为，进而导致商业银行风险的提升。

表 10-13　　　　　　　　　存款保险制度和银行风险

	(1)	(2)	(3)	(4)	(5)	(6)	(7)	(8)
	lnZ	lnZ	lnZ	lnZ	lnZ	lnZ	lnZ	lnZ
lnfine	-0.0659*** (0.0027)				-0.0657*** (0.0032)			
lnfiner		-0.0405*** (0.0033)				-0.0394*** (0.0037)		
lnfinenum			-0.1692*** (0.0064)				-0.1541*** (0.0052)	
Test				-0.3715*** (0.0225)				-0.3494*** (0.0206)
Di	0.2362*** (0.0169)	0.2225*** (0.0156)	0.2181*** (0.0125)	0.2161*** (0.0142)	0.2448*** (0.0094)	0.2286*** (0.0147)	0.2431*** (0.0126)	0.2189*** (0.0121)
Di_lnTa	0.0308*** (0.0063)	0.0249*** (0.0066)	0.0516*** (0.0029)	0.0080** (0.0039)				
Di_Soe					0.2501*** (0.0404)	0.1674** (0.0669)	0.3850*** (0.0151)	0.1918*** (0.0372)
lnTa	-0.1187*** (0.0059)	-0.1445*** (0.0053)	-0.1159*** (0.0063)	-0.1093*** (0.0069)	-0.1019*** (0.0070)	-0.1335*** (0.0073)	-0.0949*** (0.0059)	-0.1164*** (0.0071)
Lev	6.3500*** (0.6436)	6.5682*** (0.6871)	6.3867*** (0.6325)	6.6669*** (0.6061)	6.7874*** (0.6538)	6.6982*** (0.6998)	6.5213*** (0.6606)	6.9195*** (0.6392)
Roa	-0.2972*** (0.0365)	-0.2742*** (0.0331)	-0.2702*** (0.0270)	-0.3085*** (0.0269)	-0.2666*** (0.0391)	-0.2750*** (0.0406)	-0.2485*** (0.0281)	-0.3057*** (0.0324)
Ldr	-0.1031 (0.0700)	-0.1950*** (0.0721)	-0.1024* (0.0597)	-0.1463** (0.0672)	-0.0902 (0.0633)	-0.1805*** (0.0689)	-0.1415*** (0.0472)	-0.1332** (0.0596)
Lgr	-0.0748 (0.0737)	-0.0360 (0.0542)	-0.1501*** (0.0427)	0.0233 (0.0665)	-0.0236 (0.0555)	-0.0232 (0.0658)	-0.0360 (0.0561)	0.0031 (0.0579)
Gdpgr	0.0276*** (0.0028)	0.0230*** (0.0028)	0.0207*** (0.0016)	0.0287*** (0.0028)	0.0246*** (0.0029)	0.0228*** (0.0030)	0.0199*** (0.0021)	0.0274*** (0.0034)
M2gr	0.0746*** (0.0008)	0.0751*** (0.0014)	0.0759*** (0.0013)	0.0738*** (0.0020)	0.0736*** (0.0013)	0.0754*** (0.0008)	0.0766*** (0.0010)	0.0750*** (0.0017)

续表

	(1) lnZ	(2) lnZ	(3) lnZ	(4) lnZ	(5) lnZ	(6) lnZ	(7) lnZ	(8) lnZ
L.lnZ	0.4575***	0.4684***	0.4646***	0.4573***	0.4611***	0.4683***	0.4642***	0.4589***
	(0.0059)	(0.0071)	(0.0045)	(0.0043)	(0.0065)	(0.0074)	(0.0048)	(0.0050)
L2.lnZ	-0.2623***	-0.2597***	-0.2479***	-0.2703***	-0.2634***	-0.2626***	-0.2487***	-0.2699***
	(0.0053)	(0.0050)	(0.0047)	(0.0063)	(0.0058)	(0.0059)	(0.0046)	(0.0063)
Cons	-3.3993***	-2.9108***	-3.4884***	-3.8701***	-4.2545***	-3.3254***	-4.1903***	-3.9402***
	(0.5647)	(0.6148)	(0.5244)	(0.5584)	(0.5701)	(0.6420)	(0.5364)	(0.5764)
N	1676	1676	1676	1676	1676	1676	1676	1676
AR(1)_p	0.0000	0.0000	0.0000	0.0000	0.0000	0.0000	0.0000	0.0000
AR(2)_p	0.3761	0.3325	0.2621	0.5607	0.3410	0.3406	0.2225	0.5442
Sargan_p	0.2448	0.2725	0.1928	0.2862	0.2272	0.2722	0.1979	0.2767

注：括号内为标准误，***、**、*表示在1%、5%、10%水平上显著，相关检验为p值。

二　监管处罚、存款保险制度和银行风险

进一步分析监管处罚措施和存款保险制度的互动关系。存款保险制度的实施是否有利于监管处罚措施的风险抑制作用发挥？在基准模型的基础上，加入监管处罚措施与存款保险制度的交互项，观察两者的互动关系。

表10-14报告了监管处罚措施、存款保险制度和银行风险的回归结果。结果显示，除了监管处罚次数和存款保险制度的交互项不显著，其他监管处罚变量和存款保险制度的交互项的估计系数均显著为负。这说明了存款保险制度实施之后，放大了监管处罚措施对违规银行的风险抑制作用，也侧面说明存款保险制度是有效的。虽然，已有结论发现中国显性的存款保险制度实施在一定程度上会增加银行的道德风险。但是，存款保险制度的实施有利于增强公众的信心，可以降低危机时期银行系统性风险。其中，存款保险制度中的一些早期纠正措施能与监管处罚措施相互搭配，共同防范和控制银行风险。这使得在存款保险制度实施之后，监管处罚对违规银行的风险抑制作用更为明显。

表 10-14　　　　　　监管处罚、存款保险制度和银行风险

	(1)	(2)	(3)	(4)
	lnZ	lnZ	lnZ	lnZ
lnfine	-0.0513***			
	(0.0035)			
lnfiner		-0.0043		
		(0.0043)		
lnfinenum			-0.0307***	
			(0.0065)	
Test				-0.2619***
				(0.0227)
Di	0.2656***	0.2254***	0.2053***	0.3051***
	(0.0116)	(0.0115)	(0.0096)	(0.0117)
lnfine_Di	-0.0078**			
	(0.0038)			
lnfiner_Di		-0.0393***		
		(0.0052)		
lnfinenum_Di			0.0018	
			(0.0065)	
Test_Di				-0.1787***
				(0.0214)
lnTa	-0.0970***	-0.1245***	-0.1409***	-0.0958***
	(0.0071)	(0.0066)	(0.0068)	(0.0068)
Lev	6.6322***	6.3960***	6.5479***	6.8838***
	(0.5970)	(0.6514)	(0.6120)	(0.6585)
Roa	-0.2333***	-0.2485***	-0.2246***	-0.2636***
	(0.0376)	(0.0355)	(0.0247)	(0.0378)
Ldr	-0.1586**	-0.2465***	-0.3089***	-0.1257*
	(0.0624)	(0.0593)	(0.0517)	(0.0662)
Lgr	-0.0639	-0.0149	-0.0376	0.0090
	(0.0483)	(0.0558)	(0.0590)	(0.0596)

续表

	(1)	(2)	(3)	(4)
	ln$Z$	ln$Z$	ln$Z$	ln$Z$
$Gdpgr$	0.0222***	0.0210***	0.0179***	0.0216***
	(0.0027)	(0.0026)	(0.0021)	(0.0038)
$M2gr$	0.0749***	0.0731***	0.0774***	0.0745***
	(0.0012)	(0.0017)	(0.0008)	(0.0021)
$L.\ln Z$	0.4570***	0.4675***	0.4605***	0.4781***
	(0.0069)	(0.0068)	(0.0048)	(0.0090)
$L2.\ln Z$	-0.2630***	-0.2668***	-0.2566***	-0.2608***
	(0.0048)	(0.0064)	(0.0053)	(0.0064)
$Cons$	-4.2418***	-3.2609***	-2.9823***	-4.4824***
	(0.5084)	(0.5828)	(0.5012)	(0.5521)
N	1676	1676	1676	1676
AR(1)_p	0.0000	0.0000	0.0000	0.0000
AR(2)_p	0.3384	0.4565	0.2574	0.4677
Sargan_p	0.2500	0.3508	0.1323	0.1953

注：括号内为标准误，***、**、*表示在1%、5%、10%水平上显著，相关检验为p值。

三 存款保险制度、隐性担保和监管处罚作用

前文结果表明存款保险制度的实施并未直接有效地降低银行风险承担。同时，资产规模越大和国有属性进一步弱化了存款保险制度的实际作用。本章进一步分析存款保险制度的推行是否降低了中国隐性担保对监管处罚制度效应的影响。需要说明的是，关注的重点并不是存款保险制度的推行如何影响监管处罚与银行风险的关系。而是关注存款保险制度的实施是否降低了隐性担保对监管处罚风险抑制效应的弱化作用。因此，在前文基础上进一步加入监管处罚、存款保险制度和资产规模（或股权性质）三者的交互项。

表10-15报告了存款保险制度实施对于监管处罚和银行风险承担关系的影响结果。结果显示，存款保险制度（Di）、存款保险制度和资产规模（Di_lnTa）和股权性质（Di_Soe）的估计系数均显著为正，说明现阶

段中国存款保险制度实施存在道德风险。进一步观察发现监管处罚和银行资产规模（X_lnTa）或股权性质（X_Soe）的交互项系数均显著为正，这也与前文结论一致，即中国的隐性担保会弱化监管处罚的风险抑制作用。

重点关注的核心变量是监管处罚、存款保险制度和银行资产规模（X_Di_lnTa）或股权性质（X_Di_Soe）的交互项的估计系数。这些系数反映的是存款保险制度实施之后，资产规模或股权性质对监管处罚与银行风险关系的影响。结果表明这两个变量在所有回归中总体显著为负，即存款保险制度实施之后，降低了银行资产规模和股权性质对监管处罚风险抑制效应的弱化作用。这也反映了中国存款保险制度的实施的确弱化了隐性担保对监管处罚风险抑制作用。已有存款保险制度的相关研究发现，存款保险制度实施主要通过弱化市场约束和银行治理来加剧银行风险。本章的实证结果也为现有关于中国存款保险制度的有效性提供了一个新的有利证据。如何在兼顾控制银行业系统风险的同时，又能合理防范商业银行的道德风险，是今后中国存款保险制度完善的重要方向。

表 10-15　　　存款保险制度、隐性担保和监管处罚

| | \multicolumn{7}{c}{SYS-GMM} |
	lnfine	lnfiner	lnfinenum	Test	lnfine	lnfiner	lnfinenum
X	-0.0792***	-0.0399***	-0.2529***	-0.4399***	-0.0580***	-0.0371***	-0.1468***
	(0.0044)	(0.0031)	(0.0089)	(0.0191)	(0.0037)	(0.0031)	(0.0042)
Di	0.2300***	0.2333***	0.2289***	0.2458***	0.2394***	0.2286***	0.2222***
	(0.0139)	(0.0133)	(0.0077)	(0.0140)	(0.0180)	(0.0151)	(0.0148)
Di_lnTa	0.0284***	0.0425***	0.0644***	0.1894***			
	(0.0021)	(0.0038)	(0.0018)	(0.0086)			
X_lnTa	0.0697***	0.0840***	0.0427***	0.1467***			
	(0.0079)	(0.0090)	(0.0052)	(0.0112)			
X_Di_lnTa	-0.0197***	-0.0539***	-0.0211***	-0.1905***			
	(0.0018)	(0.0049)	(0.0029)	(0.0081)			
Di_Soe					0.0374***	0.0364	0.0881***
					(0.0100)	(0.0481)	(0.0115)

续表

	SYS-GMM						
	ln*fine*	ln*finer*	ln*finenum*	*Test*	ln*fine*	ln*finer*	ln*finenum*
X_Soe				0.4116***	0.2902**	0.4494***	
				(0.0978)	(0.1257)	(0.0801)	
X_Di_Soe				-0.0571***	-0.0516	-0.0854***	
				(0.0148)	(0.0735)	(0.0286)	
ln*Ta*	-0.1625***	-0.1739***	-0.1421***	-0.2282***	-0.1129***	-0.1434***	-0.1078***
	(0.0050)	(0.0054)	(0.0054)	(0.0076)	(0.0087)	(0.0097)	(0.0066)
Lev	6.8281***	6.5911***	6.6224***	6.6657***	6.7568***	7.1322***	6.6762***
	(0.5177)	(0.4972)	(0.5203)	(0.4520)	(0.7086)	(0.7115)	(0.6880)
Roa	-0.2828***	-0.2618***	-0.3048***	-0.3217***	-0.2801***	-0.2367***	-0.2699***
	(0.0388)	(0.0293)	(0.0209)	(0.0292)	(0.0398)	(0.0238)	(0.0288)
Ldr	-0.1604***	-0.1319**	-0.1392***	-0.1834***	-0.1526**	-0.2422***	-0.0669
	(0.0549)	(0.0518)	(0.0446)	(0.0450)	(0.0742)	(0.0756)	(0.0610)
Lgr	-0.0304	-0.0137	-0.0342	0.0375	-0.0139	0.0771	-0.0372
	(0.0559)	(0.0500)	(0.0382)	(0.0401)	(0.0638)	(0.0700)	(0.0541)
Gdpgr	0.0241***	0.0214***	0.0232***	0.0276***	0.0254***	0.0230***	0.0195***
	(0.0023)	(0.0026)	(0.0019)	(0.0024)	(0.0027)	(0.0033)	(0.0027)
M2gr	0.0730***	0.0714***	0.0735***	0.0730***	0.0729***	0.0720***	0.0758***
	(0.0010)	(0.0012)	(0.0009)	(0.0015)	(0.0017)	(0.0020)	(0.0015)
$L.\ln Z$	0.4593***	0.4658***	0.4622***	0.4592***	0.4603***	0.4663***	0.4668***
	(0.0055)	(0.0062)	(0.0036)	(0.0044)	(0.0070)	(0.0079)	(0.0061)
$L2.\ln Z$	-0.2590***	-0.2569***	-0.2572***	-0.2645***	-0.2702***	-0.2678***	-0.2497***
	(0.0035)	(0.0038)	(0.0040)	(0.0047)	(0.0068)	(0.0059)	(0.0057)
Cons	-2.6844***	-2.1932***	-3.0050***	-0.8416**	-3.8979***	-3.4399***	-4.0186***
	(0.4441)	(0.4516)	(0.4514)	(0.4015)	(0.6306)	(0.6198)	(0.5790)
N	1676	1676	1676	1676	1676	1676	1676
AR(1)_p	0.0000	0.0000	0.0000	0.0000	0.0000	0.0000	0.0000
AR(2)_p	0.3709	0.3956	0.4357	0.6026	0.4463	0.3927	0.2288
Sargan_p	0.3085	0.3658	0.2308	0.3738	0.5834	0.6936	0.5151

注：括号内为标准误，***、**、*表示在1%、5%、10%水平上显著，相关检验为p值。其中，X为解释变量向量，包括ln*fine*、ln*finer*、ln*finenum*和*Test*。变量*Test_Di_Soe*因为共线在回归中省略了，故此处不报告解释变量为*Test*的回归内容。

第七节　本章小结

党的十八大以来，党中央高度重视防范化解金融风险。2020年是三大攻坚战收官之年，中国金融风险防范化解取得了实质性的进展，实现了增量风险的有效防范和存量风险逐步化解。监管处罚作为微观审慎监管的重要工具和手段，对维护金融业安全稳定发挥了重要作用。基于2007—2020年中国银行业294家商业银行的非平衡面板数据，采用系统GMM方法研究监管处罚对银行风险的影响，探讨了监管处罚的效果异质性和存款保险制度与监管处罚的互动关系。得出以下结论：(1) 中国的监管处罚措施具有风险抑制作用，当商业银行受到监管处罚后，会显著降低自身的风险承担。(2) 监管处罚措施的风险抑制作用对大型商业银行和国有控股商业银行不显著，说明目前中国仍然存在着一些隐性担保的问题。(3) 虽然中国存款保险制度的实施会造成一定道德风险问题，但是其一方面能放大监管处罚的风险抑制作用，另一方面也降低了隐性担保对监管处罚风险抑制效应的弱化作用。这侧面说明了中国存款保险制度是有效的，能在一定程度上缓解隐性担保问题。

首先，实证结果表明监管部门的处罚行为作为一种事后监督手段是有效的，具有显著的风险抑制作用。监管处罚可以对银行业的稳健经营起到激励作用。因此，需要重视监管处罚行为对商业银行经营的警示作用，要进一步加强监管当局对商业银行违法行为的监督管理，维持监管处罚的常态化工作。在保证中国银行业更好支持实体经济的过程中，发挥监管机构的处罚纠错职能，引导商业银行稳健经营。但需要说明的是，本章仅是验证了违规商业银行被处罚后能抑制其风险，并不能说明监管处罚百利无一害。关于设计更合理的监管措施和处罚力度也是今后需要关注的方向。

其次，监管处罚虽然具有风险抑制作用，但是资产规模越大和国有控股属性会弱化其风险抑制作用，隐性担保问题仍然存在。因此，在处罚措施制定过程中需要充分考虑各类商业银行的特征差异性，对症下药，保证监管处罚的实际效果。同时，还要兼顾各种类型、规模的商业银行的实际情况，避免监管处罚过度和监管不足的问题。在实施监管处罚后，还需要加强商业银行整改监督，保证违规银行切实落实处罚措施。

最后，虽然中国现阶段的存款保险制度会在一定程度上引发道德风险问题。但是，本章也发现中国存款保险制度的实施一方面能放大监管处罚的风险抑制作用，另一方面也降低了隐性担保问题对监管处罚风险抑制效应的弱化作用。某种程度上说明了中国存款保险制度的实施对降低隐性担保具有一定作用，为中国存款保险制度的有效性提供了一个新的有利证据。监管部门在制定更好的存款保险制度过程中，需要考虑如何在兼顾控制银行业系统风险的同时，又能合理防范商业银行的道德风险。这是今后关于中国存款保险制度完善的一个重要方向。

第十一章 结论与政策建议

第一节 研究结论

本书在梳理存款保险制度历史演进和理论发展的基础上，围绕存款保险的定价机制与风险效应展开了理论研究和实证分析。在定价机制方面，本书探讨了监管处罚下的存款保险价格、存款保险的区间定价，考虑宏观经济政策的存款保险定价。在风险效应层面，从存款保险制度、差别化费率、早期纠正、审慎监管政策四个维度分析了存款保险制度与银行风险承担之间的关系。

本书的主要研究结论如下。

一 存款保险制度的理论与实践

（一）存款保险的历史演进和现状

全球存款保险制度起源于美国，发展至今经历了观望期（1933—1965年）、探索期（1966—1990年）以及普及期（1991年至今）三个阶段。中国的存款保险制度起步较晚，经历了开始探索阶段（1993—2006年）、初步构建阶段（2006—2015年）和实质运行阶段（2015年至今）。各国（地区）的存款保险制度在存款保险机构的所有制类型、存款保险机构的独立性、存款保险机构的运营模式、存款保险覆盖的银行类型、存款保险处理问题银行的方式等方面各异。存款保险制度作为现代金融安全网的三大支柱之一，与审慎监管和最后贷款人相互配合、相互协同，共同维护金融市场的稳定。

中国存款保险基本覆盖了所有办理存款业务的金融机构，通过划分投保机构风险等级确定综合费率，由存款保险基金管理有限责任公司对存款保险基金进行运作管理。中国存款保险自建立以来已参与包商银行和锦州银行的风险处置，保持了大、中、小银行存款格局的总体平稳。央行金融机构评级为存款保险差别化费率的厘定提供了参考依据，主要呈现出大型银行整体安全、农村中小金融机构风险相对集中的特点。

（二）存款保险制度的相关理论及进展

在存款保险制度的必要性方面，存款保险制度在保护存款人利益、促进中小银行的可持续发展、加强监管效能、推动金融改革进程、提高社会总体福利水平方面均发挥了重要作用。同时，大量实证研究和理论模型证实了存款保险在防范银行挤兑风险、增强金融系统稳定性方面具有积极作用。

在存款保险定价方面，自1977年Merton开创存款保险定价之先河，这一领域受到国内外学者广泛关注，围绕期权定价法和预期损失定价法两条主线不断延伸探索，形成了比较全面的定价体系。Merton（1977）之后，学者们从监管宽容与存款保险定价、存款保险定价的参数估计、美式期权定价法和系统性风险与存款保险定价等多角度对存款保险定价进行了深入系统的研究。但存款保险的定价都基于存在公平的存款保险价格这一前提，因此很多学者就公平存款保险的存在性进行探讨，并提出激励相容的定价机制。

在存款保险制度与风险方面，存款保险制度设计的初衷是维护金融业的稳定，但不恰当的制度设计和存款保险制度本身可能产生道德风险和逆向选择问题，给银行的风险承担带来负面影响。但从总体上讲，存款保险制度的正面作用大于负面作用。随着制度运行日益成熟，怎样的制度设计更能发挥存款保险制度的有效性，什么因素会放大存款保险制度带来的道德风险，存款保险制度给银行风险承担带来的影响等，日益成为学者关注的问题。

存款保险制度与审慎监管、最后贷款人，三者共同构成了现代金融安全网的三大支柱，但任何单一支柱都存在一定的缺陷，难以维护金融市场的长久稳定。只有三大支柱相互配合、相互协同，才能共同维护金融市场的稳定。

二 存款保险定价研究

（一）监管惩罚与存款保险价格

首先，在 Merton（1978）的模型的基础上，引进宽容系数，提出了一个基于监管宽容和监管惩罚的存款保险定价模型，并利用相关数学工具对模型进行求解。

其次，利用比较静态分析从理论上分析了监管宽容、监管强度、惩罚力度、检查成本以及银行资产波动率等参数对存款保险价格的影响。结果表明，监管宽容系数越大，存款保险价格越高。监管强度越大，存款保险价格越高。而当惩罚力度加大时，存款保险费率会降低，说明惩罚措施在维护金融机构稳定方面具有重要的理论意义。检查成本越高，存款保险费率也越高。当银行资产波动率提高时，存款保险费率也越高。

再次，分析了监管宽容、监管强度、惩罚力度、检查成本以及银行资产波动率与银行风险偏好的关系。比较静态分析发现，当监管机构在监管过程中，没有监管宽容时，银行的风险偏好明显降低。在特定的资产储蓄比范围内，当监管宽容系数越来越小时，监管宽容程度变大，银行的风险偏好得以提升。随着监管强度的不断提高，银行的风险偏好不断地降低。如果监管机构采取的是惩罚措施，当银行的资产储蓄比较低时，银行的风险偏好较低。并且监管机构采取的处罚措施越严，银行的风险偏好越低。研究还发现，检查成本对银行经营的杠杆影响很有限。当银行的资产储蓄比取值较小时，随着银行资产波动率的不断上升，银行的风险偏好先减小后增大。而当银行的资产储蓄比取值较大时，随着银行资产波动率的不断上升，银行的风险偏好不断减小。

最后，利用中国 2008—2015 年 11 家上市银行数据，对上市银行存款保险价格进行了实证分析。研究发现，2008 年国际金融危机和 2015 年股市异常波动对城市银行的存款保险费率影响最大，对股份制银行的存款保险费率影响很有限，而对国有银行存款保险费率基本没有影响。实证结果说明，构建的模型效果很好，能够充分反映不同银行存款保险费率的差别。同时也反映出一些重大事件对银行经营风险的影响，并进而在存款保险费率中得以体现。

(二) 存款保险的区间定价分析

首先,提出基于三角直觉模糊数的存款保险欧式期权定价法,得到存款保险区间费率的表达式。该方法考虑了资产价值的随机性和模糊性,充分反映银行资产价值的高度不确定性,为存款保险定价提供了合适的弹性空间。

其次,对区间定价模型中的关键参数进行敏感性分析,分析各因素对存款保险价格的影响程度。结果表明,存款保险费率区间与模糊指标截集、资产储蓄比和资产波动率呈正相关关系。随着犹豫程度提升,存款保险费率的区间会逐渐缩小,意味着监管机构在评估投保银行的经营状况和风险水平上更为谨慎,会在一定程度上限制投保银行缴纳保费的灵活性。

最后,以7家中小银行为例,对区间定价模型进行预测。结果表明,基于Black-Scholes期权定价模型得到的费率值均落在基于三角直觉模糊数和三角模糊数计算出的费率区间内,说明区间定价模型具有一定的适用性;三角直觉模糊数模型的费率区间小于基于三角模糊数模型得到的费率区间,说明考虑犹豫程度会缩窄费率区间,降低投保银行缴纳保费的灵活性。综合而言,在当前中国经济面临不确定性的情况下,设定存款保险费率区间更加科学合理。

(三) 宏观经济政策与存款保险价格

首先,对宏观经济政策与存款保险价格联系的内在逻辑进行了分析。一方面,所得税税率与银行风险水平呈正相关关系,税率的提升导致银行成本上升,在利润压力下,银行将投资于高风险项目,以抵消所得税对利润率的不利影响,从而提高银行的风险承担水平。另一方面,刘海龙和杨继光(2011)等研究说明银行风险与存款保险费率之间存在正相关。根据这两个正相关关系,猜测银行所得税税率与银行存款保险费率之间也呈正相关。

其次,建立引入银行所得税税率的存款保险定价模型,得到相关表达式。

再次,运用比较静态分析,研究各主要参数与所得税税率变化对存款保险费率的影响。结果表明,存款保险费率与资产储蓄比呈反方向变动关系,即资产储蓄比越高,每单位存款的保费就越低。存款保险费率与税率呈正向关系,即所得税税率越高,每单位存款的保费就越高。监管宽容程度越高,存款保险费率越低。减税政策对存款保险费率的边际影响会随着税率本身减小而减小。存款保险费率随着每单位存款的监管成本上升而增加。

最后,基于中国 50 家银行 2010—2019 年共 10 年的数据进行实证研究,以检验银行所得税对银行风险承担水平的影响。结果表明,所得税税率与银行风险承担水平之间存在显著的正向关系,猜测得到验证。

三 存款保险制度风险效应

(一) 存款保险制度与银行风险承担

本书阐述了存款保险制度的实施对银行风险承担的影响。一方面,存款保险可以增强存款人信心、增强市场约束、促进银行公平竞争、完善银行退出机制,进而维护金融稳定,对银行风险承担形成正面影响。另一方面,存款保险有可能提高逆向选择和道德风险,进而对银行风险承担形成负面影响。

同时,本书以 2013—2018 年湖南省农商行相关数据为例,构建固定效应模型定量分析了存款保险制度对农村中小银行的风险承担影响。结果表明,存款保险制度的实施有效降低了湖南省农商行的风险承担水平,表现出正向作用。进一步分组分析发现,大规模、低风险的农商行在存款保险制度实施后风险承担水平降低更显著。

(二) 差别化费率与银行风险承担

首先,分析了存款保险制度差别化费率机制对银行风险承担的影响机理。该机制主要通过抑制银行道德风险、强化银行风险的早期纠正、提高银行的隐性监管成本抑制银行风险承担。

其次,选择某省 90 家农村商业银行和 29 家村镇银行 2015 年下半年—2019 年上半年数据开展实证研究。结果表明,差别化费率的实施显著抑制了银行的风险承担。同时,差别化费率的实施对自身风险更小、规模相对较大的银行风险承担抑制作用更明显;相比于村镇银行,对于农商行的抑制作用更明显。

最后,探究了存款保险制度对银行风险承担的抑制作用是否受农信社改制影响。结果表明,农信社改制为农商行,在短期来看提高了银行的风险承担。但当同时考虑存款保险制度差别化费率机制后,二者的综合影响是抑制银行的风险承担,说明差别化费率机制对银行风险承担的抑制作用依然显著存在。

（三）早期纠正作用与银行风险承担

从存款保险制度早期纠正机制的角度出发，基于2015—2019年某省层面119家中小银行的真实存款保险费率水平，检验早期纠正机制是否发挥风险抑制作用，并探究其有效性和副作用。结果表明：（1）中国存款保险制度发挥了较好的风险纠正作用，银行在经历上期费率评级调整后会主动降低风险承担水平，同时破产风险也有所降低。（2）该机制对于高风险银行的纠正作用更为明显，即有效性良好。（3）进一步将政策实施与外部环境联系起来发现，良好的外部金融环境不仅促进银行稳健经营，更有利于政策效果传递。（4）从定量分析角度来看，低风险机构并未因费率调低、监管放松而去追逐高风险。即基于费率变动的实证结果显示，中国存款保险制度在发挥有效性的同时，并未带来额外的副作用。

（四）微观审慎监管与银行风险承担

基于2007—2020年中国银行业294家商业银行的非平衡面板数据，采用系统GMM方法研究监管处罚对银行风险的影响，探讨了监管处罚的效果异质性和存款保险制度与监管处罚的互动关系。结果表明：（1）中国的监管处罚措施具有风险抑制作用，当商业银行受到监管部门的监管处罚后，会显著降低自身的风险承担。（2）监管处罚措施的风险抑制作用对大型商业银行和国有控股商业银行更不显著，说明目前中国仍然存在一些隐性担保问题。（3）进一步发现，虽然中国存款保险制度的实施会造成一定道德风险问题。但是，其实施一方面能放大监管处罚的风险抑制作用，另一方面也降低了隐性担保对监管处罚风险抑制效应的弱化作用。这侧面说明了中国存款保险制度是有效的，能一定程度上缓解隐性担保问题。

第二节 政策建议

一 加快《存款保险法》立法，提升存款保险效能

存款保险制度有效性的发挥需要其相关法律法规和管理机构保持自身独立性，这需要从多个维度提升存款保险制度的地位。

（一）提升存款保险管理部门的行政地位

《存款保险条例》出台后，由中国人民银行金融稳定局存款保险处负责保费的收缴和管理。2019年5月24日，在包商银行风险事件处置中，央行设立存款保险基金管理有限责任公司，负责依法管理存款保险基金有关资产。工商登记信息显示，该公司注册资本为100亿元，由中国人民银行100%持股，其管理层均来自中国人民银行总行。

存款保险作为金融安全网三大支柱之一，管理部门仅是央行下设一个处室显然不够，其较低的行政级别难以在存款保险实施过程中起到统筹协调作用，需要进一步提升其行政地位，故可在现有基础上探索建立存款保险局。另外，在存款保险基金管理有限责任公司的主要人事任命中，除董事长具有相对独立性之外，其他领导人员与央行金融稳定局呈现"一套人马，两块牌子"的格局，易对公司运营的独立性造成影响，应进一步提升其在人员安排上的独立性，保持主要职能人员的相对独立性。

（二）提升《存款保险条例》的地位

中国存款保险制度在法律层面存在着法律级别较低、可执行性较低的问题。目前存款保险相关法律法规仅有《存款保险条例》，属于行政法规级别，其法律位阶和效力有待进一步提升。同时，《存款保险条例》以原则性规定为主，早期纠正和风险处置尚无明确触发标准和具体实施细则，也并未规定任何强制性措施或统一标准，其自由裁量空间过大，缺乏规范性和可执行性，在实践中普遍采取"一事一议"的个案处置方式，市场化、专业化程度较低。

为进一步提升存款保险的法律地位，并提高存款保险制度实施过程中的可操作性和操作规范性，应在《存款保险条例》的基础上，加快《存款保险法》立法，在提升法律级别的同时增加细则的拟定，为存款保险制度的实施提供一个明确的有序处置制度框架。

（三）提高存款保险在监管中的地位

审慎监管、存款保险、央行最后贷款人职能共同构成了金融安全网的三大支柱。其中，审慎监管主要通过最低资本要求、流动性覆盖等措施限制风险积累，保证银行日常经营的合规性和稳健性，是第一道防线。中央银行作为"银行的银行"和最后贷款人，为银行业提供支付保障和流动性支持，是第二道防线。在此基础上，存款保险通过提供法律保障和及时偿付稳定存款人预期，防止银行挤兑，并建立起一个市场化的金融风险防范和处置机制,是第三道防线。

存款保险作为金融安全网的最后一道防线,在确保银行稳健经营、保障存款人权益、维护金融稳定方面意义重大。但无论是从监管的权力分配还是监管措施的力度来看,目前存款保险的监管强度稍弱于另外两道防线。比如,将存款保险的早期纠正与审慎监管的监管惩罚进行比较,二者分别由银保监会和存款保险基金管理机构负责,但由于中国特殊的金融监管制度体系,银保监会也享有一定对投保机构进行早期纠正的权力。其次,措施力度方面,监管处罚包括警告、罚款、责令改正和没收违法所得等多种处罚措施,而早期纠正措施主要包括要求投保机构补充资本、控制资产增长、控制重大交易授信和降低杠杆率等措施,相比之下措施力度更小,带有一定引导性质。

为充分发挥存款保险在金融安全网的最后一道防线功能,应切实提高存款保险制度在监管体系中的地位,在存款保险的保费厘定与收取、早期纠正、风险处置全过程中赋予存款保险管理机构充分的权力配置,同时丰富早期纠正工具箱,根据实际需要合理加大监管措施力度。

二 加强存款保险监管协同,提升存款保险效率

根据央行披露的数据,截至2021年12月末,参加存款保险的金融机构共4027家,涵盖了开发性银行、政策性银行、国有商业银行、股份制商业银行、城商行、农商行、农信社、农村合作银行、村镇银行、民营银行、外资银行等。横向来看,这4027家金融机构在规模、性质、地域分布方面各异;纵向来看,每一家机构通过分支行及营业网点的设置实现了多层级地域覆盖。

存款保险参与主体的多元性决定了监管的复杂性,主要体现在两个方面:第一,大型金融机构分支行遍布全国各地,在不同地区的经营受当地监管,地方金融机构的属地经营也对应着属地监管,对金融机构的监管涉及跨地区、跨层级之间的协调问题。第二,除人民银行、银保监会担任监管主体外,金融机构还受到来自非监管职能部门的政府机构的管理,且金融机构的重要人事任命和日常经营监管往往分属不同职能部门,涉及多头监管的问题。

为提高监管效能,更好地促进存款保险制度有效性的发挥,需进一步

加强相关责任主体之间的监管协同。

一是明确地方金融监管职责，加强央地协调配合。2021年12月，中国人民银行《地方金融监督管理条例（草案征求意见稿）》发布，按照"中央统一规则、地方实施监管，谁审批、谁监管、谁担责"的原则。一方面，进一步加强属地监管原则，在省级部门的牵头下明确各级职责部门的监管职责，实现金融机构就地监管和金融风险的就地防范化解，避免风险跨地域蔓延。另一方面，切实增强金融监管合力，坚持中央金融委员会对金融稳定发展的顶层设计和统筹作用，增强中央与地方、各部门之间的协调性。在保持地方监管独立性的同时加强中央与地方的协调配合，由中央部委统一定调，将地方各类金融业态纳入统一监管框架，确保中央对加强地方金融监管的各项部署得到落实，保持全国一盘棋的监管趋势与监管力度，避免监管套利。

二是明确具体职责分工，加强不同部委之间的协同。对于金融机构经营管理过程中涉及的管理职能部门进行职责划分，明确职责分工与监管边界，并加强沟通交流与治理协同，避免监管空白、重复监管以及监管不协调。

三 建立"金融防火墙"，强化对中小银行的监管

国内外实践表明，中小银行是银行体系金融风险的主要出险区。近年来，包商银行、锦州银行等风险事件的发生充分反映了中国中小银行存在高风险以及公司治理失灵问题。2021年第四季度中国人民银行对4398家银行业金融机构的央行评级显示，中小银行的评级结果明显差于大型银行，高风险机构集中分布在城商行、农合机构（包括农村商业银行、农村合作银行、农信社）和村镇银行等中小银行。

中小银行与大型银行的差异使其成为金融风险防控中的重点对象。与大型银行相比，中小银行在资产规模、资产质量、资本充足水平、公司治理等方面均处于劣势，其风险防范能力、承受能力和处置能力较弱，风险事件发生的可能性更高。一旦发生风险事件，往往在短时间内造成较为严重的后果，并传递市场恐慌情绪，造成风险外溢。尤其在中国，不同规模银行之间的差异更为悬殊。根据央行披露的数据，2021年第四季度，在中国银行业金融机构总资产中，24家大型银行总资产占比为71%，3997家

中小银行和 377 家非银行机构总资产占比仅为 39%，呈明显金字塔型分布。

中小银行的高风险性和在银行体系的相对弱势凸显了对中小银行进行重点监管的重要性。在存款保险制度的实施过程中，应注重对于中小银行风险的重点防控，并从中小银行当前的主要风险点出发采取针对性的防控措施。

第一，探索建立中小银行专项存款保险费率制度，从制度方面加强对中小银行的重点监管。中小银行是银行体系中的高风险主体，也是存款保险进行风险处置的重点对象。基于已有存款保险差别化费率，可进一步探索建立中小银行专项存款保险费率制度，对于中小银行的存款保险价格和风险处置措施进行专项详细说明，并完善问题中小银行的退出机制，将中小银行金融风险控制在有限范围内，尽量避免大银行为小银行买单的局面，从而建立起中小银行和大型银行之间的"金融防火墙"。

第二，探索建立规范有效的中小银行公司治理机制，解决当前中小银行突出风险问题。公司治理问题是中国中小银行风险的重要来源，中小银行普遍存在的内部人控制、股东干预公司治理和股东资金占用等现象易使公司治理失灵，进而导致金融腐败和违法犯罪。对此，可从以下关键点来解决完善：一是充分发挥党组织在公司治理中的领导作用，重视党委书记和董事长这两个重点职位的人员安排和工作职责承担，发挥党委政治核心作用。二是采取合理化、多元化的股权结构，基于区域特点与自身实际情况，通过引入战略投资者、深化混合所有制改革等方式优化股权结构，实现股东之间的有效制衡。

四　加强信息披露，完善存款保险公众监督机制

（一）与审慎监管形成联动

存款保险制度中的早期纠正措施与审慎监管中的监管处罚措施对于防范和控制商业银行风险承担、维护中国金融业安全稳定均具有重要意义，二者存在一定共性，可形成联动，互为补充。

一方面，互通数据信息。通过及时获取审慎监管相关信息，存款保险管理机构可以更好掌握各金融机构的动态经营状况与风险水平，为相关费率的拟定、早期纠正和风险处置措施的采取提供依据，促进相关措施的及

时推进。

另一方面，可以降低风险。通过审慎监管及时监控并有效控制金融机构的风险水平，降低银行风险暴露的可能性，进而降低存款保险制度实施过程中的风险。

（二）加强信息披露

信息披露的不透明、不及时是金融机构风险累积并最终暴露的重要原因之一。包商银行、锦州银行、恒丰银行风险事件中都存在着年报发布延期、信息披露不及时的问题，在事态发展到较为严重的地步时才被动公布有关信息。信息披露不及时一方面会错失及时干预纠正的最佳时机，使得风险继续累积进而达到临界值后爆发；另一方面也损害了相关利益人的及时知情权。

为及时防范化解风险，需进一步完善信息披露机制，提高各金融机构的信息透明度。首先，建立严格的信息披露考核要求，明确信息披露的时间和质量，对于披露信息不及时不全面、无故延期年报发布的金融机构采取相应处罚措施。其次，提高外部审计和外部监管效力，探索由监管机构直接聘请审计人员对金融机构进行外部审计和检查，由监管部门付费，审计结果直接向监管部门报告，以此防范审计过程中的串通造假等道德风险问题。最后，加强媒体舆论监督与社会公众监督，督促金融机构通过"三微一端"、官方网站等公共平台及时发布本公司重大事项，接受媒体和公众问询，并在监管部门网站设置留言箱，畅通投诉渠道。

参考文献

长沙银行、湖南大学联合课题组：《湖南县域金融竞争力评价报告》，中国金融出版社 2018 年版。

程志富、张孟飞、熊德超：《基于银行债券视角对存款保险基本费率的测算》，《管理科学》2016 年第 6 期。

董志勇、韩旭：《模糊厌恶和羊群行为》，《经济科学》2008 年第 2 期。

段军山、杨帆、高洪民：《存款保险、制度环境与商业银行风险承担——基于全球样本的经验证据》，《南开经济研究》2018 年第 3 期。

范香梅、邱兆祥、张晓云：《我国中小银行地域多元化风险与收益的实证分析》，《管理世界》2010 年第 10 期。

方意：《货币政策与房地产价格冲击下的银行风险承担分析》，《世界经济》2015 年第 7 期。

方意、陈敏：《经济波动、银行风险承担与中国金融周期》，《世界经济》2019 年第 2 期。

高波：《存保制度下的农信社风险防范》，《中国金融》2017 年第 23 期。

顾海峰、杨立翔：《互联网金融与银行风险承担：基于中国银行业的证据》，《世界经济》2018 年第 10 期。

顾海峰、于家珺：《中国经济政策不确定性与银行风险承担》，《世界经济》2019 年第 11 期。

郭宏宇：《维护金融稳定和公共信心的全面补偿机制——英国存款保险制度述评》，《银行家》2015 年第 1 期。

郭先红、郭珊红：《减税降费政策执行成效、问题及高质量持续实施建议》，《新疆财经大学学报》2021 年第 4 期。

郭妍、韩庆潇：《盈利水平、支农服务与风险控制——农商行规模调整的理论分析与实证检验》，《金融研究》2019 年第 4 期。

郭晔、赵静：《存款保险制度、银行异质性与银行个体风险》，《经济研究》2017年第12期。

韩扬、何建敏、吴炳辉：《存款结构、挤兑风险与存款保险偿付限额调整》，《系统工程》2018年第3期。

何德旭、史晓琳：《韩国存款保险制度：评析与启示》，《全球化》2013年第4期。

黄志凌：《问题银行的判断与破产早期干预机制》，《金融研究》2015年第7期。

纪洋、边文龙、黄益平：《隐性存保、显性存保与金融危机：国际经验与中国实践》，《经济研究》2018年第8期。

江曙霞、陈玉婵：《货币政策、银行资本与风险承担》，《金融研究》2012年第4期。

姜兴坤、孙健、宋玉：《引入所得税的Merton模型存款保险定价研究》，《统计与信息论坛》2013年第3期。

黎四奇：《论我国存款保险制度的构建——以德国自愿式模式为视角的研究》，《财经理论与实践》2006年第5期。

李广子：《跨区经营与中小银行绩效》，《世界经济》2014年第11期。

李敏波：《基于隐性担保的存款保险费率测算——以中国16家上市商业银行为例》，《金融研究》2015年第4期。

李培功、沈艺峰：《媒体的公司治理作用：中国的经验证据》，《经济研究》2010年第4期。

李双建、田国强：《银行竞争与货币政策银行风险承担渠道：理论与实证》，《管理世界》2020年第4期。

李燕平、韩立岩：《特许权价值、隐性保险与风险承担——中国银行业的经验分析》，《金融研究》2008年第1期。

李旸、黄锟：《我国商业银行存款保险定价模型比较》，《经济体制改革》2017年第1期。

凌涛、杜要忠、杨明奇：《存款保险融资制度设计中的公平问题》，《金融研究》2007年第5期。

刘海龙、杨继光：《基于银行监管资本的存款保险定价研究》，《管理科学学报》2011年第3期。

刘鸿伟：《基于宏观审慎监管框架的存款保险费率定价机制研究》，《国际金融研究》2017 年第 1 期。

刘莉亚、杜通、陈瑞华：《存款保险制度变革与银行流动性创造》，《财经研究》2021 年第 1 期。

刘明彦、张明：《俄罗斯存款保险制度实践及其启示》，《银行家》2015 年第 8 期。

刘晓光、刘元春、王健：《金融监管结构是否影响宏观杠杆率》，《世界经济》2019 年第 3 期。

陆静、王漪碧、王捷：《贷款利率市场化对商业银行风险的影响——基于盈利模式与信贷过度增长视角的实证分析》，《国际金融研究》2014 年第 6 期。

吕筱宁、秦学志、尚勤：《考虑跨期系统风险的存款保险逆周期定价方法》，《系统管理学报》2016 年第 1 期。

缪锦春、季安琪：《基于预期损失理论的中国存款保险定价》，《湖南科技大学学报》（社会科学版）2015 年第 3 期。

明雷、杨胜刚：《基于投资犹豫的欧式期权定价模型》，《系统工程理论与实践》2016 年第 6 期。

明雷、秦晓雨、朱红：《存款保险研究新进展：定价和制度效应》，《财经理论与实践》2019 年第 6 期。

明雷、杨萍、杨胜刚：《经济高质量发展背景下县域金融竞争力促进了经济增长吗？》，《投资研究》2019 年第 11 期。

明雷、杨胜刚、邓世杰：《监管惩罚、监管宽容和存款保险价格》，《管理科学学报》2019 年第 8 期。

明雷、秦晓雨、杨胜刚：《差别化存款保险费率与银行风险承担：基于我国农村银行的经验证据》，《金融研究》2022 年第 3 期。

明雷、刘雨婷、吴苏林：《存款保险制度与农村中小银行风险承担研究》，《投资研究》2022 年第 1 期。

明雷、黄远标、杨胜刚：《银行业监管处罚效应研究》，《经济研究》2023 年第 4 期。

明雷、唐慧、杨胜刚、黄远标：《银行所得税与存款保险价格》，《管理科学学报》2023 年第 12 期。

潘敏、魏海瑞：《提升监管强度具有风险抑制效应吗？——来自中国银行业的经验证据》，《金融研究》2015 年第 12 期。

彭兴韵：《存款保险制度尚待政策配套护航》，《经济研究信息》2015年第4期。

齐萌：《台湾地区存款保险制度研究》，《亚太经济》2015年第2期。

秦晓雨、明雷：《我国存款保险制度发挥了早期纠正作用吗？——基于差别化费率变动视角的分析》，《国际金融研究》2023年第6期。

沈红波、杨玉龙、潘飞：《民营上市公司的政治关联、证券违规与盈余质量》，《金融研究》2014年第1期。

史建平、高宇：《宏观审慎监管理论研究综述》，《国际金融研究》2011年第8期。

宋莹：《农村合作金融机构存款保险定价研究——基于安徽省的实证分析》，《华北金融》2014年第6期。

孙彬：《日本存款保险制度的经验》，《中国金融》2014年第16期。

孙天琦：《构建更加强健有效的金融安全网》，《清华金融评论》2021年第5期。

孙晓琳、秦学志、陈田：《监管宽容下资本展期的存款保险定价模型》，《运筹与管理》2011年第1期。

汤洪波：《存款保险制度与银行公司治理》，《金融研究》2008年第7期。

田国强、赵禹朴、宫汝凯：《利率市场化、存款保险制度与银行挤兑》，《经济研究》2016年第3期。

汪莉：《隐性存保、"顺周期"杠杆与银行风险承担》，《经济研究》2017年第10期。

王道平：《利率市场化、存款保险制度与系统性银行危机防范》，《金融研究》2016年第1期。

王擎、吴玮、黄娟：《城市商业银行跨区域经营：信贷扩张、风险水平及银行绩效》，《金融研究》2012年第1期。

王擎、潘李剑：《股权结构、金融生态与城市商业银行绩效》，《投资研究》2012年第4期。

王擎、田娇：《银行资本监管与系统性金融风险传递——基于DSGE模型的分析》，《中国社会科学》2016年第3期。

王晓博、刘伟、辛飞飞：《存款保险制度对商业银行道德风险影响的实证研究》，《管理科学》2015年第5期。

王晓博、刘伟、辛飞飞：《政府担保预期、存款保险限额与银行风险承担》,《管理评论》2018年第10期。

王晓博、徐秋韵、辛飞飞:《存款保险制度对银行利率风险影响的实证研究》,《管理科学学报》2019年第5期。

王晓博、蔡志明、辛飞飞:《存款保险制度对国际资本流入影响的实证研究》,《管理评论》2020年第2期。

王秀丽、鲍明明、张龙天:《金融发展、信贷行为与信贷效率——基于我国城市商业银行的实证研究》,《金融研究》2014年第7期。

王永钦、陈映辉、熊雅文:《存款保险制度如何影响公众对不同银行的信心?——来自中国的证据》,《金融研究》2018年第6期。

王宗润、万源沅、周艳菊:《隐性存款保险下银行信息披露与风险承担》,《管理科学学报》2015年第4期。

魏修建、李思霖、王聪:《我国地方性商业银行存款保险定价研究——基于预期损失定价模型的分析》,《经济问题》2014年第11期。

魏志宏:《中国存款保险定价研究》,《金融研究》2004年第5期。

项后军、闫玉:《理财产品发展、利率市场化与银行风险承担问题研究》,《金融研究》2017年第10期。

项后军、张清俊:《存款保险制度是否降低了银行风险:来自中国的经验证据》,《世界经济》2020年第3期。

项后军、张清俊、于洋:《金融深化改革如何影响银行特许权价值——基于利率市场化和存款保险制度的研究》,《国际金融研究》2020年第4期。

项后军、张清俊:《中国的显性存款保险制度与银行风险》,《经济研究》2020年第12期。

谢平:《中国农村信用合作社体制改革的争论》,《金融研究》2001年第1期。

谢平、邹传伟:《金融危机后有关金融监管改革的理论综述》,《金融研究》2010年第2期。

邢会强:《金融监管措施是一种新的行政行为类型吗?》,《中外法学》2014年第3期。

熊婉婷:《宏观审慎与微观审慎协调的国际经验及启示》,《国际经济评论》2021年第5期。

徐超:《"太大而不能倒"理论:起源、发展及争论》,《国际金融研究》

2013 年第 8 期。
徐明东、陈学彬：《货币环境、资本充足率与商业银行风险承担》，《金融研究》2012 年第 7 期。
姚东旻、颜建晔、尹烨昇：《存款保险制度还是央行直接救市———一个动态博弈的视角》，《经济研究》2013 年第 10 期。
姚志勇、夏凡：《最优存款保险设计———国际经验与理论分析》，《金融研究》2012 年第 7 期。
叶永刚、张培：《中国金融监管指标体系构建研究》，《金融研究》2009 年第 4 期。
尹雷、卞志村：《利率市场化、存款保险制度与银行危机———基于跨国数据的实证研究》，《国际金融研究》2016 年第 1 期。
张金宝、任若恩：《监管宽容条件下的存款保险定价研究》，《山西财经大学学报》2006 年第 2 期。
张金宝、任若恩：《基于商业银行资本配置的存款保险定价方法研究》，《金融研究》2007 年第 1 期。
张金宝、任若恩：《银行债务的清偿结构与存款保险定价》，《金融研究》2007 年第 6 期。
张茂军、秦学志、南江霞：《基于三角直觉模糊数的欧式期权二叉树定价模型》，《系统工程理论与实践》2013 年第 1 期。
张守川、任宇宁、邓庭：《商业银行风险偏好设置与传导———基于巴塞尔协议视角的研究》，《国际金融研究》2012 年第 1 期。
张雪兰、何德旭：《货币政策立场与银行风险承担———基于中国银行业的实证研究（2000—2010）》，《经济研究》2012 年第 5 期。
赵静、郭晔：《存款保险制度、影子银行与银行系统性风险》，《管理科学学报》2021 年第 6 期。
赵尚梅、刘娜、贺江、常一鸣：《存款保险限额研究———银行风险承担视角》，《管理评论》2017 年第 10 期。
赵胜民、陈蒨：《存款保险制度能够降低银行风险吗？———基于 116 个国家面板数据的研究》，《国际金融研究》2019 年第 7 期。
赵胜民、陈蒨：《存款保险制度是否影响银行市场约束？———基于中国和跨国数据的实证研究》，《国际金融研究》2021 年第 1 期。
赵璇：《中国减税降费政策制度与体系研究———基于文本分析维度的研

究》,《技术经济与管理研究》2021年第11期。

赵远、焦健、赵廷弟:《基于模糊理论的风险评价方法》,《系统工程与电子技术》2015年第8期。

周再清、甘易、胡月:《商业银行同业资产特性与风险承担行为——基于中国银行业动态面板系统GMM的实证分析》,《国际金融研究》2017年第7期。

朱波、黄曼:《监管宽容下的存款保险定价应用研究》,《南方经济》2008年第12期。

朱波、杨文华、卢露:《信息披露、存款保险制度与银行系统性风险》,《财经研究》2016年第12期。

朱凯、万华林、陈信元:《控股权性质、IPO与银行信贷资源配置——基于金融发展环境的分析》,《金融研究》2010年第5期。

明雷:《我国存款保险定价及政策研究》,博士学位论文,湖南大学,2017年。

赵国庆、张蒙:《提高我国存款保险制度的运行效率》,《光明日报》2016年10月12日第15版。

Aggarwa R. and Jacques K. T., "The impact of FDICIA and prompt corrective action on bank capital and risk: Estimates using a simultaneous equations model", *Journal of Banking and Finance*, Vol. 25, No. 6, 2001.

Allen F., Carletti E. and Leonello A., "Deposit insurance and risk taking", *Oxford Review of Economic Policy*, Vol. 27, No. 3, 2011.

Allen L. and Saunders A., "Forbearance and valuation of deposit insurance as a callable put", *Journal of Banking and Finance*, Vol. 17, No. 4, 1993.

Anginer D., Demirgüç-Kunt A. and Zhu M., "How does deposit insurance affect bank risk? Evidence from the recent crisis", *Journal of Banking and Finance*, Vol. 48, No. 11, 2014.

Angkinand A. and Wihlborg C., "Deposit insurance coverage, ownership, and banks' risk-taking in emerging markets", *Journal of International Money and Finance*, Vol. 29, No. 2, 2010.

Arunraj N. S., Mandal S. and Maiti J., "Modeling uncertainty in risk assessment: An integrated approach with fuzzy set theory and Monte Carlo simulation", *Accident Analysis and Prevention*, Vol. 55, 2013.

Atanassov K. T., "Intuitionistic fuzzy sets", *Fuzzy Sets and Systems*, Vol. 20, No. 1, 1986.

Baker S. R., Bloom N. and Davis S. J., "Measuring economic policy uncertainty", *The Quarterly Journal of Economics*, Vol. 131, No. 4, 2016.

Barakat A. and Hussainey K., "Bank governance, regulation, supervision, and risk reporting: Evidence from operational risk disclosures in European banks", *International Review of Financial Analysis*, Vol. 30, 2013.

Barth J. R., Gerard C. and Levine R., "The regulation and supervision of banks around the world: A new database", *Policy Research Working Paper*, 2001.

Basle Committee on Banking Supervision, Basle core principles for effective banking supervision, 2012.

Benston G. J. and Kaufman G. G., "risk and solvency regulation of depository institutions: Past policies and current options", *Monograph Series in Finance and Economics New York University Press*, No. 1, 1988.

Bergbrant M. C., Campbell K. T., Hunter D. M. and Owers J. E., "Does deposit insurance retard the development of non-bank financial markets?", *Journal of Banking and Finance*, Vol. 66, No. 5, 2016.

Bermpei T., Kalyvas A. and Nguyen T. C., "Does institutional quality condition the effect of bank regulations and supervision on bank stability? Evidence from emerging and developing economies", *International Review of Financial Analysis*, Vol. 59, 2018.

Black F. and Scholes M., "The pricing of options and corporate liabilities", *Journal of Political Economy*, Vol. 81, No. 3, 1973.

Bollen B., Skully M. and Tripe D., Wei X., "The global financial crisis and its impact on Australian bank risk", *International Review of Finance*, Vol. 15, No. 1, 2015.

Bollerslev T., "Generalized autoregressive conditional heteroskedasticity", *Journal of Econometrics*, Vol. 31, No. 3, 1986.

Borio C., "Towards a macroprudential framework for financial supervision and regulation?", *CESifo Economic Studies*, Vol. 49, No. 1, 2003.

Boyd J. H., Chang C. and Smith B. D., "Deposit insurance: A reconsideration", *Journal of Monetary Economics*, Vol. 49, No. 6, 2002.

参考文献

Boyle G., Stover R., Tiwana A. and Zhylyevskyy O., "The impact of deposit insurance on depositor behavior during a crisis: A conjoint analysis approach", *Journal of Financial Intermediation*, Vol. 24, No. 4, 2015.

Bruche M. and Suarez J., "Deposit insurance and money market freezes", *Journal of Monetary Economics*, Vol. 57, No. 1, 2010.

Caiazza S., Cotugno M., Fiordelisi F. and Stefanelli V., "The spillover effect of enforcement actions on bank risk-taking", *Journal of Banking and Finance*, Vol. 91, No. 6, 2018.

Calomiris C. W. and Chen S., "The spread of deposit insurance and the global rise in bank asset risk since the 1970s", *Journal of Financial Intermediation*, Vol. 49, 2022.

Camara A., Davidson T. and Fodor A., "Bank asset structure and deposit insurance pricing", *Journal of Banking and Finance*, Vol. 114, No. 2, 2020.

Carlsson C. and Fullér R., "A fuzzy approach to real option valuation", *Fuzzy Sets and Systems*, Vol. 139, No. 2, 2003.

Chan Y. S., Greenbaum S. I. and Thakor A. V., "Is fairly priced deposit insurance possible?", *Journal of Finance*, Vol. 47, No. 1, 1992.

Chang C. C., Chung S. L., Ho R. J. and Hsiao Y. J., "Revisiting the valuation of deposit insurance", *Journal of Futures Markets*, Vol. 42, No. 1, 2022.

Chernykh L. and Cole R. A., "Does deposit insurance improve financial intermediation? Evidence from the Russian experiment", *Journal of Banking and Finance*, Vol. 35, No. 2, 2011.

Chernykh L. and Cole R. A., "How should we measure bank capital adequacy for triggring prompt corrective action? A (simple) proposal", *Journal of Financial Stability*, Vol. 20, No. 5, 2015.

Chiaramonte L., Girardone C., Migliavacca M. and Poli F., "Deposit insurance schemes and bank stability in europe: How much does design matter?", *European Journal of Finance*, Vol. 26, No. 7-8, 2020.

Collan M., Fuller R. and Mezei J., "A fuzzy pay-off method for real option valuation", *Journal of Applied Mathematics and Decision Sciences*, 2009.

Cooperstein R. L., Pennacchi G. G. and Redburn F. S., "The aggregate cost of deposit insurance: A multiperiod analysis", *Journal of Financial Intermedia-*

tion, Vol. 4, No. 3, 1995.

Craine R. , "Fairly priced deposit insurance and bank charter policy", *Journal of Finance*, Vol. 50, No. 5, 1995.

Cull R. J. , Senbet L. W. and Sorge M. , "Deposit insurance and financial development", *Journal of Money, Credit and Banking*, Vol. 37, No. 1, 2005.

Curry T. J. , Coburn J. and Montgomery L. , *Financially distressed banks: How effective are enforcement actions in the supervision process?* Washington: Federal Deposit Insurance Corporation, 1999.

Davis S. J. , Liu D. and Sheng X. S. , "Economic policy uncertainty in China since 1949: The view from mainland newspapers", *Fourth Annual IMF-Atlanta Fed Research Workshop on China's Economy Atlanta*, Vol. 19, 2019.

Delis M. D. and Kouretas G. P. , "Interest rates and bank risk-taking", *Journal of Banking and Finance*, Vol. 35, No. 4, 2011.

Delis M. D. and Staikouras P. K. , "Supervisory effectiveness and bank risk", *Review of Finance*, Vol. 15, No. 3, 2011.

Delis M. D. , Staikouras P. K. and Tsoumas C. , "Formal enforcement actions and bank behavior", *Management Science*, Vol. 63, No. 4, 2017.

Delis M. D. , Staikouras P. K. and Tsoumas C. , "Supervisory enforcement actions and bank deposits", *Journal of Banking and Finance*, Vol. 106, No. 9, 2019.

Delis M. D. , Tran K. C. and Tsionas E. G. , "Quantifying and explaining parameter heterogeneity in the capital regulation-bank risk nexus", *Journal of Financial Stability*, Vol. 8, No. 2, 2012.

Delis M. , "Bank risk, financial stability, and the role of regulation", *Journal of Banking and Finance*, Vol. 61, No. 12, 2015.

DeLong G. and Saunders A. , "Did the introduction of fixed-rate federal deposit insurance increase long-term bank risk-taking?", *Journal of Financial Stability*, Vol. 7, No. 1, 2011.

Demirgüç-Kunt A. and Detragiache E. , "Does deposit insurance increase banking system stability? An empirical investigation", *Journal of Monetary Economics*, Vol. 49, No. 7, 2002.

Demirgüç-Kunt A. and Huizinga H. , "Market discipline and deposit insurance",

Journal of Monetary Economics, Vol. 51, No. 2, 2004.

Dermine J. and Lajeri F., "Credit risk and the deposit insurance premium: A note", *Journal of Economics and Business*, Vol. 53, No. 5, 2001.

Diamond D. W. and Dybvig P. H., "Bank runs, deposit insurance, and liquidity", *Journal of Political Economy*, Vol. 91, No. 3, 1983.

Djankov S., Glaeser E., Porta R. L., Lopez-de-Silanes F. and Shleifer A., "The new comparative economics", *Journal of Comparative Economics*, Vol. 31, No. 4, 2003.

Drechsler I., Drechsel T., Marques-Ibanez D. and Schnabl P., "Who borrows from the lender of last resort?", *The Journal of Finance*, Vol. 71, No. 5, 2016.

Duan J. C., Moreau A. F. and Sealey C. W., "Deposit insurance and bank interest rate risk: Pricing and regulatory implications", *Journal of Banking and Finance*, Vol. 19, No. 6, 1995.

Duan J. C., "Correction: Maximum likelihood estimation using price data of the derivative contract", *Mathematical Finance*, Vol. 10, No. 4, 2000.

Duan J. C., "Maximum likelihood estimation using price data of the derivative contract", *Mathematical Finance*, Vol. 4, No. 2, 1994.

Duan J. C., "The GARCH option pricing model", *Mathematical Finance*, Vol. 5, No. 1, 1995.

Eisenbeis R. A. and Wall L. D., "The major supervisory initiatives post-FCICIA: Are they based on the coals of PCA? Should they be?", *SSRN Electronic Journal*, No. 2, 2002.

Elizalde A. and Repullo R., "Economic and regulatory capital in banking: What is the difference?", *International Journal of Central Banking*, Vol. 3, No. 3, 2007.

Engle R. F., "Autoregressive conditional heteroskedasticity with estimates of the variance of United Kingdom inflation." *Econometrica*, Vol. 50, No. 4, 1982.

Evanoff D. D. and Wall L. D., "Subordinated debt and prompt corrective regulatory action", *SSRN Electronic Journal*, Vol. 14, 2002.

Falkenheim M. and Pennacchi G., "The cost of deposit insurance for privately held banks: A market comparable approach", *Journal of Financial Services*

Research, Vol. 24, No. 2 – 3, 2003.

Farhi E. and Tirole J. , "Collective moral hazard, maturity mismatch, and systemic bailouts", *American Economic Review*, Vol. 102, No. 1, 2012.

Freixas X. and Parigi B. M. , "Banking regulation and prompt corrective action", *CESifo Working Paper*, 2007.

Freixas X. and Rochet J. C. , "Fair pricing of deposit insurance. Is it possible? Yes. Is it desirable? No", *Research in Economics*, Vol. 52, No. 3, 1998.

Freixas X. and Rochet J. C. , *Microeconomics of banking*, Cambridge, MA: MIT Press, 2008.

Gilbert R. A. and Vaughan M. D. , "Do depositors care about enforcement actions?", *Journal of Economics and Business*, Vol. 53, No. 2 – 3, 2001.

Gorton G. and Santomero A. M. , "Market discipline and bank subordinated debt", *Journal of Money, Credit and Banking*, Vol. 22, No. 1, 1990.

Gueyie J. P. and Lai V. S. , "Bank moral hazard and the introduction of official deposit insurance in Canada", *International Review of Economics and Finance*, Vol. 12, No. 2, 2003.

Guizani B. and Watanabe W. , "The effects of public capital infusions on banks' risk-shifting to the deposit insurance system in Japan", *Journal of Financial Stability*, Vol. 26, No. 5, 2016.

Hakenes H. and Schnabel I. , "Capital regulation, bank competition, and financial stability", *Economics Letters*, Vol. 113, No. 3, 2011.

Hovakimian A. and Kane E. J. , "Effectiveness of capital regulation at U. S. commercial banks, 1985 to 1994", *Journal of Finance*, Vol. 55, No. 1, 2000.

Huizinga H. and Laeven L. , "Bank valuation and accounting discretion during a financial crisis", *Journal of Financial Economics*, Vol. 106, No. 3, 2012.

Hwang D. Y. , Shie F. S. , Wang K. and Lin J. C. , "The pricing of deposit insurance considering bankruptcy costs and closure policies", *Journal of Banking and Finance*, Vol. 33, No. 10, 2009.

Ioannidou V. P. and Penas M. F. , "Deposit insurance and bank risk-taking: Evidence from internal loan ratings", *Journal of Financial Intermediation*, Vol. 19, No. 1, 2010.

Kane E. J. , "Appearance and reality in deposit insurance: The case for reform", *Journal of Banking and Finance*, Vol. 10, No. 2, 1986.

Kane E. J., "Designing financial safety nets to fit country circumstances", *Policy Research Working Paper*, 2000.

Kerfriden C. and Rochet J. C., "Actuarial pricing of deposit insurance", *The Geneva Papers on Risk and Insurance Theory*, Vol. 18, No. 2, 1993.

Klomp J. and De Haan J., "Banking risk and regulation: Does one size fit all?", *Journal of Banking and Finance*, Vol. 36, No. 12, 2012.

Klomp J. and De Haan J., "Bank regulation and financial fragility in developing countries: Does bank structure matter?", *Review of Development Finance*, Vol. 5, No. 2, 2015.

Laeven L. and Levine R., "Bank governance, regulation and risk taking", *Journal of Financial Economics*, Vol. 93, No. 2, 2009.

Lambert C., Noth F. and Schüwer U., "How do insured deposits affect bank risk? Evidence from the 2008 Emergency Economic Stabilization Act", *Journal of Financial Intermediation*, Vol. 29, 2017.

Lé M., "Deposit insurance adoption, bank risk-taking and leverage: An empirical investigation", *Policy Research Working Paper*, 2012.

Lee C. F., Tzeng G. H. and Wang S. Y., "A new application of fuzzy set theory to the Black-Scholes option pricing model", *Expert Systems with Applications*, Vol. 29, No. 2, 2005.

Lee S. C., Lin C. T. and Tsai M. S., "The pricing of deposit insurance in the presence of systematic risk", *Journal of Banking and Finance*, Vol. 51, No. 2, 2015.

Li D. F., "A note on 'using intuitionistic fuzzy sets for fault-tree analysis on printed circuit board assembly'", *Microelectronics Reliability*, Vol. 48, No. 10, 2008.

Liu H., Li R. and Yuan J., "Deposit insurance pricing under GARCH", *Finance Research Letters*, Vol. 26, 2018.

Liu L., Zhang G. and Fang Y., "Bank credit default swaps and deposit insurance around the world", *Journal of International Money and Finance*, Vol. 69, 2016.

Marcus A. J. and Shaked I., "The valuation of FDIC deposit insurance using option-pricing estimates", *Journal of Money Credit and Banking*, Vol. 16, No. 4, 1984.

Mayes D. G., "Early intervention and prompt corrective action in Europe", *Bank of Finland Research Discussion Papers*, No. 17, 2009.

Merton R. C., "An analytic derivation of the cost of deposit insurance and loan guarantees an application of modern option pricing theory." *Journal of Banking and Finance*, Vol. 1, No. 1, 1977.

Merton R. C., "On the cost of deposit insurance when there are surveillance costs", *The Journal of Business*, Vol. 51, No. 3, 1978.

Merton R. C., "The theory of rational option pricing". *The Bell Journal of Economics and Management Science*, Vol. 4, No. 1, 1973.

Nan J. X., Li D. F. and Zhang M. J., "A lexicographic method for matrix games with payoffs of triangular intuitionistic fuzzy numbers", *International Journal of Computational Intelligence Systems*, Vol. 3, No. 3, 2010.

Neumaier A., *Interval methods for systems of equations*, London: Cambridge University Press, 1991.

Ngalawa H., Tchana F. T. and Viegi N., "Banking instability and deposit insurance: The role of moral hazard", *Journal of Applied Economics*, Vol. 19, No. 2, 2016.

Nieto M. and Wall L. D., "Preconditions for a successful implementation of supervisors' prompt corrective action: Is there a case for a banking standard in the EU?", *Journal of Banking Regulation*, Vol. 7, 2006.

Niinimäki J. P., "Optimal design of bank bailouts: Prompt corrective action", *Aboa Centre for Economics Discussion Paper*, 2011.

Nourayi M. M., "Stock price responses to the SEC's enforcement actions", *Journal of Accounting and Public Policy*, Vol. 13, No. 4, 1994.

Pennacchi G. G., "Alternative forms of deposit insurance: Pricing and bank incentive issues", *Journal of Banking and Finance*, Vol. 11, No. 2, 1987.

Pennacchi G. G., "Deposit insurance, bank regulation, and financial system risks", *Journal of Monetary Economics*, Vol. 53, No. 1, 2006.

Pennacchi G. G., "Risk-based capital standards, deposit insurance and procyclicality", *Journal of Financial Intermediation*, Vol. 14, No. 4, 2005.

Pyle D. H. , "Capital regulation and deposit insurance", *Journal of Banking and Finance*, Vol. 10, No. 2, 1986.

Qian N. , Zhang K. , Zheng C. and Ashraf B. N. , "How do regulatory ability and bank competition affect the adoption of explicit deposit insurance scheme and banks' risk-taking behavior?", *International Review of Economics and Finance*, Vol. 61, 2019.

Ronn E. I. and Verma A. K. , "Pricing risk-adjusted deposit insurance: An option-based model", *Journal of Finance*, Vol. 41, No. 9, 1986.

Santos J. A. C. , "Insuring banks against liquidity shocks: The role of deposit insurance and lending of last resort", *Journal of Economics Surveys*, Vol. 20, No. 3, 2006.

Shu M. H. , Cheng C. H. and Chang J. R. , "Using intuitionistic fuzzy sets for fault-tree analysis on printed circuit board assembly", *Microelectronics Reliability*, Vol. 46, No. 12, 2006.

Sironi A. and Zazzara C. , "Applying credit risk models to deposit insurance pricing: Empirical evidence from the Italian banking system", *Journal of International Banking Regulation*, Vol. 6, 2004.

Wu H. C. , "European option pricing under fuzzy environments", *International Journal of Intelligent Systems*, Vol. 20, No. 1, 2005.

Wu H. C. , "Pricing European options based on the fussy pattern of Black-Scholes formula", *Computers and Operations Research*, Vol. 31, No. 7, 2004.

Wu H. C. , "Using fuzzy sets theory and Black-Scholes formula to generate pricing boundaries of European options", *Applied Mathematics and Computations*, Vol. 185, No. 1, February 2007.

Wu S. , Yang S. , Wu Y. and Zhu S. , "Interval pricing study of deposit insurance in China", *Discrete Dynamics in Nature and Society*, Vol. 2020, 2020.

Yoon S. H. and Mazumdar S. C. , "Fairly priced deposit insurance, incentive compatible regulations and bank asset choices", *The Geneva Papers on Risk and Insurance Theory*, Vol. 21, No. 1, 1996.

Yoshida Y. , "The valuation of European options in uncertain environment", *European Journal of Operational Research*, Vol. 145, No. 1, 2003.

Zadeh L. A. , "Fuzzy sets", *Information and Control*, Vol. 8, No. 3, 1965.

Zhang Y. and Shi B. , "Systematic risk and deposit insurance pricing: Based on market model and option pricing theory", *China Finance Review International*, Vol. 7, No. 4, 2017.

Zwillinger D. and Dobrushkin V. , *Handbook of Differential Equations* (Third Edition), New York: CRC Press, 1997.

索 引

A

安全边界 45

B

Black-Scholes 模型 6, 53
包商银行 2, 26, 42, 43, 161, 183, 215, 283, 288, 290, 292
保费基数 122
比较分析 17, 19
比较静态分析 17—19, 81, 86, 90, 108, 109, 123, 141, 142, 157, 284, 285
拨备覆盖 190, 223
泊松分布 138
博弈论 11, 50
不良贷款率 35, 43, 91, 106, 107, 150, 159, 166, 167, 171, 211, 212, 249
不确定性 1, 2, 110—112, 114—116, 129, 130, 250, 251, 285

C

CAMELS 8, 61, 181
CGT 模型 62, 63
财务困境 133

财政政策 115, 131, 133, 156, 157
差别化费率 2, 3, 8, 12, 16—19, 21, 22, 26, 34, 44, 180—187, 189—192, 194, 196, 198, 199, 205—208, 211—213, 216—218, 220, 222, 223, 226, 228, 229, 235, 238, 242, 282, 283, 286, 291
城商行 16, 39, 43, 158—160, 162, 168, 172—175, 177, 215, 254, 255, 289, 290
城市银行 91, 96, 97, 101, 103—105, 109, 284
储贷危机 31, 181, 218, 219
次级债 111
村镇银行 39, 43, 44, 158, 191, 198, 225, 236, 237, 242, 286, 289, 290
存款保险费率 2—4, 8, 11, 12, 17, 18, 26, 34, 35, 55, 57, 58, 60, 68, 72, 73, 81—86, 90, 91, 104, 105, 107—111, 116, 122, 124—130, 136, 138, 140—145, 157, 163, 180, 183—185, 188, 193, 196, 198, 211, 213, 217, 220, 222, 224—227, 233, 242, 284—287, 291
存款保险基金 2, 4, 12, 25, 26, 28, 31—35, 41—43, 65, 111—113, 116,

120, 130, 182, 183, 186, 216, 220, 225, 242, 245, 272, 283, 288, 289
存款保险条例　1, 4, 25, 26, 35, 41, 44, 49, 158, 163, 165—169, 171—177, 182, 272, 287, 288
存款保险制度有效性　11, 13, 224, 238, 287, 289
存款准备金率　37, 68, 69

D

DICJ　34
大萧条　24, 31, 32
贷款利率　136—139, 142, 186, 188, 248
贷款投资成功概率　137
单一费率　3, 13, 33—35, 181, 182
道德风险　5, 6, 11—16, 25, 27, 29, 31, 32, 38, 64—71, 129, 135, 161—165, 178, 179, 181, 182, 185, 187, 189, 194, 196, 205—208, 213, 216, 219, 224, 250, 260, 273, 275, 278, 280, 281, 283, 286, 287, 292
道德风险困境　134, 156
抵押贷款　173, 221

F

FDIC　1, 24, 27—29, 31, 54, 57, 181
FSCS　32
非隶属度　117, 118, 121, 127
风险敞口　8, 24, 61, 221
风险传染　71, 244
风险偏好　49, 73, 79, 80, 86—90, 108, 109, 165, 249, 264, 284
风险效应　3, 15, 17—21, 282, 286

风险抑制作用　207, 219, 224, 230, 235, 240, 242, 249, 251, 258, 260, 262, 266, 275, 278, 280, 281, 287
风险隐患　13, 65, 66, 180, 189, 207, 213, 215, 219, 220, 222—225, 232

G

GARCH 模型　97, 98
GMM 方法　153, 155, 256, 280, 287
杠杆　79—81, 87, 89, 108, 109, 125, 135, 160, 252, 284
高风险机构　45, 161, 181, 216, 217, 221, 230, 240, 290
工具变量　153, 155, 171, 195, 228, 258, 270
公开市场操作　37, 68, 69
公平的存款保险价格　10, 15, 62, 63, 69, 283
股份制银行　39, 43, 91, 96, 97, 103—105, 109, 146, 160, 255, 284
股权资本　111
固定费率制　31, 32, 34
固定效应模型　148—151, 168, 170, 171, 193, 196, 198, 199, 203, 228, 258, 286
归纳演绎　19, 20
国际金融危机　11, 15, 24, 29, 50, 65, 91, 92, 100, 103—106, 109, 114, 173, 181, 219, 243, 256, 284
国际清算银行　36
国有大型银行　39, 43
过度识别　153, 155, 228, 258

H

豪斯曼检验　149, 150

合流超几何方程 76
宏观分析 19,20
宏观经济因素 58,59,148
宏观审慎监管 36,37,68,243
徽商银行 42,43,183
货币政策 115,192,226,227,250

J

基本面分析 8,61
激励相容 10,11,62,64,70,135,218,283
挤兑 1,7,11,12,15,16,24,29,34,50,52,56,64,67,81,88,115,129,140,163,180,205,248,273,283,288
监管惩罚 8,71,111,184,284,289
监管处罚 2,3,8,16—19,21,71,72,86,90,106,108,109,111,222,242—260,262,264,266,268,270,272,275,277,278,280—282,287,289,291
监管检查 15,21,72,73,138,249
监管宽容 2,6,8,15,17,21,54,55,69,72,73,86—88,90,106,108,109,111,138,139,142—144,218,242,249,283—285
检查成本 74,77,82—84,89,108,109,142,284
检查强度 84,108
减税降费 9,18,21,131—135,156,157
结构性减税 134,157
截集 117,119—121,125,130,285
金融安全网 1,17,21,25,27,36,37,48—50,69—71,115,129,178—180,182,190,218,219,223,242,271,272,282,283,288,289
金融脆弱性 14
金融发展水平 113,116,166,167,177,179
金融竞争力 166,168,176—179,238
金融生态环境 44,49,213
金融市场 26,38,49,69,111—113,115,116,129,159,161,179,215,242,282,283
金融体系 1,3,13,32,35—37,64,68,69,71,114,115,126,129,166,177,179,180,182,208,238,243,248
金融危机 11,12,34,35,37,50,65,68,163,181,219,248
金融稳定 1,4,6,13—15,19,34,35,37,66,68,69,161—163,169,178,179,185,190,205,216,217,221,239,249,286,287,289,290
锦州银行 26,43,161,215,283,290,292

K

KDIC 34
宽容系数 17,54,72,73,84,144,284

L

隶属度 116—118,121
联邦存款保险制度 23
流动性风险 114,115,126,163,166,190,223
流动性水平 8,61

M

MBS 221
Merton 模型 7, 52, 55, 111, 249
冒险经营动机 14, 66, 190
美式期权 7, 15, 56
美式期权定价法 56, 69, 283
面板回归模型 19
民营银行 39, 43, 289
模糊价格 120—122, 124
墨西哥金融危机 24

N

NCSIF 31
NCUA 31
内生性检验 150, 170, 178
逆向选择 5, 6, 10—12, 25, 26, 38, 62, 64, 66, 67, 69—71, 129, 179, 216, 283, 286
逆周期 8, 58, 60
纽约安全基金 23
农村中小金融机构 47, 161, 283
农村中小银行 39, 158, 160, 162—167, 169, 171—173, 177—179, 286
农合行 39, 43, 182, 205
农信社 39, 43, 158, 159, 167, 168, 184, 204—207, 251, 286, 289, 290

O

欧式期权 7, 52, 55—57, 110, 112, 113, 116, 124, 127, 129, 130, 284
欧洲债务危机 24

P

PCA 216, 218, 219, 221, 222

PSM 方法 270
评级分析 8, 61
破产银行 24, 49, 65, 221

Q

期权定价法 6—10, 15, 52, 54, 62, 69, 111, 129, 283
企业政策知悉困境 134
清算边界 85
区间定价 2, 3, 17, 110, 112, 113, 115, 128, 130, 282, 284, 285
区间价格 21, 116

R

R&V 模型 6—9, 111
弱工具变量 153

S

2SLS 估计 153, 270
三大支柱 1, 36, 38, 48, 50, 69—71, 271, 282, 283, 288
三角直觉模糊数 18, 110, 116—121, 127—130, 284, 285
社会福利 50, 52, 69
审慎监管 17, 18, 27, 32, 36—38, 48, 50, 68—72, 108, 243, 244, 271, 272, 282, 283, 288, 289, 291, 292
识别不足 153
市场分析法 8, 61
市场风险敏感度 8, 61
事后减震 37, 68
事前防范 36, 37, 68, 69, 71
事中干预 37, 68
数值模拟 19
算例分析 18

随机效应模型 148,150,193
缩尾 148,168,172,178,193,227,251
所得税税率 134—138,141,142,144—150,152,153,155,157,285,286

T

特许权价值 15,68,216,273
贴现窗口 37,68,69
投保机构风险 39,222,283

W

微观分析 19,20
微观计量 19
微观审慎监管 2,36,37,68,243,244,280,287
稳增长 113,134

X

系统性风险 7,8,11,12,14,36,37,50,57—60,65,66,68,69,103,106,111,163,179,185,208,219,246,273,275,283
显性存款保险 1,15,16,66,67,167,169,171,173,185,216
线性监管处罚 21
相机抉择 15,67
信息披露 14,22,66,111,163,173,174,198,208,224,291,292

Y

亚洲金融危机 24,25
央行金融机构评级 35,44,283
异质性 14,15,18,67,196,198,217,223,230,236,238,247—249,257,259,262,280,287
银行风险 2,12,14—16,18,21,38,48,64,67,68,71,108,136,147,148,150,152,153,155,157,160,162—166,170,173,176,179,182,185,189—191,193,200,211,215—217,222,223,226,227,243,244,247,249—252,256,257,260,262,264,272,273,275,277,278,280,285—287,292
银行风险承担 2,3,6,14—16,18,19,21,67,68,70,124,135—137,146—148,150,158,163,165—167,170,171,173—177,180,185,187,191—194,196,198—200,205—209,211,213,216,221,225—227,232,233,247,249,250,252,256,258—260,262,264,268—270,272,277,282,283,286,287,291
银行挤兑模型 11,50,69
银行特定风险 58,59
银行效率 16
银行信息披露 15,68,173,174,178,179
隐性存款保险 1,15,24,25,68,164,167,216,220
隐性担保 8,50,216,247,250,260,262,272,273,277,278,280,281,287
隐性监管成本 190,286
盈利水平 8,61,194,198,243
预期损失 8—10,61,62,190,223
预期损失定价法 6,8—10,15,61,62,69,283
预期违约率 8,9,61

Z

早期纠正作用　16—18，21，22，189，206，208，213，215—217，223，224，229，287

障碍期权　7

政策性银行　39，43，44，289

执法困境　133

治理结构　9，14，66，111，170，248

中小银行　2，9，12，14，16，18，21，22，39，43—45，49，110，127，128，130，158—162，164，172，173，180，191，194，205，217，225，229，232，242，283，285，287，290，291

资本充足　8，61，164，181，184，189，190，211，222，223，227，290

资不抵债　6，34，53，54，72—74，82，138，215，226

资产波动率　85，86，89，90，97，98，103，105，108，109，126，127，130，142，284，285

资产储蓄比　77，80，81，83，84，86—88，90，94，95，97，104，109，125，126，128，130，140，142—145，284，285

资产质量　8，9，14，44，61，66，184，190，196，211，221—224，290

综合费率　39，283

最后贷款人　25，27，36—38，48—50，68—71，129，282，283，288

后　记

做学问的至高境界是做到"板凳要坐十年冷，文章不写半句空"。从2013年读博以来，我一直围绕着银行监管与风险管理开展研究，至今刚好十年时间。

2013年4月在图书馆的一次偶然机会，让我对存款保险制度产生兴趣。2015年中国正式建立存款保险制度，激励着我把研究存款保险制度作为博士学位论文选题。2017年完成《我国存款保险定价及政策研究》博士论文后留校任教。2019年获得湖南省优秀博士学位论文，鼓舞着我继续从事相关研究工作。同年获得的国家自然科学基金青年项目"考虑监管惩罚与标的资产流动性的存款保险定价研究"（71903051），让我有条件实现自己的想法。

如果说2021年之前是就金融研究金融，那么2021年师从陈彦斌教授进行博士后研究就是跳出金融看金融，更确切地说，是尝试从宏观调控角度看银行监管（虽然目前这条路还很长，但我一直在努力），感谢陈老师让我有重新审视金融学研究的机会。很幸运，在站期间获得第十一批中国社会科学博士后文库资助，这给了我一次重新审视自己、总结过去的机会。本书主体章节在《经济研究》《管理科学学报》《金融研究》和《国际金融研究》等高质量学术期刊发表，全书内容是对过去十年围绕存款保险制度开展研究的系统总结和提炼。感谢我的博士生导师杨胜刚教授，和所有与我合作研究的博士生和硕士研究生们，他们的优秀鞭策我不断前行。在本书完成过程中，感谢吴一凡、秦晓雨、黄远标、唐慧、申瑶、宋伍琦、叶彬谭、许研、刘玉翠和刘雨婷等付出的艰辛努力，本书实际上是我和大家共同努力的成果。在我心目中，我的每一位研究生都非常优秀。

感谢全国博士后管理委员会和中国社会科学院提供的全额出版资助，感谢中国社会科学出版社党旺旺老师等编辑老师们的辛勤工作。此外，感谢我的家人们无私的付出，他们为我的研究提供了最强大的精神支持。感谢各位同事、同行和朋友们的帮助。

　　本书尝试构建"经验事实→定价机制→风险效应→机制设计"的中国存款保险理论分析框架，期望为建构中国金融学自主的知识体系略微贡献绵薄之力。水平有限，故错误和纰漏在所难免，恳请大家的批评指正。都说仁者乐山，智者乐水。在岳麓山下、湘江之畔有山有水的风水宝地的求学工作十分幸运，也十分开心。我们一直在努力，期待更美好的明天。

第十一批《中国社会科学博士后文库》专家推荐表1

　　《中国社会科学博士后文库》由中国社会科学院与全国博士后管理委员会共同设立，旨在集中推出选题立意高、成果质量高、真正反映当前我国哲学社会科学领域博士后研究最高学术水准的创新成果，充分发挥哲学社会科学优秀博士后科研成果和优秀博士后人才的引领示范作用，让《文库》著作真正成为时代的符号、学术的示范。

推荐专家姓名	杨胜刚	电话	
专业技术职务	教授	研究专长	国际金融与信用管理
工作单位	湖南大学	行政职务	中心主任
推荐成果名称	存款保险制度研究：定价机制与风险效应		
成果作者姓名	明雷		

（对书稿的学术创新、理论价值、现实意义、政治理论倾向及是否具有出版价值等方面做出全面评价，并指出其不足之处）

　　金融乃国之重器，是国家重要的核心竞争力。随着2023年10月中央金融工作会议明确提出"金融强国"目标，中国特色的现代化金融体系建设已经上升为国家战略。2024年1月，习近平总书记在省部级主要领导干部推动金融高质量发展专题研讨班开班仪式上发表重要讲话，进一步强调，金融强国应当基于强大的经济基础，具有领先世界的经济实力、科技实力和综合国力，同时具备一系列关键核心金融要素。其中，强大的金融监管、完备有效的金融监管体系就是实现"金融强国"战略目标的重要一环。

　　改革开放40多年来，中国没有发生过金融危机，这在世界大国经济发展历史上是绝无仅有的。但是，这并不意味着中国的金融体系不存在潜在风险。20世纪90年代我们出现过金融"三乱"现象，几家大银行事实上陷入过技术性困境。当前，中小金融机构风险、地方政府债务风险、房地产领域金融风险、非法金融活动风险等尤为突出，风险持续恶化，存量风险尚未见底，增量风险仍在集聚，而且金融风险的隐蔽性、突发性、传染性、破坏性特别强，处理不善极易引发社会风险、政治风险，决不能掉以轻心。只有增强忧患意识，坚持底线思维、极限思维，下决心从根本上解决金融领域的矛盾问题，牢牢守住不发生系统性金融风险的底线，才能确保国家安全和社会稳定。

　　存款保险制度（Deposit Insurance System）作为保护存款人利益，维护银行信用，稳定金融秩序的一种制度设计，早在1933年美国国会通过《格拉斯——斯蒂格尔法》之后就在西方发达国家开始实施。而在中国，直到 2015 年 5 月才正式颁布《存款保险条例》。尽管比西方国家滞后了 80 余年，但《存款保险条例》的实施，对于构建中国特色的现代化金融监管体系而言，是具有划时代里程碑意义的大事。

本书作者明雷博士，从 2013 年开始跟随我开始学术之旅，他秉承"稳定的研究方向、连续的研究工作、系列的研究成果"的治学理念，始终关注并深入研究存款保险制度。试图构建中国存款保险理论体系，阐述相关概念、规律、命题与实证，对把握中国金融规律、完善中国存款保险制度具有重要的理论意义和现实意义。

明雷博士本科学习数学、硕士攻读金融工程。攻读博士学位期间，我作为他的导师，引导他关注金融风险处置与存款保险制度的研究。2015 年 7 月，我带领包括他在内的几位博士生赴台湾参加学术活动期间，建议明雷博士把中国存款保险制度相关问题作为他的博士学位论文选题方向。他以"宁坐板凳十年冷、文章不写一句空"的治学态度，整整坚持十年，在研究中国特色存款保险制度的学术道路上艰难跋涉，终于完成了中国存款保险定价及政策问题研究的系列成果，取得了良好的学术反响，他的博士学位论文也获得 2019 年湖南省优秀博士学位论文（当年全省唯一一篇经济学优秀博士学位论文）。

本书是在他的博士学位论文《我国存款保险定价及政策研究》基础上，通过持续追踪前沿、系统研究，完成系列高水平论文，最终形成本书的主要学术观点。有必要指出的是，书中的论点基于中国经济金融事实，进行了大量的理论研究和实证研究，基本形成了一个较为完整的理论框架。本书以归纳国内外存款保险制度的理论演进与实践发展为逻辑起点，从存款保险定价与存款保险制度的风险效应两个维度开展研究，最后落脚于存款保险的制度设计。首先，分别从实践层面研究存款保险历史演进及发展现状，以及从理论层面研究存款保险制度相关理论的进展及新发展。其次，从监管处罚、区间定价和考虑宏观经济政策三个维度系统研究存款保险定价问题。再次，从存款保险制度对银行风险承担的影响、差别化费率与银行风险承担、早期纠正作用与银行风险承担以及审慎监管政策与银行风险承担等四个维度研究了存款保险制度的风险效应。最后，在存款保险定价和存款保险制度风险效应的基础上，提出了完善我国存款保险制度设计的政策建议。本书原创性的理论探索，丰富了新时代中国银行监管理论的分析框架；提出的政策建议对于防范化解金融风险和维护国家金融安全提供了重要的决策参考。

当然，基于本书的主题，有些问题仍然还值得进一步的深入论证和系统研究。比如，在成立中央金融稳定委员会的背景下，针对近些年来金融经济不确定性不稳定性加剧的局面，存款保险制度与审慎监管如何协调以更好地实现金融稳定。再比如，尽管书中系统研究了存款保险制度与中小银行风险承担之间的关系，但是如何进一步完善存款保险制度还需要继续研究。

面对百年未有之大变局，防范化解金融风险仍然任重而道远，这更彰显了金融稳定与金融安全研究的重要性。十年前明雷博士在研究存款保险相关理论时，国内相关研究还较为少见，而如今金融监管与存款保险相关研究已经成为学术研究的"显学"和"热点"。鉴于此，我希望有更多优秀的相关研究成果问世，为新时代中国特色社会主义金融监管理论的深化发展做出贡献。

签字：

2024 年 3 月 15 日

说明： 该推荐表须由具有正高级专业技术职务的同行专家填写，并由推荐人亲自签字，一旦推荐，须承担个人信誉责任。如推荐书稿入选《文库》，推荐专家姓名及推荐意见将印入著作。

第十一批《中国社会科学博士后文库》专家推荐表 2

《中国社会科学博士后文库》由中国社会科学院与全国博士后管理委员会共同设立，旨在集中推出选题立意高、成果质量高、真正反映当前我国哲学社会科学领域博士后研究最高学术水准的创新成果，充分发挥哲学社会科学优秀博士后科研成果和优秀博士后人才的引领示范作用，让《文库》著作真正成为时代的符号、学术的示范。

推荐专家姓名	陈彦斌	电　　话	
专业技术职务	教授	研究专长	宏观经济学
工作单位	首都经济贸易大学	行政职务	副校长
推荐成果名称	存款保险制度研究：定价机制与风险效应		
成果作者姓名	明　雷		

（对书稿的学术创新、理论价值、现实意义、政治理论倾向及是否具有出版价值等方面做出全面评价，并指出其不足之处）

2016 年 5 月 17 日，习近平总书记在哲学社会科学工作座谈会上指出，只有以我国实际为研究起点，提出具有主体性、原创性的理论观点，构建具有自身特质的学科体系、学术体系、话语体系，我国哲学社会科学才能形成自己的特色和优势。这是新时代对我国哲学社会工作者提出的要求。自然地，总结中国经济学取得的成就，构建中国经济学理论体系，是当前经济学人的使命。

新时代以来，我国经济社会发展取得了令世界瞩目的成就。如期全面建成小康社会，实现第一个百年奋斗目标，并进一步向实现社会主义现代化强国的宏伟目标迈进。同时也看到，当前世界正经历百年未有之大变局，国际环境日趋复杂，不稳定性不确定性明显增加，世纪疫情影响广泛深远，世界经济陷入低迷期。在这样的背景下，基于中国实践建立中国特色社会主义金融理论是新时代中国哲学社会科学体系必不可少的一部分。

经过多年的探索，我国于 2015 年建立了显性存款保险制度，这标志着我国金融安全网三大支柱正式确立。我国存款保险制度建立时间不长，在"摸着石头过河"中不断完善。本书正是基于明雷博士 2013 年开始的系列研究的总结，试图通过系统研究构建中国存款保险理论。本书对完善中国存款保险制度，把握中国金融规律，建立和完善具有中国特色的金融稳定体系具有重要的理论意义和现实意义。

从中国存款保险制度实践出发，在总结典型事实的基础上，本书主体内容从存款保险定价和存款保险制度的风险效应两个维度展开了系统研究。在存款保险定价研究方面，分别从以监管惩罚为代表的审慎监管与存款保险定价、存款保险的区间定价以及考虑宏观经济政策对存款保险定价三个角度开展研究。在存款保险制度风险效应方面，主要研究存款保险制度与银行风险承担之间的关系。分别从存款保险制度对银行风险承担的影响，差别化费率与银行风险承担，早期纠正作用与银行风险承担以及审慎监管政策与银行风险承担等四个维度展开分析。本书一些实证发现具有重要的现实意义和理论价值。比如，我国存款保险制度的建立，降低了农村中小银行的风险承担水平；并且差别化费率显著降低了农村中小银行的风险承担水平。这对当前我国化解防范中小银行风险具有重要的指导意义和参考价值。

总体来看，本书逻辑严谨、思路清晰、语言流畅、结构合理，基本形成了一个较为完整的理论框架。在研究理论、研究视角、研究方法和研究观点上，均具有较大的创新性。立足于用国际学术语言讲中国故事，完善和丰富了我国存款保险制度理论，进而为丰富我国银行监管理论做出了贡献。本书研究对于全面认识我国存款保险制度具有重要的意义。

2023年10月底召开的中央金融工作会议明确提出要加快建设金融强国，要全面加强金融监管，有效防范化解金融风险。这更加凸显了包括存款保险制度在内的金融监管的重要性。作为我的博士后，我希望明雷博士未来能站在宏观调控的角度，进一步打开研究视野、夯实研究能力、提升研究水平，把金融监管与金融调控相关研究做好。比如，研究宏观审慎政策与存款保险制度协调，以更好地实现金融稳定。进一步地，如何兼顾货币政策与宏观审慎政策，以实现经济稳定和金融稳定。

期待明雷博士能充分发挥自身优势，在未来继续努力，有相关的更多优秀研究成果问世，力争为构建新时代中国特色社会主义金融监管理论做出贡献。

签字：

2024年3月15日

说明：该推荐表须由具有正高级专业技术职务的同行专家填写，并由推荐人亲自签字，一旦推荐，须承担个人信誉责任。如推荐书稿入选《文库》，推荐专家姓名及推荐意见将印入著作。